Glücksfall Fachkräftemangel

Stefan Dietz hat Hunderte von Führungskräften trainiert. Er hat Fusionen begleitet, Umstrukturierungen und Wachstumsprozesse unterstützt, hat in jungen Firmen geholfen, fehlende Strukturen aufzubauen, und in alten Firmen, lähmende Strukturen aufzulösen und beweglicher zu werden. Die von ihm gegründete und geführte kleine Unternehmensgruppe wurde selbst als attraktiver Arbeitgeber ausgezeichnet. Stefan Dietz inspiriert in Vorträgen zur Zukunft der Arbeit und begleitet Unternehmen auf dem Weg zum großartigen Arbeitgeber. Mehr unter www.stefandietz.com

Stefan Dietz

Glücksfall
Fachkräftemangel

Wie Unternehmen und Führungskräfte
von der Krise profitieren

Campus Verlag
Frankfurt/New York

*Für Sie,
für Ihr Strahlen
und für Ihre
großartigen Unternehmen.*

ISBN 978-3-593-51251-8 Print
ISBN 978-3-593-44472-7 E-Book (PDF)
ISBN 978-3-593-44482-6 E-Book (EPUB)

Das Werk einschließlich aller seiner Teile ist urheberrechtlich geschützt. Jede Verwertung ist ohne Zustimmung des Verlags unzulässig. Das gilt insbesondere für Vervielfältigungen, Übersetzungen, Mikroverfilmungen und die Einspeicherung und Verarbeitung in elektronischen Systemen. Trotz sorgfältiger inhaltlicher Kontrolle übernehmen wir keine Haftung für die Inhalte externer Links. Für den Inhalt der verlinkten Seiten sind ausschließlich deren Betreiber verantwortlich.
Copyright © 2020 Campus Verlag GmbH, Frankfurt am Main
Umschlaggestaltung: Guido Klütsch, Köln
Umschlagmotiv: Shutterstock/Vortex
Satz: Publikations Atelier, Dreieich
Gesetzt aus der Scala und der DIN
Druck und Bindung: Beltz Grafische Betriebe GmbH, Bad Langensalza
Printed in Germany

www.campus.de

Inhalt

Prolog
Café la Lonja, Palma de Mallorca 11

Vorwort
Corona und der Fachkräftemangel 13

Teil I
Die Entwicklungen in der Arbeitswelt:
Da braut sich was zusammen! 15

Kapitel 1
ARBEITSMARKT:
Wie alte Sicherheiten hinweggefegt werden 17
    Der Arbeitsmarkt steht Kopf – Was Polizei und Pizzeria eint 18
    Wir werden weniger und älter – Was wir hätten wissen können 21
    Firmen fürchten Fachkräftemangel – Warum uns das alle angeht 24
    Fachkräftemangel nicht nur bei uns – Die globale Perspektive 29
    Warum der Fachkräftemangel ein Glücksfall ist 33

Kapitel 2
TECHNOLOGIE: Was für uns übrig bleibt und möglich wird 38
    Das kann weg – Wie Arbeit durch Technologie verschwindet 39
    Das geht anders – Wie Arbeit in Zukunft funktioniert 46
    Das wird neu – Wie Arbeit entsteht, die wir noch nicht kennen 52
    Das läuft woanders – Warum die Musik nicht bei uns spielen wird ... 56
    Wie wir entscheiden, welche Seite der Macht gewinnt 61

Kapitel 3
FREIHEIT: Warum Menschen nicht mehr mitspielen 68
   Arbeiten? Was haben Adam und Eva eigentlich beruflich gemacht? . . . 69
   Lebensfreude? Was am Ende zählt und unterwegs verloren geht 73
   Bereit? Weil die Jugend von heute die richtigen Fragen stellt 77
   Pech gehabt? Wie wir Talente verloren gehen lassen 80
   Auf zur Freiheit! Der seelische Teil der Revolution 84

Teil II
Der Blick in die Unternehmen: Sind wir bereit? 89

Kapitel 4
ARBEIT: Warum wir arbeiten und wozu das gut sein kann 91
   Gefangen – Wie alte Muster das Leiden verlängern 92
   Potenzial – Was Arbeit für Menschen bedeuten kann 94
   Sinn – Wie falsche Haltung kranke Systeme schafft 98
   Gesundheit – Wie schlechte Arbeit krank und gute glücklich macht . . . 103
   Mut – Es gibt kein richtiges Leben im Falschen 106

Kapitel 5
**FÜHRUNG: Was schiefläuft und Menschen
und Werte plattmacht** 109
   Das Feuer ist aus – Warum nur jeder siebte Mitarbeiter alles rausholt . . 110
   Bock zum Gärtner – Wie Führungskräfte gemacht werden 115
   Keine Zeit – Wie falsche Prioritäten fatale Folgen haben 119
   Führungsfallen – Warum gut gemeint nicht gut gemacht ist 123

Kapitel 6
CHEFSACHE: Wie Firmen aufhören, Potenzial zu vernichten . . . 130
   Personalentwicklung – Erfolgsfaktor oder Feigenblatt? 131
   People Strategy – Ihre Roadmap zum Erfolg 135
   In einem Boot – Wie alle an einem Strang ziehen 139
   Arbeit und Kapital – Wie neue Partnerschaft gelingt 142
   Vertrauen – Wie Organisationen vitaler werden 149

Kapitel 7
MENSCHEN: Das Wesen hinter der Arbeitskraft 153
   Menschen sind emotional – Wie wir die Energie nutzen 154
   Menschen sind nicht normal – Wie wir von Individualität profitieren . . 159
   Menschen werden älter –
   Warum die 50-Jährigen in den Außendienst sollten 165
   Menschen wachsen –
   Wie Persönlichkeitsentwicklung Zukunft schafft 170

Kapitel 8
REFLEXION: Wie Persönlichkeiten Unternehmen prägen 175
   Kopfsache – Wie Unternehmen ihre Chefs spiegeln 176
   Erkenne dich selbst – Wieso die harten Jungs die Weicheier sind 179
   Selbstfürsorge – Warum Ihre Stimmung viele beeinflusst 182
   Inspiration – Warum Chefs Hobbys und Impulse brauchen 184
   Dirigenten – Warum Chefs das ganze Stück kennen müssen 189

Kapitel 9
MARKT: Wie Unternehmen Mitarbeitergewinnung neu denken . . 193
   Talente? Was auf dem Weg ins Arbeitsleben schiefläuft 194
   Verkehrte Welt? Wie Firmen um Talente werben müssen 197
   Homeoffice? Was sagen Sie, wenn jemand auf Bali arbeiten will? 202
   Sexy? Was Arbeitsplätze in Zukunft bieten müssen 205
   Arbeitsmarkt? Was Dating und Arbeit gemeinsam haben 210

Teil III
Für eine bessere Arbeitswelt: Sie sind dran! 215

Kapitel 10
VIELFALT: Warum es überall besser geht 217
   Öffentliche Arbeitgeber – Wie Sie viel mehr Staat machen 218
   Soziale Einrichtungen – Wie sie mit ihren Pfunden wuchern 223
   Inhabergeführte Betriebe – Wie sie mit Persönlichkeit punkten 226
   Mittelständische Champions – Wie sie zu Talentmagneten werden . . . 229
   Etablierte Riesen – Wie sie ihre Größe nutzen 233
   Neue Stars – Wie sie Arbeitswelten neu erfinden 235

Kapitel 11
MACHEN:
Sie sind dran 241
    DU: Ganz persönliche Wege zum (Arbeits-)Glück 242
    SIE: Gehen Sie voran – Wie Sie in die Zukunft führen 247
    IHR: Von der normalen Firma zum großartigen Arbeitgeber 250
    WIR: Wie wir gemeinsam die Arbeitswelt besser machen 254

Downloads und Dialog 259
Anmerkungen 261

WARNHINWEIS
Risiken und Nebenwirkungen

Achtung! Dieses Buch stiftet an. Es macht Mut und begründet, warum und wie es möglich ist, menschlich, motiviert und produktiv zu arbeiten. Sollte das in Ihrem Unternehmen nicht gewollt sein, ist nicht auszuschließen, dass die Lektüre Menschen zum Verändern oder Verlassen des Unternehmens anstiften könnte. Oder gleich zur Gründung eines neuen, besseren Versuchs.

Prolog
Café la Lonja, Palma de Mallorca

Ich halte kurz inne. Mein Buchmanuskript nimmt Formen an. Über mir säuselt die große schattenspendende Palme, die Luft ist voller Stimmen, meist gestenreich untermaltes Spanisch. Nebenan erhebt sich die alte Seidenbörse, gegenüber dümpeln die Yachten im Hafen. Ich arbeite draußen, sitze im Café la Lonja in Palma de Mallorca. Sonne, 22 Grad im Oktober und Café con leche – wie ich diese neue Freiheit liebe, diesen Wechsel zwischen konzentriertem Arbeiten und der herrlichen Umgebung. Ich bin draußen, leiste viel und es fühlt sich an wie Urlaub. Schön, dass Sie mich hier besuchen. Darf ich Sie auf einen Café einladen?

Fachkräftemangel ist ein sperriges Wort. Die Veränderungen und Entwicklungen dahinter betreffen uns alle. Die Welt der Arbeit ist in Bewegung, tiefer und grundlegender, als vielen bewusst ist. Nicht nur, dass wir von überall arbeiten können. Viele Jobs werden verschwinden, neue entstehen und auch die Art wie wir arbeiten wird sich verändern. Firmen müssen sich zunehmend um die Talente bewerben. Menschen stellen neue Fragen und haben andere Ansprüche. Doch der Druck des Fachkräftemangels wird die Arbeitswelt besser machen. Einfach weil Unternehmen besser werden müssen, wenn sie in Zukunft die besten Talente gewinnen wollen. Insofern habe ich einen starken Verbündeten für Anliegen gewonnen, die mir schon lange wichtig sind.

In mehr als 25 Jahren habe ich viele Unternehmen und Organisationen beraten und begleitet: in der Strategieentwicklung, bei Fusionen, in Wachstumsprozessen und in der Entwicklung von Führung und Führungskräften. Wir haben in jungen Firmen geholfen, fehlende Strukturen aufzubauen, und in alten Firmen, beweglicher zu werden. Ich habe Workshops und Tagungen moderiert, Einzelpersonen gecoacht, Vorträge gehalten und mit Geschäftsführungen Strategien entwickelt. Ich habe viel gesehen und gelernt, wie Unternehmen funktionieren – oder auch nicht.

Ich habe meine eigenen Firmen aufgebaut, Lehrgeld gezahlt und Erfolge gefeiert. Ich kenne das Gefühl, die Liquidität für die Lohnzahlungen sicherstellen zu müssen, und weiß um die Ausdauer, die es braucht, bis neue Geschäftsfelder aufgebaut und Veränderungen etabliert sind. Viele aufgebauschte Managementmethoden habe ich kommen und gehen sehen und unterscheiden gelernt, wo Substanz und wo heiße Luft drin ist.

Immer mehr werde ich zu einem Wanderer zwischen den Welten. Wir genießen unser herrliches Büro in der alten Villa in der Pfalz, trinken Sekt auf gute Aufträge, lachen und arbeiten viel. Dann klinke ich mich in mein remote organisiertes zweites Unternehmen ein mit Partnern, die gerade in Argentinien, Bali oder in Berlin sind. Ich kenne die Perspektive von Kommunalpolitik und Arbeitgeberverband, von Personalentwicklern und Weiterbildungsprofis. Ich sitze in Workshops mit anderen ortsunabhängigen Unternehmerinnen und Unternehmern am Strand von Langkawi und gebe eine Woche später meine Stimme in der Vollversammlung der IHK ab.

Ich bin zutiefst davon überzeugt, dass es möglich ist, Firmen menschlich und wirtschaftlich zugleich erfolgreich zu führen. Ich bin zutiefst davon überzeugt, dass sinnvolle und gut gestaltete Arbeit mehr ist als Lebensunterhalt. Ich bin zutiefst davon überzeugt, dass in richtig gut geführten Unternehmen alle gewinnen: glückliche Chefs, glückliche Mitarbeiter, glückliche Kunden. Firmen, die unter ihren Möglichkeiten bleiben, machen mich wütend. Menschen, die unter den Arbeitsumständen und der Atmosphäre dort leiden, machen mich traurig. Menschen und Firmen, die vormachen, dass es anders geht, begeistern mich. Es ist Zeit, dass es mehr dieser großartigen Arbeitgeber gibt.

Ich möchte Sie zum Dialog einladen, freue mich über Ihre Zuschriften, Kommentare und über weitere großartige Beispiele, die als Vorbild für andere dienen können. Registrieren Sie sich kostenlos auf der Website zum Buch (www.stefandietz.com/leser). Hier finden Sie Hintergrundmaterialien, kostenlose Downloads und weiterführende Impulse. Jetzt wünsche ich Ihnen erst mal viel Freude und gute Erkenntnisse beim Lesen.

Herzlichst,
Ihr Stefan Dietz

Vorwort
Corona und der Fachkräftemangel

Während der Entstehung dieses Buches erleben wir eine in dieser Form noch nie dagewesene Krise. Das neuartige Corona-Virus bremst Wirtschaft und Gesellschaft aus vollem Lauf in den zwangsverordneten Shutdown. Mut macht die Art und Weise, wie Staat und Gesellschaft mit der Situation umgehen. Natürlich fragt man sich, welche Auswirkungen die Krise auf den Arbeitsmarkt haben wird. Gibt es danach noch einen Fachkräftemangel oder gar wieder Arbeitslosigkeit – oder beides?

Fachkräftemangel ist eine Entwicklung, die sich über viele Jahre hinzieht. Die Corona-Folgen setzen einen starken, vermutlich eher kurzen Impuls. Beide Krisen wirken zusammen. Das beschleunigt Entwicklungen, verlangsamt andere und gibt manchen einen überraschenden Drall. Was sich abzeichnet, ist ein Schub für digitales, flexibles Arbeiten. Die *Corona-Homeoffice-Challenge* ist ein schonungsloser Realitäts-Check: Wer vorbereitet ist, nimmt die Laptops mit nach Hause und arbeitet weiter, bei anderen kommt der Geschäftsbetrieb zum Erliegen. Beim folgenden Groß-Experiment staunt man, was geht und wie arbeitsfähig man im Homeoffice doch ist. Hinter diese Erfahrung kann niemand zurück – sie sollte einen Modernisierungsschub in Firmen, Verwaltungen und Schulen auslösen.

Andere Auswirkungen sind weniger vorhersehbar. Nicht alle Firmen und Arbeitsplätze werden überleben. Das bringt Härten mit sich. Der Wandel von Branchen und Geschäftsmodellen beschleunigt sich. Die hoffentlich nur vorübergehend höhere Arbeitslosigkeit lindert den Fachkräftemangel nur stellenweise. Experten werden auch in Zukunft fehlen. Wer seinen Job im Einzelhandel verliert, wird eher kein Softwareentwickler. Der Fachkräftemangel wird bleiben. Wir sind gut beraten, die Krise für kluge Weichenstellungen zu nutzen.

In einem bin ich mir sicher: Großartige Arbeitgeber sind besser gewappnet als andere. In diesem Sinne: Kommen Sie gesund durch die Krise und ziehen Sie die richtigen Schlüsse.

TEIL I

Die Entwicklungen in der Arbeitswelt: Da braut sich was zusammen!

Der gesellschaftliche Wetterbericht sagt Sturm voraus: Der Boden unserer Gewissheiten bewegt sich, die Luft knistert, alte Sicherheiten fliegen durch die Luft wie abgerissenes Laub. Die Dinge geraten in Bewegung. Höchste Zeit, Vorkehrungen zu treffen. Viele denken trotz Wetterbericht nicht daran, den Sonnenschirm reinzuholen. Hoffen, dass das Wetter vorbeizieht, der Sturm schon keinen Schaden anrichten wird. Hoffen, dass Wegducken, Luft anhalten und Sprüche übers Wetter als Gegenstrategie ausreichen. Woher sie ihre Gelassenheit nehmen? Ich weiß es nicht.

Der Wandel im Arbeitsmarkt ist aus drei Gründen unaufhaltsam. Die Demografie zeigt, dass bald ein paar Millionen Arbeitskräfte fehlen werden. Der technologische Wandel verändert Arbeit und Geschäftsmodelle. An die Automatisierung in der Produktion haben wir uns gewöhnt, als Nächstes sind die Bürojobs dran. Alles, was Menschen kognitiv können, kann künstliche Intelligenz bald besser. Heutige Schüler werden in Berufen arbeiten, die wir noch nicht kennen.

Der dritte Trend ist leise, aber nicht minder relevant: die veränderten Lebensvorstellungen. Menschen wollen mehr Freiheit, Wertschätzung und Weiterentwicklung. Sie suchen Nachhaltigkeit und eine sinnvolle Unternehmenskultur. Das wird kein laues Lüftchen. Auf dem Arbeitsmarkt wird es ordentlich pusten. Gleichzeitig wird die Erde beben und der Wasserspiegel steigen. Schlechte Firmen überleben das nicht. Der Fachkräftemangel zwingt dazu, Stadt, Hütte und Schiff wetterfest zu machen. Aktionismus, Appelle und Hauruck-Aktionen genügen nicht; das alles fliegt Ihnen beim ersten Luftzug um die Ohren. Je unruhiger das Wetter, desto mehr retten sich die Menschen zu denen, die im Sturm erkennbar souverän unterwegs sind.

Kapitel 1

ARBEITSMARKT:
Wie alte Sicherheiten hinweggefegt werden

Sie wissen, wie die Wirtschaft läuft. Arbeit spielt eine zentrale Rolle im Leben. Man hat in Ausbildung investiert, um den Job gekämpft und Karriere gemacht. Was Menschen nicht alles für ihren Job tun: Sie ziehen dahin, wo die Arbeit ist, halten Jobs aus, die keinen Spaß machen, und zittern in Bewerbungsgesprächen. Über fünfzig kündigt man nicht mehr. Millionen Menschen stehen täglich im Stau. Väter und Mütter arbeiten lange, pendeln weit und verpassen, wie ihre Kinder aufwachsen. So war das eben.

Jahrelang haben Arbeitslosenzahlen die Schlagzeilen beherrscht. Das ändert sich. Jetzt reden wir vom Mangel an Fachkräften. Der Arbeitsmarkt dreht sich. Wenn das so weitergeht, steht er bald Kopf. Firmen finden kaum noch gute Bewerber.* Je ländlicher der Standort und je unbekannter das Unternehmen, desto schlimmer. Stellenanzeigen funktionieren nicht mehr wie früher. Zum einen kommen weniger Bewerber, zum anderen stellen sie höhere Ansprüche. Jetzt müssen Firmen nett sein zu ihren Leuten, damit sie an Bord bleiben. Der Schaden erst: Umsätze können nicht gemacht werden, Firmen sind gefährdet. Der Fachkräftemangel wird zur zentralen Bedrohung.

Stopp. So kennen Sie die Geschichte, so steht sie in jeder Zeitung. Und diese Bedrohung soll jetzt ein Glücksfall sein? Vertrauen Sie mir! Ich bin auf Ihrer Seite. Ich bin sogar überzeugt, dass die guten Unternehmen und die guten Führungskräfte vom Wandel im Arbeitsmarkt profitieren, wenn sie die Weichen richtig stellen. Für alle, die das nicht tun, ist der Fachkräftemangel kein Glücksfall, eher ein Todesurteil.

---

* Aus Gründen der besseren Lesbarkeit wird bei Personenbezeichnungen und personenbezogenen Hauptwörtern die männliche Form verwendet. Entsprechende Begriffe gelten im Sinne der Gleichbehandlung grundsätzlich für alle Geschlechter.

Der Arbeitsmarkt steht Kopf –
Was Polizei und Pizzeria eint

Auf der Seite des Polizeiautos prangt ein junger, strahlender Typ in Uniform. Er zielt mit seiner Pistole schräg am Betrachter vorbei. Der Slogan darunter: »Karriere mit Schuss«.

So was hat es früher auf Polizeiautos nicht gegeben. Da muss man erst mal draufkommen. Die Not muss groß sein und sie macht erfinderisch. Was gestern noch normal war, funktioniert nicht mehr. Brauchte man Leute, hat man Stellenanzeigen geschaltet, eine Flut von Bewerbungen erhalten und in Bewerbungsgesprächen haben die Bewerber geschwitzt. Wer unangemessene Forderungen stellte, war raus. »Jeder ist ersetzbar« war gängiger Chefkommentar.

Selten sind sich Dachdecker, Steuerberater und IT-Unternehmer so einig: »Houston – wir haben ein Problem.« Es gibt zu wenig Bewerber und die sind schlechter als früher. Azubis ohne Abitur haben Probleme mit dem Dreisatz. Leute mit Abitur wollen studieren. Softwareentwickler wollen in die Großstadt. Selbst die Verwaltung findet immer schwerer Nachwuchs.

Schuldige sind schnell ausgemacht. Die Schulen bilden zu schlecht aus. Die Gesellschaft betont das Akademische zu stark und keiner will mehr eine Ausbildung machen. Die Verbände tun zu wenig. Überhaupt diese ganze Internet-Kultur. Junge Leute starren ständig auf ihre Smartphones und können sich nicht mehr richtig konzentrieren. Früher war alles besser – schon klar.

Hilferufe auf allen Kanälen

Früher war auch alles einfacher: Stellenanzeigen schalteten wir im Stellenmarkt. Auf Häuserwänden, Bushaltestellen und LKW-Planen warben wir für Bier, Versicherungen und Kosmetik. Die Controller der Außenwerbebranche wissen vermutlich am besten, wie groß die Not ist, an der sie verdienen. Wo gestern noch meterhohe Bierwerbung prangte, schreien uns Personalsuch-Sprüche entgegen. In der aktuellen, noch frühen Phase des Mangels an Bewerbern meistens laut und fantasielos. »Kollegen gesucht!«, »Wir stellen ein!«, »Karriere beim Marktführer«. Das wird hoffentlich noch origineller. Gerüste an Hochhausfassaden sind mit Imagemotiven großer Versicherungen bespannt und werben für die Karriere im Gebäude dahinter. Anzeigenstrecken in Fachzeitschriften zielen auf Mitarbeiter. Die Polizei plakatiert das »Fahndungsziel Karriere«. Am Bahnsteig im Münchner Hauptbahnhof stehen lebensgroße Pappaufsteller im Weg und werben für Jobs bei der Bahn. Agenturen nennen das wohl »Störer«.

Die Veränderungen reichen bis in oder besser vor die Gastronomie. Wie schlimm es ist, zeigt die Größe der Aufsteller vor der Pizzeria. Schild Nummer eins ist das traditionelle mit der Speisekarte – das darf da stehen. Heute steht ein mindestens gleich großes direkt daneben: »Jungkoch gesucht«. Das ist nicht nur beim Italiener so. Je nach Gastrozweig reicht das vom »Sous-Chef« bis zur »Restaurantleitung«. Bei Francesco[1] oder Panagiotis ist das Schild handgeschrieben, bei der Franchisekette von einer Agentur gestaltet. Die Botschaft ist die gleiche: »Hilfe, wir brauchen Leute!«

Gibt es ein Problem, kümmern sich auch Kammern und Verbände. Kampagnen werden beauftragt – mal originell, mal weniger. Manches Präsidium war so lange stolz auf die agentur-geskriptete Nachwuchskampagne, bis sie der Shitstorm der Zielgruppe in sozialen Netzwerken pulverisiert hat.

Not macht erfinderisch

Als ich mit meinem Sohn die Messe Gamescom verlassen will, müssen wir durch eine martialisch wirkende Halle. Alles sieht nach Ego-Shooter aus. Der Panzer ist echt und wirbt für die »Karriere« bei der Bundeswehr. Hören wir in den Nachrichten von Beschaffungsproblemen und nicht fliegenden Hubschraubern – hier wird der Eindruck dauernden Häuserkampf-Spielens für Große erweckt.

Selbst an Orten des kurzen Rückzugs verfolgt uns das Thema. Clevere Werber haben irgendwann entdeckt, dass wir Jungs dort für eine Minute stehen bleiben und nicht weg können. Was sehe ich in Augenhöhe? Fange ich in Dresden im Hotel als Azubi an, bekomme ich meinen Führerschein bezahlt und eine Antrittsprämie von 500 Euro obendrauf. Ehe ich anfange, über den Berufswechsel nachzudenken, verlasse ich das Örtchen. Ob es das auf Damentoiletten auch gibt?

Ein Versicherungsunternehmen nutzt das Interesse an abgefahrenen Maßnahmen geschickt. Jeder Bewerber, der zum Bewerbungsgespräch eingeladen wird und tatsächlich kommt, erhält 500 Euro. Wird ein Arbeitsvertrag unterzeichnet, gibt es noch mal 5 000 Euro obendrauf. Die Meldung schafft es in alle Tageszeitungen. So was könnte normal werden. Dann steht es aber nicht mehr in der Zeitung. Ich bin sicher, das ist erst der Anfang. Die Not wird Blüten treiben, die wir uns heute noch gar nicht vorstellen können.

Die Entwicklung zeigt: Das Problem ist erkannt, doch die eingeleiteten Maßnahmen wirken aktionistisch und hilflos. Außenwerber und Agenturen reiben sich die Hände ob des neuen Geschäfts. Natürlich gibt es kompetente Agenturen, die großartige Arbeit in Employer Branding und Nachwuchskampagnen leisten. Aber vieles ist erstaunlich oberflächlich und wirkungsarm. Agenturen bebildern und plakatieren die Hilflosigkeit, zimmern Slogans auf Karrierewebsites und hübschen Stellenanzeigen auf. Das hilft meistens nicht, schafft aber wenigstens Arbeitsplätze – leider nicht bei den Auftraggebern.

Personalberater können sich vor Anfragen kaum retten. Sie steigern die Preise und ärgern sich schwarz, dass auch sie die gesuchten Talente immer schwerer finden. Würde das Arbeitsrecht nicht dagegenstehen, das Modell aus dem Fußball hätte längst Schule gemacht und Berater mit lebenslangen Verträgen würden bei jedem Wechsel mitverdienen.

Verknappt sich das Angebot, steigen Preise und Ansprüche

Es spricht sich rum, dass man heute andere Ansprüche stellen kann. Wer etwas zu bieten hat, kann sich seinen Job aussuchen. Nicht zuletzt durch die öffentlichen Hilferufe ist das jedem Bewerber klar. Soziale Netzwerke tun ihr Übriges und spülen passende Jobangebote in die Newsfeeds. Wie sollte man da nicht auf die Idee kommen, den eigenen Marktwert zu testen?

Veränderungen spürt man auch in den Firmen. Chefs sind auf einmal so nett, Firmen bemühen sich um ihre Mitarbeiter. Zusatzversicherungen und Angebote des betrieblichen Gesundheitsmanagements werben mit der Mitarbeiterbindung. Manche meinen das sogar ehrlich. Dass sich wirklich etwas verändert, spürt man in Krisen. Wo man früher relativ leichtfüßig Mitarbeiter entlassen und im Aufschwung wieder eingestellt hätte, setzt man jetzt die ganze Welt in Bewegung, um die mühsam aufgebaute Mannschaft an Bord zu halten. Der Staat hilft mit Kurzarbeitergeld, die Tarifpartner mit flexiblen Zeitkonten und Firmen nehmen eine Menge Geld in die Hand, damit das Team zusammenbleibt. Sie merken schon, der Fachkräftemangel hat sein Gutes.

Schaffte es das sperrige Wort aus dem Buchtitel (nicht der Glücksfall, das andere) jahrelang nur auf die Tagesordnung von Personalerkongressen, ist es längst in allen Medien angekommen. Der Lokführermangel lässt Regionalzüge ausfallen. Der Pflegekräftemangel lässt Intensivbetten im Krankenhaus ungenutzt stehen. Der Lehrermangel beschert Unmengen ausgefallene Unterrichtsstunden auf dem Weg zum Abitur. Und wegen des Planermangels in Kommunen können Brücken nicht saniert werden. Da es auch an Elektrikern, Installateuren und Fliesenlegern fehlt, betteln wir beim Handwerker um einen Termin und zahlen Apothekenpreise. Krankenhäuser können ihre Dienste nur noch leisten, weil über 50 000 ausländische Ärzte Dienst tun. Und was ist, wenn Francesco Fertigpizza verkaufen muss und der Polizistenmangel die Einbrecher jubeln lässt?

Wir werden weniger und älter –
Was wir hätten wissen können

»Auf die gut prognostizierbaren demografischen Entwicklungen waren wir gut vorbereitet. Wir haben schon vor 20 Jahren massiv in lebenslanges Lernen investiert und ein modernes Einwanderungsgesetz geschaffen. Das Renteneintrittsalter dürfte 2020 bei 70 Jahren liegen, es ist dynamisiert an die Lebenserwartung gekoppelt und wir haben Anreize für flexibles, längeres Arbeiten im Alter geschaffen.« So die Prognose eines fiktiven Demografieforschers, formuliert zum Jahrtausendwechsel. Auf das deutsche Fachkräfteeinwanderungsgesetz wartete er bis zu seinem Tode vergeblich. Von der Rente mit 63 hat er nichts mehr mitbekommen.

Haben Sie Lust auf demografische Statistiken? Ich auch nicht. Daher habe ich mir lange überlegt, ob und wie ich Ihnen das ersparen oder doch so angenehm wie möglich vermitteln kann. Die erste Idee war: »Machen wir es kurz: In 15 Jahren fehlt jede vierte Arbeitskraft.« Sie könnten sich dann in Ihrer Firma umschauen, durchzählen und überlegen, wie das wohl gehen kann. Nein, das heißt nicht, dass Sie den Meier loswerden und jemand neu einstellen können. Der Platz bleibt leer, weil es keinen Ersatz geben wird.

Die nächste Idee ist ein sportliches Gleichnis. Schließlich stehen Sie im Wettbewerb. Was passt da besser als Fußball? Stellen Sie sich vor, Sie konkurrieren mit Brasilien. Damit das Gleichnis reale Züge hat, treten wir mit Demografie-Handicap an. Sie spielen also zu siebt statt zu elft. Ihre Ersatzbank ist leer. Die sieben Helden kennen ihre Verantwortung. Charly ist eigentlich verletzt, Thommy hat noch Trainingsrückstand. Aber alle müssen ran. Sie setzen auf Erfahrung, das Durchschnittsalter beträgt 29 Jahre.

Trubel auf der Bank des Gegners. Die elf Spieler erhalten letzte Instruktionen und traben leichtfüßig auf den Platz. Sieben Talente schlendern auf die Ersatzbank. Sie trainieren hart, alle wollen ins Team. Der Trainer zieht sein Konzept durch. Sein modernes Spielsystem ist verinnerlicht, der eine oder andere Star von gestern aussortiert. Er kann sich das leisten, die hungrigen Talente warten auf ihre Chance. Der Schiedsrichter schreitet zum Anstoßpunkt. Er pfeift ... Den Rest können Sie sich denken. Was im Fußball absurd wäre, in der Wirtschaft ist das Szenario realistischer, als es zunächst scheint. Schauen wir genauer hin. Das haben Verantwortliche lange genug nicht getan.

Demografie – nichts ist so planbar

Kaum eine relevante Entwicklung war so langfristig vorhersehbar wie die demografische. Kinder, die gestern nicht geboren wurden, können sich heute nicht bewerben. Alle Fakten sind viele Jahre im Voraus bekannt. Wir werden wesentlich mehr Rentner und weniger Menschen im arbeitsfähigen Alter haben. Das wirft Fragen auf: Kinderbetreuung, Rentenfinanzierung, Pflegenotstand. Schauen wir auf den Arbeitsmarkt: 2030 wird jede vierte Arbeitskraft fehlen. Wir sprechen von sechs Millionen Menschen.[2]

Die Lösungen sind bekannt: Drei Millionen zusätzliche Arbeitskräfte wären möglich, wenn wir alle internen Potenziale heben. Wir arbeiten länger, mindestens bis 67, besser bis 70, und fördern die, die darüber hinaus noch aktiv bleiben wollen. Wir holen mehr Frauen in die Firmen, entlasten durch bessere Kinderbetreuung und flexibles Arbeiten. Wir bilden mehr und besser aus, kümmern uns um die Gescheiterten, um Studienabbrecher und benachteiligte Schüler. Wir praktizieren lebenslanges Lernen, statt nur darüber zu reden. Wir schaffen Quereinstiegsmöglichkeiten, »digitalisieren« die Älteren und fördern Selbstmanagement bei allen. Wir investieren massiv in Prävention und Gesundheit und reduzieren die Krankenstände. So bekommen wir alle auf den Platz, die mitspielen könnten. Das ist die halbe Miete.

Für die andere Hälfte brauchen wir Verstärkung. Wie das geht, ist auch nicht neu. Länder wie Australien, Kanada oder Neuseeland machen das schon lange vor.[3] Mit klaren Kriterien und Spielregeln, guten Prozessen und fairen Bedingungen. Über ein modernes Einwanderungsgesetz kann man eine Gesellschaft vital und leistungsfähig erhalten. Mal holt man Softwareingenieure, mal Pflegekräfte. Das kann ein Gewinn für alle sein. Viel zu spät hat Deutschland das Fachkräftezuwanderungsgesetz entwickelt, erst als der Druck riesengroß war und nach der Krise der Flüchtlingspolitik.

Kommen wir noch mal zum Fußball. Nach dem erwartbaren Debakel wäre der Trainer seinen Job los. Keine leistungsfähige Mannschaft mehr auf den Platz zu bringen – das hätten vermutlich auch sportliche Leitung und Präsidium nicht überstanden. Ganz anders in der Politik. Obwohl schon überall Leute fehlen, erleichtern wir den vorzeitigen Renteneintritt. Das Fachkräfteeinwanderungsgesetz ist erst im Frühjahr 2020 in Kraft getreten. Als es längst Zeit zur Einführung war, profilierten sich namhafte Politiker mit Slogans wie »Kinder statt Inder«. Das war ebenso unrühmlich wie erfolglos.

Dabei geht es nicht um politisch verfolgte, sondern um gezielt angeworbene Fachkräfte. Im Fußballgleichnis: Flüchtlingen in Not die Tür öffnen heißt, sie ins Stadion lassen, verpflegen und retten. Nur weil der eine oder andere auch

Fußball spielen kann, käme niemand auf die Idee, das als erfolgversprechende Spielergewinnungsstrategie zu propagieren.

Tschüss Boomer – die Rentnerwelle rollt an

Statistik kann gnadenlos sein. Normalerweise verteilt sich die Bevölkerung relativ gleichmäßig über die Jahrgänge. Die einen gehen in Rente, die anderen steigen ins Arbeitsleben ein. Dumm nur, wenn die, die in Rente gehen, doppelt so viele sind wie die, die nachrücken. Genau das passiert bei den Babyboomern. Von 1958 bis 1968 wurden zwischen 1,2 und 1,4 Millionen Menschen pro Jahr geboren. Ab Mitte der Siebzigerjahre dauerhaft nur noch gut die Hälfte.[4] Die Boomer kennen das. Sie waren immer zu viele. Sie haben um Sitzplätze gestritten, um die Jobs gekämpft und die Badetuchreservierung am Pool erfunden. Jetzt setzen sie zu ihrer letzten großen Aktion an: der gemeinsame Sprung aus dem Arbeitsleben. Als gigantische Rentnerwelle gleiten die Silver Surfer in den Ruhestand und testen die Tragfähigkeit unserer Rentenkassen wie früher die Wassertemperatur im Pool.

Dabei müssen wir uns um die Rentner keine Sorgen machen. Die Probleme haben die anderen: die Firmen, denen in kurzer Zeit langjährige Leistungsträger verloren gehen, und die Jüngeren, die die Arbeit alleine machen müssen und auch noch steigende Sozialbeiträge tragen dürfen. Zum Glück wird sich die Entwicklung über ein paar Jahre strecken.

Demografie ist nicht überall gleich. Die Großstädte platzen aus allen Nähten und konkurrieren weltweit um die besten Talente und Firmen. Anders als in München, Berlin und Hamburg sieht die Situation in Emsdetten, Duderstadt und Pirmasens aus. Große Teile der deutschen Wirtschaft haben ihren Sitz in ländlichen Regionen und ihr Arbeitsmarkt ist bisher weitgehend regional.

Ganze Regionen spüren, wie sich die demografische Schere aufspannt. Wunderschöne Landstriche drohen zu Verliererregionen mit schrumpfender Bevölkerung zu werden. Hat eine ländliche Region per se schon schlechtere Karten im Wettbewerb um Talente, stellt eine negative Prognose der Demografen die Zeichen auf Niedergang. Sind die Bürgersteige erst mal hochgeklappt, wird es immer schwerer, Menschen zu halten oder gar zu gewinnen. Die Entwicklung wird zur Spirale nach unten. Je ländlicher Region und Unternehmen, desto größer das Problem.

Insgesamt gehen Experten für die nächsten 10 bis 20 Jahre von einem wachsenden Arbeitskräftebedarf in Deutschland aus. Die Entwicklung wird sich also verschärfen. Von Branche zu Branche gibt es Unterschiede. Sind Softwareentwickler und Steuerfachgehilfen längst Mangelware, kämpfen Sachbearbeiter und Fertigungsmitarbeiter noch um einen Job.

Als Grundlage für Ihre Planung brauchen Sie fundierte Daten. Schaffen Sie Transparenz über die Demografie in Ihrem Unternehmen. Wie viele Ihrer Mitarbeiter sind wie alt? Wann werden Sie wen wohl ersetzen müssen? Analysieren Sie Ihr relevantes Umfeld. Wie sieht es in unserer Branche aus? Wie bei den Kompetenzen, die wir in den nächsten Jahren benötigen werden? Was macht unsere Region? Wie entwickeln sich Mitbewerber und Mitstreiter? So entdecken Sie drohende Lücken frühzeitig.

Firmen fürchten Fachkräftemangel – Warum uns das alle angeht

Ich freue mich auf den Kaffee und die Arbeitszeit im ICE nach München. Am Bahnsteig höre ich die Durchsage »Achtung an Gleis 4. RE 4114. Zug fällt aus wegen Personalmangel«.

Allein bei DB Regio sind wegen fehlender Lokführer zwischen Januar und September fast 4000 Züge ausgefallen.[5]

Der Fachkräftemangel ist seit einigen Jahren Spitzenreiter auf der Rangliste der größten Bedrohungen für den zukünftigen Unternehmenserfolg.[6] Mit wachsendem Abstand vor globalen Krisen, Währungsturbulenzen und Energiefragen. Ob die tatsächliche Tragweite und die sich abzeichnende Dramatik wirklich allen bewusst ist – ich habe da so meine Zweifel.

Umsätze werden nicht gemacht, weil Stellen nicht besetzt werden können. Im Handwerk werden Aufträge abgelehnt, bei der Bahn fallen Züge aus, Öffnungszeiten werden eingeschränkt, Extra-Schichten können nicht besetzt werden. Was das kostet, können sich die Firmen leicht ausrechnen. Das schmerzt jeden Unternehmer. Dabei könnte man diesem Zustand noch etwas abgewinnen. Wenn man gut kommuniziert, die Preise etwas anhebt und sich auf die besten und interessantesten Kunden und Projekte konzentriert, kann das sogar eine Strategie sein.

Unauffälliger sind die indirekten Kosten bei Dritten. Engpässe bei Verwaltungen führen zu langen Genehmigungsprozessen und verzögern Gründungen und Bauvorhaben. Lieferengpässe bei Zulieferern lassen Bänder stillstehen.

Der größte Kostenblock aber ist fast unsichtbar. Die Kosten für den Verlust wichtiger Spezialisten und die Neubesetzung ihrer Stelle werden gerne übersehen, da sie nicht in der Jahresplanung als Soll-Ist-Abweichung auftauchen wie der entgangene Umsatz. Dabei werden Millionen Euro verbrannt – obwohl die Jahresauswertung sogar das Gegenteil behauptet. Wie kann das sein?

Fehlen Ihnen Profis, verbrennen Sie Millionen

Was passiert, wenn Sie ein guter Programmierer, ein Spitzenverkäufer oder der Kenner Ihrer speziellen Anlagen verlässt? Nehmen wir den Fall eines guten Mitarbeiters, der von sich aus geht, obwohl Sie ihn gerne gehalten hätten. Die Folgen: Die laufende Arbeit muss angepasst werden, die Stelle bleibt meistens ein paar Monate unbesetzt. Das führt zu der absurden Situation, dass Ihre Kosten in der entsprechenden Abteilung unter Plan sinken und Sie vielleicht sogar ein besseres Ergebnis erzielen. Idiotischer kann eine Fehlsteuerung kaum sein – aber das ist häufig Realität.

In Wirklichkeit entstehen immense Kosten. Da sind die Kosten der Stellenneubesetzung. Entweder Sie investieren in Stellenausschreibung und -anzeigen oder einige Monatsgehälter in das Honorar der Personalberatung Ihres Vertrauens. Den Zeitaufwand und die kalkulatorischen Kosten der Arbeitszeit für Auswahlgespräche und Vertragsverhandlungen wollen wir gar nicht anführen, die entgangenen Geschäfte in der Zeit des verwaisten Arbeitsplatzes dagegen schon. Dazu kommen die Einarbeitungskosten. In der Regel ist die Produktivität eines neuen Mitarbeiters einige Monate, manchmal für zwei bis drei Jahre deutlich geringer als die des erfahrenen Vorgängers. Der Unterschied in der Produktivität gehört zu den Fluktuationskosten. Von Deals oder Erfindungen, die mit den zwei oder drei Jahren Vorsprung hätten realisiert werden können, bekommen Sie erst gar nichts mit. Höre ich Widerspruch? Kritische Kommentare zum Thema klingen vertraut: »Eine gewisse Fluktuation ist doch wichtig« oder »So produktiv war der alteingesessene Experte auch nicht«.

Auch in einer idealen Welt gehen Firma und Mitarbeiter mal getrennte Wege. Dann aber mit Vorbereitung, guter Kommunikation, sauberem Übergang und geringen Folgekosten. Haben Sie die richtigen Mitarbeiter, ist jeder ungewollte Verlust einer verdienten Kraft einer zu viel und kostet schnell eine sechsstellige Summe.

Wenn Sie Fluktuation brauchen, um Leute loszuwerden, hatten Sie vorher nicht die richtigen. Eine niedrige Fluktuation ist einer der wichtigsten Erfolgsfaktoren der wachstumsstärksten und erfolgreichsten Unternehmen, der Hidden Champions[7].

Sind die enormen Kosten jedes verlorenen Mitarbeiters schon schlimm – ein wahres Drama entsteht, wenn wir uns die potenzielle Dynamik des Geschehens anschauen. Wenn Menschen eher gehen als früher, sich weniger gefallen lassen, mehr Alternativen haben und ständig und überall hören, dass sich jeder gut Qualifizierte in Zukunft seinen Job aussuchen könne – die Zahl der unfreiwillig verlorenen Mitarbeiter wird wachsen.

Die Spirale des schleichenden Todes

Es beginnt unmerklich. Im Windschatten der Not ist der erste faule Kompromiss beim Einstellen der Anfang einer gefährlichen Entwicklung. Die Zahl der zu besetzenden Stellen steigt, die Anzahl und Qualität der Bewerber sinken. Schon als es noch genug Auswahl unter den Bewerbern gab, wurden teure Fehler bei Neueinstellungen gemacht. Weil man nicht genau genug hinschaute, hat man Blender engagiert. Weil man einseitig auf Fachkompetenz achtete, hat man Charaktere ausgewählt, die nicht ins Team passten. Weil man sich von individueller Spitzenleistung täuschen ließ, bekommt man die Ellenbogenmentalität nicht mehr raus. Weil man nicht sauber definiert hat, wen man in Zukunft wirklich braucht, hat man zwar genug Leute, nur eben nicht genau die richtigen.

Und wenn jetzt die Bewerber knapper werden, sollen wir noch wählerischer sein? Wenn ich entschieden »Ja« sage, sehe ich oft ratlose Gesichter. Wer jeden nimmt, der zur Tür hereinkommt, muss danach auch mit jedem leben. Die Leistung stockt. Die Stimmung geht runter. Die Leistungsträger sind frustriert und schauen sich woanders um. Sie gehen von allein. Noch mehr Stellen werden frei und müssen neu besetzt werden. Jetzt sollen ein neues Produkt entwickelt, die Digitalisierung vorangetrieben und neue Märkte erobert werden? Merken Sie was? So verständlich die Notreaktion ist – der größte Fehler, den Unternehmen machen können, ist der faule Kompromiss beim Einstellen. Holen Sie nur Leute in die Firma, zu denen Sie voll »Ja« sagen können.

Risiko für den Mittelstand

»Der Mittelstand ist das Rückgrat der deutschen Wirtschaft.« Ein viel zitierter Satz. Große Teile der Arbeitsplätze stellen nicht die großen, bekannten Marken in den Metropolen, sondern die unzähligen mittelständischen Firmen – von den drei Millionen kleinen Betrieben mit bis zu 50 Mitarbeitern bis zu den weltmarktführenden Hidden Champions.

Der Fachkräftemangel trifft längst nicht alle Firmen, Branchen und Regionen gleich. Je bekannter und attraktiver Firma und Branche sind, desto mehr Zulauf an Talenten haben die Firmen. Die besten und bekanntesten Firmen hatten nie einen Mangel an Bewerbern und werden ihn auch in Zukunft nicht haben.

Für alle anderen Unternehmen wächst die Gefahr der gerade beschriebenen Todesspirale. Auch richtig gute Unternehmen sind oft kaum bekannt. Technologisch sind sie häufig spitze, bei Personalarbeit und Führungsqualität hapert es gelegentlich. Für junge, wählerische Talente sind der schwäbische Nudelmaschinenhersteller, der traditionsreiche Maschinenbauer oder das nerdige Softwareunternehmen zwar prinzipiell interessant. Aber entweder kennt man die Firmen gar nicht oder man findet deren Arbeitgeberauftritt nicht gewinnend. Beides können Sie sich immer weniger leisten.

Risiko durch Nachfolge und Übernahme

Familienunternehmen können einzigartig attraktive Arbeitgeber sein. Besonders wenn Gründer und Nachfolger mit ihrer Persönlichkeit für Werte und Kultur der Firma bürgen. Sie schaffen mit viel Herz und Einfallsreichtum Großartiges, begeistern Menschen und schaffen Werte.

Ziehen sich prägende Figuren irgendwann zurück, droht selbst hier Gefahr. Nicht jeder Generationenübergang ist gelungen. Übernimmt eine unreife Persönlichkeit, kann in wenigen Jahren verspielt sein, was in Jahrzehnten gewachsen war. Werden keine geeigneten Nachfolger in den Eigentümerfamilien oder dem eigenen Management gefunden, führt oft kein Weg am Verkauf vorbei. In anderen Fällen erfolgt der Einstieg von Investoren als Notmaßnahme in Krisen oder um stärker wachsen zu können. Passen die Investoren zur Kultur, sichert dieser Schritt die Zukunft. In den anderen Fällen droht der einstigen Arbeitgeberperle eine schwere Zeit. Das war früher schon so. Durch den Fachkräftemangel wird der Prozess des schleichenden Niedergangs massiv verstärkt. Übernehmen nach Jahrzehnten langfristig orientierter Familiengesellschafter zahlenfixierte Controller und mit Dreijahresvertrag eingeflogene CEOs auf Karrieredurchreise das Kommando, gehen langfristige Werte verloren, die in keiner Bilanz erscheinen: Unternehmen opfern ihre Mission, verraten ihre Werte, verlieren ihre Kultur, ersetzen schwäbisches oder fränkisches Unternehmertum durch Konzernbürokratie.

Für kurzfristig bessere Renditen zahlt das Unternehmen einen zunächst unsichtbaren hohen Preis, wenn elementare Faktoren der Identifikation und Bindung der Mitarbeiter gekappt werden. Die jahrzehntelange Übernahmegarantie für Azubis war Legende – aus Kostengründen gekippt. Kostenloses Mittagessen – gibt's nicht mehr. Das unbürokratische Ja für die Weiterbildung – wird kompliziert. Volles Vertrauen für operative Entscheidungen wird durch endlose Berichtsschleifen ersetzt, das Betriebsfest aus Kostengründen gestrichen.

Maßnahme für Maßnahme sinkt die Identifikation mit dem Unternehmen, Frust baut sich auf und zerstört die jahrelang gewachsene Firmenloyalität. Die Überzeugung »nicht mehr unsere Firma« setzt sich durch. Bis sich das in den Zahlen niederschlägt, sind die Manager des Umbruchs meistens weitergezogen. Mitarbeiter ziehen sich zurück. Früher in die innere Kündigung, heute gehen sie ganz – die Besten zuerst. Gute Familienunternehmen verschwinden nicht einfach so. Meistens ist es ein schleichender Niedergang. Das ist unglaublich schade. Es sei denn, Ihr eigenes Unternehmen hat seinen Standort in der Nachbarschaft. Dann ist es für Sie die seltene Chance, gute Leute zu gewinnen, die früher gegen jeden Abwerbeversuch immun gewesen wären.

Risiko für Region und Land

Durch den persönlichen Bezug und die jahrzehntelange Geschichte sind Firmen in ihrer Region verwurzelt. Sie werben mit den Reizen der Region und sie bringen sich ein. Stadt und Landkreis sind auf die lokalen Unternehmen angewiesen, profitieren von Steuereinnahmen, Arbeitsplätzen und dem Sponsoring für Feuerwehr und Hospiz. Wie wir später noch sehen werden, kann das eine ausgezeichnete Grundlage für ein erfolgreiches Arbeitgebermarketing sein.

Können die Firmen in Zeiten des Fachkräftemangels nicht mehr mithalten, ist das nicht nur für das Unternehmen schlecht. Verschwindet in München ein mittelgroßes Unternehmen, fällt das nicht weiter auf. Auf dem Land leidet die ganze Region mit. Schwächeln die Unternehmen, fehlen Steuereinnahmen und gehen zahlungskräftige Familien verloren, neue kommen nicht mehr hinzu. Schwächelt die Region, wird es für die verbliebenen Firmen noch schwerer, gute Leute am Wegzug zu hindern oder gar Verstärkung von anderswo zu gewinnen. Schrumpft die Bevölkerung, wird es unwirtschaftlicher, in schnelles Internet und Infrastruktur zu investieren.

Mit zunehmendem Wettbewerbsdruck auf dem Arbeitsmarkt werden Firmen und Regionen, die vor ein paar Jahren noch mühelos ihre Stellen besetzen konnten, in die Röhre schauen. Auch Regionen stehen im Wettbewerb. Oft unterschätzt wird dabei die Wichtigkeit des Images der Region. Welche Assoziationen löst die Region oder die Stadt aus? Und noch wichtiger: Welche Story erzählen die Menschen in der Region selbst? Dominieren pessimistische Geschichten, ist der Niedergang programmiert.

Was wir gerade für die Region diskutiert haben, gilt auch für das ganze Land. Aus globaler Sicht ist Deutschland auch nur eine Region, eine kleine sogar. Staaten stehen im Wettbewerb um Unternehmen, Standorte und immer mehr auch um Talente. Global tätige Firmen definieren sich zunehmend jenseits von Nationalstaaten. Wettbewerbsfähig bleiben wir nur, wenn wir als Unternehmenssitz, Betriebsstandort und Lebensmittelpunkt für Talente attraktiv bleiben. Davon hängen Wohlstand, Steueraufkommen und unsere Relevanz in der Welt ab.

Wir müssen als Standort zukunftsfähig sein. Da wir mit Sonne, Meer und schnellem Internet kaum punkten können, müssen wir uns einiges einfallen lassen. Ein modernisiertes Arbeitsrecht, digitalisierte Verwaltungen und ein innovatives Umfeld für Gründungen und Innovationen wären schon mal ein Anfang.

Wer den Fachkräftemangel als reines Problem der Unternehmen diskutiert, springt zu kurz. Der Wandel im Arbeitsmarkt geht uns alle an. Wie gut wir die Herausforderungen meistern, wird darüber entscheiden, wie sich unser Wohlstand, unsere Grundstückspreise und unsere Sozialsysteme weiterentwickeln.

Fachkräftemangel nicht nur bei uns – Die globale Perspektive

Ich suche einen Könner zum Aufbau meines Online-Shops. Nach ein paar Eingaben filtert die Plattform aus den fünf Millionen Freelancern geeignete Kandidaten – mit Foto, Kompetenzen, Kundenrating, Honorarvorstellung und Verfügbarkeit. Tom aus Düsseldorf für 75 Euro, Singh aus Bangalore für 7 Euro die Stunde oder Rhogi aus Manila für 3,50 Euro?

Ob es in 50 Jahren elf oder zwölf Milliarden Menschen auf der Erde sein werden, ein Mangel an Arbeitskräften sollte global betrachtet kein Problem sein? Das dachte ich zumindest immer. Die Arbeitsplätze und mit ihnen der Wohlstand müssen sich eigentlich nur verschieben. Würden wir uns nicht mit unseren Unternehmen, unserer Region und unserem Heimatland identifizieren – wir könnten uns entspannt zurücklehnen. Aber so?

Denken Sie nicht an die Millionen von Wanderarbeitern, die in vielen Regionen der Welt morgens am Straßenrand auf Arbeit warten. Die sind weit weg von unserem Arbeitsmarkt in Europa. Denken Sie besser an die Millionen von Clickworkern in aller Welt. Sie sitzen virtuell nebenan und warten auf Arbeit.

Schauen wir zuerst nach Europa. Ich erinnere mich an die Warnung von Volkswirten bei der Euro-Einführung: Können Währungen die unterschiedliche Wirtschaftskraft nicht mehr ausgleichen, muss die Arbeit wandern. Was früher im Verborgenen im Wechselkurs zwischen Mark und Peseta geregelt wurde, passiert jetzt im Alltag: Vollbeschäftigung in Schwaben, Jugendarbeitslosigkeit in Galizien.[8] Ohne die durch diese Unterschiede ausgelöste Wanderung ist unser Alltag kaum vorstellbar. Ein Freund baut mit polnischen Bauunternehmern. Er ist voll des Lobes über Milosz und Tomasz. Die Jungs können was, haben vor der Frühstückspause schon drei Stunden weggeschafft, sind super motiviert – und kosten die Hälfte des sonst Üblichen. Wie viele pflegebedürftige Menschen müssten nachts allein zur Toilette ohne Agata, Jarzyna oder Victor? In einer Diskussion über den Fachkräftemangel erzählt ein entspannter Bauunternehmer von Lorenzo, seinem Vorarbeiter aus Catania. Der besorge ihm so viele sizilianische Bauarbeiter, wie er brauche.

Die Bildschirme in der Produktion des schwäbischen Automobilzulieferers zeigen alle Informationen auf Deutsch, Englisch und Polnisch. Erntehelfer in der Landwirtschaft, Chirurgen im Krankenhaus und Fahrer auf den Brummis – Tausende arbeiten fernab der Heimat. Ohne Härten geht das nicht: Handwerker und Spediteure klagen über billige Mitbewerber. Wer die sonnige Heimat für den Job in Deutschland verlassen hat, klagt über das trübe Wetter. Die Wanderung mildert den Mangel hierzulande, doch die Profis fehlen zu Hause! Dort kommen die Probleme zeitversetzt, alternde Gesellschaften hat ganz Europa.

Wie die weltweite Perspektive überrascht

Reisen bildet bekanntlich – vor allem unser Bewusstsein. In Städten wie Singapur oder Bangkok, Ho Chi Minh City oder Shanghai, Kuala Lumpur oder Bangalore erlebt man hoch dynamische Gesellschaften hautnah. Alles ist voller Menschen, viele sind jung, viele sind zukunftsoptimistisch, viele sind ehrgeizig. Richtig viele. Stehe ich dicht an dicht im Skytrain in Bangkok, wirkt der Gedanke an leere Innenstädte und Fachkräftemangel in Deutschland sonderbar unwirklich.

In meinem Appartement über den Hochhäusern Bangkoks beginne ich zu recherchieren. *Talent Shortage* heißt das globale Pendant zum deutschen Fachkräftemangel. Beim Studieren einer weltweiten Übersichtskarte[9] bin ich einigermaßen überrascht. Dass Länder wie Australien, der Rest Europas, Japan, Singapur und Nordamerika tendenziell einen Mangel an qualifizierten Kräften haben: nachvollziehbar. Aber Länder wie Thailand und Vietnam? Zwar wächst die Bevölkerung, doch die wirtschaftliche Dynamik ist noch größer, der Bedarf steigt schneller als das Angebot. Fachkräftemangel auch hier.

Was ist mit China? Wo wir Talente-Überschüsse erwarten würden, halten sich Angebot und Nachfrage inzwischen die Waage. Das gilt auch für Mexiko oder Argentinien. Der Fachkräfteüberschuss ist auch hier passé. Einen echten Talente-Überschuss gibt es noch in Indien und Indonesien, in Brasilien und Südafrika, auf den Philippinen und in Malaysia. Jahr für Jahr drängen Millionen junger Menschen in den Arbeitsmarkt. Sie sind zunehmend gut ausgebildet, digitalaffin und ehrgeizig – und damit prädestiniert, digitalisierbare Aufgaben (also fast alle) zu übernehmen.

Noch überraschender sind die Prognosen. Trotz immer noch rasch wachsender Bevölkerung wird im Jahr 2030 Indien das einzige Land mit einem Überschuss an gut ausgebildeten Talenten sein.[10] Dazu passend hat sich inzwischen weltweit bei Umfragen unter Arbeitgebern Talent Shortage an die Spitze der Sorgen für die zukünftige Geschäftsentwicklung geschoben.

Die Kräfteverhältnisse im Arbeitsmarkt scheinen weltweit in Richtung qualifizierter Arbeitnehmer zu kippen. Aber die Unterschiede zwischen verschiedenen

Weltregionen sind groß. Bei uns werden tatsächlich die Menschen knapp. In den bevölkerungsreichen Ländern muss man noch mal näher hinschauen. Was hier fehlt, sind die richtig qualifizierten Menschen, die tatsächlich die angebotenen Jobs übernehmen können. Mit *Talent Shortage* werden meist Hochschulabsolventen bezeichnet, manchmal auch Qualifikationen mit kürzerer Ausbildungsdauer. Die hohe Zahl an qualifizierten Facharbeitern, wie wir sie mit unserer dualen Ausbildung in Deutschland und berufspraktischen Weiterbildungen gewöhnt sind, ist in den meisten Ländern der Welt unbekannt. Zu Recht ist das deutsche duale Ausbildungssystem ein Exportschlager in der internationalen Zusammenarbeit wirtschaftsnaher Einrichtungen und Regierungen.[11]

Auf die hohe Identifikation und Loyalität, die wir in gut geführten Unternehmen hierzulande gewohnt sind, können sich Firmen in vielen anderen Ländern nicht stützen. Ist die Loyalität geringer, wechseln Mitarbeiter in kürzester Zeit ihren Job. Fehlt es an der Identifikation mit Arbeitgeber und Aufgabe, ist nicht einmal die regelmäßige und dauerhafte Anwesenheit bei der Arbeit selbstverständlich. International tätige Unternehmen investieren in die kulturellen Unterschiede – entweder in kluge Strategien oder in Lehrgeld.

Selbst wo man es weniger erwarten würde, wird der Fachkräftemangel eine zentrale Herausforderung für Arbeitgeber. Wer erfolgreich sein will, muss mehr bieten, in einer Form, die in die jeweilige Kultur passt. Für die Arbeitsbedingungen wird das kein Nachteil sein.

Wo der Arbeitsmarkt längst global ist

Märkte sind längst global, Jeans und Smartphones haben vermutlich mehr von der Welt gesehen als manche ihrer Besitzer. Produktion ist längst global, Zuliefernetzwerke umspannen die Welt. Kommunikation ist längst global, die Welt ist ein Dorf geworden – zumindest der Teil der Welt mit gutem WLAN (Deutschland gehört nicht immer und überall dazu). Jetzt wird zunehmend auch der Arbeitsmarkt selbst global.

Weltweit gibt es ähnliche Wohlstandswanderungen, wie wir sie für Europa beschrieben haben. Millionen Baustellenarbeiter, Pflegekräfte, Taxifahrer, Servicekräfte, Zusteller und Kassierer arbeiten hart, um auf der sozialen Leiter höher zu klettern und die Liebsten zu Hause ernähren zu können. Das gibt es schon lange. Diese Gruppen profitieren leider nicht von einem Fachkräftemangel.

Das Neue: Der eigentliche globale Arbeitsmarkt spielt sich am oberen Ende des Qualifikationsspektrums ab. Standorte konkurrieren um Unternehmen und die besten Köpfe. Wo die talentiertesten Experten leben und arbeiten wollen, konzentrieren sich Geld, Know-how und Wohlstand. Die wirtschaftliche Hackordnung des nächsten Jahrhunderts hat mit der Attraktivität der Standorte zu tun. Während sich viele bei uns komfortabel in Führung wähnen, sind Spitzenstandorte wie San Francisco, Dubai und Singapur auf der Überholspur. Unbekanntere Destinationen folgen mit hoher Geschwindigkeit. Wenn wir mithalten wollen, sollten wir einen Zahn zulegen.

Wir müssen dafür sorgen, dass die richtigen Leute zu uns wollen oder bleiben. Das ist nicht selbstverständlich. Die Hälfte der Fachleute in San Francisco hat Wurzeln in Indien oder China. Singapur und Dubai propagieren ihre internationale Gesellschaft, im Baltikum konzentrieren sich Fintech-Unternehmen. Manche wollen gar nicht zu uns. Da ist der nette Schuhverkäufer in Kapstadt. Obwohl ich nur ein Wasser kaufe, legt er einen außergewöhnlich freundlichen Service an den Tag. Wäre meine Gepäckmenge nicht ausgereizt, hätte ich ein paar Schuhe mitgenommen. Wir kommen ins Gespräch. Er will Marketing studieren und lernt bereits die Sprache. Ich will ihn schon einladen, falls er nach Berlin oder München kommt. Fehlanzeige. Er geht nach China.

Manche wollen lieber weg: Wer will dem Bauingenieur aus Deutschland verdenken, lieber in Dubai in kürzester Zeit ambitionierte Bauprojekte aus dem Wüstensand hochzuziehen, als in Deutschland die Realisierung seiner Planungen vor dem Ruhestand nicht mehr zu erleben?

Die Elite der Qualifizierten zieht auf der Suche nach den attraktivsten Bedingungen um den ganzen Globus. Das kann um Geld, Steuerfreiheit und Privilegien gehen oder um Forschungsmöglichkeiten, eine innovative Community oder die Internationalität eines Standorts. Immer öfter sind die Lebensbedingungen ausschlaggebend für die Wahl des Arbeitsortes – die Sonne Mallorcas, der herzliche Service in Thailand oder die inspirierende Szene San Franciscos sollten als Ansiedlungsmotiv nicht unterschätzt werden.

Warum die Arbeit wandern wird, egal wie

Sie erinnern sich – wir brauchen drei Millionen Menschen, die bis 2030 den Arbeitsmarkt in Deutschland durch Zuwanderung auffüllen, wollen wir alle Arbeitsplätze und den damit verbundenen Wohlstand erhalten. Das ist ein politisch heikles Thema, doch noch haben wir eine Wahl. Entweder schaffen wir eine Willkommenskultur für Menschen oder eine Verabschiedungskultur für Arbeit und Wohlstand. Können oder wollen die Arbeitskräfte nicht zuwandern, wandert die Arbeit eben ab. Dabei müssen wir dezidiert zwischen Flüchtlingsmigration aus humanitären Gründen und selbstbewusst gesteuerter Arbeitsmigration unterscheiden. Rein rechtlich sind wir endlich auf gutem Wege. Mehr Sorge machen mir die öffentliche Meinung und das daraus entstehende Image

Deutschlands in der Welt. Rechtsextreme Attentate, diffamierende Äußerungen und rechtspopulistische Kampagnen bleiben nicht ohne Wirkung. Wenn indische Programmierer, mexikanische Pflegekräfte und polnische Ingenieure nicht mehr nach Deutschland kommen wollen, vernichtet das Wohlstand.

Während dieser Teil der Migration unsere Schlagzeilen beherrscht, spielt sich ein nicht minder wichtiger eher unbemerkt ab: die Abwanderung meist hoch qualifizierter Arbeitskräfte aus Deutschland. Gegen die Zuwanderung gehen Leute auf die Straße. Die Abwanderer stimmen ebenfalls mit den Füßen über den Standort ab.

Früher konnte die Arbeit wandern, indem Firmen Standorte in anderen Teilen der Welt etablierten oder Menschen wegen der Arbeit ihre Heimat verließen. Jetzt ist die Arbeit selbst erwachsen geworden, sie kann allein reisen. Menschen müssen ihre Heimat gar nicht verlassen, um Ihnen Arbeit abzunehmen. Dank digitalisierter Arbeitsprozesse spielen Ort und Zeit keine Rolle mehr. Dank der Arbeitsvermittlungsplattformen ist der Auftrag mit einem Klick erteilt und bezahlt. Ohne Arbeitsvertrag, ohne lange Bindung. Wenn Sie sich heute Ihrer deutschsprachigen Verwaltungsarbeit noch sicher fühlen, holen Sie sich schnell etwas Hochprozentiges. Dank leistungsfähiger Übersetzungssoftware wird als letzter Schutzwall auch noch die Sprachbarriere fallen. Millionen motivierter und geschäftstüchtiger Talente sind nur einen Klick entfernt. Solange die Unterschiede in Lebenshaltungskosten und Stundenlohn noch so groß sind, bleibt der Anreiz immens, Arbeit aus dem teuren Deutschland abfließen zu lassen.

Wären Gesetze, Gewohnheiten und Gewerkschaften nicht so starke Verbündete für alte Arbeitsplätze in europäischen Verwaltungsjobs – die Koalition aus Plattformen, künstlicher Intelligenz und Millionen hoch motivierter philippinischer, indischer oder moldawischer Sachbearbeiter würde manche davon ersetzen.

Warum der Fachkräftemangel ein Glücksfall ist

Thomas und Gerald ziehen mit Zelt und Rucksack durch die Steppe. Als Gerald die Löwen bemerkt, klopft er seinem Begleiter auf die Schulter und will losrennen: »Los, komm!« Thomas nimmt in Ruhe seinen Rucksack ab. Gerald beobachtet, wie Thomas die Laufschuhe anzieht und die Sandalen im Rucksack verstaut. »Was machst du denn da? Meinst du, mit Laufschuhen wärst du schneller als die Löwen?« »Nee. Muss ich auch nicht. Ich muss nur schneller sein als du.«

Der Wettbewerb um die Talente wird härter. Unternehmen fürchten den Fachkräftemangel. Doch sogar diese Bedrohung hat ihr Gutes. Was heute in Unternehmen als *normal* gilt, ist weit entfernt von *spitze*. In Firmen werden Energie,

Lebenszeit und Kreativität verschwendet, da ist Luft nach oben. Irgendwie ist das jedem klar. Doch wir handeln erst, wenn der Leidensdruck so groß geworden ist, dass es wehtut. Genau dieser therapeutische Schmerz hat mich davon überzeugt, dass der Fachkräftemangel ein Glücksfall für Unternehmen und Führungskräfte sein kann. Das gilt nicht für alle, nur für die Guten. Die mit Turnschuhen, welche die Zeichen der Zeit erkannt haben.

Dass gut ausgebildete Mitarbeiter profitieren, wenn der Arbeitsmarkt sich zu ihren Gunsten dreht, dürfte klar sein. Wer gut ist, kann sich Job und Firma aussuchen. Je knapper die Arbeitskraft, desto besser die Konditionen. Gute Arbeit wird teurer. Die Rahmenbedingungen werden besser und solche Dialoge vielleicht Realität: »Flexible Arbeitszeiten?« »Na, klar.« »Homeoffice?« »Selbstverständlich.« »Sabbatical?« »Ja, wann denn?« »Karriereplanung?« »Ist bei uns serienmäßig.« »Elternzeit?« »Also bitte! Natürlich.« »Remote arbeiten für zwei Monate im Jahr?« »Na klar.« Wenn das für die Mitarbeiter kein Glücksfall ist.

Glücksfall? Wie gute Unternehmen Fahrt aufnehmen

Nein, nicht alle Unternehmen werden profitieren. Nur die Guten. Auch in Zeiten des Fachkräftemangels sind eine Menge hoch qualifizierter Menschen da – nur nicht mehr genug für alle. Mit Sandalen in der Steppe kann das lebensbedrohlich werden. Es gibt Millionen von Unternehmen. Die besten werden immer genügend gute Mitarbeiter finden. Menschen werden anspruchsvoller und wählerischer. Das ist eine Chance für Firmen, die anspruchsvollen Menschen ein Zuhause bieten wollen.

Unternehmen, die den Fachkräftemangel zum Anlass nehmen und sich Schritt für Schritt zum großartigen Arbeitgeber entwickeln, werden eine höhere Produktivität, mehr Innovationen und gesteigerte Wettbewerbsfähigkeit erreichen. Ohne den therapeutischen Schmerz hätten sie sich womöglich nie auf den Weg gemacht. Das Gute am Fachkräftemangel: Die Entwicklung baut sich langsam auf. Noch bleibt Zeit, sich vorzubereiten, also die Turnschuhe einzupacken. Das Beste: So selbstverstärkend wie bei der »Spirale des Todes« geht es auch in die andere Richtung. Ist eine Firma mal als großartiger Arbeitgeber bekannt, spricht sich das herum. Je besser Sie sind, desto leichter wird es, gute Leute zu finden. Viele Lösungen gibt es längst, man muss es nur machen, manchmal sogar nur nachmachen.

Zumindest in den nächsten Jahren werden die Umwälzungen am Arbeitsmarkt wilde Blüten treiben. Das Thema bleibt in den Medien. Über Firmen, die besondere Dinge bieten, wird gerne berichtet. Je größer der Fachkräftemangel wird, desto mehr unzufriedene Mitarbeiter schauen sich nach Alternativen um.

Ich bin überzeugt, dass der Druck den Wechsel von schlechten Arbeitgebern zu den wirklich guten Firmen beschleunigt. So paradox es klingen mag: Die besten Firmen werden durch den Fachkräftemangel weniger Fachkräftemangel haben!

Glücksfall? Wie Führungskräfte profitieren

Einerseits ist es hier genauso. Nicht alle Führungskräfte profitieren. Nur die Guten. Es hat immer richtig gute Führungskräfte gegeben, die mit menschlicher Haltung, klarer Kommunikation und dem Herz auf dem rechten Fleck eine gute Balance zwischen Interessen und Zielen der Firma und denen ihrer Mitarbeiter erzeugt haben. Wer das mit Aufmerksamkeit machen will, weiß um die nötige Energie, Zeit und Kompetenz. In zahlreichen Firmen hat Führung nicht die angemessene Priorität bekommen. Das wird sich ändern.

Viele sind Führungskraft geworden, ohne richtig auf die Rolle vorbereitet und darin unterstützt zu werden. Wenn Führung endlich den richtigen Stellenwert bekommt, erhalten Sie professionelle Weiterbildung, gutes Coaching und genügend Zeit für Führung. Das geht nicht »on top«, ohne was wegzulassen. Endlich können Sie die Prioritäten so setzen, dass Sie Ihr Team optimal entwickeln können. Sie bekommen mehr Mitsprache beim Einstellen der Leute und die Unterstützung einer professionellen Personalentwicklung. Der Fachkräftemangel ist ein Glücksfall für gute Führungskräfte, weil Führung Priorität bekommt.

Andererseits können auch diejenigen vom Fachkräftemangel profitieren, die sich in der Rolle als Führungskraft gar nicht wohlfühlen. In guten Firmen werden diese Menschen nicht »abgesägt«. Eher schafft man alternative Karrieremodelle und eine Kultur, die den Wechsel in andere Rollen ermutigt. Dann können großartige Experten sich wieder um anspruchsvolle Konstruktionen, Excel-Tabellen und Software kümmern und haben den Personalkram – gesichtswahrend – wieder von der Backe.

Glücksfall? Wie Standorte und Branchen an Reputation gewinnen

Wir haben schon gesehen, wie bedroht Regionen und bestimmte Branchen vom Fachkräftemangel sein können. Doch auch hier können einige profitieren. Sie ahnen es schon: nicht alle, nur die besonders Guten. Je mobiler Arbeit wird, je anspruchsvoller Menschen werden, desto eher werden Firmen und Menschen dort arbeiten, wo sie sich wohlfühlen. Hier ist Raum für Kreativität und einzigartige Ansätze. Davon können ländliche Regionen genauso profitieren wie interessante Metropolen. Unter den Gewinnern werden Räume sein, die heute wenige auf dem Schirm haben. Standorte, die wegen ihrer touristischen Qualitäten prosperieren, weil Menschen und Firmen ihre Arbeit mitbringen. Standorte, an denen eine Gruppe innovativer Firmen gemeinsam eine besondere Wohlfühlumgebung geschaffen haben. Standorte, die für bestimmte Berufsgruppen einzigartige Arbeitsbedingungen bieten. Standorte, die durch hohe Spezialisierung zum Mekka ihrer Branche werden.

Auch hier gilt der Mechanismus der positiven Spirale. Sie benötigen eine Handvoll strategischer Köpfe, Weitblick und Ausdauer. Am Anfang ist es schwer, dann wird es immer leichter. Ohne den Druck des Fachkräftemangels würde es kaum gelingen, Unternehmen, Politik und Verwaltung an einen Tisch und zu entschlossenem gemeinsamen Handeln zu bewegen.

Glücksfall? Wie die Gesellschaft gewinnen kann

Der Mechanismus des therapeutischen Schmerzes kann heilsam wie eine Frischzellenkur oder wie der berühmte Tritt in den Allerwertesten wirken. Manche überfällige gesellschaftliche Veränderung könnte den notwendigen Anschub bekommen. Bei anderen braucht der Fachkräftemangel noch Verbündete.

Gut, wenn Schulen Impulse erhalten, um zukunftsfähiger, digitaler und persönlichkeitsbildender zu werden. Gut, wenn wir unwirtschaftliche oder umweltschädliche Unternehmen und Branchen nicht mehr mit dem Argument der bedrohten Arbeitsplätze protegieren müssen. Gut, wenn wir endlich Verwaltungsprozesse konsequent digitalisieren und für ordentliche Internetverbindungen im ländlichen Raum sorgen. Gut, wenn wir endlich aufhören, Homeoffice und flexibles Arbeiten abzuwehren, und uns für moderne, ortsflexible Arbeitsformen öffnen.

Kinderbetreuung und familienfreundlichere Arbeitsmodelle, Diversität, Beteiligung von Mitarbeitern am Firmenwert, flexibleres Arbeitsrecht – wir werden in den folgenden Kapiteln eine Menge Verbesserungspotenzial beleuchten.

Alles, was sich als Gewohnheit oder per Gesetz als normal etabliert hat, entwickelt Beharrungsvermögen. Ohne Krise, ohne therapeutischen Schmerz kommen nötige Veränderungen selten in Gang. Unter dem Strich macht dieser Wandel unsere Gesellschaft bunter, leistungsfähiger und widerstandsfähiger. Wenn wir dabei nicht zu stolz sind, um in der ganzen Welt nach guten Ideen zu suchen und voneinander zu lernen, können wir das meistern.

Es wird Verlierer geben und das wird wehtun

Die Dosis macht das Gift. Nach so viel therapeutischem Schmerz muss ein ehrliches Wort zur anderen Seite der Realität folgen. Der Fachkräftemangel ist kein

Spaß. Das Reden vom Glücksfall klingt wie blanker Hohn, wenn Sie gerade keine Leute finden und von der Entwicklung überrollt werden. Ich will, dass möglichst viele Firmen die Weichen klug stellen und richtig gute Arbeitgeber werden: Dann stimmt das mit dem Glücksfall.

Doch auch für diejenigen, die den Weg zum attraktiven Arbeitgeber so nicht gehen können oder wollen, kann der Fachkräftemangel noch etwas Gutes haben. Sie können ihr Geschäftsmodell ändern und mit weniger Leuten wirtschaftlich gut über die Runden kommen. Oder sie schaffen ein Ende mit Anstand und finanziellem Polster. Am meisten leidet, wer Entwicklungen nicht wahrhaben will und sich bis zuletzt gegen das Unausweichliche wehrt. Am Ende sind Schulden übrig und die Firma weg. Dann lieber ein gut geplantes Ende.

Es wird Firmen geben, von denen man sagen wird, der Fachkräftemangel habe ihnen das Genick gebrochen. Es wird Branchen geben mit massiven Problemen. Es wird Orte geben, die ausbluten. Es wird Chefs und Führungskräfte geben, die von ihren Mitarbeitern die rote Karte bekommen. Doch nirgends ist der Fachkräftemangel wirklich schuld. Er macht nur sichtbar, was schon vorher im Argen lag. Für die Betroffenen ist das alles andere als angenehm. Aus einer übergeordneten Perspektive heraus ist es trotzdem gut. Der Fachkräftemangel macht die Arbeitswelt besser.

Kapitel 2
TECHNOLOGIE: Was für uns übrig bleibt und möglich wird

Technologie ändert sich rasant. Technologie wird kleiner, schneller, klüger und vernetzter. Wo wir früher jahrelang auf brauchbare Erfolge gewartet haben, überraschen uns heute Innovationen am laufenden Band.

Und wir Menschen? Wir sind, denken und fühlen linear. Wir sind Gewohnheitswesen. Es dauert, bis wir uns an Neuerungen gewöhnen. Wir fühlen uns gerne sicher. Wird die Sicherheit gestört, schalten viele auf Abwehr, schauen weg oder warten mindestens erst mal ab. Damit sind wir lange gut gefahren. Mit Blick auf Haltungen und Aussagen etlicher Entscheider habe ich allerdings Sorge um die Zukunft. Zu sehr scheint ihr Denken und Handeln von den Erfahrungen von gestern geprägt. Sie fahren täglich zur Arbeit in die Firma, bauen Büros für alle, drucken Faxnummern auf Visitenkarten und schütteln den Kopf über *digital natives*. In ihrer Filterblase bestätigen sie sich gegenseitig und glauben, dass sich im eigenen Job nicht so viel ändern wird.

Schon die demografische Entwicklung haben wir lange ignoriert. Was, wenn wir auch zu spät realisieren, was in der Technologie auf uns zukommt? Die Demografie ist eine Schnecke. Die technologischen Veränderungen gleichen eher einer Büffelherde. Wir sollten auf einen Berg steigen und weit in die Zukunft schauen. Nur wenn wir sehen, was auf uns zukommt, können wir die richtigen Entscheidungen treffen. Erkennen wir, was am Horizont entsteht? Welche Arbeit wird übrig bleiben? Wie werden wir arbeiten? Wo entsteht Arbeit neu? Diskutieren wir die relevanten Fragen? In die Zukunft zu schauen ist ein Risiko. Aber es ist in jedem Fall besser, die Büffel zu reiten, als unter die Hufe zu kommen.

Das kann weg – Wie Arbeit durch Technologie verschwindet

Projektmanagement-Tools, CRM-Software, E-Mail-Programm – immer mehr Dienste nutzen wir online. Die Rechnungen stehen monatlich online im Portal oder kommen per E-Mail. Es war lästig: einloggen, Belege runterladen, abspeichern, an die Buchhaltung geben. Das ist jetzt vorbei. Die neue Software fischt alle Rechnungen aus Online-Portalen, legt sie strukturiert ab und übergibt sie an die Buchhaltungssoftware beim Steuerberater. Automatisch. Immer.

Arbeit wird am laufenden Band durch Technologie ersetzt. Wir sind mittendrin. Bahntickets buchen wir seit Jahren online, checken am reservierten Platz selbst ein und werden nicht mehr kontrolliert. Reisezentrum, Schlange stehen, Ticket kaufen, im Zug vorzeigen – für die meisten von uns Vergangenheit. Flugtickets buchen wir online, checken zu Hause ein. Am Flughafen warten Drop-off-Automaten auf unsere Koffer. Automaten gibt es heute deutlich mehr als früher bemannte oder befraute Schalter. Der Prozess geht schneller, einfacher, günstiger und ist rund um die Uhr verfügbar. Wir gewöhnen uns schnell daran, und die Jobs sind weg.

Schon in den Siebzigerjahren des zwanzigsten Jahrhunderts titelte der Spiegel »Nehmen uns die Roboter die Arbeit weg?«. Dass wir Zukunftsbilder entwerfen – utopische wie beängstigende –, ist Teil unseres Wesens. Sie faszinieren oder erschrecken uns, manchmal lächeln wir nur. Lange war es so, dass die Fortschrittsgläubigen Durchbruch um Durchbruch angekündigt haben: 3D-Druck, Übersetzungssoftware, Chatbot.

Konfrontiert mit den Ergebnissen der technologischen Wunderwerke war die Enttäuschung dann groß: Die in einer Stunde und mit Quietschen im 3D-Drucker erschaffene Plastikfigur mit Riefen soll jetzt die Produktion revolutionieren? Die automatisch übersetzte Bedienungsanleitung des Toasters führt eher zu Lachern als zu Erkenntnissen.

Wo wir früher enttäuscht wurden, sind wir jetzt immer öfter überrascht, was Technologie schon kann. 3D-Drucker erzeugen Prothesen, Herzklappen und ganze Häuser.[1] Wir sprechen mit Cortana und Alexa. Alphabets künstliche Intelligenz vereinbart am Telefon einen Termin beim Friseur, niemand bemerkt, dass der Anrufer kein Mensch ist.[2] Texte kommen nahezu perfekt aus dem Übersetzungsprogramm, unser Handy übersetzt simultan in die Fremdsprache unseres Gegenübers.

Technologische Entwicklungen nehmen Fahrt auf – gleichzeitig, auf der ganzen Welt, in allen Technologiebereichen. In Ruhe und »hintereinander« können wir das nicht mehr erfassen. Mit den exponentiellen Neuerungen ist unsere lineare Art des Denkens schlicht überfordert. Beim Blick in die Zukunft kann es manchem etwas schwindlig werden. Daran aber werden wir uns wohl gewöhnen müssen.

Die Hardware unseres Gehirns verändert sich genetisch relativ wenig. Anders die Prozessoren unserer Maschinen. Sie kennen das Moore'sche Gesetz? Es beschreibt, dass sich die Leistungsfähigkeit von Prozessoren alle 18 Monate verdoppelt. Angesichts unseres immensen Vorsprungs konnten wir das lange belächeln. Doch allmählich wird es eng. Wann ist die Kapazität des menschlichen Gehirns erreicht?

Die Leitfragen, mit denen ich Gespräche und Recherchen geführt habe, waren: Wie wirkt sich Technologie auf unsere Arbeit aus? Welche Jobs werden verschwinden? Was bleibt? Trotz durchaus unterschiedlicher Meinungen zu den Entwicklungen im Detail lassen sich die wichtigsten Kernaussagen erschreckend einfach zusammenfassen: Alles, was der Mensch kognitiv kann, kann künstliche Intelligenz (bald) besser. Alles, was der Mensch körperlich kann, können Roboter (bald) besser.[3]

Also Arbeit ade? Schauen wir mal.

Der Letzte macht das Licht aus – Produktion ohne Menschen?

Roboter verschweißen Karosserieteile, autonome Transportsysteme bringen wie von Geisterhand Teile ans Band und Greifer stapeln Ware vollautomatisch und lagenoptimiert auf Paletten. Produktionsprozesse werden automatisiert, die Zahl der Menschen in der Produktion sinkt. Mit der einziehenden Industrie 4.0 lernen die Maschinen sprechen, vernetzen sich mit Menschen und untereinander. Sensoren melden kleinste Veränderungen der Werkstofftemperatur automatisch an Steuerungen. Regelkreise funktionieren autonom, Menschen müssen nicht mehr eingreifen. Stationen holen sich die Arbeitspakete selbstständig, die optimale Auslastung bringen. Der Warenfluss ist transparent, über Firmengrenzen hinweg ist bekannt, wo sich mein Bauteil gerade befindet.

Wo das hinführt? Sie kennen den Spruch »Der Letzte macht das Licht aus«. Was sonst eher für das Partyende oder den Feierabend gedacht ist, steht unter Protagonisten der neuen industriellen Produktion für die Vision der »Dark Factory«. Eine vollautomatisierte Produktion braucht keine Menschen mehr – und damit kein Licht (stimmt nur, wenn es keine optischen Sensoren gibt). Experten sind sich uneins, wie schnell und wie vollständig Produktionsprozesse automatisiert werden, aber die Richtung ist eindeutig.

Im Gegensatz zur Entwicklung bei Prozessoren und künstlicher Intelligenz lassen sich Roboter und mechanische Teile nicht genauso exponentiell schneller und billiger machen. Menschen könnten also noch länger für Jobs gebraucht werden: für eintönige Aufgaben am Fließband, Teile entgraten, in eine Kiste stapeln, auf ein anderes Band legen. Menschenwürdig sind diese Jobs nie gewesen. Aber solange Menschen günstiger, flexibler und schneller umgerüstet sind als Roboter, dürfte die Dark Factory noch etwas auf sich warten lassen.

Automatisierung hält auch im Handwerk Einzug. Bei einem Tischler auf Rügen habe ich eine Anlage bestaunt, die ganze Möbelteile vollautomatisch herstellt: Platte greifen, Umrisse schneiden, Löcher bohren, Kanten anleimen – alles vollautomatisch. Das macht für die Mitarbeiter die Arbeit sehr viel leichter, die Firma leistungsfähiger und den Arbeitsplatz attraktiver.

Von Mailand nach Bangladesch und zurück

Als Moderator bei Branchen-Events staune ich oft.[4] Ob Ernährung, Automobil, Pflege, öffentliche Verwaltung oder Wissenschaftsbetrieb – immer gibt es diese beiden Arten des Staunens: »Wahnsinn, was heute schon alles geht!« Und: »Echt jetzt? So wird das wirklich noch gemacht?«

Die zweite Art dominierte bei mir, als ich in der Modebranche vom sogenannten *Tod durch Lap-Dipping* hörte. Die neue Kollektion im Laden muss genau dem ursprünglichen Bild der Modeschöpfer entsprechen. Farbe, Textur, Lichtwirkung, Faltenwurf – alles muss passen. Der Weg dahin ist weit und führt über gefärbte Stoffmuster, die um die Welt fliegen. So geht Lap-Dipping: Designer in Mailand und München schicken kleine Stoffmuster im gewünschten Look zum Garnhersteller in die Türkei, zur Färberei nach Bangladesch und in die Fabrik in Vietnam. Dort wird das gewünschte Ergebnis erzeugt und ein Muster zurückgeschickt. Fein säuberlich in Päckchen verschnürt reisen Stoffmuster zurück nach Europa zur Begutachtung. Oft nur, um festzustellen, dass der gewünschte Effekt noch etwas mehr Sättigung der Rottöne braucht. Die nächste Version geht auf Reisen. So vergehen Wochen und Monate. Hin und her. Bis es passt.

Ich war überrascht, dass in der Entstehung neuer Kollektionen noch richtig gebastelt wird. Modeschöpfer entwerfen Skizzen an riesigen Tafeln, den Moodboards. Praktikanten und Azubis schneiden Stoffe, reichen an, ändern, befestigen, bis es gefällt.

Das alles geht längst anders. Der komplette Prozess kann heute digital abgebildet werden. Entwürfe werden am digitalen Avatar virtuell erzeugt. Als neue Moodboards fungieren überdimensionale Touchscreens in Raumgröße. Wo früher Menschen Stoffe aus dem Lager holten, reicht ein Mausklick. Sekundenschnell wechseln die Stoffe im lebensecht animierten Abendkleid. Alle Zutaten wie Garne und Knöpfe sind per 3D-Scan originalgetreu in den Artikeldatenbanken der Partner hinterlegt und per Drag&Drop an Ort und Stelle. Partner sind rund um die Welt ohne Zeitverlust beteiligt.

Steht der Entwurf, werden die Daten direkt ins CAD übernommen. Die Integration reicht bis zur Fabrik in Asien. Stoff, Textur und Farbe sind voll digital simuliert, durch kalibrierte farbechte Bildschirme wiedergegeben. So wird direkt vor Ort sichergestellt, dass das fertige Produkt genauso aussieht, wie es kreiert wurde. Vergingen früher Monate zwischen Design und Ankunft der Ware im Laden, reduzieren die schnellsten Marken das heute auf wenige Tage. Tödlich am Lap-Dipping ist der riesige Zeitverlust: Bis die Ware im Laden ankommt, ist sie womöglich schon nicht mehr modern, Marktanteile gehen verloren.

Schicken Sie Ihren digitalen Zwilling zur Anprobe

Die digitale Integration ganzer Wertschöpfungsketten stellt gewachsene Traditionen auf den Kopf. Jobs fallen weg, andere werden interessanter. Unnötiger Ressourcenverbrauch entfällt. Neue Kooperationen werden nötig. Wo Zeit wichtig und automatisierte Produktion möglich ist, können Fabriken aus Billiglohnländern wieder zurückkehren, näher an Designer und Kunden oder ins Umfeld von Logistikzentren der Online-Versender.

Die digitale Integration ist damit noch nicht am Ende. Die Vision, unseren persönlichen Avatar zum Einkaufen ins virtuelle Bekleidungsstudio zur Anprobe zu schicken, ist nicht mehr weit entfernt. Sind die persönlichen Körpermaße dort hinterlegt, kann mein lebensecht animierter Avatar sogar sagen, wo es zwicken wird. Passform ist dann nicht mehr Glückssache, die lästigen und teuren Retouren würden überflüssig.

Es geht es noch weiter. Der Trend geht zur Losgröße eins. Jedes Produkt wird völlig individuell gestaltet. Wenn dann die Produktion in hochautomatisierten Mikro-Produktionsstätten in direkter Nähe erfolgt, kann ich mir im Laden ein Kleidungsstück kreieren lassen, gehe während der Fertigung weiter shoppen und hole es drei Stunden später ab. Die Pilotprojekte dazu gibt es längst. Ich war jedenfalls schwer beeindruckt, meinen etwas unbeholfen selbst gezeichneten Smilie fünf Minuten später als gestricktes Stück Pullover in der Hand zu halten, erzeugt in einer Microfactory genannten, vollautomatischen und digital angesteuerten Strickmaschine im Foyer der Eventlocation.[5]

Büroalarm: Die jobhungrigen Maschinen kommen jetzt zu euch

Die wirtschaftliche Entwicklung der Neuzeit hat Millionen von Jobs in Büros, in Einkaufszentren, in Dienstleistungsbereichen geschaffen. Erstaunlich viele

Menschen wollen nicht wahrhaben, wie gefährdet auch diese Jobs sind. Zumindest wenn sie nicht durch Gesetze und Beharrungsvermögen künstlich aufrechterhalten werden.

Denken Sie an die schlaue Software, die jetzt meine Belege aus den Portalen fischt, während ich auf der Terrasse sitze. Alle Jobs, die sich mit der Abwicklung mehr oder weniger standardisierter Verwaltungsprozesse beschäftigen, können über kurz oder lang automatisiert werden. Belege verarbeiten, Rechnungen erfassen, Buchungen vornehmen, Anträge bearbeiten, Pässe ausstellen, Bauanträge bearbeiten, Kundenanfragen beantworten. Nichts davon müssen Menschen machen.

Moderne Software liest und sortiert E-Mails, beantwortet die meisten davon und ordnet die anderen den richtigen Experten zu. E-Mail-Marketing-Programme filtern meine Interessengebiete und versorgen mich mehr oder weniger treffsicher mit vollautomatisch generierten Abfolgen von Informationen. Erst wer vom automatisierten Verkaufstrichter als echter Kaufinteressent identifiziert ist, wird persönlich kontaktiert. Automatisierte Verknüpfungen sorgen dafür, dass jeder Download einer Fallstudie von Ihrer Website eine Abfolge von Aktionen auslöst: Eintrag in der Kundenverwaltung, Nachricht an den zuständigen Vertriebler, Impuls ans Controlling – alles vollautomatisch.

Bei aller Offenheit für Neues gebe ich zu: Gegen Alexa und Cortana habe ich noch Widerstände. Als Cortana beim Öffnen meines neuen Laptops mit mir sprechen wollte, habe ich erst mal gegoogelt, wie ich das abstellen kann. Vielleicht hängt das an meinen nervigen Diskussionen mit meinem nicht mehr allerneusten Navi im Auto: »Das habe ich nicht verstanden. Soll ich die Zielführung nach Dingolfing, Rabenstraße 95 starten?« »Grrhhh«.

Trotz unserer Anfangswiderstände. Wir werden uns auch daran gewöhnen, mit Maschinen zu kommunizieren. Die kleinen Helferlein werden immer besser, ihre Datenwolke im Hintergrund macht sie schlau und schlauer. Je mehr sich die Tools einschmeicheln, desto akzeptierter werden sie. Stimme nach Wahl, keine Widerrede, immer freundlich. Stets zu Diensten. Glauben Sie nicht? Wir werden uns wundern. Heutige Telefondialogsysteme und Navigationsgeräte werden uns vorkommen wie Bandsalat. Relikte aus längst vergangenen Zeiten.

Die vermeintlich so sicheren Jobs in Bank und Verwaltung

Bei so viel Veränderung – zum Glück gibt es die guten alten, sicheren Branchen: Banken, Verwaltungen, Steuerberatung? Doch deren Sicherheit resultiert zu einem guten Teil aus Veränderungsresistenz, Bürokratie und Trägheit in Politik,

Gesetzgebung und Gesellschaft. Wahrscheinlich kann man sich darauf noch länger verlassen, als es gut wäre.

Ich mache mir gerne einen Spaß daraus, Menschen, die in Banken arbeiten, nach der Blockchain zu fragen. »Hast du dich damit schon mal beschäftigt?«. Erschreckend, wie wenige sich auskennen. Mir geht es dabei nicht um das Technische. Ich halte es nur für klug, schon mal von der Technologie gehört zu haben, die morgen meinen Job übernehmen könnte.

Der Clou: Durch eine parallele digitale Dokumentation aller möglichen Vorgänge an unzähligen Stellen gleichzeitig entsteht eine transparente, vollautomatische und fälschungssichere Dokumentation von Verträgen, Buchungen, Zahlungen und Kommunikation.

So wie das Grundbuch Sicherheit für Eigentümer erzeugt hat, so wie die doppelte Buchführung verbindliche Finanzregeln erzeugt hat, so kann die dezentrale Dokumentation mithilfe der Blockchain-Technologie eine nahezu absolute Transparenz über Transaktionen schaffen. Was das bedeutet? Zahlungsströme könnten direkt laufen, Banken für den Zahlungsverkehr überflüssig werden. Transparente Buchhaltungsdaten lassen keinen Platz für kreative Buchführung. Preise werden nachvollziehbar zwischen Maschinen ausgehandelt und dokumentiert. Nicht nur Bankangestellte, auch Steuerberater und Buchhaltungskräfte sollten auf der Hut sein.

Branche für Branche krempelt sich um

MUSIK. Wissen Sie noch, was Bandsalat ist? Die Älteren unter uns erinnern sich an Musikkassetten. Als Jugendlicher saß ich vor dem Radiorekorder (ein eigenes Gerät mit Kassettenfach links und Radio rechts) und lauschte sonntags der Hitparade. Lieder wurden angesagt und es war eine Kunst für sich, im richtigen Moment nach der Ansage die »Record-Taste« zu drücken. Noch spannender war es am Ende. Erst abschalten kurz vor der Ansage des Moderators. Und wie ich diesen Kerl hasste für sein zu frühes Reinquatschen in »Down Under« von Men at Work. Grrrhhh. Heute ist es so einfach geworden, seine Wunschmusik zu hören. Meine Playlist ist überall dabei. Zwischen damals und heute kamen und gingen CDs, MP3s und der Ärger mit Musiktauschbörsen. Die meisten Menschen finden das klasse. Plattenhersteller, CD-Presswerke und Musikläden überhaupt nicht. Die sind nämlich weg.

BÜCHER. Für Menschen unter dreißig ist die Vorstellung, ein gedrucktes Buch in der Buchhandlung in der Innenstadt zu bestellen und am nächsten Tag zur Abholung selbst noch mal hinzulaufen, so aus der Zeit gefallen wie Lagerfeuer zum Burgergrillen. Für ganze Generationen ist Einkaufen gleich Amazon. Bücher lädt man mit einem Klick auf alle Geräte. Zack.

ERNÄHRUNG. Wo heute Tiere in großer Zahl gezüchtet, gefüttert und geschlachtet werden, könnten tierische Eiweiße übermorgen industriell entstehen, wenn sich nicht gleich pflanzliche Eiweiße aus Gesundheits- und Umweltgründen große Teile des Marktes schnappen. Genomsequenzierungen kosten nicht mehr viel. Sensoren messen Körperdaten, Blutwerte werden mobil und engmaschig analysiert und Nahrungsergänzung individuell optimiert.

TRANSPORT. Wann autonomes Fahren Realität wird, darüber wird angeregt diskutiert. Moderne Autos können deutlich selbstständiger fahren, als sie dürfen. Irgendwann wird der Mensch als Risikofaktor am Steuer die Ausnahme sein. Das wird dort beginnen, wo der Mensch Kostenfaktor ist. Die Börsenkurse von Uber, Bolt und Grab werden richtig Fahrt aufnehmen, wenn keine Fahrer mehr gebraucht werden. Wenn LKWs ohne Lenkzeitbeschränkung rund um die Uhr unterwegs sein können, werden Unsummen an Kosten eingespart. Bevor die Brummifahrer komplett entfallen, werden sie, unseren Gesetzen geschuldet, in einer Übergangsphase noch mitfahren müssen. Zum Fahren nicht gebraucht, müssen sie dann halt was anderes machen in der Zeit unterwegs. Was, darauf dürfen wir gespannt sein. Warum selbst die schienengeführten Bahnen noch von Lokführern gesteuert werden, ist eh ein Rätsel.

ÜBERNACHTUNGEN. Waren früher Chefsekretärinnen und Reisebüros stundenlang mit Hotelbuchungen beschäftigt, machen Chefs das heute am Handy im Taxi in dreißig Sekunden selbst. Weil Plattformen so gut funktionieren, machen Millionen privater Appartements heute via Airbnb den professionellen Vermietern den Markt streitig.

FINANZEN. Ich kenne noch Bankberatung in der Filiale mit hohen Gebühren und kurzen Öffnungszeiten. Online-Banken machen das rund um die Uhr. Fintechs transferieren Geld für kleinste Gebühren um die Welt, bewegen Milliarden auf privaten Kreditmarktplätzen und finanzieren Startups über Crowdfunding-Plattformen.

Wir könnten das unendlich fortsetzen. Als Kunden dürfen wir staunen. Ist die Zukunft unserer Firmen und unserer Mitarbeiter betroffen, sollten wir vorbereitet sein.

Das geht anders – Wie Arbeit in Zukunft funktioniert

180 Teilnehmer sind der Einladung gefolgt. Im Smalltalk begrüße ich alte Bekannte. Ein Countdown läuft, nach 30 Sekunden sind alle im Vortragssaal. Bewegen muss sich niemand, für den Expertenvortrag hat uns der Administrator der Online-Tagung kurzerhand in den Vortragssaal gebeamt. Wir folgen der Präsentation. Fragen der Teilnehmer werden im Chat sichtbar, per interaktives Voting rutschen die interessantesten Fragen nach oben. Praktisch. Der virtuelle Raum bildet ein mehrstöckiges Tagungsgebäude nach. Im Saalmodus stehen ausreichend Tische zur Auswahl. Ich wähle meine Gruppe, setze mich dazu und diskutiere mit fünf anderen Teilnehmern über Geschäftsmodelle nach der Corona-Krise. Per Klick wechsle ich ins Foyer. Hier ist Smalltalk und Kaffee trinken angesagt. Nur der Kaffee ist noch analog.

Die Szene spielt nicht in zehn oder fünfzehn Jahren, sondern heute, 2020. Technologie lässt Arbeit nicht nur verschwinden, sie verändert die Art, wie wir arbeiten. Beginnen wir mit dem angekündigten Büroalarm. Die Realität vor Corona sah doch immer noch so aus: Täglich fahren Menschen zuerst lange zum Büro, dann dort ihren Rechner hoch. Sie beantworten E-Mails, besprechen Projekte, telefonieren, sitzen in Meetings und verhandeln. Dann fahren sie wieder nach Hause.

Die Technologie hat in den letzten Jahren alles bereitgestellt, was zur Befreiung der Arbeit aus Firmengebäuden und festen Strukturen notwendig ist. Wir können überall auf der Welt arbeiten. Überall? Nein, nicht ganz. Nur wo es halbwegs schnelles Internet gibt. Also in Afrika, Thailand, Singapur, Mallorca, Malaysia und sogar an manchen Stellen in Deutschland. Wir brauchen mobile Geräte. Laptop und Smartphone haben wir überall dabei. Unsere Daten sind in der Cloud verfügbar. Mit leistungsfähigen Videokonferenzen schalten wir uns aus aller Welt zum Austausch zusammen. Wer noch telefonieren will, hat seine Büronummer dabei. Niemand muss wissen, ob Sie in Stuttgart im Büro oder in Alicante im Coworking-Space sind. Der Austausch im Team erfolgt über Chats, das Kanban-Board, an dem die aktuellen Aufgaben visualisiert werden, ist längst digital.

Das geht alles schon lange. Nicht wenige haben das bisher nicht gemerkt oder nicht wahrhaben wollen. Was uns Verfechter flexiblen Arbeitens sonst noch Jahre gekostet hätte, hat die Corona-verursachte Homeoffice-Challenge auf einen Schlag allen klar gemacht: Das geht. Fairerweise muss man sagen: Es geht unterschiedlich gut. Der unvorbereitet verordnete Homeoffice-Zwang wirkt wie ein unangemeldeter Besuch eines Digitalisierungs-Auditors. Schonungslos legt er den Stand der Dinge offen. Während in den modern organisierten Firmen die

Mitarbeiter ihre Laptops mit nach Hause nehmen und weiterarbeiten wie bisher, kommt in anderen Firmen der Geschäftsbetrieb zum Erliegen.

Alles in allem aber überwiegt die für manche überraschende Erkenntnis: »Das geht ja besser, als wir dachten.« Der Geist der Befreiung der Arbeit ist aus der Flasche. Sollten Sie Ausbaupläne für Ihr Bürogebäude haben, stoppen Sie diese und lesen zuerst das Buch zu Ende. Vermutlich werden Sie dann anders bauen – oder gar nicht.

Was Menschen heute in Büros machen, geht auch woanders

Es gibt Menschen, die gehen gerne ins Büro – viele sogar. Keine Sorge, das dürfen Sie auch in Zukunft noch. Der Witz an der Freiheit ist ja, dass man von überall arbeiten kann und nicht mehr wegen der Büroarbeit an einen bestimmten Ort muss. Wer ein schönes Büro und nette Kollegen hat, darf auch gerne in Zukunft dorthin.

Hier lauert eine Denkfalle. Etliche Gegenargumente zum flexiblen Arbeiten rühren daher, dass Menschen sofort und ausschließlich an Homeoffice denken, wenn sie vom Arbeiten außerhalb des Büros hören. Homeoffice ist nicht die Lösung für alle. Es ist nur einer von vielen Orten zum Arbeiten. Wem das liegt, wer sich räumlich gut einrichten kann, für den ist Homeoffice grandios. Andere wollen privates Wohnen und Arbeiten strikter trennen, brauchen Tapetenwechsel und andere Leute um sich. Denen fällt im Homeoffice die Decke auf den Kopf oder sie können sich nicht konzentrieren.

Richtig spannend werden die neuen Möglichkeiten des Arbeitens erst jenseits von Büro und Homeoffice. Die *dritten Orte* des Arbeitens werden stark zunehmen. Das kann überall sein. Lassen Sie uns ein paar näher anschauen. Dienstreisende arbeiten schon immer überall, am Flughafen, im Zug, in der Lounge. Manche Menschen brauchen Inspiration und können wunderbar im belebten Café oder an anderen inspirierenden Orten arbeiten. Andere brauchen eher Ruhe und schaffen sich ihr Refugium für optimale Konzentration und Schaffenskraft: das Häuschen am See vor den Toren Berlins, die Ferienwohnung an der Ostsee oder das frühere Gerätehaus im eigenen Garten.

Dritte Orte zum Arbeiten sind auch Coworking-Spaces. Als Kreuzung aus Café und Kurzfristbüro sprießen sie überall auf der Welt aus dem Boden. Manche sind näher an Café, hipper Einrichtung und Startup-Community, andere setzen auf seriöse Business-Anmutung mit modern designter Arbeitswelt und High-End-Technik. Die Grundidee ist gleich: An einem Ort jenseits Ihres festen Büros und Ihres Zuhauses mieten Sie sich für Stunden, Tage oder Wochen eine Arbeitsumgebung. Sie können das für sich allein oder für ein kleines Team tun,

Sie können Mitgliedschaften in Coworking-Ketten erwerben und *Ihr* Büro heute in Berlin, morgen in München und übermorgen in Madrid nutzen. Einkaufszentren in Thailand integrieren Coworking-Areas, Hotels erweitern ihre Lobby, Tourismusanbieter entdecken eine neue Zielgruppe.

Remote Work geht für alle

Liest man von *digitalen Nomaden*, denkt man schnell an junge Freelancer, die mit Rucksack um die Welt touren und Websites programmieren. Das wäre zu kurz gesprungen. Remote-Arbeit geht für alle. Am wenigsten um Erlaubnis fragen müssen Freiberufler und Selbstständige. Sie können arbeiten, wo sie wollen, und viele machen das auch. Ich kenne Menschen aus allen Altersklassen, Programmierer, Rechtsanwälte und Steuerberater, die selten von ihrem Büro aus arbeiten. Das merken Sie meist gar nicht.

Heute noch wenig verbreitet, aber stark im Kommen sind angestellte Remote-Mitarbeiter. Das sind Leute, die mit festem Arbeitsvertrag volle Leistung bringen, ohne ins Büro zu kommen. Es gibt Berater, die sich darauf spezialisiert haben, Firmen und Mitarbeiter auf dem Weg dahin zu begleiten. SAP machte vor wenigen Monaten mit der Meldung Schlagzeilen, dass Mitarbeiter arbeiten können, wo sie wollen. Das ist ein Trend, der pfiffigen Firmen in Zeiten des Fachkräftemangels ganz neue Möglichkeiten der Mitarbeitergewinnung eröffnet. Noch weiter gehen Unternehmen, die gleich ohne feste Büros gegründet werden. Remote-Arbeit ist normal, gemeinsames Arbeiten in einem Gebäude wird zum mehrmals jährlichen Event. Ein äußerst erfolgreiches Beispiel stelle ich Ihnen am Ende des Buches vor.

Wir sprechen meist von Mitarbeitern, aber für Chefs gelten die neuen Freiheiten genauso. Schon immer haben Unternehmer, die es sich leisten konnten, das Haus am Meer, die Finca auf der Insel oder die Wohnung an der Ostsee als Rückzugsort genutzt. Manche Strategie ist dort entstanden, manches Angebot von dort geschrieben worden. Chefs gewinnen an Ausgleich und Lebensqualität, wenn sie für sich für Inspiration sorgen. Gute Führung funktioniert auch virtuell. Tut sie das nicht, war sie meist auch vorher schon nicht gut. Hat man den Gedanken des ortsflexiblen Arbeitens erst einmal akzeptiert und die Methodik dazu verinnerlicht, wird klar, wie absurd es ist, wegen des kabelgebundenen Rechners und des unflexiblen Chefs morgens zwei Stunden auf der A8 im Stau zu stehen.

Einen technischen Aspekt möchte ich aber nicht unterschlagen. Alles ist einfach, wenn alle Mitarbeiter irgendwo allein an ihrem Laptop sitzen. Komplizierter und technisch anspruchsvoller wird es, wenn die Hälfte des Teams im Konferenzraum der Zentrale sitzt, drei Leute zusammen am anderen Standort und sieben im Homeoffice. Jetzt brauchen Sie gute Technik, die allen ein entspanntes Sprechen im Raum ermöglicht. Gute Raummikrofone, Weitwinkelkameras und eine professionelle Akustik machen sich schnell bezahlt. Für das nahtlose Zusammenspiel zwischen Mitarbeitern vor Ort und draußen in der Welt ist das unerlässlich. Dann gelingen Dinge, wie sie mir Katharina Sowa erzählt hat. Sie ist als Content Production Manager für die deutsche Website bei Pipedrive verantwortlich und arbeitet in Tallinn. Besucht sie ihre Eltern in Wiesbaden oder Freunde irgendwo auf der Welt, braucht sie keinen Urlaub, sondern nur Internet. Tagsüber arbeitet sie voll, zu Teammeetings klinkt sie sich ein. Der Rest ist Privatvergnügen.

Millionen von Freelancern sind genau einen Klick entfernt

Für große Unternehmen ist es normal, Arbeit weltweit zu verlagern. Durch die Technologie und das Geschäftsmodell einer ganzen Reihe von Plattformen ist das weltweite Auslagern von Arbeit für große wie kleine Firmen nur noch einen Klick entfernt. Für jede digital erbringbare oder lieferbare Arbeit können wir über die unterschiedlichsten Plattformen Experten und Dienstleister jeden Qualifikations- und Preisniveaus einkaufen.

Wir können Texter beauftragen und virtuelle Assistenten finden, ein Büroteam für unsere Telefonannahme anheuern und Grafiker für Logo und Website engagieren. Plattformen gibt es für jedes Spezialgebiet und Anspruchsniveau. In Sekundenschnelle spuckt das System eine Liste geeigneter Profile aus. Die Plattform lebt von Provision und zufriedenen Partnern auf beiden Seiten des Marktes. Für Freelancer bildet sie den Zugang zum Markt. Eine wachsende Zahl von Menschen schätzt dieses System. Wer klug spezialisiert ist, findet mehr als genug Arbeit. Für Unternehmen entstehen neue Formen, sich zu organisieren. Feste Mitarbeiter oder Freelancer vor Ort sind längst nicht mehr die einzigen Optionen. Firmen können Projektteams bedarfsgerecht zusammenstellen oder gleich ganze Komponenten für eine Gründung einkaufen. Muss die Leistung auf Deutsch erbracht werden, ist das Reservoir groß, kann es auf Englisch sein, wird es unendlich. Innovationen bei der Übersetzungssoftware werden auch diese Hürde vermutlich bald beseitigen.

Dienstweg war gestern – Wir kommunizieren ganz anders

Firmenstrukturen haben oft eine lange Geschichte. Abteilungen, Dienstwege und Postmappe kommen aus Zeiten mit Hierarchie, Papierordnern und Kontrolle. Diese alten Kommunikationsformen stehen völlig konträr zu den Möglichkeiten und Spielregeln moderner Technologie. Welten treffen aufeinander. Auch wenn es inzwischen niemand mehr zugeben mag: Es gibt sie noch, die Leute, die E-Mails ausdrucken, Briefe diktieren und von der Sekretärin an eine E-Mail anhängen lassen. Menschen, die wissen, was eine Bibliothek ist, wie ein Nachschlagewerk funktioniert und was ein Ablageplan ist.

Junge Mitarbeiter kennen diese Welt nicht. Fragen werden gegoogelt, gelernt wird bei YouTube. Aufgewachsen mit Facebook, Instagram und Snapchat werden die gelernten Muster bei LinkedIn, XING und WhatsApp fortgesetzt. Der geeignete Kontakt ist schnell gefunden. Wissen wird geteilt, Ideen werden gepostet und Fragen gestellt. Entgegen dem Bild Älterer herrscht in vielen Foren eine Kultur der Hilfsbereitschaft. Höflich formulierte Fragen erzeugen in kürzester Zeit Ideen, Impulse und Meinungen aus der jeweiligen Community. Das ist deutlich zu schnell für Dienstwege, Abteilungen und Zuständigkeiten.

Junge Mitarbeiter können nicht verstehen, warum man dort, wo man gemeinsam etwas erreichen will, nicht genauso kommuniziert, wie man das bei persönlichen Anliegen längst praktiziert. Nein, es ist nicht sinnvoll, Mitarbeitern das Handy am Arbeitsplatz zu verbieten oder den Internetzugang zu begrenzen. Nein, es ist nicht sinnvoll, Menschen auf Dienstwege und in E-Mail-Kommunikation zurückzuholen, weil die Führungskräfte den Wandel nicht verinnerlicht haben. Und nein, Datenschutz ist kein Gegenargument. Es gibt genügend sichere Tools, die man innerhalb von Unternehmen einsetzen kann. Arbeit und Zusammenarbeit werden auch intern anders funktionieren. Offen, in verschiedene Richtungen, gleichzeitig, transparent und schnell. Chatprogramme und Kollaborationstools können von Laptop, Tablet und Smartphone jederzeit und überall genutzt werden.

Wer an Arbeit in Gebäuden und Menschen in starren Regeln festhalten will, wird womöglich bald allein dastehen. Und sich dann über den Fachkräftemangel beschweren. Dabei waren die Fachkräfte sogar da. Sie arbeiten sogar – nur vielleicht glücklicher, freier und woanders.

Wenn Raum und Zeit verschmelzen

Noch sind wir es gewöhnt, digitale Inhalte über Bildschirme wahrzunehmen. Die sind gefühlt immer zu klein und nicht eben handlich. Neue Arbeits-, Lern- und Kommunikationsformen werden entstehen, wenn das Internet die Bildschirme verlässt und die dreidimensionale Welt erobert: das *Spatial Web* als nächste Generation des World Wide Web. Wir werden Projektionen direkt im Raum vor uns sehen; wir werden in virtuellen Welten agieren, projizierte Informationen verschmelzen mit der realen Umgebung. Wir werden als Hologramme an Meetings teilnehmen. Was davon wie schnell praxistauglich sein wird – wer weiß? Die Art, wie wir arbeiten, wird sich weiter verändern. Wo früher mit Prototypen Versuchsreihen gefahren wurden, wird virtuell simuliert und konstruiert, getestet und abgestimmt.

Wo wir aufwendig zu Messen und Konferenzen gereist sind, nehmen wir virtuell teil; vielleicht schicken wir bald auch hier unsere Avatare mit gezielten Suchaufträgen los. Zur virtuellen Konferenz hatte ich Sie schon mitgenommen. Wir werden in dreidimensionalen Räumen lernen und diskutieren, Verhandlungen führen und Standorte planen. Unsere Kinder kennen das längst. In E-Games wie Fortnite ziehen sie als virtuelles Team durch fremdes Gelände. Mit der gleichen Technik kann man auch Marketingstrategien entwickeln, Anwender schulen und technische Anlagen planen.

Zunehmend genutzt werden Systeme der Fernunterstützung. Hoch qualifizierte Experten werden virtuell hinzugeholt, wenn das Know-how vor Ort nicht ausreicht. Das ist wie permanentes Arbeiten mit Telefonjoker. Die Person vor Ort trägt eine Augmented-Reality-Brille, der Experte unterstützt aus der Ferne bei heiklen medizinischen Operationen, bei komplizierten technischen Reparaturen oder als Gutachter.

Per Fernsteuerung helfen IT-Experten, wenn sich der eigene Rechner verhakt hat. Wir schauen zu, wie der Platinenexperte aus der Ferne wie von Geisterhand alles wieder zum Laufen bringt. Ähnliches werden wir auch erleben, wenn sich unser autonom fahrendes Auto in eine Sackgasse manövriert hat. Fernsteuernde Profipiloten übernehmen die Kiste und bringen sie zurück auf sicheres Terrain. Bei der Telerobotik steuert ein Mensch aus der Ferne den Roboter, der Satelliten repariert, Feuer löscht oder Pakete zustellt.

In fremder Umgebung werden uns wichtige Informationen per Head-up-Display ins Blickfeld projiziert. In einer uns unbekannten Stadt schauen wir auf ein Museum und wissen, was es dort zu bestaunen gibt. Wir blicken auf die Eingangstür des italienischen Restaurants und unsere Brille zeigt uns, wann ein Tisch frei ist. Durch doppeltes Blinzeln reservieren wir für 20 Uhr. Der Techniker in der Werkstatt schaut sich die defekten Teile im Motorraum der großen Erntemaschine an. Die Software blendet Teilenummern und Einbauanleitungen ein. Bei entsprechender technischer Ausstattung könnte Homeoffice sogar in Jobs möglich werden, bei denen wir uns das heute noch nicht vorstellen können.

Von R2D2 und C3PO über Ironman und Terminator

In Science-Fiction-Filmen kennen wir sie, manche lieben, andere fürchten wir: die mechanischen Helfer, Partner und Wirkungsverstärker der menschlichen Helden. In der Realität werden sie vielleicht weniger schillernd daherkommen. Die Zusammenarbeit zwischen Mensch und Maschine wird unser Arbeiten noch mal verändern. In Fabriken lernen Mensch und Roboter, buchstäblich Hand in Hand zu arbeiten. Eher an R2D2 erinnern helfende Roboter mit knuffigen Kulleraugen, die auf Sprachbefehle reagieren, Menschen informieren und assistieren. Der Pflegeroboter in Japan, der selbstfahrende Chatbot an der Rezeption. Wir werden uns aneinander gewöhnen.

Bis zur fliegenden Hülle von Ironman mag es noch weit sein. Exoskelette vervielfachen die menschliche Kraft. Unsichtbarere Formen davon werden in Berufskleidung integriert. Menschen steuern Maschinen morgen über Gesten und übermorgen durch Gedanken.

An Brille, Prothese und Hörgerät haben wir uns gewöhnt. Vermutlich werden wir uns weiter in Richtung Terminator entwickeln und leistungssteigernde Bauteile in unseren Körper integrieren. Kontaktlinsen mit Projektionsfunktion, Analyse-Implantate für aktuelle Blutwerte oder die Schnittstelle zur Gedankenkommunikation sind noch Zukunftsmusik. RFID-Chips haben sich erste Menschen schon unter die Haut pflanzen lassen. Schlüssel und Passwörter können sie nicht mehr vergessen. Da wir unsere Smartphones eh nicht mehr aus der Hand legen, könnten wir sie auch implantieren, wenn der Bildschirm durch eine der oben beschriebenen Techniken überflüssig geworden ist. Wie schnell sich welche Neuerungen durchsetzen – wir wissen es nicht. Was wir aber annehmen dürfen, ist, dass sich die Art, wie wir arbeiten, weiter grundlegend verändern wird.

Das wird neu – Wie Arbeit entsteht, die wir noch nicht kennen

Der Test zur Berufswahl schlägt mir drei Favoriten vor: Als Entwickler digitaler Implantate, die in Hirn und Körper eingepflanzt werden, sogenannte Body Hacks, steigere ich Lebensqualität. Als Gamifizierungs-Designer entwickle ich Spiele, die Menschen zu besserer Ernährung und gesunder Lebensweise animieren. Als Schwarm-Künstler kreiere ich mit Drohnenschwärmen Musik und Kunst.[6]

Zukunftsforscher streiten noch darüber, ob die Hälfte oder drei Viertel der heutigen Schüler in Berufen arbeiten werden, die wir jetzt noch nicht kennen.

Ist es schon schwierig genug, vorauszusehen, wie sich unser Arbeiten verändert, so ist es naturgemäß noch schwieriger, vorauszusehen, was neu entsteht.

Für die Planung unserer Zukunft müssen wir trotzdem Annahmen machen und Entscheidungen treffen. Studieren oder nicht studieren? Hierbleiben oder auswandern? Gründen oder nicht gründen? Eltern und Lehrer dürften in einigen Fällen nicht die besten Ratgeber für junge Menschen zu ihrer Berufsorientierung sein. Es soll immer noch Leute geben, die glauben, eine Bankausbildung sei eine solide Grundlage. Aber auch fortschrittlichere unter den Menschen über dreißig sind vermutlich mit der Prognose zukünftiger Berufe überfordert.

Die Berufsberatung der Arbeitsagentur erscheint mir ebenso wenig als Quelle geeignet. Also lassen Sie uns ein paar Suchfelder näher anschauen und Hypothesen durchspielen. Ändern werden sich die Aufgaben vermutlich eh schneller als in der Vergangenheit. Es geht nicht um den ultimativen Beruf, sondern um Ideen und Potenziale. Ich möchte einige Suchfelder zeigen und Mut und Zuversicht stärken, dass uns die Arbeit nicht ausgehen wird.

Für die nächsten zehn bis zwanzig Jahre gehen die Experten ohnehin davon aus, dass die Jobs in schon bekannten Feldern nicht knapp werden. Also fangen wir mal mit dem an, was wir schon absehen können.

Irgendwas mit Internet geht immer

Wenn das Internet die Infrastruktur der Zukunft ist, sind Websites und Präsenzen in sozialen Medien die Immobilien von morgen. Rund um Online-Marketing, -Shopping, -Dating, -Bildung und -Werbung werden Milliarden bewegt. Zugleich wächst die Zahl der Berufsfelder. Immer weiter differenzieren sich einzelne Expertisen. Wer gestern glaubte, eine Bankausbildung sei eine gute Basis, sollte vielleicht besser erst mal was solides mit Online-Marketing oder User-Interface-Design lernen. Auch hier gilt: »Irgendwas mit Internet« reicht nicht. Wer die Grundzüge des Programmierens kennt, hat eine gute Grundlage. Der SEO-Manager[7] sorgt durch kluge Inhaltsplanung und unter Berücksichtigung des Google-Algorithmus dafür, dass Ihre Website bei der Suche weit oben auftaucht. Der SEA-Manager erreicht die Sichtbarkeit durch bezahlte Werbung bei Google. Die Expertise, Anzeigen bei Facebook zu schalten, reicht inzwischen zu einem gut bezahlten Job als Facebook-Anzeigen-Experte.

Content-Marketing gestaltet die relevanten Inhalte so, dass potenzielle Kunden auf Sie aufmerksam werden. Content-Redakteure steuern das Ganze, E-Mail-Marketing-Experten setzen Kampagnen um, Social-Media-Redakteure füllen Ihre digitalen Kanäle und Community-Manager sorgen für die nötigen Interaktionen. Copywriter schreiben Texte, Videoexperten produzieren Clips und sorgen bei YouTube für Reichweite. E-Commerce-Manager optimieren das Sortiment im Online-Shop, konzipieren Aktionen und analysieren den Wettbewerb. Affiliate Manager organisieren provisionierte Kooperationen. Die Liste ließe sich immer weiter fortsetzen.

»Irgendwas mit Internet« entpuppt sich bei näherem Hinsehen als gigantisch wachsender Kosmos voller spannender neuer Berufe. Tummeln sich Kinder und Jugendliche in sozialen Medien und machen Erfahrungen als YouTube-Influencer, ist das nicht die schlechteste Vorbereitung auf die Anforderungen von morgen. Dass daraus grandiose Unternehmen entstehen können, sehen wir später auch noch.

Was als Spiel anfängt, wird zum Beruf

Womit haben Sie als Kind gerne gespielt? Die Evolution von Jobs zeigte sich auch früher schon an den Spielsachen der Kinder. Haben die Steppkes Autos aus Legosteinen und Kräne aus Fischertechnik gebaut, sind sie später zu Brücken, Windrädern und Autos gewechselt. Warum soll sich das nicht wiederholen, nur in anderer Technologie?

Die Generation der Eltern über vierzig hat selten ein entspanntes Verhältnis zu E-Games. Viele haben eher Angst, dass die gamenden Jungs und Mädels ihre sozialen Kontakte verlieren, nicht genug für die Schule lernen und ihre Zeit verdaddeln. Das dachte ich früher auch. Bis zu einem Erlebnis bei der Gamescom, der weltgrößten Computerspielemesse in Köln. Ich lasse mich überreden, noch mal zum aktuellen Spiel bei Weltmeisterschaften von *League of Legends* mitzukommen. So sitze ich dann zwischen Sechzehn- bis Zwanzigjährigen auf dem Boden in einer riesigen Messehalle. Tausende Zuschauer schauen gebannt auf das Spiel auf der riesigen Leinwand. Die zwei Fünferteams sitzen davor in ihren Hightech-Gaming-Stühlen. Kommentatoren berichten live, das Spiel wird in alle Welt gestreamt. Plötzlich brandet Beifall auf und eine Szene wird wiederholt. Langsam verstehe ich die Regeln halbwegs und beginne mitzufiebern.

Warum finden Erwachsene E-Games doof und es gleichzeitig völlig normal, zu Tausenden in Fußballstadien zu pilgern? Sinnvoller ist das auch nicht. Eher umgekehrt. E-Games füllen in Ländern wie Südkorea ganze Stadien. Games wollen entwickelt und programmiert werden. Längst gibt es Profimannschaften, Sichtungsturniere und hauptberufliche Trainer. Spezielle Stühle, PCs und Zubehör werden auf den Markt gebracht. Die Kompetenzen, die Gamer erwerben, werden in neu entstehenden Berufen gebraucht – Kreation von Lernwelten, Gamification in der Weiterbildung, reaktionsschnelle Steuerung komplexer Welten, Fernsteuerung autonom fahrender Autos, Drohnenpiloten in Fotografie, Überwachung und Zustellung. Pokémon Go war die erste Breitenanwendung von Augmented Reality. Die praktische Anwendung in der Arbeitswelt haben wir im vorigen Abschnitt gesehen. Die Kompetenzen dazu können im Spiel schon mal gelernt werden.

Digitalisierung braucht helfende Hände und kluge Köpfe

Die Digitalisierung hat handfeste Jobs zu vergeben. Die Anwendungsfelder der Digitalisierung wollen bespielt werden. Technologien müssen eingeführt, Maschinen programmiert und Algorithmen trainiert werden. Jobs im technologischen Bereich werden sich immenser Wachstumsraten erfreuen. Softwarelösungen für alle denkbaren Aufgabenstellungen – von der App bis zur komplexen Businessanwendung, Sensortechnologien, autonomes Fahren und Fliegen, Interface-Design – benötigen IT-Kompetenzen und Technologieverständnis.

Die genannten Beispiele sind nahe an der heutigen Realität. Längst denken viele Menschen über weiter in der Zukunft liegende Job-Chancen nach. Avatar-Designer ermöglichen uns coole Erscheinungen in der virtuellen Welt. Cyborg-Psychologen helfen uns, mit technologisch upgegradeten Organen und Implantaten optimal umzugehen und unser Selbstbild anzupassen. Daten-Polizisten unterstützen Menschen in der Überwachung und Bereinigung der öffentlich zugänglichen Daten und im Aufbau einer entsprechenden persönlichen Sicherheitsstruktur und »Marken-Führung«.[8]

Was ist aber mit den weniger IT-affinen Menschen? Auch hier gibt es Grund zum Optimismus. Wo Menschen Probleme und Bedürfnisse haben und bereit sind, für deren Lösung Geld auszugeben, entstehen neue Jobs. Das dürfte sich kaum ändern. Bedürfnisse und Wünsche sind grenzenlos und die Geschichte der Menschheit hat unendliche Varianten von Berufen hervorgebracht. Menschen haben mehr Zeit und mehr Geld – aber eben auch mehr Optionen, Entscheidungsmöglichkeiten und damit offene Fragen.

Menschen werden immer mehr persönliche Services in Anspruch nehmen, nicht nur bei Kinderbetreuung und Haushaltshilfe, sondern auch virtuelle Assistenz, Hundetrainer und Ernährungscoach.

Persönlicher Service als Wachstumsfeld

Hinter jedem Problem lauert ein Dienstleistungsmarkt: Berufswahlcoaching, Bewerbertraining, Entspannungsschule, Massageausbildung und Yogaunterricht – das sind altbekannte Jobs. Es wird Beratung geben, wie man seine Gesundheit im Alter erhält. Der Personal Trainer wird umfassendere Jobs übernehmen und normal sein. Gibt es immer mehr digitale Helfer, werden Menschen bei der Auswahl, Installation und Anwendung helfen. Im Tourismus werden unzählige Varianten von Gästeführung, Erlebnis-Scouts, Trainern und Animateuren entstehen – offline wie online. Je mehr Menschen Selbstverantwortung leben müssen, desto mehr Angebote wird es rund um Selbststeuerung, Persönlichkeitsentwicklung und Kommunikation geben. Feelgood-Manager kümmern sich um die Stimmung und das Wohlbefinden der Mitarbeiter. Gesundheitscoachs sorgen für gesunde Ernährung.

Die Arbeit wird uns nicht ausgehen. Es entstehen immer neue Bedürfnisse, die auf unterschiedliche und sich wandelnde Weise gestillt werden. Berufe und Firmen verschwinden, neue entstehen. Wir haben das am Beispiel der Musik gesehen. Konzerte gibt es heute wie früher. Das Bedürfnis nach Musik ist erstaunlich stabil geblieben. Es wird weiterhin neue Formen geben, Musik zu erleben. Wir dürfen gespannt sein. Vielleicht erleben wir Musik und Tanzen in der virtuellen Realität, sehen uns selbst als Sänger, Bassist oder Schlagzeuger und schauen durch die Augen von Freddy Mercury, Avicii oder Adele.

Die Angst vor technologischen Umbrüchen ist so alt wie der Fortschritt selbst. Bisher ist es meistens anders gekommen. Nicht immer besser, aber zumindest haben wir überlebt und in vielen Dingen ist das Leben deutlich besser geworden. Bei der Einführung der Eisenbahn befürchtete man, dass bei Tempo 40 die Lunge zerreißen würde. Heute genieße ich bei Tempo 300 im Zug einen Kaffee, während ich im Internet gerade den Live-Stream von Bayern gegen Dortmund anschaue.

Das läuft woanders – Warum die Musik nicht bei uns spielen wird

> Im Terminal sticht mir ein großes Plakat – »Welcome to Estonia« – ins Auge. Ich bin in Tallinn, Estland, gelandet. Ich schaue mich um, mein Auge bleibt an der mit Menschen gut gefüllten Lounge hängen. Von der Decke hängen 3D-Brillen. Mein Gepäck klemme ich zwischen die Füße, schnappe mir eine der Brillen und setze sie auf. Schwupps, finde ich mich auf dem historischen Marktplatz von Tallinn. Eine angenehme Stimme heißt mich in Estland willkommen und stellt mir das weiße Einhorn vor, das mir plötzlich gegenübersteht. Im Nu bin ich auf dessen Rücken und es geht los. Wir fliegen über Tallinns Dächer, über die Wälder und landen in einem traditionellen Holzhaus. Im Inneren kann ich durch meinen Blick verschiedene Themen wählen. So erkunde ich Estland. Seit fast zwei Jahrzehnten kann man digital wählen. Estland spart mehrere Tausend Arbeitstage bei jeder Wahl. Esten haben digitale Ausweise, gründen Firmen online und müssen nur für Heirat, Scheidung oder Grundstückskauf zum Amt.

Auf der Erde gibt es acht Milliarden Menschen, in Deutschland 80 Millionen. Mit einem Prozent der Weltbevölkerung haben wir heute einen Anteil an Wohlstand und Wirtschaftskraft von über 3 Prozent.[9]

Wir sind in einer privilegierten Situation. Gerade in Krisen zeigt sich, wie leistungsfähig unser System ist. Wir dürfen stolz auf eine stabile Demokratie sein, auf ein gutes Bildungswesen, eine gute Infrastruktur und extrem leistungsfähige Unternehmen. Die Chance, dass Deutschland einen wichtigen Beitrag für die digitale Entwicklung der Welt leisten kann, ist da – ein Selbstläufer wird es nicht. Denn unsere Erfolge, unsere komfortable Lage behindern uns auch. Wir kreisen um uns selbst, scheinen satt geworden, träge und kompliziert. Älter werden wir sowieso – nicht nur nach Jahren, sondern vor allem im Denken, in unserer Haltung, im Mindset, wie man so schön sagt.

Unseren Wirtschaftsboom hatten wir der Aufbruchstimmung nach dem Krieg zu verdanken. Durch die Babyboomer waren immer genug Menschen da, die um Erfolg und Karriere konkurrierten. Alle wollten es besser haben als ihre Eltern und für ihre Kinder sollte es noch mal besser werden.

Als Land der Ingenieure haben wir die beste Straßen-Infrastruktur. Wir können Technik entwickeln, Schaltschränke löten und Autos bauen. Im Maschinenbau, in der Automobilindustrie, im Ingenieurwesen sind wir spitze, deutsche Qualität und Perfektion sind legendär. In den letzten Jahren bin ich viel gereist, habe Kalifornien, Südostasien, das Baltikum besucht. Oft war ich überrascht, meistens beeindruckt und in Summe nachdenklich. Ich glaube, die Musik spielt in mancher Hinsicht eher woanders. Warum? Die Welt entwickelt sich schneller, als es viele Menschen in Deutschland auf dem Schirm haben. Die Dynamik ist woanders größer. Wo politisch stabile Verhältnisse herrschen, entwickeln sich die jungen Gesellschaften schnell und zukunftsoptimistisch.

Infrastruktur: Ruckelndes Internet oder digitale Autobahn?

War ein gut ausgebautes Autobahnnetz im letzten Jahrhundert vielleicht entscheidend – für die digitalisierte vernetzte Zukunft sind die Datennetze wichtiger. Doch hier haben wir zu lange geschlafen. Der im Rückwärtsgang gekämpfte Wettbewerb um Telekommunikationskunden ist peinlich. Ein teils noch staatlicher Konzern verteidigt eine unterlegene Technik und fesselt uns an kleine Bandbreiten, solange es geht, und weigert sich, schnelle Glasfaserleitungen bis in jedes Haus zu verlegen. Selbst Angola ist da weiter.[10] Es kann ein Vorteil sein, wenn es keine alte Technik gibt und man es gleich richtig machen kann. Die Prozesse erinnern an Schilda. Kaum hat ein Telekomanbieter sein Kabel im Bürgersteig vergraben, kommt der nächste, buddelt wieder auf und legt sein Kabel dazu. Dann verteilt er Faltblätter in die Haushalte und bietet die gleiche Leistung an.

Fördermittel zum Breitbandausbau werden nicht abgerufen, wir dümpeln bei bescheidenen Bandbreiten und manchmal habe ich Zweifel, ob Kommunalpolitiker und Entscheidungsträger wirklich begriffen haben, dass man mit einer Internetverbindung mit 16 oder 50 MB weder videostreamende Kinder durch eine angemessene Jugend bringen noch eine cloudbasierte Firma führen kann. Ganz zu schweigen von nicht konkurrenzfähigen Latenz-Zeiten.

Reisen macht nachdenklich: Auf der Malaysischen Insel Langkawi empfangen mich große Demostände: Langkawi soll weltweites Pilotprojekt als 5G-Modellregion Malaysias[11] werden.

Menschen: Bedenkenträger oder neugierige Zukunftserorberer?

Hans Rosling, ein schwedischer Statistiker, hat bemerkenswerte Erkenntnisse über die Realität der Entwicklung von Menschen und dem Bild, das wir uns von unseren Gesellschaften machen, gewonnen.[12] Lässt er Menschen den Entwicklungsstand verschiedener Länder auf der Erde schätzen, kommt regelmäßig heraus, dass wir alle von längst überholten Sachständen ausgehen. Die früher als Entwicklungsländer bezeichneten Staaten und Gesellschaften haben in hohem Tempo nicht nur aufgeschlossen, sondern setzen teilweise gerade zum Überholen an. Die Abstände zwischen entwickelter Welt und sich entwickelnden Ländern sind geschrumpft. Globalisierung, Digitalisierung und weltweit vernetzte Kommunikation beschleunigen das.

Bei meinen Reisen wurden mir mehrere Faktoren sehr plastisch vor Augen geführt, die deutliche Unterschiede zwischen verschiedenen Weltregionen markieren: In jüngeren und wachsenden Gesellschaften wie Thailand, Vietnam, Malaysia, Indien, Südafrika gibt es einfach wahnsinnig viele durchschnittlich jüngere Menschen als in Europa. Alles ist voll, enger, wettbewerbsintensiver.

Die Verbesserung des Wohlstandsniveaus gelingt in recht kurzer Zeit. Das bedeutet auch, man hat sich noch nicht daran gewöhnt. Noch sind nicht alle auf einem guten Niveau angekommen. Die Erinnerung an schlechtere Zeiten ist in den Familien wach, die Unterschiede sind allgegenwärtig. Neben dem Tagungshotel mit Meerblick leben Menschen in einem Wellblechhütten-Dorf. Hinter den touristisch erschlossenen Walking-Streets findet man sich in einfachsten Verhältnissen. In direkter Nachbarschaft zu Luxus-Malls betreiben Garkücheninhaber ihr Gewerbe auf zwei Rädern.

Gleichzeitig sind unzählige Menschen dort technikbegeisterter und verspielter. »Wir Asiaten spielen halt mehr mit unseren Handys, schauen ständig Videos. Wir brauchen mehr Bandbreite und bekommen sie dann auch«, erklärte mir eine thailändische Führungskraft in einem deutschen Unternehmen.

Strategie: Bürokratiemonster oder weitsichtige Jahrhundert-Roadmap?

China verfolgt mit der *neuen Seidenstraße*[13] ein gigantisches Projekt zur Umgestaltung globaler Handelsbeziehungen. Natürlich läuft das Vorhaben nach chinesischen Spielregeln. Das muss man nicht gut finden, aber es schafft Fakten.

Dubai verfolgt einen Hundertjahresplan.[14] Jetzt, 50 Jahre vor dem Zielpunkt, belächelt niemand mehr den vermeintlichen Größenwahn des Emirats. Wer sich nicht von der schieren Höhe der Hochhäuser blenden lässt, erkennt die Strategie, als weltweit relevanter Handelsplatz, Wirtschaftsstandort und Vordenker eine wichtige Rolle in einer globalen Wirtschaft einzunehmen. Dubai hat das weltgrößte Hochhaus in sechs Jahren gebaut. Deutschland hat die Einweihung des Hauptstadtflughafens über einen Zeitraum von elf Jahren immer wieder verschoben.

Singapur hat das Ziel, ein weltweit führender Standort für Forschung und Technologie zu werden. Hier fühlen sich Experten aus aller Welt wohl, die Bevölkerung ist international. Jeder spricht Englisch, das macht es für Menschen aus aller Welt leicht, hier Fuß zu fassen.

Estland hat vor 30 Jahren nach dem Fall des Eisernen Vorhangs nicht von blühenden Landschaften gesprochen und Autobahnen gebaut, sondern die Schulen des Landes an schnelles Internet angeschlossen und weitsichtig die Digitalisierung als zentrales Entwicklungsthema identifiziert. Das kleine Land ist heute weltweit führend in Sachen Digitalisierung in Verwaltung und Gesellschaft. Sogar eine E-Residency genannte virtuelle Staatsbürgerschaft ist möglich und wird von mehr als 62 000 Menschen aus aller Welt genutzt, die zusammen mehr als 10 000 Unternehmen in Estland gegründet haben.[15]

Diese Liste ließe sich fortsetzen: Altersvorsorge durch einen Staatsfonds in Norwegen, Vereinbarkeit von Familie und Beruf in Dänemark oder IT-Startups in Israel. Vom Silicon Valley wollen wir gar nicht reden.

Management: Bremse oder volle Kraft voraus?

Staatliche Verwaltung kann ein Treiber der Digitalisierung sein. Wer deutsche Verwaltungen kennt, kann sich das kaum vorstellen. Aber Estland, Dubai und Singapur machen es vor. Die Menge an modernen Smartphones pro Bürger wird als Kriterium gemessen. Kann man nur digital wählen, lässt man sich von der Tochter erklären, wie das funktioniert.

Es macht einen Unterschied, ob man wie in Estland über alle Schulstufen hinweg IT-Kompetenzen schult oder die Verwendung moderner Technologie als Bedrohung alter Bildungsideale versteht. Das bedeutet nicht, dass alle estnischen Schüler programmieren können. Aber sie verstehen Algorithmen und lernen dieses IT-bezogene Denken wie eine Fremdsprache.

Es macht einen Unterschied, ob man wie in Singapur Englisch als Amtssprache etabliert und dafür sorgt, dass jeder Taxifahrer und jeder Dienstleister sie fließend spricht, oder ob man es als Affront begreift, wenn ein Softwareingenieur kaum deutsch spricht. So etwas entscheidet mit darüber, ob ein im weltweiten Maßstab hoch attraktiver Standort entsteht.

Es macht einen Unterschied, wie man unternehmerische Initiative in einem Land fördert. Eine Personalerin in Estland erklärte mir:»Jemanden, der nicht mindestens ein eigenes Gewerbe nebenbei betreibt, stellen wir gar nicht ein. Wir brauchen Leute mit Initiative.« Die Gründung einer Kapitalgesellschaft ist in Deutschland mit erheblichem Aufwand verbunden, Steuerberater und Notar inklusive. In Estland gründen Sie digital innerhalb von 24 Stunden eine Kapitalgesellschaft und legen los. Schauen Sie sich mal die Zahl der Gründungen, die Quote der Selbstständigkeit und die aufstrebenden Unternehmen in Estland an.

Die heute wertvollsten Plattformunternehmen haben ihren Sitz fast alle im Silicon Valley. SAP kann als einziges deutsches Tech-Unternehmen halbwegs mithalten. Was die Dichte und Gründungserfolge aufstrebender Tech-Firmen angeht, liegen Länder wie Estland und Israel deutlich vor uns. Waren deutsche Unternehmer in der Automobilbranchen lange unangefochten weltweit führend, spricht einiges dafür, dass sich das in der Ära der E-Fahrzeuge ändern könnte. Tesla wird inzwischen nicht mehr belächelt und die nächstgrößten Hersteller sind chinesische Unternehmen, deren Namen außerhalb der Branche kaum jemand kennt: BYD und BAIC. Ob und welche deutschen Hersteller es schaffen, hier in der Top Ten zu bleiben, ist noch nicht ausgemacht. Im Baltikum entstehen eine Menge Fintechs. Spezielle Inkubatoren bieten ein leistungsfähiges Experimentierfeld unter EU-Regulation. Global konkurrierende Standorte schaffen steuerfreie Bereiche zur Ansiedlung von Unternehmen, fördern Spitzenforschung, investieren in die Lebensqualität und schaffen damit Bühnen, damit bei ihnen die Musik spielt. Nicht nur Unternehmen und Talente, auch ganze Staaten, Weltregionen und Gesellschaften stehen im Wettbewerb. Unsere Ausgangslage ist noch sehr gut. Aufpassen sollten wir aber, nicht zu satt, zu selbstzufrieden zu sein.

Wie wir entscheiden, welche Seite der Macht gewinnt

»Viel zu lernen du noch hast.«
»Vergessen du musst, was früher du gelernt.«
»Du kannst Veränderungen nicht aufhalten. Genauso,
wie du die Sonne nicht daran hindern kannst, unterzugehen.«

Meister Yoda

Die Jedi-Ritter müssen die Macht beherrschen lernen. Die helle und die dunkle Seite der Macht liegen nahe beieinander. Entwicklungen sind nicht per se gut oder schlecht. Wie wir mit ihnen umgehen, entscheidet darüber, ob es ein Happy End gibt. Ziehen wir ein Zwischenfazit. Wir haben uns angeschaut, was verschwindet, was sich ändern könnte und wo Neues entsteht. Aus meinen Recherchen und Gesprächen mit Experten ziehe ich ein überwiegend zuversichtliches Resümee. Teile heute noch üblicher Arbeit werden verschwinden, vor allem die Fleißarbeit, reproduzierbare, wissensbasierte Aufgaben. Das schafft Raum für originär menschliche Aufgaben. Es werden neue Jobs normal werden, die wir noch gar nicht kennen.

Bleibt überhaupt noch Arbeit für uns Menschen?

Der Wandel hin zu neuen, digitalisierten und stärker automatisierten Prozessen schafft zunächst eine Menge Arbeit, ehe er sie überflüssig macht. Die dazu benötigten Jobs dürften anspruchsvoller werden als die, die wegfallen. Das ist für die einen eine Chance, für die anderen eine Überforderung.

Man muss es nicht richtig finden, aber realistisch dürfte es sein: Gewohnheiten, Gesetze und Widerstände werden verhindern, dass schnell und zügig umgesetzt wird, was schon geht. Das ist gefährlich für unsere Wettbewerbsfähigkeit. In manchen Bereichen und Branchen kann es tödlich sein, in anderen gewinnen sie einfach Zeit. Manche Dinge werden deutlich später umgesetzt, als es möglich und vermutlich klug wäre. Andererseits ist nicht alles, was technisch möglich ist, auch wirtschaftlich sinnvoll. Ganz so schnell wird es also vermutlich nicht gehen.

Dennoch, wenn schlaue Maschinen und Algorithmen so vieles besser können als Menschen, was bleibt dann? Felder, die originär menschlich sind, das Emotionale, das Verrückte, das individuell Persönliche, dürften uns noch lange vorbehalten bleiben. Sehen wir es mal positiv: Was würde uns nicht alles einfallen, wenn wir uns um den ganzen profanen Kram das Erzeugen von Waren und das Erledigen von Dingen nicht mehr oder nur mehr täglich für eine Stunde kümmern müssten?

Künstliche Intelligenz kann Symphonien komponieren, Schach spielen und Bilder im Stil von van Gogh malen. Künstliche Intelligenz kann Millionen von Computertomografie-Bildern nach Krebssignalen in Sekunden durchsuchen, Künstliche Intelligenz kann komplexe Prozesse prognostizieren, Kollisionen vorhersagen und Prognosen besser und billiger machen. Das alles kann unser Leben reicher, sicherer, gesünder und länger machen. Niemand weiß, wie viel Arbeit in 50 Jahren übrig sein wird. Und ob wir das noch Arbeit nennen? Doch selbst wenn im Saldo gar nicht mehr viel zu tun bleibt, ist das kein Grund zur Panik. Gelingt es uns, das Einkommen aus der hohen Produktivität halbwegs fair zu verteilen, haben wir nicht nur Zeit im Überfluss. Es könnte schlechtere Visionen geben. Doch bei allem Optimismus – Gefahren zu leugnen wäre blauäugig.

Mensch und Maschine – Wer dient wem?

Ranga Yogeshwar beschreibt in seinem lesenswerten Buch *Nächste Ausfahrt Zukunft* den Kampf mit seiner Kaffeemaschine. Will er sich nur einen Kaffee machen, wird er von dem Küchenhelfer zum Leeren des Tresterbehälters aufgefordert. Im Umgang mit meinem Navigationsgerät oder bei den Update-Aufforderungen meines Office-Paketes frage ich mich das auch manchmal. Da werden neue Features aufgespielt, die ich gar nicht haben will. Unsere Tagesplanung richten wir nach der Akkulaufzeit unseres Handys. Wer dient hier eigentlich wem?

Solange die Maschinen noch so vergleichsweise simpel und lokal greifbar sind, ist alles noch harmlos. Wir lachen augenzwinkernd über uns selbst. Notfalls können wir den Stecker ziehen. Schwieriger wird es, wenn hinter der Maschine ein Universum datenhungriger Software und geschäftstüchtiger Algorithmen steckt. Stecker ziehen hilft da nicht. Wenn wir die Grenzen nicht erkennen, die Motive nicht verstehen und die Mächtigen hinter dem System nicht kennen – kein Wunder, dass wir dann schräge Fantasien bekommen und uns als Opfer fühlen.

Gezielte Werbung nach einigen Suchanfragen im Online-Shop – daran haben wir uns gewöhnt. Mit künstlicher Intelligenz kann das noch nicht zusammenhängen, sonst wüsste das Teil, dass wir den Luftbefeuchter schon gekauft haben. Oder glauben die, ich will einen Laden für die Dinger aufmachen? Das finden wir nicht bedrohlich, eher doof. Anders sieht das aus, wenn wir uns mit Freunden zum ersten Mal über ein neues Thema unterhalten, sagen wir mal Reiseziel Peru. Die Werbung für Peru-Tourismus beim nächsten Check des Facebook-Feeds macht stutzig. Woher wissen die das? Handys lauschen auch, wenn sie aus sind. Wer hört da mit? Dürfen die das?

Was passiert mit meinen aggregierten Daten, mit meinem so wertvollen Verbraucherprofil, das von magischer Hand aus Suchverlauf im Google-Konto, Facebook-Timeline und Einkaufs-Historie zusammengefügt wird?

Vielleicht haben Sie Spaß daran, Ihren Freunden zu demonstrieren, wie Alexa oder Siri die Jalousien runterfahren. Wussten Sie auch, dass zigtausend Mitarbeiter von Amazon, Apple und Google alles aufschreiben, was Alexa, Siri und Co bei uns Tag und Nacht mithören? Lediglich zu Lern- und Trainingszwecken natürlich – schon klar. Als Herr des Verfahrens fühlen wir uns eher nicht. Selbst wenn wir etliche Einstellungen vornehmen und Zustimmungen widerrufen könnten.

Intellektuell wissen wir einiges über die Größe, Wirtschaftsmacht und die Möglichkeiten der neuen Plattform- und Datenriesen. Ich hatte eine verblüffende Einsicht an einem riesigen Stand von Facebook, an dem für die VR-Brille Oculus Rift und darauf basierende Spiele geworben wurde. Ein unglaublich lauter und für mein Empfinden zu offensiver und emotional übergriffiger Animateur versteigerte kostenlose VR-Brillen gegen Begeisterungsstürme der manipulierten Masse. Ich habe mich selten in einer Menschenmenge so unwohl gefühlt. So unterlegen, so unbedeutend gegenüber dem inszenierten Treiben, dem man sich kaum entziehen konnte. Nie wurde die Macht dieser Unternehmen so spürbar wie in diesem Moment. Als ich den lauten, eine halbe Messehalle füllenden Bereich endlich verlassen hatte, überprüfte ich die Apps auf meinem Handy, vor allem das kleine blaue *f*. Im Handy wirkte das so unscheinbar und gaukelte mir vor, alles darin Befindliche selbst in der Hand zu haben. Diese Illusion war gerade geplatzt.

In wessen Händen konzentrieren sich Macht und Möglichkeiten aus neuen Technologien und den daraus resultierenden Datenmengen? Gibt es adäquate Spielregeln? Gibt es eine demokratisch legitimierte Kontrolle und Sanktionsmechanismen? Wie andere Unternehmer bin ich nicht besonders begeistert vom Aufwand, zu dem die Datenschutzgrundverordnung auch kleinere Unternehmen verpflichtet. Umso erstaunter war ich, als ich erfahren habe, dass Kalifornien die Grundstruktur der Europäischen Datenschutzrichtlinie übernehmen will. Es hilft nicht, neue technologische Möglichkeiten zu verteufeln. Die Aufgabe ist, ihre Möglichkeiten und Mechanismen zu verstehen. Dann können wir Kompetenzen bei den Nutzern aufbauen und Spielregeln etablieren, die sicherstellen, dass Macht nicht missbraucht wird. Das ist nicht anders als bei früheren Technologien auch. Nur mit dem Unterschied, dass eine neue App schon milliardenfach auf den Smartphones dieser Welt läuft, ehe die Politik bemerkt, was sie kann. Die Geschwindigkeit der Entwicklung und Verbreitung überfordert unsere politische Meinungsbildung gerade deutlich.

Daten und soziale Systeme – Wer steuert wen?

Marc Elsberg hat in seinem Thriller »Zero« äußerst packend folgendes Szenario beschrieben: In einem Konzern, der eine Kreuzung der heutigen großen Plattformen in einer Firma zu sein scheint, erliegen entscheidende Leute der Versuchung, zu testen, wie weit Menschen für die Verbesserung ihres sozialen Rankings zu gehen bereit sind. Menschen lieben Wertschätzung. Leicht wird die Abhängigkeit von Likes und Feedback größer, als es gut wäre. Gefährlich wird es, wenn ein emotionales Ranking entsteht. Im Thriller schrecken Menschen letztlich nicht mal vor Mord zurück, um weiter nach oben zu kommen. Die Realität ist genauso erschreckend, denken wir nur an das chinesische Social Scoring System. Wer sich mustergültig verhält, darf Freiheiten genießen. Wer nicht, bekommt beispielsweise keine Fernreisetickets. Das kann man mühelos weiterdenken. Dabei reicht es schon, sich auszumalen, was bereits praktiziert wird: Bei roter Fußgängerampel die Straße überqueren gilt bei uns als Kavaliersdelikt; in China erkennen Kameras die Delinquenten und übertragen, noch während sie auf der Fahrbahn sind, ihr Bild auf den digitalen Pranger an der Straßenecke. Glauben Sie mir, das wirkt.

Wenn Ratings beschreiben, was ist, ist das eine Sache. Wenn sie uns durch mehr oder weniger sanften Druck manipulieren, mundtot machen und unterwerfen, ist das sicher nicht die gewollte schöne neue Welt. Diese Entwicklungen sind ebenso verstörend wie real. Technischen Fortschritt rundweg abzulehnen, sich nicht mit den Dingen zu beschäftigen, ist keine Lösung. Mitgestalten kann nur, wer sich auskennt und Position bezieht. Datenschutz und Datensicherheit bei Cloud-Infrastruktur und Videokonferenz, bei Übersetzungssoftware und im Online-Marketing sollten gewährleistet sein. Die digitalen Vordenker sind wesentlich weiter. Nicht jeder wird Menschen wie dem Google-Vordenker Ray Kurzweil begeistert folgen, der vom Hochladen des menschlichen Geistes auf Server träumt.[16] Ins Reich der Fantasten sollten wir das nicht abtun. Die davon träumen, beherrschen ihr Handwerk und verfügen über unbegrenzte Finanzen.

Wie Arbeit besser nicht funktionieren sollte

Die Gefahr eines Werkzeugs liegt in der Hand seiner Anwender. Das war beim Küchenmesser so, das ist bei modernen Werkzeugen nicht anders. Die Verfechter totaler Kontrolle, systematischen Misstrauens und reiner Funktionalisierung des Menschen als Produktionsfaktor auf zwei Beinen reiben sich die Hände ob der Möglichkeiten, die Big Data und Rundumtracking für die Arbeitswelt bedeuten.

Anstatt Vertrauen zu investieren und auf Begeisterung, hohe Loyalität und persönliches Engagement zu setzen, ist die Alternative für schlechte Chefs verlockend: Wertet man sämtliche Metadaten der Kommunikation aus, kann man bereits heute (noch mit enorm hohem und oft unwirtschaftlichem Aufwand) mit erschreckender Treffsicherheit herausfinden, welche Mitarbeiter illegale Dinge tun. Man kann nicht nur aus dem Verhalten im Netz und in sozialen Medien identifizieren, wer schwanger ist, sondern genauso gut herausfinden, wer mit hoher Wahrscheinlichkeit bald kündigen wird. Betroffene wundern sich dann vielleicht über die plötzliche fürsorgliche Zuwendung von Chef und Personalabteilung.

Wenn eine Stadtverwaltung die Bewegung der Maus bei Mitarbeiterinnen im Homeoffice trackt und der Abteilungsleiter im Ampelsystem eine Warnung bekommt, dann geht das genau in diese gefährliche und unmenschliche Richtung. Der Grat ist schmal. Kluge Software einzusetzen und damit interne Feedbacksysteme, Lernschleifen und Prozessverbesserungen zu fördern, kann wertvoll sein. Erinnert die Haltung der Verantwortlichen eher an einen Überwachungsstaat, wird das sicher nicht in Begeisterung und Spitzenleistung münden.

Digitale Kompetenz – Stellen wir die richtigen Fragen?

Die technischen Entwicklungen neigen zu weiterer Beschleunigung. Die Gefahr ist groß, dass Menschen da nicht mitkommen können oder wollen. Sie reagieren dann mit einer seltsamen Mischung aus Ablehnung und Schulterzucken. Besser wäre, sich den Dingen zu stellen. Und notfalls zu lernen, wie man, ohne Spuren zu hinterlassen, Krankheitssymptome recherchieren kann, ohne gleich die Alarmsignale in der Risikobewertungsabteilung der eigenen Krankenzusatzversicherung zu aktivieren. Setzen Sie sich mit den Strukturen von Datenanalysen[17] auseinander und überlegen sich, was Sie mit der regulären Kreditkarte zahlen.

Was mir Sorge macht, sind sinnfreie Fragen und Diskussionen. Statt den Zeiten ohne Handys nachzuhängen, sollte man besser lernen, die guten Seiten zu nutzen und die Risiken zu reduzieren. Es geht nicht darum, zu diskutieren, *ob* man digitale Hilfsmittel in der Schule einsetzen oder Handys im Unterricht verbieten sollte. Besser wäre es, digitale Kompetenz und akzeptierte Spielregeln der Nutzung zu entwickeln und zu trainieren.

Es geht nicht um die Frage, ob Cloud-Lösungen eine potenzielle Gefahr darstellen und was an Homeoffice nicht ideal ist. Besser wäre, Standards zu formulieren und Lösungen zu entwickeln, mit denen man die Chancen nutzen kann. Wenn das Gros der Anwender und Betroffenen sich diesen Fragen verschließt, aus Bequemlichkeit, Borniertheit oder strategischer Blindheit, gibt es eben nur die Systeme und Spielregeln der Anbieter. Wenn Führungskräfte oder Lehrer nicht bereit sind, sich mit diesen Themen auseinanderzusetzen, ist das Zukunftsverweigerung. Vielleicht sollte das ein Kündigungsgrund sein.

Neue Technologien haben immer konträre Reaktionen hervorgerufen. Die einen sind begeistert auf neue Möglichkeiten zugelaufen, haben experimentiert und Neues hervorgebracht. Nie hat alles gleich funktioniert und oft gab es auch Schäden. Manche haben das Blaue vom Himmel versprochen und damit getäuscht und enttäuscht. Die potenziell schädliche Nutzung sozialer Medien von Terrorgruppen, für Wahlbeeinflussung und Online-Mobbing ist schnell in aller Munde. Die positive Nutzung in sich unterstützenden Gruppen, in weltumspannender Solidarität in Zeiten der Krise und in der Bewusstseinsbildung für Klimawandel oder gute Cocktailrezepte braucht halt etwas länger. Anscheinend sind Gauner und Gestörte manchmal innovationsfreudiger als die gutmeinende Bevölkerung.

Die entscheidende Frage ist: »Lernen wir schnell genug?« Wegsehen hilft nicht. Das gilt im Unternehmen wie in der Gesellschaft. Sind wir neugierig und lernen die richtigen Dinge, können wir gestalten und behalten das Heft in der Hand. Welche Technologien wir nutzen, welche Spielregeln wir etablieren, wem wir vertrauen – das können wir in Unternehmen festlegen. Andere Fragen müssen auf höherer Ebene gemeinsam gelöst werden. Wie regeln wir den Umgang mit Plattformen und Daten für Industrie 4.0, Cloud-Systeme und Videokonferenzen passend zu unseren Werten und Vorstellungen von Menschenwürde und Freiheit in Europa? Dabei spielt der Firmensitz des Anbieters keine Rolle. Die großen Cloud-Anbieter haben inzwischen überprüfbare Datenspeicherungen in Deutschland oder Europa. Der Druck des Marktes und die Spielregeln der EU haben erreicht, was vor Jahren unmöglich schien. Datensicherheit ist ein Teil des Produktes und Kunden können wählen. Das braucht mündige und kompetente Kunden in ausreichender Zahl.

Beispiele, die Hoffnung machen

Es gibt höchst ermutigende Beispiele. Ich war beeindruckt vom staatlich initiierten und gesteuerten System zu Datennutzung und -sicherheit in Estland.

Estland hat eine einzigartige digitale Infrastruktur geschaffen. Über 1600 Institutionen und Verbände haben sich einem Vertragswerk unterworfen und sind Teil einer Dateninfrastruktur. Jeder Bürger hat seine sichere persönliche Identifikation, früher eine Art Personalausweis, dann eine separate Chipkarte im Handy, demnächst eine rein virtuelle, kryptografisch geschützte ID. Es gilt die Spielregel, dass jede Information genau einmal in Estland gespeichert werden darf. Jede Institution erfasst nur, was hier originär hingehört. Alle anderen Daten werden über die ID erfasst und können bei berechtigtem Interesse dort abgefragt werden. Der Clou: Diese Abfrage kann ich in meiner App sehen. Die Abfrage *und* ihre Legitimation! Fragt ein Dienstleister meine Adresse ab, kann ich nachschauen. Leuchtet mir die Begründung ein, dass er im Auftrag der Verkehrsbetriebe prüft, ob ich in Tallinn meinen Wohnsitz und damit das Recht auf kostenlosen ÖPNV habe, ist alles okay. Falls nicht, kann ich in der App Auskunft verlangen. Befriedigt mich das nicht, kann ich in der App Beschwerde einlegen. Reicht auch das nicht, beginnt der Rechtsweg.[18]

Ich bin begeistert. Nie mehr doppelte Daten eingeben und man kann nahezu alles digital machen: Firma gründen, Auto ummelden, Rezepte in der Apotheke hinterlegen. Der einzige Beteiligte im System, der Zugriff auf alle meine Daten hat, bin ich selbst.

Solche Systeme sind in einem kleinen Land gewiss leichter zu etablieren. Entstanden sind sie dort aber nicht zufällig, sondern weil man gemeinsam offensiv auf die Nutzung von Zukunftstechnologien gesetzt hat. Die Haltung und der bewusste Entschluss, Zukunft zu gestalten. Das ist der entscheidende Knopf, den wir drücken müssen. Zuerst zwischen unseren eigenen Ohren, dann in unserem Umfeld.

Je mehr Unternehmen und Führungskräfte als lernende, beherzte Streiter für eine lebenswerte Zukunft antreten, desto größer die Chance, dass am Ende die Guten gewinnen.

Kapitel 3

FREIHEIT: Warum Menschen nicht mehr mitspielen

Menschen stellen andere Ansprüche. Sie verzichten auf Gehalt, Sicherheit und Status und wählen mehr Zeit und höhere Freiheitsgrade. Lebensentwürfe werden mutiger und bunter. Sie werden gelebt, weil sie möglich und sichtbar sind. Was Einzelne vorleben, wird für andere vorstellbar. Sehnsüchte werden geweckt und Ansprüche steigen.

Früher wie heute leiden Mitarbeiter unter schlechten Chefs oder schlechter Stimmung im Team. Was man früher lange ertragen hätte, führt heute zur Kündigung.

Themen der persönlichen Weiterentwicklung und der seelischen Gesundheit werden wichtiger. Das liegt an steigenden psychischen Anforderungen wie am wachsenden Interesse an innerer Balance und Selbstentwicklung. Waren Meditation und Mentaltraining früher nur in Seminaren Thema, sprechen Manager heute offen über ihren täglichen Weg zur inneren Ruhe.

Eine zunehmende Zahl an Menschen definiert sich eher als Weltbürger denn über den Nationalstaat. Nicht erst seit *Fridays for Future* sind Nachhaltigkeit, Klimaschonung und ökologischer Fußabdruck im Bewusstsein angekommen.

All das sind Symptome sich wandelnder Lebensvorstellungen. Wie bei einem Eisberg ist nur der kleinere Teil sichtbar. Scheinbar unmerklich schmilzt Schicht für Schicht ab, manchmal plumpst ein Stück ins Meer, dann nehmen wir etwas wahr von der sonst so stillen Veränderung. Der weitaus größere Teil an Unzufriedenheit, ja Frust über die bisherigen Zustände liegt noch verborgen unter Wasser. Heruntergekühlte Ambitionen, gefrorener Freiheitswille und tiefgefrorene Lebensfreude halten den Eisberg in Form. Während manche längst aufgebrochen sind, glauben andere noch nicht, dass die neuen Möglichkeiten des Arbeitens auch für sie verfügbar sein werden. Viele verharren noch in den verfestigten alten Strukturen des Arbeitens. Noch.

Arbeiten? Was haben Adam und Eva eigentlich beruflich gemacht?

Als Gott den Menschen schuf, war von Arbeit keine Rede. Adam und Eva lebten eher in paradiesischen Zuständen: Da flossen Milch und Honig, gebratene Tauben flogen in den Mund. Man gab den Tieren Namen, spielte, lebte, liebte und freute sich. Von Arbeit hat keiner was gesagt.

Gehen wir mal davon aus, dass nicht der Apfel vom Baum der Erkenntnis schuld daran war, dass die Nachkommen von Adam und Eva weniger paradiesisch gelebt haben. Wenn es der Biss vom Apfel nicht war, was war es dann? Wo kommt Arbeit eigentlich her? Wer hat sie erfunden?

Um besser zu verstehen, was heute geschieht und sich morgen entwickelt, hat der Blick in die Vergangenheit selten geschadet. Zumal mich bei meinen Beobachtungen in der heutigen Arbeitswelt oft das Gefühl beschleicht, dass Geister aus ganz alten Tagen heute noch ihr Unwesen treiben. Manche Gepflogenheit, mancher Spruch, manche Haltung dürften wesentlich älter sein als die Menschen, die sie gerade zum Ausdruck bringen. Also richten wir den Blick zurück. Gehen wir ins Museum. Die Ausstellung »Out of Office« zeigt Ideen zur Zukunft der Arbeit, die klassischen Ausstellungsbereiche die Geschichte der Arbeit – im Hamburger Museum für Arbeit ist alles nah beieinander. Schritt für Schritt kann man in die Vergangenheit der Arbeit zurückgehen.

Griechen und Römer waren nicht immer einer Meinung. Bei der Bewertung von Arbeit waren sie sich jedoch einig. Das war einhellig nichts für höhere Schichten. *Labor* stand für die Arbeit der Sklaven. *Tripalium* bezeichnete das Joch zur Bestrafung der Unwilligen. Damit war der Ton gesetzt. Das spätere deutsche Wort *Arbeit* bedeutet im Mittelhochdeutschen *Mühe* und *Plage*. Wer arbeiten musste, war ein armer Tropf. Nicht arbeiten müssen, war damals schon besser. Das konnten auch erstaunlich viele Menschen so organisieren, hatte man doch je nach Epoche Sklaven, Leibeigene oder Diener.

Doch es schlichen sich auch abweichende Qualitäten in die Begriffe ein. Im Englischen steht *Work* auch für das Werk. Im Griechischen stand *ponos* für die Mühe und *ergon* für die Leistung. Lateinisch *opus* oder im Französischen gar das eher an die Lebenswerke großer Musiker erinnernde *oeuvre* stehen für einen nach und nach aufgetauchten zweiten Bedeutungsstrang. Neben Mühe und Plage konnte Arbeit auch etwas erschaffen. Ein früher Hoffnungsschimmer.[1]

Von Adam und Eva bis zu den Zünften

Wenn schon nicht bei Adam und Eva, dürfte die Arbeit mit dem Beginn der Sesshaftigkeit begonnen haben. Kümmerte man sich anfangs vor allem um Ernährung und Wohl der eigenen Sippe, begann irgendwann das Tauschgeschäft mit der Arbeit. *Tauschgeschäft* ist ein viel zu euphemistischer Begriff für die frühen Formen. Der Tausch war eher unfreiwilliger Natur. Die Arbeitenden waren Eigentum ihrer Herrscher. Zuerst als Sklaven und Leibeigene, danach nur noch indirekt. Alles, was sie schufen, war abzuliefern, wegziehen war verboten, heiraten nur mit Erlaubnis möglich.

Trotz auf niedrigem Niveau zunehmender Freiheit blieb Arbeit lange verpönt. *Lebensphasenorientierte Personalentwicklung* sah eher so aus, dass Jugendliche bei entsprechendem Stand für ein paar Jahre als Kammerdiener oder Magd dienten und dann versuchten, bei Hofe eine Position ohne Arbeit zu erlangen.

Die Dienste bei Hofe nahmen eine Sonderrolle ein. Man musste sich – wie auch immer – die Gunst der Herrscher und Feudalherren erwerben. Dann konnte man im Zentrum der Macht auf den Schultern der armen arbeitenden Tröpfe ganz gut leben. Ein Schelm, wer Parallelen zu heutigen Beratern in Konzernzentralen zieht.

Während immer noch die meisten Menschen in der Landwirtschaft arbeiteten, entstand eine frühe Form der Scheinselbstständigkeit. Hunderttausende schufteten an heimischen Webstühlen. Die Auftraggeber lieferten die Zutaten und holten die fertige Ware wieder ab. Gearbeitet wurde zu Hause, für Raum, Arbeit, Essen waren die Arbeiter selbst verantwortlich. Gleichzeitig differenzierten sich Berufe, Zünfte entstanden. Erstmals konnte man sich über sein Werk einen gewissen Status und Wohlstand erarbeiten.

Fabriken und die industrielle Produktion

Die Erfindung der Dampfmaschine am Ende des 18. Jahrhunderts läutete das Ende der frühen Phase der Heimarbeit ein. Fabriken entstanden mit Ungetümen von Maschinen. Die Produktion wurde zentralisiert. Das fanden nicht alle gut. Tuchscherer, Baumwollweber und Strumpfwirker in England fürchteten um ihre Arbeit, ihren Status und ihren Schutz. Schließlich konnten in den Fabriken hohe Zahlen an Webstühlen mit jungen und ungelernten Arbeitern hoch produktiv arbeiten. Also stürmten sie die Maschinen und bekämpften das böse Moderne.[2]

Weber und Spinner zerstörten Webstühle und ermordeten deren Erfinder. Vor diesem historischen Hintergrund ist ein bisschen Gegenwind für die Befürworter von künstlicher Intelligenz ebenso verständlich wie verkraftbar.

Die Evolution der Arbeit ging trotz des Widerstandes dynamisch weiter. Dampfmaschinen wurden von Elektrizität abgelöst. Fabriken und Maschinen wurden größer und erlaubten höhere Produktivität und mehr Produkte.

Die Definition von Arbeit in Gablers Wirtschaftslexikon ist ebenso nüchtern wie verräterisch: Arbeit = Arbeitszeit × Arbeitsleistung. Eine ziemlich reduzierte physikalische Betrachtung, und das am Ende des 20. Jahrhunderts. Ihren Ursprung hat sie vermutlich im Werk eines frühen Quereinsteigers. So ließ man Fragen der menschlichen Arbeitsorganisation von einem Ingenieur bearbeiten, der unter anderem Patente für die Bearbeitung von Stahl erworben hatte. Kein Wunder, dass der Mensch im nach Frederick Winslow Taylor[3] benannten Taylorismus zur exakt vermessenen, nach genauen Bewegungsvorschriften optimierten Arbeitsmaschine verkam.

Nun muss man fairerweise sagen, dass Taylor mit dem von ihm begründeten Scientific Management in Sachen Prozesssteuerung und Produktivitätsmessung sicher wertvolle und zur damaligen Zeit sinnvolle Verbesserungen geschaffen hat. In der Folge entstand die Rationalisierungsbewegung. Deutsche Ingenieure griffen seine Ideen auf und gründeten die REFA, den Reichsausschuss für Arbeitszeitermittlung. Die Jünger dieser Bewegung trugen das zugrunde liegende Gedankengut mit Stoppuhr und Checkliste über die Jahrzehnte in die Betriebe. Auch die Einführung von Stücklöhnen und Akkordsystemen waren ein Verdienst Taylors. Nun hatte man neben der perfekten Anleitung auch noch den vermeintlichen Antrieb der Arbeitsmaschine Mensch gefunden.

Die Webfehler in der Arbeitsmaschine Mensch

Es hätte auch zu schön sein können. Dummerweise ließen sich die Materialeigenschaften von Stahl viel besser berechnen als die der zweibeinigen Arbeitsmaschinen. Man hätte Produktion und Gewinne beliebig steigern können. Wären diese lebendigen Mensch-Maschinen doch nur nicht so störanfällig: Sie wurden krank. Manche sind vor Ablauf der geplanten Nutzungsdauer gestorben. Unerhört. Die Leistung war nicht immer gleich gut. Sie hatten Launen. Es gab sogar Arbeitsausfälle, weil einige zusammenstanden und sich über die Situation beklagten.

Sie formulierten Forderungen. Allen voran waren es die Handwerksgesellen, die in der arbeitsteiligen Organisation der Arbeit ihre berufliche Existenz gefährdet sahen und in der Gründung von Arbeitervereinen und Gewerkschaften vorangingen.[4]

Irgendetwas hatte man bei der Konstruktion dieser Arbeitsmaschinen wohl übersehen. Allmählich erkannte man, dass man sich etwas besser um sie kümmern musste. Mit der wachsenden Artikulation von Bedürfnissen, mehr und lauteren Stimmen entstanden die ersten Gesetze zum Schutze der Arbeiter. Die ersten Krankenversicherungen wurden errichtet, die erste Rentenversicherung wurde 1889 eingeführt.[5] Das war eine echte Errungenschaft, auch wenn die Bedingungen etwas schlechter waren als heute: 1,7 Prozent Beitrag, hälftig durch Arbeitgeber und Arbeitnehmer gezahlt und Rentenanspruch für alle ab 70, die mindestens 30 Jahre Beiträge gezahlt, hatten – die damalige Lebenserwartung lag bei 40 Jahren.

Der Boom der industriellen Revolution

Nach der Revolution von 1848 nahm die eigentliche Industrialisierung Fahrt auf. Die Produktivität stieg um das Zehnfache, Arbeiter wurden entlassen. Ware aus England und die Fabriken im eigenen Land setzten Handwerk und Gewerbe schwer zu. Arbeitsplätze gingen verloren. In großer Zahl sind Menschen ausgewandert. Erst später entstanden in erheblichem Umfang neue Arbeitsplätze. Über eine Million Menschen sind aus den früheren deutschen Landen, vor allem aus den Realteilungsgebieten Südwestdeutschlands, ausgewandert. Häufig von zwielichtigen Agenten mit falschen Versprechungen über das Meer gelockt und abgezockt. Solches Tun kommt uns auf fatale Weise bekannt vor. Geschichte wiederholt sich gelegentlich.

Fassen wir zusammen: Arbeit ist seit ihrer Erfindung erst und vor allem doof, hart, notwendig, von anderen bestimmt und im besten Fall Mittel zum Zweck. Die Arbeitenden sollen funktionieren wie Maschinen, am besten messbar, steuerbar, nach Stück bezahlbar. Der Arbeiter ist immer der Schwache und von seiner Sorte sind immer genug da. Mehr als genug. Die Geister dieser Tage sind noch unter uns.

Lebensfreude? Was am Ende zählt und unterwegs verloren geht

Die Knie wackeln, die Windel hängt schief, die kleinen Ärmchen halten sich angestrengt an der Stuhlkante. Stolz strahlende Augen zeugen vom Etappensieg: Stehen! Nach all den gescheiterten Versuchen – auf die Knie? Hinten zuerst hochgehen? Oder doch besser vorne? An der Pflanze festhalten? Nee, Stuhl ist besser. Weiter: loslassen und selbst gehen. Wusch. Klappt noch nicht. Neuer Anlauf. Bis es funktioniert.

Bewundernswert, wie Kinder lernen. Wie sähe es aus, wenn Kinder lernen würden wie Erwachsene? Stellen Sie sich Laufen lernen mit der Haltung von Führungskräften auf der Suche nach Verbesserungspotenzialen vor. Nach mehr oder weniger geraumer Zeit würden die beteiligten Anderthalbjährigen im Kreis sitzen. Sie wären sich einig: »Laufen? Das geht bei uns nicht. Wir haben das zweimal probiert. Funktioniert nicht.«

Menschen kommen auf die Welt. Sie sind neugierig, entdecken, spielen. Sie sind voll dabei, solange sie wach sind. Irgendwann sind sie erschöpft, satt und müde. Am nächsten Tag klappen die Äuglein auf, und es geht wieder los. Okay, es gibt auch andere Phasen. Als Vater zweier Kinder weiß ich das. Wenn Kinder krank sind oder Zähne bekommen, drehen übernächtigte Eltern rastlos im Schlafzimmer Kreise – mit Baby über der windelbedeckten Schulter. Das gehört dazu. Das prägende menschliche Prinzip an den guten Tagen ist klar: spielen und entdecken. Dieses Funkeln in den Augen. Das Strahlen beginnt mit der Vorfreude, wechselt in konzentriertes Strahlen. Dann sind sie mittendrin, vergessen die Welt um sich herum. Schließlich kulminiert es im stolzen Strahlen: »Papa, Mama, schaut mal, was ich gebaut habe!« Selbstvertrauen, Können, Spielfreude und Lebenskompetenz wachsen – wenn die Welt mitspielt, anerkennt und zurückstrahlt.

Menschen kommen neugierig auf die Welt – und dann in die Schule

Wo sonst großartige Musiker den einzigartigen Resonanzraum der Elbphilharmonie zum Schwingen bringen, stehen bei der Tagung Impulse zur Zukunft der Arbeit auf dem Programm. Der weißhaarige Siebziger schlendert ruhig über die Bühne, spricht ruhig und leise. Ich höre ihm gerne und gebannt zu. Was er sagt, berührt mich tief, spricht mir aus der Seele. Prof. Gerald Hüthers[6] Schlüsselworte sind Entdeckungslust und Gestaltungsdrang. Sie als wichtigste Antreiber menschlicher Entwicklung zu erhalten, zu nutzen, zu stärken – darin sieht er die vornehmste Aufgabe aller, die junge Menschen ins Leben begleiten.

Alle Kinder freuen sich auf die Schule – bis sie drin sind. Mit Eintritt in die Schule, falls man eine tolle Grundschule erwischt hat, erst mit Eintritt in die weiterführende Schule werde das Subjekt Kind zum Objekt. Jetzt sagt mir jemand, was ich tun muss. Wie genau, wann, wie lange und mit welchem Ergebnis. Wer eingemauert in Stundenplan, Aufgabenstellung und Noten Entdeckungslust und Gestaltungsdrang an den Tag lege, mache sofort schlechte Erfahrungen. Kein Wunder, dass – Menschen sind ja klug und lernfähig – man dieses Verhalten dann einstelle.

Da ist der kleine Junge, der liebend gerne malt. Unter den Fittichen des verhinderten Künstlers im gymnasialen Unterricht verkümmert die Freude am künstlerischen Gestalten. Schade. Freiwillig melden für ein Referat? Au ja. Ungeschickte Kritik, bloßgestellt vor anderen, Nachteile durch das freiwillige Engagement. Daraus ziehen kluge Kinder ihre Lehren. Das muss man nicht wiederholen. Schade. »Erstklassige Noten in der Schule sind kein Ausweis außergewöhnlicher Intelligenz, sondern außergewöhnlicher Anpassungsfähigkeit«, betont der Neurobiologe Hüther.

Der Ernst des Lebens

Der Astrophysiker und Wissenschaftsjournalist Harald Lesch[7] beklagt genau diesen Verlust: die Begeisterung, die Kinder zwar mit in die Schule hinein- aber selten wieder mit aus ihr herausnehmen. Von außen ist es leicht, ein System zu kritisieren. Ich weiß um die engagierten Lehrkräfte, Schulführungskräfte und Innovatoren, aber in Summe überwiegt der Eindruck: Da läuft etwas grundlegend schief. Wie wir Schule gestalten, vielleicht neu erfinden können – das ist ein Thema für viele Bücher, Talksendungen und innovative Strategien. Ich will mich in diesem Buch auf die Aspekte beschränken, die direkt in die Welt der Arbeit hineinwirken.

In der Arbeitswelt von morgen brauchen wir Selbstvertrauen und Lernfreude, vernetztes, ressortübergreifendes Denken und selbstständige Initiative. In den Schulen von gestern zergliedern wir die Realität in 45-Minuten-Blöcke, arbeiten nach festen Lehrplänen, statt auf tagesaktuelles Geschehen fächerübergreifend zu reagieren, und reproduzieren den Lehrstoff mit geringstmöglichem Aufwand – für die Note, nicht des Inhalts wegen. Die Jobs, für die das prädestiniert, sind vermutlich nicht mehr da, bis die Schüler von heute im Arbeitsleben ankommen.

In der Arbeitswelt von morgen brauchen wir Teamarbeit und den stärkenorientierten Umgang mit sich und anderen. Wir benötigen das Know-how zum Erschließen neuer Kompetenzen für die Technologien und die Welt von morgen. In der Schule von gestern liegt der Fokus auf dem individuellen Fehler, abschreiben ist verboten. Statt sich mit klugen Suchstrategien im Netz immer neue Themen selbst zu erschließen, ist der Lehrplan weiterhin vollgepackt mit früher relevantem Wissen, das Schüler bei Bedarf in kurzer Zeit recherchieren könnten. Statt an grundlegenden Strukturen von Programmiersprachen und Algorithmen arbeiten sich Schülergenerationen an Versmaßen ab. Die überhöhte Fokussierung auf Handschrift führt zu akademisch gebildeten Menschen, die unbeholfen vor ihren Tastaturen sitzen.

Es gibt Ansätze, die Hoffnung machen, aber es gibt unheimlich viel zu tun. Bis die Schulen sich neu aufgestellt haben, müssen wir in den Unternehmen mit den Folgen zurechtkommen. Wir werden uns später anschauen, warum nur jeder siebte Mitarbeiter so etwas wie Entdeckungslust und Gestaltungsdrang als normale Lebens- und Arbeitshaltung in den Beruf gerettet hat. Der größere Teil denkt von Urlaub zu Urlaub oder verschiebt seine Lebensträume.

Warum wir selbst im Urlaub nichts zu lachen haben

Man sollte meinen, dass die menschlichen Grundenergien wenigstens im Urlaub die Oberhand gewinnen. Leider ist das nicht der Fall. Ich sitze im weitläufigen Loungebereich am Pool eines Hotels auf Gran Canaria. Hier schreibe ich Artikel und ein Angebot. Urlaubshotels sind komfortable Arbeitsorte – man muss nur die mitleidigen Blicke der anderen Gäste aushalten. Die können ja nicht wissen, dass ich nicht im Urlaub arbeite. Ich arbeite nur an einem schöneren Ort. Urlaub kommt extra. Wenn ich so schreibe, vergesse ich alles um mich herum. Als ich wieder Signale des Umfeldes wahrnehme, hat der Barkeeper seine Vorbereitungen für den Abend getroffen. Die Sitzecken füllen sich mit Paaren, die vor dem Abendessen noch einen Drink nehmen. Ich schaue mich um. Schönes Bild. Aber irgendwas fehlt. Ich brauche eine Weile, bis ich realisiere, was es ist. Kaum jemand spricht. Später sitze ich beim Essen und beobachte die Menschen. Schweigende Paare. Streitende Paare. Gelangweilte Konversation über belanglose Themen. Gestresste Gäste mit Kindern. Am Nachbartisch ist die Spannung zu greifen. Sie verlassen das Restaurant nicht zusammen. Zurück auf der Sonnenterrasse. Gleiches Bild. Viele Menschen, wenig Freude. Doch halt. Was ist das? Da lacht jemand. Laut. Sogar herzhaft. Ich folge dem Geräusch. Hinter der Bar nach rechts, das Lachen wird lauter, Stimmen mischen sich. Fünf Frauen um die fünfzig. Reisen ohne Männer und haben Spaß. Ja dann.

So amüsant die Situation, so tragisch ist sie. Menschen, die in ihrem Leben einiges erreicht haben und es sich leisten können, im April oder Oktober für ein bis zwei Wochen im komfortablen Hotel auf den Kanaren dem tristen Wetter in Deutschland, England oder der Schweiz zu entfliehen. Da schweigen sie sich dann an. Es scheint mir eine der großen Illusionen des Lebens zu sein. In seinen besten Jahren glaubt man, funktionieren zu müssen, Lebensträume spart man sich für den Ruhestand (welch grausames Wort) auf. Der Schönheitsfehler: Dort angekommen, haben viele verlernt, wie sich die ursprüngliche Lebenslust, Entdeckungsfreude und der Gestaltungsdrang anfühlen.

Was am Ende zählt

»Ich möchte Momente erleben, die mir, wenn ich am Ende meines Lebens wieder an sie zurückdenke, ein Lächeln ins Gesicht zaubern.« Welch ein schönes Kriterium für die Frage, was wir tun sollten im Leben. Funktionieren wir nur oder schöpfen wir? Tun wir, was andere vermeintlich von uns erwarten, oder folgen wir einer inneren Spur? Sind wir angepasst oder mutig? Ist es uns gelungen, einen Teil der in uns angelegten Entdeckungsfreude und Lebenslust zu erhalten, zu kultivieren oder vielleicht sogar wieder stärker werden zu lassen?

Denken wir die Dinge vom Ende her. Die australische Autorin, Sängerin und Palliativ-Pflegerin Bronnie Ware hat Sterbende begleitet und über ihr Leben befragt. Was bereuen Menschen mit Blick auf ihr Leben am meisten?[8] Das Wichtigste war, sich selbst treu zu bleiben, statt so zu leben, wie andere es von einem erwarteten, und sich nicht mehr Freude gegönnt zu haben. Bilanz können wir erst am Ende ziehen, Entscheidungen treffen wir fortlaufend auf unserem Lebensweg. So wie es nach Lebensjahren junge Menschen gibt, die schon früh nur noch funktionieren, gibt es erfreulicherweise auch das Gegenteil. Ich liebe die Begegnungen mit Menschen, die vor Lebenslust und Gestaltungsdrang sprühen. Solche Menschen kennen keinen *Ruhestand*. Sie bleiben lebendig und aktiv. Liesel Heise ist gerade mit sage und schreibe 100 Jahren in den Stadtrat der Stadt Kirchheimbolanden gewählt worden. Ihr Motiv ist der Einsatz für die Schaffung eines Freibades. Liesel Heise: »Ich will den Mund aufmachen, solange ich noch Kraft habe.«[9] Menschen sind Wunder. Menschen sind voller Energie. Eigentlich.

Bereit? Weil die Jugend von heute die richtigen Fragen stellt

Sonntagmittag. Ich sitze mit einem Kaffee auf der Terrasse. Die Blätter unserer Linde rascheln, Vögel zwitschern, die Sonne strahlt. Unser Sohn Julius setzt sich zu mir und wir kommen ins Plaudern. Irgendwann schwenken wir zu beruflichen Perspektiven. Ich spreche von Chancen und Möglichkeiten. Julius sagt einen Satz, der seine Wucht ganz langsam entwickelt: »Papa, weißt du – für euch ging es immer darum, wie man in dem Spiel gewinnt. Für uns geht es darum, ob das Spiel noch weitergeht.«

Steht die Sicherung des materiellen Wohlstands nicht mehr im Vordergrund, entsteht Raum für andere, wichtigere Fragen. Entgegen üblicher Vorurteile vor allem nicht-digital sozialisierter Älterer beschränkt sich der Medienkonsum der *digital natives* eben nicht auf witzige Videos und E-Games. Im Gespräch mit dem internationalen Innovationsexperten Christoph Burckhardt[10] sind wir uns eher in folgender Sichtweise einig: Da entsteht eine unglaubliche Kapazität an klugen, jungen, sehr fluide und schnell denkenden Menschen, die sich mit den großen Fragen der Menschheit und des Planeten beschäftigen. Vielleicht schauen sie lange scheinbar passiv Videos – bis sie einen Impuls zum Handeln haben. Dann legen sie los. Sie tun das nicht nach den Regeln der Alten. Sie fangen einfach an. So entsteht aus der Initiative der schwedischen Schülerin Greta Thunberg *Fridays for Future*. Um Plastik aus den Meeren zu fischen, erzeugt die Vision des jungen Niederländers Boyan Slat ein crowdfinanziertes millionenschweres Projekt[11]. YouTuber Rezo erzeugt mit einem Video ein politisches Erdbeben und deutlich mehr Aufmerksamkeit für Online-Kommunikation politischer Inhalte.

Die alles entscheidende Frage: Wozu ist das gut, was ihr tut?

Für junge Menschen ist die Frage nach dem Überleben des Planeten kein Modethema. Wer noch 80 oder 100 Jahre hier leben will, kann nicht achselzuckend zuschauen, wenn wir ökologisch auf Pump leben und auf eine Klimakatastrophe zusteuern. Wer weiterdenkt, zieht seine Konsequenzen. Es ist kein Zufall, dass sich junge Menschen mit veganer Ernährung beschäftigen oder einen Lebensstil des Minimalismus bevorzugen. Sie möchten ein sinnvolles Leben mit vertretbarem ökologischen Fußabdruck gestalten.

Das Weiterdenken gilt für die Wahl von Beruf und Arbeitgeber in besonderem Maße. Die Lockmittel der alten Arbeitswelt verfangen nicht mehr. Wozu soll ein Dienstwagen gut sein, wenn ich gar keinen Führerschein mache und versuche, ohne Auto auszukommen? Wer als Antwort auf die Frage nach dem Zweck des Unternehmens mit »Gewinn« antwortet, hat schon verloren. Zumindest wenn er hoffte, interessante junge Menschen mit Lust auf echtes Engagement zu gewinnen. »Purpose« schlägt alles, sagen sie im Silicon Valley. Nicht nur junge Menschen fragen Unternehmen sehr deutlich nach dem Sinn ihres Tuns. »Warum soll ich mich bei euch engagieren?« Darauf sollten Sie überzeugende Antworten haben.

Langeweile ist doof – Wann geht's endlich weiter?

Wer mit sozialen Medien, Google und YouTube aufgewachsen ist, kann nicht in altes Abteilungsdenken, Hierarchien und Dienstwege zurückerzogen werden. Die Nagelprobe kommt beim Aufeinandertreffen der Generationen in den Unternehmen. Wenn es mittelalte Führungskräfte nicht ernst meinen mit dem Bekenntnis zur Digitalisierung und weiterhin mit Aktenordnern, Aufgabenverteilungsmeetings und altmodischer Kommunikation arbeiten, werden sich das junge Leute nur kurze Zeit anschauen. Vermutlich werden sie direkt artikulieren, dass das unproduktiv sei. Hört niemand auf sie, wenden sie sich kopfschüttelnd ab und ziehen weiter. Wer an zeitgemäße, direkte und vernetzte Kommunikation gewöhnt ist, erwartet sie auch in der Arbeit. Es braucht nur wenige Minuten, um herauszufinden, dass es alle aus dem Privatleben bekannten Tools auch in datenschutzkonformen Businessvarianten gibt. Worauf warten wir?[12]

Ob tatsächlich das Gehirn von Menschen mit Geburtsjahr ab 2000 und jünger anders verdrahtet ist oder ob neue Fähigkeiten durch Training und Gewohnheit entstanden sind, ist eine spannende Frage für die Neurowissenschaftler. So oder so – im Ergebnis sind junge Gehirne auf schnelles Erfassen und Wechseln von Information trainiert. Rasendes Scrollen durch Social-Media-Feeds, die sekundenbruchteilschnellen Entscheidungen zum Anhalten oder Weiterscrollen – älteren Semestern wird dabei schwindlig. Intensives Spielen in E-Games trainiert und fordert Reaktionsgeschwindigkeit, die berühmte Auge-Hand-Koordination, extrem schnelles Agieren. Das gefühlte Standardtempo zwischen den Generationen ist erstaunlich verschieden. Beim gemeinsamen Arbeiten mit meinem Sohn kollidiert das schon mal. »Kannst du mir bei der Einrichtung des YouTube-Kanals helfen?« »Klar. Aber nur, wenn du nicht wieder eine Viertelstunde alles lesen musst, was ich in einer halben Minute klar hab.« Wenn es langweilig wird, klicken die Jungen einfach weiter.

Gib mir Feedback – Wie kann ich besser werden?

Wenn Status und Benefits nicht mehr ziehen – was tut es dann? Ohne eine gute Antwort auf die Frage nach dem Sinn fangen die neuen Talente gar nicht erst an. Richtig produktiv sind sie nur, wenn sie sich ausprobieren können. Wachsen, besser werden, lernen – was nach alten Tugenden klingt, scheint als Motiv ziemlich zeitlos. Nur die Formen ändern sich.

Heute sind wir an sofortige Reaktionen auf Äußerungen gewöhnt. Likes und Kommentare, Emojis kommen in Sekundenschnelle. Ich weiß schnell, was ankommt und wo ein Shitstorm droht. Feedback in Echtzeit ist normal. E-Games sind wohl auch deshalb so beliebt, weil sie grandiose Feedback-Generatoren sind. Alles lebt von sofortiger Rückmeldung. Nicht nur das direkte Spielgeschehen gibt sofortiges Feedback. Durch gute Performance verdiente Items erhöhen die spielerischen Fähigkeiten, die Skills. Wer sich das Platin-Level erspielt hat, bekommt Zugang zu besseren Mitspielern. So gibt es mehrdimensionales Feedback mit häufigen Erfolgserlebnissen und als Bonus das Training der Frustrationstoleranz bei den zwischenzeitlichen Misserfolgen.

Zwischen dieser Feedback-Maschinerie und der Realität in der Arbeit liegen Welten. Feedback in der betrieblichen Praxis ist per Definition eher selten, meist langsam und spaßfrei. Im besten Fall ist es wertschätzend und fundiert, im schlechtesten ein Anschiss und häufig ein Stillhalteabkommen auf schwäbische Art: »Net g'meckert is g'nug g'lobt.«

Es hat seinen Sinn, wenn sich moderne Personalabteilungen überlegen, wie sie Einarbeitungsprozesse per Gamification wesentlich effizienter vermitteln können als über Qualitätshandbücher. E-Game-Gestalter sind Meister der Motivationsförderung. Wir sollten von ihnen lernen.

Arbeit ist das halbe Leben – Wie viel wollen wir arbeiten?

Als *normal* gilt immer noch der 40-Stunden-Fulltime-Job. Auch in den jungen Generationen gibt es unterschiedliche Vorstellungen über die ideale Arbeitszeit. Das Althergebrachte passt für die wenigsten. Immer mehr junge Menschen bevorzugen eine reduzierte Arbeitszeit. Besser 30 Stunden arbeiten als 40. Ist die Frage »Lieber mehr Urlaubstage oder mehr Gehalt?«, wählt eine große Zahl die Zeit. Das ist keine reine Generationenfrage. Bei der Bahn wählte eine überwältigende Mehrheit eine Stunde weniger Arbeitszeit anstelle der Lohnsteigerung. Kein Wunder, dass Bücher über Fünf-Stunden-Tage oder Drei-Tage-Wochen Konjunktur haben.

Work-Life-Balance ist aus meiner Sicht per se ein Unwort: als ob die Arbeit kein Leben wäre. Trotzdem gehört es hierher, um den bei jüngeren Mitarbeitern viel passenderen Begriff des *Work-Life-Blendings* einzuführen. Die Lebensbereiche verschwimmen. Wie man selbstverständlich am Arbeitsplatz ein paar Verabredungen in der privaten Chatgruppe trifft, beantwortet man auch vor dem Kino noch eine Botschaft im Firmen-Chat. Dadurch haben gerade engagierte Mitarbeiter teilweise zu viel gearbeitet. Andere grenzen sich wieder stärker ab. Stil, Geschmack und Prioritäten sind verschieden. Aber die klassische alte 9-to-5-Struktur gehört der Vergangenheit an.

Mythos Generationen – Gleich alt heißt nicht gleiche Werte

Viel ist von den Generationen die Rede. Die Generation Y sei so, die Generation Z wieder anders. Das ist in der Tendenz nicht falsch. Die Gefahr liegt in der Verallgemeinerung. Die Sinus-Milieus[13] beschreiben gesellschaftliche Wertewelten. Ein Vortrag des früheren Leiters der zugehörigen Akademie, Peter Martin Thomas[14] hat mir die Augen für einen häufigen Denkfehler geöffnet. Auch innerhalb der Generationen gibt es die unterschiedlichen Milieus. Zukunftsorientierte, global denkende Menschen gibt es in den jungen Kohorten sicher mehr, aber es gibt sie auch unter den über Sechzigjährigen. Umgekehrt gibt es zwanzigjährige Vertreter traditioneller und konservativ-etablierter Milieus, die auf Beständigkeit, Sicherheit, Haus und Auto Wert legen. Es kann also dennoch sinnvoll sein, wenn ein Automechaniker im Marketing für seine potenziellen Azubis mit einem Führerscheinzuschuss winkt. Und wundern Sie sich nicht, wenn eigentlich den jungen zugeschriebene Forderungen, was Lebensstil und Anforderungen an Arbeit angeht, von Menschen deutlich jenseits der Generationen Z und Y kommen.

Pech gehabt? Wie wir Talente verloren gehen lassen

Sechzig junge Leute in einem Coworking-Space in Berlin. Start-up-Atmosphäre, Ikea-Hocker, eine Kaffeemaschine für alle. Ich bin einer von zwei über vierzigjährigen Teilnehmern. Manches wirkt improvisiert, aber die Atmosphäre hat einen Hauch von Revolution. »Fuck 9 to 5« scheint der Leitspruch. Wer noch irgendwo angestellt ist, wird bedauert.

Es muss um den Jahreswechsel 2014/2015 gewesen sein, als ich in der WirtschaftsWoche auf einen Artikel über einen neuen Arbeitstrend gestoßen bin: die digitalen Nomaden. Portraitiert war ein junges Pärchen, das in der Sonne Balis an ihren Laptops arbeitet. Das fand ich ebenso abgefahren wie reizvoll. Die beiden veranstalteten eine »Digitale-Nomaden-Konferenz« in Berlin. In Berlin wollte ich eh ein paar Tage verbringen, die Teilnahmegebühr war minimal, das Datum passte. Also meldete ich mich an.

Offenbar hatten die meisten keine besonders guten Erfahrungen in den ersten beruflichen Stationen gemacht. Schade eigentlich. Auf der Bühne unterschiedliche, ziemlich junge Menschen, die mal für zwei bis drei Jahre in einen normalen Job geschnuppert hatten. Alle schienen Tim Ferriss' »Vier-Stunden-Woche«[15] gelesen zu haben – ein Buch mit Nebenwirkungen. Dann haben sie beschlossen, die Rucksackreise von vorm Berufseinstieg wieder aufzunehmen. Diesmal mit Laptop und dem Vorsatz, unterwegs irgendwas mit Internet zu machen und sich damit den in Bali und Thailand deutlich günstigeren Lebensunterhalt in der Sonne zu verdienen.

Die Bewegung der digitalen Nomaden war geboren. Schnell wurde sie größer. Innerhalb weniger Jahre ist ein Konferenz-Festival mit über 1 000 Teilnehmern daraus gewachsen. Andere der Protagonisten von damals haben eigene Netzwerke wie den von mir sehr geschätzten Citizen Circle[16] etabliert. Weltweit gibt es vergleichbare Szenen. Inzwischen brechen auch Menschen mit deutlich mehr Berufserfahrung in eine selbstbestimmte Form des Berufslebens auf, die ortsflexibles Arbeiten mit der Leidenschaft fürs Reisen verbindet.

In mir prallen Welten aufeinander. Ich denke an die Firmen, die diese hochmotivierten jungen Talente offenbar verprellt haben. Ein anderer Teil von mir ist von der Lifestyle-Idee fasziniert. Sie sollte mich so schnell nicht wieder loslassen. Auf meinen Reisen treffe ich immer wieder Menschen, die aus dem normalen Job und Berufsleben sehr früh ausgestiegen sind. Dabei wären sie oft gerne geblieben, wenn Chefs und Firmen flexibel und Entwicklung möglich gewesen wären. Solche Leute ziehen zu lassen muss man sich leisten können. Mir klingen Gespräche mit Unternehmern und Personalern in den Ohren, die über den Verlust guter Leute klagen. Doch da sind noch mehr Talente, die für die Firmen verloren gehen.

Nachbars Garten – Genialität passt nicht in die Schule

Wir sitzen im Garten bei Freunden und staunen über die neuesten Konstruktionen von Philipp. Er ist das technisch versierteste Kind, das ich kenne. Mit dreizehn hat er ein Windrad konstruiert, er hat Fundamente in den Garten betoniert, Lego-Landschaften aufgebaut, Roboter programmiert. Mit Freunden hat er ein Computerspiel entwickelt und die Charaktere mithilfe einer professionellen 3D-Design-Software gestaltet. Aber Schule? Mathe ist eine Quälerei für ihn. Die Struktur der Schule auch. Das macht ihm das Leben echt schwer. Wenn er nicht von liebevollen Eltern gefördert und unterstützt würde, wäre die Gefahr des Scheiterns auf dem Weg zum Abschluss groß. Bei anderen läuft das nicht so glatt. Ähnliches passiert an Hochschulen und Universitäten. Geniale potenzielle Ingenieure und Entwickler scheuen das passende Studium aus Angst vor hohen Hürden in Grundlagenfächern. Gerade die unkonventionellsten Denker, die Erfinder, die Querdenker passen manchmal nicht ins System. So können manche nie zeigen, wozu sie in der Lage wären. Sie schon auf dem Weg ins Berufsleben scheitern zu lassen muss man sich leisten können. Eigentlich können wir das nicht.

Palma de Mallorca – Verkaufstalente auf Abwegen

Auf dem Weg vom Frühstück im Hotel stutze ich. Was sollen die Kameras an der Bar? Was ist da los? Die Türen zum Tagungsbereich sind weit geöffnet. Neugierig pirsche ich mich ran. Der Tagungsraum im Erdgeschoss ist gut gefüllt. Ich höre die Motivationsmusik des Videos und eine Stimme auf Deutsch. Grundtenor: »Die zweiten sechs Jahre meines Arbeitslebens verliefen ganz anders als die ersten sechs. Kein doofer Chef, freie Zeiteinteilung, viel mehr Erfolg. Work smart not hard.« 300 bis 400 Männer und Frauen zwischen 25 bis 60 Jahre alt, erwartungsvolle Gesichter. Zur Begrüßung werden die beiden Initiatoren auf die Bühne gebeten. Sie erzählen von ihrer Geschichte. Dreizehn Jahre Strukturvertrieb und angefangen hat es ebenfalls mit einer Aktiv-Woche auf Mallorca. Initiiert durch ihre »Business-Eltern«, *Sponsoren*, wie das in der Multi-Level-Marketing-Sprache so schön heißt.

Längst war mir klar, wo ich gelandet war. Mitten in einem etablierten Strukturvertrieb, einem Multi-Level-Empfehlungsmarketing-System. Das ist eine Vertriebsform, bei der man nicht so sehr an den selbst verkauften oder empfohlenen Produkten verdient als vielmehr an den Verkäufen der Vertriebspartner, die man angeworben und aufgebaut hat. Und an den Umsätzen derer, welche die eigenen Leute ihrerseits wiederum angeworben haben. Dieses Businessmodell ist nicht unumstritten und neben seriösen Unternehmen gibt es auch fragwürdige. Schaut man durch die kritische Brille, sieht man ein Modell, das gute Geschäfte mit der Sehnsucht vieler und dem Reichtum weniger macht. Menschen, die ihren Bekanntenkreis mit Tupperpartys, Putzmittel-Events oder Dildo-Frühstücken beglücken, geben bald wieder auf. Nicht selten ist aus dem erhofften schnellen Geschäft nur ein mühsames Zusatzeinkommen in der Größenordnung eines Putzjobs geworden.

Viel interessanter finde ich, den Blick auf die Aspekte zu werfen, die für die erfolgreichen Beispiele und die Anziehungskraft des Modells verantwortlich sind. Im Strukturvertrieb wurde längst begriffen, wie wichtig persönliches Coaching und Persönlichkeitsentwicklung sind. Erfolgreiche Köpfe großer Downlines (so nennt man die Kaskade der angeworbenen Menschen) investieren hier kräftig. Ist das für den Projektleiter im Maschinenbau, den Marktleiter im Einzelhandel oder die Pflegedienstleiterin im Altersheim weniger wichtig als für die Verkaufsberaterin? Erfolgreiche Strukturvertriebs-Führungskräfte bieten Sinn und schaffen ein Gemeinschaftsgefühl. Je nach Niveau der Protagonisten geschieht das eher klischeehaft (Sie wissen schon: Porsche, Rolex, Palmen) oder deutlich differenzierter (faire Chance auf passives Einkommen, Arbeiten mit Menschen, freie Zeiteinteilung, inspirierende und persönlichkeitsfördernde Kollegen und Mentorinnen). Die zweite Version klingt so, wie es auch für Mitarbeitende in *normalen* Firmen wünschenswert wäre.

Die Struktur der kaskadierten Provision entfaltet eine enorme Motivationswirkung. Wer mitmacht, verdient sich mit allem, was er tut, eine lebenslange, teils sogar vererbbare Chance auf dauerndes Einkommen. Der Maßstab ist die Verursachung des Erfolgs. Könnten wir nicht Teile dieses Gedankens auch in Unternehmen übertragen? Es sind Hunderttausende, die zumindest einen Teil ihrer Energie in den Nebenjob investieren, und gar nicht so wenige, die ein volles Einkommen aus der Struktur gemacht haben. Die das schaffen, sind motivierte, verkaufsaffine, unternehmerische Mitarbeiter mit Führungstalent. Also genau diejenigen, die so oft gesucht werden.

Bad Kreuznach – Schachmatt in der Reha-Klinik

Seit zwölf Wochen ist Torsten Michaelsen in der medizinischen Reha und versucht, die Folgen seines Bandscheibenvorfalls auszukurieren. Die Monate vorher waren eine Qual. Er hat oft gefehlt, hat sich trotz Schmerzen in die Firma gequält. Er weiß, wie wichtig seine Expertise für die Anlagenplanung ist. Seine Kollegen will er nicht hängen lassen, doch irgendwann geht es nicht mehr. So fällt er monatelang aus. Mühsam arbeitet er sich mit Krankengymnastik wieder an seine Normalform heran. Kollegen aus unterschiedlichen Branchen teilen sein Schicksal, meistens Leistungsträger, die sich zu viel zugemutet haben.

Nach der Reha wird der rückenschonende Schreibtischstuhl angeschafft. Das hätte man besser ein paar Jahre früher gemacht. Der Fehlzeitenreport[17] berichtet von 28 Tagen Fehlzeiten pro Jahr, 5,5 Prozent der jährlichen Arbeitszeit. Mehr als ein Drittel resultiert aus Langzeiterkrankungen. Nicht alle hätte man verhindern können, sicher. Gesunde Arbeitsbedingungen, Unterstützung zu gesunder Ernährung und sportlicher Aktivität wären aber allemal preiswerter, als Geld und Energie in die Kompensation des Fehlens zu stecken. Zuzulassen, dass Leistungsträger wegen Rücken, Bandscheibe und Knie nicht mehr mitspielen können – auch das muss man sich leisten können. Von den rasant zunehmenden psychischen Erkrankungen ganz zu schweigen.

Singapur, Dubai, Zürich – Die Welt ist nicht genug

Sie sind jung. Sie sind hoch qualifiziert. Sie sind ambitioniert und international. Während wir über Zuwanderung und Fachkräfteeinwanderungsgesetz diskutieren, läuft eine andere Entwicklung eher unbemerkt. Jährlich verlassen 180 000 hoch qualifizierte Menschen Deutschland. Etwa zwei Drittel davon kommen auch wieder zurück, doch 50 000 bleiben in Ländern, in denen sie mehr verdienen, weniger Steuern zahlen, bessere Bedingungen für Forschung, internationalen Austausch finden oder einfach den dortigen Lebensstil oder das Klima schätzen.[18] Ärzte gingen lange Jahre nach Großbritannien und in arabische Länder. Softwareexperten gehen ins Silicon Valley. Die Besten ihres Faches ziehen zu lassen muss man sich leisten können.

Ich liebe Taxifahrergespräche. Sie erweitern den Horizont. Toni ist ein indischer Taxifahrer in Münster. Freundlich, offen, ganz ordentliches Deutsch. Hat gerade einen ebenfalls indischen Kollegen aufmerksam gemacht, dass sein Fernlicht noch brennt. Nett. Auf Indisch. Toni lebt seit 23 Jahren in Deutschland. Eigentlich ist er gelernter Bankkaufmann. In den Job hat er es hier trotz etlicher Versuche nicht geschafft. Seinen Verwandten und Freunden rät er regelmäßig ab, nach Deutschland zu gehen. »Die machen ihren Abschluss auf Englisch. Aber mit Englisch findest du hier keinen Job.« Toni steht gleich für zwei Gruppen, die wir verlieren. Die Menschen mit Qualifikationen aus anderen Ländern, die wir nicht anerkennen und die dann Taxi fahren. Und die, die sich mit sehr gutem Englisch eigentlich bestens zurechtfinden könnten, aber vor verschlossenen Türen stehen. Warum eigentlich? Englisch würde völlig ausreichen, wenn wir uns zu der Internationalität bekennen würden, von der wir ganz gut leben.

Auf zur Freiheit! Der seelische Teil der Revolution

»Freiheit bedeutet nicht, die Wahl zwischen 25 verschiedenen Sorten Zahnpasta zu haben. Freiheit ist die Möglichkeit, das zu tun, was man wirklich wirklich tun will.«

Frithjof Bergmann

Wollen wir das natürliche Potenzial des Menschen zum Blühen bringen, muss eine andere, menschlichere Art des Arbeitens normal werden. Strukturen von Sklaverei und rücksichtsloser Funktionalisierung des Menschen als Arbeitsmaschine haben darin genauso wenig zu suchen wie die Einflüsterungen, Redewendungen und Haltungen, welche die Geister vergangener Tage den Akteuren als normal verkaufen.

In einer idealen Welt wäre alles einfach. Alle funktionalen Aufgaben laufen automatisiert, die Wertschöpfung reicht für alle und Menschen tun, was ihnen wirklich am Herzen liegt. Da wir nicht in einer idealen Welt leben, konzentrieren wir uns auf das Machbare und sorgen dafür, dass die Dinge sich in die richtige Richtung bewegen: dass der Anteil des *Arbeiten-Müssens* geringer und der des *Wirklich-Wollens* größer wird.

Das geht auf der Ebene des Gesamtsystems und auf der Ebene des Einzelnen. Wenn in der Arbeitswelt als Ganzes die Arbeitsbedingungen besser werden, menschenunwürdige Aufgaben automatisiert und viel mehr Aufmerksamkeit auf die menschlichen Themen gelegt werden, steigen die Standards für alle. Den nötigen Leidens- und Veränderungsdruck steuert der Fachkräftemangel ohnehin bei.

Mut zum Neuanfang – Was ruft mich wirklich?

Denken wir zurück an Entdeckungsfreude und Gestaltungsdrang. Im Laufe des Lebens kommen sie manchmal etwas unter die Räder. Sind sie nicht ganz erloschen, flackern sie immer wieder auf. Besonders stark in Lebensphasen, in denen man sich fragt, ob es das gewesen sein soll. Auslöser können Krisen sein, persönliche Wendepunkte oder eine gepflegte Midlife- oder Lebensabschnittskrise. Jeder, der sich traut und im Zeichen seiner eigenen Begeisterung aufbricht, wirkt in seine Umwelt. Bei manchen im Freundes- und Kollegenkreis löst diese Begeisterung Nachahmung oder zumindest Nachdenken aus. Ob da ein großer Traum schon lange in uns schlummert, das inspirierende Abenteuer ruft oder ein tief empfundenes Anliegen, etwas Wertvolles für die Region oder für bestimmte Menschen zu tun – die entstehende Lebendigkeit ist ansteckend, egal wie es ausgeht.

Trotzdem gehört Mut dazu, sich aus dem gewohnten Umfeld heraus- und in neue Herausforderungen hineinzubegeben. Für die Verbesserung der Arbeitswelt ist es gut, wenn Menschen sich weniger gefallen lassen und früher den Job wechseln. Der Lernprozess für Unternehmen und Führungskräfte mag schmerzhaft sein, notwendig ist er allemal. Wenn Sie unter unzumutbaren Chefs leiden, unter belastenden Arbeitsbedingungen und diese auch nicht ändern können, wem helfen Sie dann, wenn Sie es weiter aushalten? Statt die nächsten Jahre weiter zu leiden, starten Sie besser woanders neu durch.

Ein Grund zum Neustart kann in der Sinnlosigkeit des Jobs liegen. David Graeber hat *Bullshit-Jobs* herrlich entlarvend beschrieben.[19] Er definiert sie so:

»Ein Bullshit-Job ist eine Form der Beschäftigung, die so vollkommen sinnlos, unnötig oder schädlich ist, dass selbst der Beschäftigte ihre Existenz nicht rechtfertigen kann.« Manch früherer Konzernmitarbeiter hat hochbezahlten Irrsinn gegen eine erfüllende neue Aufgabe getauscht. Das kann eine Neugründung sein, ein gemeinnütziges Projekt oder eine verantwortungsvolle Aufgabe bei einem jungen Unternehmen mit sinnvoller Mission.

Mut zum Vertrauen – Warum Menschen gerne zurückzahlen

Die guten Eigenschaften des Menschen auch in der Arbeit aufscheinen zu lassen braucht vor allem eines: Vertrauen. Eva Schulte-Austum hat ein wunderbares Buch zum Thema geschrieben[20] und kommt zum Schluss: »Vertrauen kann jeder.« Das sollten vor allem Führungskräfte lernen. Menschen leiden unter Misstrauen. Die Selbstverantwortung, die man ihnen nicht zutraut, übernehmen sie auch nicht. Umgekehrt schafft Vertrauen einen Raum, den Menschen gerne füllen, wenn man sie lässt.

Mathias Bonet ist ein segelverrückter Informatiker. Wir sitzen im Café in Santa Catalina, als er mir seine Geschichte erzählt.[21] Der Traum vom Reisen treibt ihn schon lange um. Vor 15 Jahren wollte er schließlich seinen Job als Programmierer kündigen und um die Welt reisen. Sein damaliger Chef reagierte ungewöhnlich: »Ich möchte, dass du weiter angestellt bleibst – auch wenn du reist. Arbeite doch einfach weiter.« So wurde Mathias zu einer Zeit, als es diesen Begriff wohl noch gar nicht gab, einer der ersten Remote-Arbeiter. Er hat das mehrere Jahre gemacht. Seine Erfahrungen aus dieser Zeit sind überzeugend. Auf die Frage nach seiner Produktivität, wenn er an interessanten Orten wie San Francisco oder in Australien war, sagte er: »Wenn ich die Welt entdecken und abends noch was erleben will, dann arbeite ich doch tagsüber hoch effizient.« Außerdem lässt er keinen Zweifel daran, dass er seinem Chef bestätigen will, dass sein Vertrauen sich lohnt. Sein entscheidender Satz: »Gib den Leuten Freiheit und du erntest Loyalität.«

Mut zu Individualität – Warum sich Menschen nicht verstellen sollten

Menschen haben das Versteckspiel bei der Arbeit satt. Warum können wir nicht zu Individualität, eigenen Gedanken und persönlichen Gefühlen stehen? Das heißt nicht, sich gehen zu lassen. Allein der Verzicht auf Statusbeweise, Maskeraden und Rollenspiele führt zu einem Aufatmen aller Beteiligten. In der pandemiebedingten Homeoffice-Phase wirkten Chefs und Politiker plötzlich nahbar und menschlich, als sie wie alle anderen vor dem heimischen Bücherregal in die Kamera ihres Laptops sprachen. Eine Mitarbeiterin von mir beschrieb das mal so: »Hier zu arbeiten ist, als ob man sich mit Freunden trifft und gemeinsam produktiv ist.«

Nie waren die Möglichkeiten, das eigene Arbeitsleben zu gestalten, so vielfältig wie heute. Der Begriff des *Lifestyle Business* beschreibt die Idee, den eigenen Lebensstil zu definieren und dann die Arbeitsform danach auszurichten. Ich tue das, was mir Freude bringt, und organisiere es so, dass ich gut davon leben kann. Ob angestellt oder freiberuflich, ob Chef oder Mitarbeiter – es gibt mehr Optionen, als man denkt. Der Einkaufsleiter eines Gartenbauunternehmens arbeitet von Teneriffa aus. Ein Experte erbringt seine Beratungsleistung weitgehend online, weil er nicht gerne reist und höchstens 40 Nächte im Jahr außer Haus sein will. Der Messebauer, der sich auf internationale Messen spezialisiert und damit in der Welt herumkommt. Mein Modell des »Arbeitens in der Sonne« ist für mich ein riesiger Gewinn an Lebensqualität. Drei bis vier Mal im Jahr schnappe ich mir meinen Laptop und fliege für eine Woche nach Mallorca oder auf die Kanaren und arbeite von dort. Ich arbeite dort hoch konzentriert und schaffe mehr als im Alltag. Für mich eine großartige Bereicherung meiner Lebensqualität. Wenn es egal ist, wo ich arbeite, kann ich doch dort arbeiten, wo ich es besonders schön finde. Das ist inspirierend und produktiv. Selbst wenn man in der Außenwelt niemanden um Erlaubnis fragen muss, hat es eine Weile gedauert, bis ich die Geister der tradierten Vorstellungen von Arbeit besiegt hatte. »Darf man das?« »Was sagen Kunden, Mitarbeiter, Freunde?«

Mut zur Vollendung – Ruhestand ist nicht alternativlos

Schon in jungen Jahren waren mir alte Menschen Inspiration und Vorbild, die herausstachen aus dem grauen Einerlei. Ruhestand – welch ein Trauerspiel ist das Geschehen um eine Lebensphase, die Krönung und Vollendung eines reichen Lebens sein könnte. »Wer gesund alt werden will, muss früh damit anfangen«, hat ein früher, damals schon 80-jähriger Mentor gesagt. Weise. Ein gut kultiviertes Hobby, eine ehrenamtliche Beschäftigung kann schon genügen. Für körperlich belastende Berufe gilt das sicher nicht, doch ich kenne reichlich Menschen, die gar nicht auf die Idee kämen, mit dem Rentenalter ihr produktives Arbeiten einzustellen. Experten, Unternehmer, Spezialisten – in vielen Jobs können Menschen, deren Gesundheit mitspielt, heute länger arbeiten. Der Bedarf ist da und die Jahre bleiben sinnvoll und anregend genutzt. Die Planung für den Abschluss im Beruf gelingt beschwingter mit Blick auf die Pläne danach. Der Ausstieg ist kein Ende, sondern Etappenziel. Das erleichtert das Loslassen, man fühlt sich gebraucht und kann sich beispielsweise mit einer kleinen Firma manches leisten, was die Rente nicht hergibt. Der eine nimmt noch ausgewählte Beratungsmandate an, die Nächste lässt sich ein paar Extra-Reisen zu ihren Lieblingszielen als Reiseleiterin bezahlen und die Nächste verbindet Lebenserfahrung mit einer Ausbildung in einem ganz neuen Bereich. Entdeckungsfreude ist keine Frage des Alters.

Von außen betrachtet sind die Freiheitsgrade meist größer, als den Menschen in ihrer jeweiligen Situation bewusst ist. Deshalb braucht es stets zwei Schritte: erstens die Inspiration, Möglichkeiten überhaupt zu sehen, und zweitens den Mut, entsprechende Schritte auszuloten und zu gehen. Je mehr Menschen sich zu mehr Freiheit trauen, desto besser. Das steckt an. Jedes gelungene Beispiel ist wertvoll.

TEIL II

Der Blick in die Unternehmen: Sind wir bereit?

Draußen stehen die Zeichen auf Sturm. Nachdem wir uns vergewissert haben, was auf uns zukommt, richten wir den Blick jetzt in die Unternehmen und analysieren, wo wir vorbereitet sind und wo nicht. Wir steigen hinunter in den Maschinenraum, um an den Ursprung der Probleme zu kommen. Wir decken die hinderlichen Reste der Arbeit von gestern auf und finden Ansatzpunkte für Verbesserungen.

Ähnlichkeiten mit realen Unternehmen und echten Personen sind beabsichtigt. Sie werden Aspekte finden, bei denen Sie sagen können, »Das machen wir richtig gut!«, und andere, bei denen das Weiterlesen schmerzt, weil der Finger genau in der Wunde liegt.

Es gilt, aus gewachsenen Firmen großartige Arbeitgeber für die Zukunft zu formen. Das ist eine große Aufgabe. Wer dem Fachkräftemangel nur mit Marketingmaßnahmen begegnen will, erreicht vielleicht kurzfristige Effekte — durch den tief greifenden Wandel in der Arbeitswelt wird das nicht tragen.

Wer gestärkt in die Zukunft gehen will, muss die ganze Firma auf den Prüfstand stellen. Nur wer von innen heraus begeistert, entwickelt unwiderstehlichen Sog. Wer die tieferliegenden Mechanismen nicht begreift, wird Schiffbruch erleiden.

Sie werden auf den Etappen dieses zweiten Teils eine Menge Futter für ihre People Strategy finden. Wir tauchen in das Wesen des Arbeitens ein, analysieren die Qualität von Führung und betrachten den Stellenwert von Personalentwicklung. Wir sehen, wie unterschiedlich Persönlichkeiten sind, was sie brauchen und wie diejenigen an der Spitze Unternehmen prägen. Die Art, wie Unternehmen auf dem Arbeitsmarkt auftreten, wird sich grundlegend wandeln. Sobald Sie sich in die richtige Richtung bewegen, werden Sie von etlichen Kräften Unterstützung erfahren. Der Fachkräftemangel ist jedenfalls auf Ihrer Seite.

Kapitel 4
ARBEIT: Warum wir arbeiten und wozu das gut sein kann

Mein Zugang zu Arbeit ist vermutlich speziell. Ein festes Gehalt gab es in unserer Familie nie. Ich bin auf einem Bauernhof groß geworden. Wie viel Geld wir hatten, hing davon ab, wie viel Milch unsere Kühe gaben. Waren sie gesund und gut versorgt, hatten wir gute Arbeit geleistet.

Mein erstes eigenes Unternehmen waren 50 Hühner. Das frühe *Profit-Center* tat meinem Taschengeldkonto gut. Mit den Hühnern war das wie mit den Kühen. Meine Lehre aus dieser Zeit: Selbst glückliche Hühner legen ohne frisches Trinkwasser keine Eier mehr. Innere Kündigung heißt auf Hühnisch *Mauser*. Viel Gegacker, keine Eier, ratloser Chef. Meine erste Krise. Die Wasserleitung war eingefroren und ich hatte es nicht gemerkt.

Die Berufswahl bei erstgeborenen Landwirtskindern war damals früh beendet. Dafür kam die erste Midlife-Crisis auch früh. Mit Anfang zwanzig war klar: Das war es noch nicht. Während des Studiums entwickelten sich zwei selbstständige Tätigkeiten. Mein erstes Gehalt erhielt ich Jahre später als Geschäftsführer meiner eigenen GmbH. Ein Unternehmen aufzubauen ist ein Lernprozess: Kunden überzeugen, eine Firmenkultur entwickeln und Mitarbeitern Raum zum Wachsen bieten.

Eine weitere Perspektive des Arbeitens eröffnete sich durch eine Beteiligung an einem Bürgerwindrad. Der Einfluss beschränkt sich auf Diskussionen und Entscheidungen im Gesellschafterkreis. Läuft alles gut, sitzt man pro Jahr zweimal zusammen und freut sich viermal über eine Ausschüttung. Die zehn Jahre ohne Erträge davor schulten langfristiges unternehmerisches Denken.

Vielleicht liegt es an dieser Vita, dass ich Arbeiten immer als selbstbestimmtes Abenteuer für Große wahrgenommen habe. Arbeit kann deutlich mehr sein als Broterwerb. Dazu müssen Sie keine Hühner halten. In einer guten Firma geht das auch.

Gefangen – Wie alte Muster das Leiden verlängern

Die Holzplanken des Wikinger-Schiffs teilen die sanften Wellen. Bomm, bomm, bomm – rhythmisch rudern die Männer im Takt der Trommel. Der Takt wird schneller. Bomm, bomm, bomm. »Schneller Leute!«, ruft Hägar von draußen. Der Takt beschleunigt sich weiter, die Ruder fliegen. Hägars Vertreter feuert die Leute im Bauch der Galeere weiter an. Bomm, bomm, bomm. »Los, haut rein! Der Chef will Wasserski fahren.«

Bei Hägars Ambitionen schmunzeln wir. Fordert der Vorstand ebenso Unrealistisches, vergeht den meisten das Lachen. Die Strukturen vergangener Tage sind selten so offensichtlich. Doch in Begriffen und Redewendungen schimmern sie durch. Sprache entlarvt. Sprache prägt, wie wir denken. Alte Begriffe tragen alte Denkweisen. Dabei bedeutet die Verwendung alter Begriffe nicht notwendigerweise, dass jemand eine problematische Haltung hat. Aber beides kann nahe beieinander liegen. Der Ton macht die Musik, der Kontext schafft die Bedeutung. Machen wir uns auf die Suche, welche Begriffe für alte, überholte und unmenschliche Haltungen stehen. Das Wort *Vorgesetzter* ist entlarvend. Wenn jemand vor mir sitzt, ist er im Weg und stört bei der Arbeit. Was soll das? *Belegschaft* steht dem *Vorgesetzten* kaum nach. *Beschäftigte* klingt auch nicht sinnvoll. Von einigen sozialen Einrichtungen abgesehen ist der Zweck des Tuns, produktiv zu sein, nicht nur beschäftigt. Kapazitäten werden bewirtschaftet und verschoben, Krankenstände gemessen und in das *Humankapital* wird investiert – oder auch nicht. Gut gemeint, doch entlarvend. Auch der Fachkräftemangel spricht mehr vom Bedarf an der Fachkraft als vom Interesse am Menschen. Die Funktion interessiert, der Mensch nicht.

Statussymbole im evolutionären Kontext

Menschen suchen Anerkennung. Und sie zeigen gerne ihren Erfolg. Die Art jedoch, wie beruflicher Erfolg definiert wird und wie sich das auf die Arbeit auswirkt, verrät das nächste überholte Denksystem. Vielleicht wäre das verdiente Geld das ehrlichste Kriterium für den beruflichen Beitrag. Bei uns ein Tabuthema, wäre die amerikanische Haltung vielleicht eine Erleichterung: »How much do you make?« ist dort eine relativ normale Frage. Bei uns eher ein No-Go. Was bleibt, ist, sich über die Anzahl der zugeordneten Angestellten zu definieren: »Ich habe 45 Leute unter mir ...« – so oder ähnlich definieren Alphatiere ihren Status. Immer noch. Ist das Alphatier intellektuell besser ausgebildet und sensibilisiert für zeitgerechtere gesellschaftliche Normen, verrät sich der Statusbegriff sogar aus dem scheinbaren Distanzieren: »Nein, ich definiere mich nicht über den Headcount.«

Das erinnert stark an unsere genetisch nahen Verwandten. Bei Gorillas gilt: Je größer die Affenhorde, desto wichtiger der Chef. Das Eckbüro übernimmt die Funktion des Affenfelsens. Immer noch gerne genommen sind Firmenwagen. Das scheint tief verankert. Titel auf Visitenkarten und in E-Mail-Signaturen sortieren die Abfolge der Wichtigen. Alles, was mit C beginnt, ist erste Liga. Es wimmelt von CEOs, CTOs, CFOs, CIOs. Affig! Im doppelten Sinne. Dass eine Führungsrolle als Statussymbol herhalten muss, ist dabei ein fataler Fehler im System.

Das Unternehmen als Maschine – Der Mensch als Material

Das vom Taylorismus perfektionierte System wollte Arbeitsabläufe in höchstem Maße automatisieren, alles sollte reproduzierbar auf das Level einer Maschine gebracht werden. Optimiert, standardisiert, ausgereizt. Das sind Jobs, die nur von Menschen gemacht werden, weil das vermeintlich billiger ist als die mögliche Automatisierung. Ein renommierter Arbeitswissenschaftler, Prof. Dr. Zink, hat das plastisch so beschrieben: Gar nicht so wenige Arbeitsplätze existieren nur als Lückenfüller in unvollständig automatisierten Prozessen.[1]

Auch hoch optimierte Franchisesysteme haben den Zweck, mit gering qualifizierten Menschen eine reproduzierbare Qualität zu erzeugen. Das ist als System eine beachtliche Leistung. Aber wozu braucht man da Menschen? »Getränk?« »Ketchup oder Mayo?« »Zum Hieressen oder Mitnehmen?« Folgerichtig werden diese Jobs durch Bestellterminals ersetzt. Doch noch immer gibt es Fälle, in denen Menschen als Greifarm, Transportgerät oder Sprachautomat eingesetzt werden.

Der Begriff *Resilienz* kommt aus der Materialwirtschaft und bezeichnet die Fähigkeit eines Stoffes, nach einer Verformung in seinen Ursprungszustand zurückzukommen, ohne Schaden zu nehmen. Um das zu testen, muss man biegen, bis es bricht. Macht man sich das bewusst, bekommt das scheinbar wohlmeinende Anti-Stress-Seminar doch einen Beigeschmack. Maßnahmen, die ich hier als kritische Beispiele anführe, sind für sich genommen manchmal sogar wertvoll. Entscheidend ist die Haltung, in der sie durchgeführt werden. Die entlarvt nämlich, ob eine wirklich menschenwürdige Führungshaltung vorliegt oder ob sich der wahre Charakter aus alten Sklavenhaltertagen nur mühsam verstellt hat.

Ist die Katze aus dem Haus ...

Früher war alles sehr einfach. Wollten Sklaven die Arbeit verweigern und flüchten, hat man sie erschossen. Mindestens ausgepeitscht. Heute braucht man Stechuhren und muss sich vor der Sanktionierung noch mit dem Betriebsrat rumärgern. Auch als Aufseher in den Fabriken das Zepter schwangen, herrschten barsche Töne. Wer quatschte statt zu arbeiten, wer früher gehen wollte, wer trödelte, hatte mit harschen Sanktionen zu rechnen.

Das ist heute ja ganz anders. Menschen sind eigenverantwortlich, der Umgang ist menschlich. Oder? Aber warum ist es dann eigentlich so schlimm, wenn Menschen im Homeoffice arbeiten wollen? Warum erfassen wir Anwesenheitszeiten auf die Minute, ohne zu wissen, was die Leute da wirklich gerade treiben? Warum untersagen wir allen die private Internetnutzung, weil einer am Arbeitsplatz privat gesurft hat? Manchmal denke ich an einen der ersten Führungskräfte, mit der ich zu tun hatte, die sich damit brüstete: »Wissen Sie, der beste Mitarbeiter ist der mit zwei Abmahnungen.« Welch erstaunliche Logik!

Ich weiß, dass ich etwas zuspitze. Doch es sind genau diese oft unbewusst weiter wirkenden Strukturen und Muster längst vergangener Tage, die das Klima vergiften, die Menschen ein untrügliches Gefühl geben, nicht als Mensch wahrgenommen zu werden. Manches davon wird unreflektiert übernommen und weiterverwendet. Das muss aufhören – das ist der Anfang zu einer menschlicheren Sprach- und Unternehmenskultur.

Potenzial – Was Arbeit für Menschen bedeuten kann

Emsiges Treiben in einem Steinbruch im Norden Italiens. Tomaso ist ein früher Motivationsforscher. Auf der Suche nach Probanden streift er durch den Steinbruch. Er fragt einen ersten Steinmetz: »Was motiviert Sie zu Ihrer Arbeit?« Unwirsch fährt der ihn an. »Arbeit? Eine Plackerei ist das.« Es folgen einige nicht zitierfähige Aussagen. Tomaso macht seine Notizen und zieht weiter. Der zweite antwortet auf die gleiche Frage: »Och, heute ist alles gut. Die Sonne scheint, der Chef hat gute Laune, der Meißel ist scharf. Alles gut.« Die beiden unterhalten sich noch eine Weile. Tomaso fragt sich, wie die Antwort wohl bei schlechtem Wetter ausgefallen wäre. Da fällt ihm jemand auf, der so konzentriert arbeitet, dass er den Besucher erst gar nicht bemerkt. Als er sich dann doch widerwillig unterbrechen lässt, antwortet er »Arbeit? Sehen Sie denn nicht, dass ich den Schluss-Stein für den Dom von Siena mache?«

Eine Geschichte, die seit Jahren in Motivationsseminaren weitergetragen wird. Nur weil sie oft gehört ist, wird sie nicht schlechter. Die Motivation des Bildhauers ist die erwachsene Form des Kleinkindes, das mit strahlenden Augen zeigt, was es gerade gebaut hat. Diese Begeisterung, der Stolz, der erschöpfte und dennoch tief zufriedene Blick. Bei vielen Menschen fragt man sich: »Wo ist sie hin – diese Energie des kindlichen Entdeckens, des Staunens, des Spielens, der Begeisterung, des Verliebtseins?«

Dr. Rudolf Mann[2] hat Unternehmen als »Spielplätze für Erwachsene« beschrieben. Wem das zu spielerisch erscheint, den möchte ich erinnern, mit welcher Ernsthaftigkeit und Konzentration Kinder spielen. Ich freue mich immer, wenn ich Menschen treffe, denen Entdeckungslust und Gestaltungsdrang nicht verloren gegangen sind. Haben Sie sich schon mal von einem begeisterten Unternehmer seine Firma zeigen lassen? Von einem überzeugten Handwerker die gerade fertiggestellte Baustelle? Von einem begeisterten Konstrukteur die neue Befestigungslösung? Ich glaube fest daran, dass es diese Qualität von erfüllter Arbeit ist, die menschenwürdig ist – und die normal sein sollte.

Für die meisten Menschen ist die Sehnsucht nach Sinn und Erfüllung Privatsache. Sie findet im Mitarbeiterentwicklungsgespräch nicht statt. Weil man nicht mit dem Verständnis seines Chefs rechnet, weil man nicht glaubt, dass Teile dieses Traums im Unternehmen zu verwirklichen sind, oder weil man schlicht die eigenen Karrierechancen nicht schmälern will. Mit dem Ergebnis, dass sich Menschen mit diesen Wünschen lange quälen, sie aufschieben. Doch irgendwann ist es dann zu spät und die besten Jahre sind weit unter Niveau vorbeigezogen. Muss das so sein?

Ich weiß, ich habe ein positives und optimistisches Weltbild. Ich habe so viele Menschen getroffen, die ihren Job mit Begeisterung machen. Ich habe immer wieder die Erfahrung gemacht, wie erfüllend Arbeiten sein kann. Das beinhaltet natürlich auch Zeiten des Frusts und der Überforderung und Phasen mit sehr viel Arbeit. In meinem Fall habe ich das immer selbst verursacht.

Eine Kollegin hatte mich auf die Arbeiten von Prof. Joachim Bauer über Spiegelneuronen und das uns innewohnende »Kooperations-Gen« aufmerksam gemacht. Sein Buch *Arbeit*[3] wurde für mich zu einer äußerst inspirierenden Quelle: Er beschreibt Arbeit als Resonanzraum für die eigene Entwicklung und unterscheidet drei Dimensionen: die Resonanz mit der Umgebung, die Resonanz mit sich und die Resonanz mit anderen. Alle drei Perspektiven wirken zusammen. Der Grundgedanke deckt sich mit meiner Lebenserfahrung.

Resonanz mit der Umgebung

Diese Resonanzerfahrung mit unserer Umwelt hat eine passive und eine aktive Seite. Die aktive Seite beschreibt die Gestaltung unserer Umwelt. Wir richten unsere Umgebung wohnlich ein, machen die Welt ein Stück besser. Beim Landschaftsgärtner, Architekten und Maler ist der Zusammenhang offensichtlich. Aber auch Softwareentwickler sind stolz auf guten Code. Was wir schaffen, wirkt auf uns zurück, macht uns stolz, führt zu Wohlgefühl und Zufriedenheit.

In der negativen Ausprägung leiden wir, wenn Umwelt zerstört oder Leid erzeugt wird. Müssen Menschen in Umständen arbeiten, welche die Welt erkennbar nicht besser machen, kann Arbeit nicht gut sein. Menschen leiden, werden krank oder verkümmern.

Neben dieser aktiven Form der Resonanz mit der Umgebung gibt es eine passive, die wir im Blick haben und uns als Arbeitgeber unbedingt zunutze machen sollten. Es gibt immer eine Wechselwirkung zwischen uns und unserer Umgebung. Sensiblere Naturen nehmen sie stärker wahr, wirksam ist sie immer. Betreten wir Firmengebäude, merken wir das unmittelbar. Räume wirken. Ordnung, Ästhetik, Geräusche lösen Gefühle und Zustände bei Menschen aus. Mal unmerklich, mal überdeutlich. Umgebung kann einschüchtern, verunsichern, inspirieren, entspannen. Wer will, dass Menschen sich bei der Arbeit wohlfühlen und gesund Spitzenleistung bringen, sollte sich die Umgebung bewusst anschauen und sie so gestalten, dass sie das Richtige fördert.

Ich habe in meinem Leben unzählige Arbeitsplätze und Firmengebäude gesehen. In vielen würde ich nicht länger bleiben als unbedingt nötig. Ich denke an zu kleine Büros mit Schreibtischen voller Aktenstapel, an fensterlose Flure in Wiener Bundesministerien, an lieblos kahle Bürowände. Ich vermute, Ihnen fallen ähnliche Bilder ein.

Resonanz zum persönlichen Wachstum

So wie wir unser Gesicht nur im Spiegel sehen können, erkennen wir bestimmte Aspekte unserer Persönlichkeit erst in unserem Tun. Persönliche Entwicklung scheint ein stetiger Fluss von Impulsen, Resonanzen und Entscheidungen zu sein. Wir entdecken etwas und gehen damit in Resonanz oder eben nicht. Unsere Reaktion auf äußere Reize lässt uns uns selbst entdecken. Das funktioniert in der Berufswahl wie bei der Suche nach neuen Herausforderungen. Was finde ich interessant? Welche Idee finde ich spannend? Welches Vorbild erscheint mir nachahmenswert?

Über die Resonanz mit der Außenwelt entsteht die Motivation für neue Herausforderungen. Wir entdecken, was in uns steckt, wohin wir uns entwickeln wollen. Dabei sind wir Menschen unterschiedlich. Der eine ahmt Vorbilder nach, der andere erreicht Klarheit über die Abgrenzung von Lebensweisen, die er ablehnt. Wir alle kennen dieses Kribbeln, wenn uns ein Thema anfixt, wenn wir die Herausforderung und die Lust spüren, einen Entwicklungsschritt zu machen. Diese Resonanz mit uns selbst lässt auch unser Selbstbewusstsein wachsen. Wir erleben, was wir können. Wir sammeln Erfahrungen. Wir reflektieren unser Tun, erreichen im besten Fall reflektierte Reife. Was nicht heißt, dass wir nicht mehr mit Begeisterung auf neue Herausforderungen reagieren können. Wir unterscheiden nur weiser und sind wählerischer.

Eine wichtige Facette ist die nötige Spannung, die mit dem Phänomen der Resonanz einhergeht, wenn man die Diskrepanz zwischen dem jetzigen Zustand und dem, was man gerade draußen in der Welt und damit in sich entdeckt hat, spürt. Ist das nicht der Fall, ist alles vertraut, fehlt auch der Impuls zur Veränderung.

Im negativen Sinn funktioniert das Prinzip natürlich auch. Geraten wir in einen Strudel aus Versagen, Überforderung und Misserfolgserfahrung, zieht uns das nach unten. Dann kann Arbeit zerstörerisch sein, zumindest führt sie zum Selbstschutz durch Rückzug und Entfremdung.

Resonanz mit unserem sozialen Umfeld

Die dritte Resonanzebene ist die mit den Menschen in unserer Umgebung. Sie scheint lebenswichtig zu sein, ist ein tief sitzendes Grundbedürfnis. Experimente zeigen, dass der Wunsch nach Kontakt und Resonanz noch wichtiger ist als Hunger und Durst. Fehlt Resonanz, gehen wir zugrunde. Von Beginn unseres Daseins an sind wir auf sie angewiesen. Babys sind der elterlichen, mütterlichen Fürsorge zunächst völlig ausgeliefert. Schnell lernen wir, dass Lächeln gute Ergebnisse bringt. Das gilt auch später beim Flirten, im Verkauf und in der Führung. Wir sind auf Aufmerksamkeit, Anerkennung und Wertschätzung durch unser Umfeld angewiesen. Überall da, wo wir über Grenzen hinauswachsen, uns verändern und entwickeln, ist die Resonanz unserer Umgebung ein Lebenselixier.

Gerade dort, wo wir uns weiterentwickeln wollen, kommt guter Resonanz große Bedeutung zu. Das ist nicht ohne Risiko für die Beteiligten. Kritische Wahrnehmungen formuliert man im privaten Umfeld eher vorsichtig. Lebenspartner geben bestimmte Botschaften nach mehreren erfolglosen Versuchen meist auf, Freunde verbrennen sich lieber nicht die Finger.

Das ist ein besonderes Privileg in der Arbeitswelt. Hier hat ein übergeordnetes System ein echtes Interesse an meiner Produktivität. Stellt ein Unternehmen gutes Führen sicher, dann gibt es mindestens eine, besser mehrere Personen, die sich um meine Weiterentwicklung kümmern. Dann achten andere im Dialog mit mir darauf, ob ich noch inspiriert bin, ob ich voller Energie bin und sprühe oder ausgelaugt wirke. Auch wenn dies vornehmlich dem Firmenerfolg dienen soll, kann die Arbeitswelt uns damit einen Entwicklungsbooster zur Verfügung stellen. Verstehen Unternehmen ihre Führungs- und Persönlichkeitsentwicklungsrolle im tieferen Sinn, können im Arbeitskontext erworbene Fähigkeiten und erfolgte Reflexionen bis weit ins Private hinein segensreich wirken.

Sinn – Wie falsche Haltung kranke Systeme schafft

Was ist eigentlich Arbeit? Vor einigen Wochen klärten Gerichte die Frage, ob Crowdworker Arbeitnehmer im Sinne des Arbeitsrechts seien. Sind sie nicht. So weit, so gut. Die Begründung hat mich schockiert:
»Der Begriff des Arbeitnehmers setze eine Verpflichtung zur Leistung von weisungsgebundener, fremdbestimmter Arbeit in persönlicher Abhängigkeit voraus«.[4] Na, herzlichen Glückwunsch. Wenn das so ist, habe ich nie in meinem Leben gearbeitet.

Welches ist der Zweck eines Unternehmens? Wenn Ihnen jetzt »Gewinn« eingefallen ist, sind Sie in guter, nein eher in üblicher Gesellschaft. Milton Friedman, der Wirtschaftsnobelpreisträger von 1976, hatte genau diese eine Antwort auf die Frage nach dem Unternehmenszweck: die Erzielung von Gewinn. »Es gibt nur eine einzige soziale Verantwortlichkeit von Unternehmen – ihre Ressourcen so zu nutzen und sich in solchen Aktivitäten zu engagieren, dass sie ihre Gewinne steigern«, schrieb Friedman in seinem Buch *Kapitalismus und Freiheit*[5]. Ich laufe gerade an Goethes Gartenhaus in Weimar vorbei. Nach einer Kundenveranstaltung genieße ich die frische Luft. Der routinemäßige Blick aufs Handy führt zu längerem Lesen im Gehen. Eine Vereinigung amerikanischer Spitzenmanager, der *Business Roundtable*[6], erklärt die Abkehr vom Shareholder Value als alleinigen Firmenzweck[7]. Ich kann kaum glauben, was ich lese. Die 181 unterzeichnenden CEOs verpflichten sich, ihre Unternehmen zum Nutzen aller Interessengruppen – Kunden, Mitarbeiter, Lieferanten, Gemeinden und Aktionären – zu führen. Das ist nicht nur wegen der unterzeichnenden Schwergewichte der amerikanischen Wirtschaft bemerkenswert, sondern auch, weil der gleiche Kreis seit Jahren dem Shareholder Value das Wort geredet hatte. Man habe erkannt, dass dies der einzige Weg zu wirklich langfristigem Erfolg sei. Selten hat mich eine Meldung der Wirtschaftspresse so gefreut. Welch ein neuer Ton!

Unternehmenszweck: Ein Irrtum wird berichtigt

Ich bin schon lange davon überzeugt, dass die einseitige und alleinige Fokussierung auf den Gewinn als Unternehmensziel ein grandioser Irrtum ist. Ich konnte das nie verstehen. Ich hatte über etliche erfolgreiche Unternehmensgründungen gelesen, mich mit zig Unternehmern unterhalten. Klar war es für manchen ein Motiv, reich zu werden. Doch in den allermeisten Fällen gab es zusätzlich oder vor allem einen klaren Fokus, ein Motiv, ein Warum in der Gründung des Unternehmens. Und dieses Warum liegt immer außerhalb des Unternehmens. Migros wollte Nahrungsmittel billiger machen. Benedikt Taschen wollte Kunstbücher schöner, besser und billiger machen. Manchmal wollte man auch einfach besser sein als der Wettbewerber, der schon da war.

Wo Menschen als Inhaber an der Spitze eines Unternehmens stehen, war die Fokussierung auf den Gewinn immer nur ein Teil des Ganzen. Die Mission ist oft in den Eigentümern lebendig. Soziale Verantwortung, regionaler Beitrag und ein wertschätzender Umgang mit der Belegschaft – das zeichnete erfolgreiche Familienunternehmen immer schon aus.

Der einseitige und vorrangige Fokus auf den Gewinn, seine Überhöhung als Zweck ist ein Missverständnis. Firmen werden seelenlos, Ziele finden keine Resonanz bei Menschen. Warum soll ich mich für zwei Prozentpunkte höhere Rendite extra ins Zeug legen? Gewinn ist nichts Schlechtes. Im Gegenteil. Er ist eine notwendige Größe, damit eine Firma wachsen kann. Gewinn ist auch ein Kriterium dafür, ob das Management gut ist, ob Ressourcen klug eingesetzt und Werte geschaffen werden. Das ist und bleibt wichtig als interne operative Steuergröße. Gewinn war aber nie und darf nie sein, wozu er leider oft überhöht wird: der Zweck und Sinn des Unternehmens. Kommen Menschen mit dem in diesem Sinne falschen Programm ans Ruder, können sogar einst sehr erfolgreiche Firmen zugrunde gehen. Denken Sie an die Spirale des Todes!

Im gleichen Atemzug mit dem Gewinn als Zweck wird oft die Mär vom Homo oeconomicus verbreitet. Doch auch hier liegt offenbar ein Missverständnis[8] vor. Ursprünglich als wissenschaftliches Abstraktionsmodell mit begrenztem Einsatzgebiet gedacht, wurde es später verkürzt zur falschen Annahme, dass Menschen per se eigennützig und rational entscheiden würden. So war das nie gemeint und so hat der Mensch auch nie funktioniert. Vielmehr scheinen Menschen grundsätzlich zu Hilfsbereitschaft und Kooperation konzipiert.[9]

Arbeitsrecht: Wenn der alte Schutz zum neuen Hindernis wird

Recht hat Geschichte. Insofern ist Arbeitsrecht immer von gestern. Es ist gemacht, um die Schwächeren zu schützen. In diesem Fall die ausgebeuteten Arbeiter vor den kapitalstarken Unternehmern. In guter Absicht in früheren Zeiten etabliert, behindert der Rechtsrahmen moderne Entwicklungen der Arbeitswelt. Die Arbeitswelt ändert sich schneller als das Recht.

Enge Vorschriften zur täglichen und wöchentlichen Arbeitszeit mögen bei Fabrikarbeitern nachvollziehbar gewesen sein. Bei eigenverantwortlichen modernen Jobs sind sie es nicht mehr. Wir sprechen von Vertrauensarbeitszeit und stellen frei, wann, wo und wie lange Menschen arbeiten. Stattdessen vereinbaren wir definierte Arbeitsergebnisse. Die von der EU genau in dieser Zeit geforderte Zeiterfassung zwingt zum Gegenteil.

Sind lange Kündigungsfristen als Schutz gut gemeint, erhöhen sie die Hürde bei Neueinstellungen. Wir wollen Menschen mit Behinderung vor Benachteiligung schützen. Das ist sinnvoll. Gleichzeitig provozieren wir, dass sich sogenannte *AGG-Hopper* darauf spezialisieren, gezielt meist unbeabsichtigte Fehler in Ausschreibungsverfahren aufzudecken, sich zu bewerben und dann die Arbeitgeber zu verklagen. Arbeitgeber trauen sich aus Angst vor teuren Fehlern nicht, pfiffige Stellenausschreibungen zu schalten.

Um Menschen wie die missbräuchlich zur Selbstständigkeit gezwungenen Fahrer von Tiefkühlkost-Ketten vor Ausbeutung zu schützen, gibt es Gesetze zur Scheinselbstständigkeit. Als Nebenwirkung erschweren sie die Zusammenarbeit von bewusst selbstständigen Freiberuflern mit Agenturen, Beratungs- und Trainingsunternehmen. Das ist alles gut gemeint, aber nur sinnvoll, wenn Arbeitgeber Ausbeuter und Arbeitnehmer schwach sind. Für die Arbeitswelt der Zukunft sind etliche Regeln einfach nicht gemacht.

Anreizsysteme: Wie echte Motivation korrumpiert wird

Menschen wollen sich entwickeln, Ziele erreichen und etwas beitragen. Dafür brauchen sie Gelegenheiten, Ermutigung und Unterstützung. Vor allem aber Resonanz – sprich Anerkennung, Wertschätzung und Raum für ihre Erfolge.

Was wir heute aber häufig als *Anreizsystem* sehen, ist krank. Es korrumpiert die natürliche Motivation von Menschen. Es unterstellt Menschen, nur etwas zu tun, um etwas anderes zu bekommen. Das ist nur schlüssig unter der Prämisse, dass Menschen eigentlich unwillig sind und ohne Anreiz alles schleifen lassen. Menschen, die im falschen System trainiert sind, verhalten sich tatsächlich so. Da werden Boni vereinbart, Ziele mit Zahlungen verbunden, komplexe Prämiensysteme entwickelt. Die Kosten sind enorm, die Folgen fatal. Ich kann mich an kein einziges Unternehmen erinnern, in dem ein Prämiensystem rundum als fair empfunden wurde. Sind die Ziele zu hoch, frustrieren sie. Sind die Ziele zu niedrig, nimmt man den Fuß vom Gas. Gibt es keine Ziele, macht man gar nichts mehr.

Gibt es individuelle Prämien, züchte ich Ellenbogen-Mentalität. Selten wird das belohnt, was langfristig für das Unternehmen als Ganzes wertvoll wäre. Die Auswüchse können Unternehmen ruinieren. Wer noch daran glaubt, dass sich das wirklich auszahle, dem sei die Lektüre von Reinhard Sprengers Klassiker *Vertrauen führt*[10] ans Herz gelegt. Menschen, die sich von ganzem Herzen für die Ziele von Unternehmen und Team einsetzen, tun das um des Ziels und des gemeinsamen Erfolges willen. Wo es ohne Bonus nicht geht, ist vorher etwas anderes schiefgelaufen. Sind alle variablen Vergütungen verwerflich? Nein. Erfolgsbeteiligungen, gestaltet wie bei einer Aktie, sind fast immer richtig. Prämien für das Team sind besser als individuelle. Und das Gehalt sollte einem nachvollziehbaren, als fair empfundenen System folgen.

Abhängigkeit: Wie der falsche Fokus auf das eine Arbeitsverhältnis schadet

Sprechen wir von Arbeit, ist meist das klassische Vollzeit-Angestelltenverhältnis gemeint: berufliche Lebensabschnitts-Monogamie. Alles andere ist Sünde. Teilzeit ist das Gleiche, nur weniger. Mehrere Jobs – das wird nur diskutiert in Verbindung mit der Klage, dass der erste Job nicht genug abwerfe. Diese einseitige Fokussierung ist nur schlüssig vor dem Hintergrund zweier Haltungen: dem Willen, Menschen in Abhängigkeit zu halten, und dem damit verbundenen Misstrauen, sonst nicht die volle Leistung zu erhalten.

Umgekehrt wird ein Schuh daraus. Voraussetzung für alle Formen jenseits der klassischen Konstellation ist eine offene, verbindliche und verlässliche Beziehung zwischen den Beteiligten. Niemand darf das Gefühl haben, zu kurz zu kommen. Zwischen erwachsenen Partnern, die sich auf Augenhöhe begegnen, kann es alle denkbaren Formen der gemeinsamen Arbeit geben. Je mehr Einkommensquellen jenseits des Lohns ein Mensch hat, desto unabhängiger, freier und unerschrockener kann er agieren.

Zweite Standbeine, Einkommen aus Kapitalanlagen, Beteiligungen an Unternehmen, Nebentätigkeiten: Wenn man das fördert, werden Menschen freier. Sie müssen sich weniger gefallen lassen, können aber auch mutigere Entscheidungen treffen. Trauen sich, ihre Meinung zu sagen, zu ihren Werten zu stehen und keine offensichtlich falschen Entwicklungen aus Angst vor wirtschaftlichen Nachteilen mitzutragen.

Ist das System aber so gebaut, dass es nahezu verboten und praktisch unmöglich ist, neben einer vollen Tätigkeit auf offiziellem Wege weitere Einkommensstandbeine aufzubauen, hält man Menschen abhängig. Hat man dann das Nettogehalt noch vollständig gebunden in Lebenshaltung und Bedienung des Hauskredits – dann sitzt man in der Falle. Freies Denken? Mutige Entscheidungen? Kann man nicht erwarten. Dass dann Entwicklungen möglich sind, bei denen gut ausgebildete, eigentlich integre Ingenieure den offensichtlichen Betrug eines großen Automobilherstellers mittragen, weil sich niemand traut, die Stimme zu erheben – das ist der wahre Skandal.

Angst: Warum wir zu wenige Aktionäre und Investoren haben

Deutschland hat einen weiteren strukturellen Nachteil. Wir sind das Land der Sparbücher und Lebensversicherungen, haben aber einen unglaublich geringen Aktionärsanteil. Viel zu wenige Menschen besitzen Firmenanteile, erzielen Dividenden- und Aktiengewinne. Hier meine ich keine kurzfristige Spekulation, sondern die langfristig orientierte Beteiligung an gesunden Unternehmen. Das regelmäßige Erleben auch zunächst kleinerer Zahlungen aus Kapitalerträgen verändert das wirtschaftliche Selbstverständnis.

Das hat unterschiedliche Facetten: Menschen können die Phase nach dem Ende der normalen Arbeit mit eigenen Standbeinen wirtschaftlich stabiler gestalten, als ängstlich auf die zu geringe Rente zu warten. Kluge Anreize für Selbstständigkeit und Investorentätigkeit für breitere Schichten würden Innovationsgeist, Unternehmertum und damit Wettbewerbsfähigkeit von Firmen wie Gesellschaft fördern. Firmen, die mit ehemaligen oder bisherigen Mitarbeitern zusammen Spin-offs gründen und ihre Leute weiter fördern, auch wenn sich die Wege im klassischen Sinne trennen, gewinnen enormes Potenzial mit den gemeinsamen Töchtern und bei den aktuellen Mitarbeitern, die ganz neue Perspektiven sehen.

Wer Angst davor hat, dass die Leute selbstbewusst werden, weil man sie dann nicht mehr erpressen und auspressen kann, hat leider verloren. Auch hier wirkt der Fachkräftemangel heilsam. Er belohnt die menschlichen und mutigen Unternehmen und er ermutigt die unternehmungslustigen und mutigen Mitarbeiter. Endlich Leidensdruck in eine gute Richtung.

Gesundheit – Wie schlechte Arbeit krank und gute glücklich macht

Am Rande unseres Bauplatzes stehen Großeltern mit ihren Enkeln. Fasziniert schauen sie zu, wie unser Haus aufgebaut wird. Die beiden gut gebauten Jungs der Gerüstbaufirma tragen Eisenstangen, Gerüstleitern und Holzdielen vom LKW auf die Baustelle. Jedes Mal laufen sie an den staunenden Kinderaugen vorbei. Der blond gelockte 30-Jährige meint, mit zwei schweren Gerüststangen auf der Schulter, im Vorbeigehen zu den Kleinen: »Kinder, passt gut auf in der Schule. Sonst müsst ihr später auch Eisenstangen schleppen!«

Tatsächlich ist das ein Job, den die beiden sicher nicht bis zur Rente durchhalten. Ein Teil körperlich harter Jobs kann durch Maschinen ersetzt oder erleichtert werden. Aufzüge transportieren die Ziegel aufs Dach, wo sie früher geworfen wurden. Roboter bewegen große Bauteile am Band, wo sich früher Menschen den Rücken verrenkten. Krane bewegen Zementsäcke, die früher geschultert wurden. So werden Arbeitsbedingungen vielerorts besser. Doch man wundert sich, wie oft es Mängel in der Arbeitssicherheit, schlechtes Material und ungenügenden Komfort an Arbeitsplätzen gibt. Da sitzen Menschen auf miserablen, unergonomischen Stühlen, weil gute zu teuer sind.

Manchmal hat man auch nur nicht gelernt, richtig zu sitzen. Kein Witz. Unsere Arbeit in einem Büro ist körperlich nicht besonders anstrengend, das Team ist jung. Wir nahmen eine Beratung durch eine Arbeitsplatzergonomin in Anspruch. Der Termin war kostenlos – und teuer. Kostenlos, da ihn die Krankenkasse bezahlt hat. Teuer, weil wir danach einen ganzen Satz ordentlicher Schreibtischstühle beschafft haben. Aber es hat sich bezahlt gemacht.

Wenn Arbeit auf die Knochen geht

Manche Arbeit ist naturgemäß körperlich anstrengender. Selbst mit bestem Arbeitsschutz – wer bei Wind und Wetter als Dachdecker auf Häusern rumturnt, in der Gießerei Formguss-Teile bewegt oder als Zusteller Kopierpapier-Pakete, Hantelzubehör oder Tierfuttersäcke in den fünften Stock trägt – das bleiben alles Knochenjobs. Auch bei den körperlichen Belastungen können sich gute Arbeitgeber auszeichnen und die Arbeit so erträglich wie möglich machen.

Die Sicherheit am Arbeitsplatz ist nicht nur gesetzlich vorgeschrieben – sie sollte auch selbstverständlich sein. Ist sie aber leider nicht. In gut geführten Unternehmen hat Arbeitssicherheit einen hohen Stellenwert. Geringe Unfallzahlen, niedriger Krankenstand und bestmögliche Ergonomie sind Erfolgskriterien.

Ich erinnere mich an die digitale Anzeige am Werkstor eines großen Industrieunternehmens: »Tage seit dem letzten Betriebsunfall: 423«. Bei 10 000 Mitarbeitern und der Produktion von Fahrzeugen einschließlich eigener Gießerei nicht selbstverständlich. Unternehmen können eine Menge tun. Gutes Werkzeug, ordentliche Stühle, höhenverstellbare Schreibtische, aufgeräumte Werkshallen, Hebe- und Tragehilfen, automatisierte Intralogistik für alles Schwere. Manche Arbeit bleibt hart. Arbeit, die krank macht, ist unmenschlich. Das sollten wir nicht länger hinnehmen.

Wie Arbeit auf die Seele schlägt

Ich möchte Bandscheibenvorfälle, lädierte Knie und schmerzende Rücken nicht bagatellisieren. Doch vermutlich noch schlimmer als diese Leiden sind die immer stärker auftretenden psychischen Belastungen. Oft kommt beides zusammen. Nicht wenige Experten sind überzeugt, dass mancher Bandscheibenvorfall und manches Rückenleiden mit dem mentalen Druck am Arbeitsplatz genauso zu tun hat wie mit der mechanischen Last.

Vieles von dem, was in Stresserkrankungen, in Burn- oder Boreout, in Mobbing, Sucht oder Depressionserscheinungen klinisch sichtbar und krankheitstagerelevant wird, ist der unrühmliche Höhepunkt einer vorausgegangenen Leidenszeit. Ist es so weit erst mal gekommen, braucht es andere Hilfen als einfach nur besseres Führen oder die Suche nach dem Sinn in der Arbeit. Wenn das aus der Sicht der Betroffenen so einfach gewesen wäre, hätten sie längst anders gehandelt oder den Job gewechselt.

Die Gründe für seelisch-psychische Erkrankungen im Arbeitskontext sind unterschiedlich: Mobbing unter Kollegen, übertriebener Leistungsdruck, schlechte oder keine Führung, fehlende Wertschätzung, unzumutbare und sich nicht ändernde Arbeitsumstände. Persönliche Überlastung, private Belastungen und die fehlende Fähigkeit, mit diesen Dingen klarzukommen, überfordern manchen. Aus dem Druck, offensichtlich falsche, unethische, vielleicht sogar illegale Praktiken aus Angst vor Konsequenzen decken zu müssen, werden zuerst schlaflose Nächte und dann harte Symptome.

In Unternehmen mit solchen Zuständen kann man eher nicht auf eine verständnisvolle Führungskraft hoffen, die einfühlsam und unterstützend hilft, die Situation zu verbessern. Vertrackt. Wo es am nötigsten wäre, sind die guten Führungskräfte weit weg. Logisch, aber tragisch. Bleibt die Hoffnung auf die positive Kraft des Fachkräftemangels. Firmen sollten sich verstärkt auch um Menschen kümmern, die nicht auf der Sonnenseite des Arbeitsmarktes stehen, sie auffangen, unterstützen, qualifizieren und dabei helfen, an einem menschenwürdigeren Arbeitsplatz ein besseres und gesünderes Kapitel des eigenen Arbeitslebens aufschlagen zu können. Wenn das nicht passiert, gilt: Lasst euch nicht zu viel gefallen! Die Zahl der Alternativen sollte wachsen.

Arbeitssicherheit und Gefährdungsbeurteilung sind gesetzlich vorgeschrieben. Der tatsächliche Stellenwert im Unternehmen ist höchst unterschiedlich. Diskutiert werden sie oft zwischen einem Arbeitssicherheitsberater und einem internen Beauftragten. Jobs wie Arbeitssicherheitsbeauftragter sind nicht unbedingt die Zielpositionen der Top-Talente im Unternehmen. So wird zwar das Richtige diskutiert, kommt aber leider nicht immer bei den Entscheidern an.

Arbeit im Flow: Über die Struktur von Glück

Warum sind Holzhacken und Bergwandern so befriedigend, obwohl man sich dabei schwer anstrengen muss? Jeder von uns kennt Tätigkeiten, bei denen wir die Zeit vergessen. Wir gehen auf in dem, was wir tun, alles andere tritt in den Hintergrund. Wir sind im Flow. Nach einer gewissen Zeit – oft erschrecken wir beim Blick auf die Uhr – haben wir irre viel erreicht, sind erschöpft, aber glücklich. Diese Flow-Momente hat Mihaly Csikszentmihalyi[11] beschrieben und sie als das Geheimnis eines glücklichen Lebens identifiziert. So einfach kann das sein. Er hat eindrucksvoll belegt, dass nicht die Traumjobs glücklich machen. Piloten sind nicht per se glücklicher als Gabelstaplerfahrer.

Das Geheimnis des Glücks liegt in der Menge und im Anteil an Zeiten, die Menschen im Flow erleben. Viele von uns erleben solche Momente nur im Privatleben. Das ist schade, denn nichts ist so geeignet für Flow-Momente wie sinnvolle Aufgaben zum Wohle anderer – gute Arbeit also. Gute Unternehmen und gute Führungskräfte sorgen für reichlich Flow-Zeit. Der Lohn ist eine weitaus höhere Produktivität. Vergleichen wir Flow-Zustände mit dem normalen Alltag, schätzen Menschen die Produktivität auf das Doppelte oder mehr. Flow ist bei unterschiedlichsten Tätigkeiten möglich: beim Konzipieren einer Tabelle, beim Laden eines LKW, beim Programmieren, beim Messeaufbau und bei den Arbeiten am letzten Tag vor dem Urlaub.

Einen Flow-Schalter gibt es nicht, aber es gibt ein Geheimnis. Sogar drei. Besser gesagt sind es drei Voraussetzungen für das Zustandekommen von Flow. Gute Führungskräfte schaffen diese Voraussetzungen und erreichen höchste Produktivität. Keine Methode des Zeit- und Selbstmanagements ist nach meiner Erfahrung so wirksam wie die Erkenntnisse aus Csikszentmihalyis Glücksforschung. Die Kurzform folgt hier, eine ausführliche Version mit Tipps und Checkliste zur Umsetzung finden Sie bei den Downloads zum Buch.

Die erste Voraussetzung ist der klare Fokus. Echter Flow tritt nur ein, wenn Sie sich bewusst für genau eine Tätigkeit entscheiden. Egal was Sie tun, tun Sie es ganz. Multitasking funktioniert nicht! Gute Führungskräfte sorgen für störungsfreie Zeiten, reduzieren Ablenkungen und etablieren Spielregeln für fokussiertes Arbeiten.

Die zweite Voraussetzung ist das rechte Maß an Herausforderung. Liegt die Latte zu hoch, versuchen wir es erst gar nicht. Liegt sie zu niedrig, ist es langweilig. Kribbelnd ist es an der selbst gewählten Leistungsgrenze. Deshalb sind die fordernden Zeiten motivierend und die innere Unterforderung eine der größten Gefahren für das Arbeitsglück. Gute Führungskräfte dosieren Herausforderungen klug.

Die dritte Voraussetzung liegt darin, zu spüren, wie wir vorankommen. Kontinuierliches positives Feedback schafft Erfolgsbewusstsein. Das ist das Geheimnis des Holzhackens. Idealtypisch erfüllt diese archaische Tätigkeit alle Flow-Kriterien: Wenn Sie es tun, braucht es Sie ganz. Passt die Größe des Holzhaufens, ist der Ehrgeiz geweckt. Sie sehen mit jedem Schlag den Erfolg Ihres Tuns. Der Haufen links wird kleiner, der rechts wächst. Und abends schauen Sie stolz auf Ihr Werk. Gute Führungskräfte machen Arbeit und Fortschritt spürbar und sichtbar. Es gibt Firmen, die für jeden Auftrag Tennisbälle in transparente Säulen packen, andere machen Strichlisten an der Bürotür oder Visualisierungen am Shopfloor-Board.

Jetzt könnten Sie einwenden, dass man acht Stunden im Flow gar nicht durchhält. Unter uns gesagt – wer so arbeitet, braucht für die meisten Jobs auch keine acht Stunden.

Mut – Es gibt kein richtiges Leben im Falschen

»Niemand ist hoffnungsloser versklavt als jene,
die fälschlicherweise glauben, frei zu sein.«
Johann Wolfgang von Goethe

Wir sehen die Diskrepanz zwischen zwei Systemen der Arbeit. Da ist die auf Leibeigentum und Sklavenarbeit zurückgehende Arbeit, für die der Mensch nur Maschinenersatz ist. Rein funktional, zum Bauteil reduziert, austauschbar, abhängig, unwichtig. Menschlich ist das nicht. Wenn wir klug automatisieren und innovieren, werden wir diese Arbeit hoffentlich bald nicht mehr brauchen.

Und da ist die erfüllende menschliche Arbeit. Die es immer schon gab im Schaffen für die eigene Familie, bei Künstlern oder im Handwerk. Von Gestaltungsfreude angetrieben, in Würde und freiwillig erbracht. Am besten von unabhängigen Menschen, welche die Wahl haben, was sie mit ihrer Zeit und Energie anfangen. Arbeit als Chance auf Resonanz, auf Wachstum und auf einen Beitrag zu etwas Sinnvollen. Ob gleich für die Rettung der Welt oder für gut gefüllte Supermarktregale, ist dabei egal. Es geht um Arbeit in einem Kontext, für den man sich bewusst entscheidet, weil sie auf dem eigenen Lebensweg unterstützt und weiterbringt. Arbeit, die man mit und für Menschen erbringt, die einen als Partner auf Augenhöhe sehen.

In der Realität vermischen sich Elemente aus beiden Welten. Normale Unternehmen sind nicht frei von Strukturen und Begriffen aus alten Tagen. Manche Unternehmen sind ganz schön weit auf der Skala in der Nähe alter Arbeitsbilder. Dieses alte System wird es leider noch eine Weile geben. Überall dort, wo der Mensch nicht als Mensch, sondern nur als billigerer und flexiblerer Maschinenersatz gebraucht wird – dort funktioniert das alte System weiterhin. Nicht schön, aber ein Teil der Realität. Für alle Unternehmen, für alle Aufgaben, bei denen der ganze Mensch gebraucht wird, läuft es so immer weniger.

Andere Firmen bräuchten unbedingt den ganzen Menschen und sind dennoch voll von den alten Sklavenhalterstrukturen, Führungskräfte haben es manchmal nie anders kennengelernt. Diese Firmen spüren den Wandel mit voller Wucht. Ihr Angebot ist im Arbeitsmarkt nicht mehr wettbewerbsfähig.

Am anderen Ende der Skala gibt es immer mehr richtig begeisternde Unternehmen. Je mehr gute Firmen es gibt, desto mehr Leute wagen in schlechten Firmen den Absprung. So entsteht im besten Fall eine positive, sich selbst verstärkende Entwicklung hin zu besseren Firmen. Die entweder gleich so gegründet wurden oder durch einen entschlossenen Wandel aus traditionellen Unternehmen gewachsen sind.

Der Hintergrund entscheidet: Die Musik macht die Szene

Haben Sie schon mal eine hoch spannende Krimiszene ohne Ton angeschaut? Meist ist dann die Spannung völlig weg. Nicht das Geschehen an der Oberfläche macht es aus. Erst die Verbindung mit dem Hintergrund erzeugt die Spannung, ordnet ein und lässt das ganze Bild entstehen. Erst die Musik und der Kontext schaffen die Dramatik, erzeugen die Spannung.

So ähnlich ist es in Unternehmen. Nicht eine Hierarchie oder ein bestimmtes Verhalten isoliert betrachtet, schafft die Wirkung. Es ist eher die Hintergrundmusik: die Werte, die Haltungen, das Menschenbild der Menschen an der Spitze. Es ist der Kontext aller Aussagen, Haltungen und Taten in Bezug auf Menschen, Mitarbeiter und Führung, die das Gesamtbild erzeugen, mit dem eine Firma auf dem Arbeitsmarkt agiert und nach innen und außen wirkt.

Entsprechen Menschenbild, Haltung und Führungsverständnis dem Menschenwürde-Arbeitgeber – dann macht es überhaupt nichts, wenn es noch alte Strukturen, traditionelle Hierarchien und Reste von gestern gibt. Wenn Sie diese Dinge nach und nach umbauen und eine People Strategy entwickeln und umsetzen, kann ein großartiger Arbeitgeber entstehen, eine menschengerechte Firma. Sie werden weder Fachkräftemangel haben noch müssen Sie sich vor den Anforderungen von Digitalisierung und Modernisierung fürchten.

Wenn Sie hingegen im Vordergrund ein paar gut gemeinte Seminare und eine Recruiting-Kampagne starten, Ihr Bild im Hintergrund aber im Sklavenhaltermodus tickt, fliegt Ihnen das um die Ohren. Menschen merken, wenn die Dinge nicht ernst gemeint sind. Dann zählt nicht, was Sie vorher gesagt, auf Websites und in Imagebroschüren geschrieben haben. Der Hintergrund strahlt immer durch. Stimmt das Menschenbild nicht, schaden Maßnahmen an der Oberfläche sogar, weil sie den Menschen Hoffnungen machen, die dann enttäuscht werden. Es gibt kein richtiges Leben im Falschen. Es bedarf einer klaren Entscheidung: der Eigentümer, der Geschäftsführung, der Führungskräfte. Sie brauchen nicht alles von heute auf morgen auf den Kopf zu stellen. Aber das Betriebssystem, der ordnende Geist im Unternehmen, der muss klar entschieden sein. Sehen wir Menschen als Maschinenersatz und Mittel zum Zweck oder als Persönlichkeiten? Ist das klar, kann man alles andere nach und nach entwickeln, kann Strukturen anpassen, alte Systeme aufdecken und wandeln.

Kapitel 5
FÜHRUNG: Was schiefläuft und Menschen und Werte plattmacht

Wir müssen über eine zentrale Gruppe von Menschen im Unternehmen reden. Ihretwegen kommen Mitarbeiter ausgeglichen oder gereizt nach Hause. Ihre Aufträge, ihr Feedback und ihre Stimmung sind für Mitarbeiter die täglich spürbare Wirklichkeit ihres Arbeitgebers. Führungskräfte, vom Teamleiter bis zum Geschäftsführer, sind es, deren Erwartungen Mitarbeiter erfüllen wollen, von deren Kommunikation die Stimmung im Team geprägt wird. Sie sind es, über die die Partner zu Hause keine Geschichten mehr hören wollen, und am Ende sind sie der Grund, warum Mitarbeiter ihre Firma verlassen. Hört man zu, wie Menschen über ihre Führungskräfte urteilen, kommt man zu dem Schluss: ein komplizierter Beziehungsstatus.

Nach den vorigen Kapiteln haben wir das ungeheure Potenzial von Menschen vor Augen, die mit Entdeckungslust und voller Identifikation im Flow arbeiten. Die Diskrepanz zum Alltag in heutigen Unternehmen ist riesengroß. Warum ist das so? Milliardensummen verbrennen Arbeitgeber durch dieses verlorene Potenzial, von den menschlichen Belastungen ganz abgesehen. Das zeigt sich auf zwei Seiten. Zum einen verlieren Unternehmen jedes Jahr Hunderttausende Mitarbeiter, die sie gerne an Bord behalten hätten. Zum anderen bleiben die, die noch da sind, weit unter ihren Möglichkeiten. Das ist noch weitaus teurer. Warum verschenken und vernichten wir so großes Potenzial? Gemessen am hohen Stellenwert der Arbeit ist das Ergebnis beschämend. Woran liegt das? Ich vermute, das hat *Methode*. Ich habe viele Unternehmen und Organisationen in meiner Rolle als Unternehmensberater von innen gesehen. Gute und nicht so gute. So langsam verstehe ich die Mechanismen dieser Methode, die ich mit Ihnen in diesem Kapitel aufdecken möchte. Schauen wir mal Führungskräften im Alltag über die Schulter.

Das Feuer ist aus – Warum nur jeder siebte Mitarbeiter alles rausholt

Mallorcas größte Partybühne. Es ist nach Mitternacht im Megapark. Einige Tausend vorwiegend deutsche Arbeitnehmer grölen sich den alltäglichen Arbeitsfrust aus der Kehle. »*Scheiß auf den Job, scheiß auf mein Geld, egal was ihr sagt, egal was ihr denkt — ich möcht nur eins, ich möcht mein Glück. Alles egal. Ich will Malle zurück.*«

In den Discos auf der Deutschen liebsten Partyinsel findet der Arbeitsfrust ein Ventil. Was man nicht wegsingen kann, wird mit Bier weggespült. Wenigstens für ein paar Tage scheint die Flucht zu gelingen. Der weitaus größere Teil der Unzufriedenen singt nicht auf Malle. Sie leiden im Stillen, haben sich arrangiert oder andere Orte für ihren Frust gefunden, wenn sie nicht zu denen gehören, die ihren Job lieben.

Alljährlich berichtet die Wirtschaftspresse über die Untersuchung des amerikanischen Beratungs- und Marktforschungsunternehmens Gallup: den Mitarbeiter-Engagement-Index[1]. Mit einer weltweit angewandten Methodik werden Mitarbeiter über alle Branchen nach ihrer Zufriedenheit mit dem Job und ihrer Verbundenheit und ihrem Engagement zu ihrem Arbeitgeber befragt. Gallup unterscheidet drei Kategorien von Mitarbeitern[2]:

1. Die *hoch engagierten* Mitarbeiter. Das sind die Menschen, die von sich behaupten, gerne und glücklich zu arbeiten, die ihren Job mögen oder lieben, ihre Stärken und Talente einbringen können und sich in ihrem Unternehmen gut aufgehoben fühlen. Das sind die Mitarbeiter, die sich aktiv einsetzen, Vorschläge machen, dafür sorgen, dass Kunden zufrieden sind, Prozesse besser werden, und die für das Unternehmen werben. Sie empfehlen sogar ihren Freunden, sich beim eigenen Unternehmen zu bewerben. Das Problem: Nur jeder siebte Arbeitnehmer in Deutschland gehört zu dieser Gruppe.
2. Die *aktiv demotivierten* Mitarbeiter. Sie sind das andere Extrem. Sie sind diejenigen, die ständig über die Arbeit, den Arbeitgeber und die Umstände meckern – und trotzdem (leider) nicht von allein kündigen. Innerlich haben sie das längst getan. Sie kümmern sich besonders gerne um die Einarbeitung neuer Mitarbeiter, wenn das sonst niemand tut. Diese Mitarbeiter sagen den Neuen dann schon, wie es hier wirklich läuft. Das Drama hier: Auch zu dieser Gruppe gehört jeder siebte Arbeitnehmer in Deutschland.
3. Die *neutrale* Mitte. Fünf von sieben Mitarbeitern machen Dienst nach Vorschrift. Sie kommen pünktlich, sie gehen pünktlich. Die bessere Hälfte macht

einen ordentlichen Job. Sie funktionieren, haben sich arrangiert, reißen sich aber auch kein Bein aus. Nach der Arbeit drehen sie dann richtig auf. Sie managen den Tennisclub, sind Wortführer in kommunalpolitischen Gremien und bauen Karnevalswagen. Um die schlechtere Hälfte der neutralen Mitte sieht es eher traurig aus. Sie erledigen, was sich nicht vermeiden lässt, und versuchen, unbeschadet vom Montagmorgen zum Freitagnachmittag zu kommen. Brückentage sind Highlights auf dem Weg von Urlaub zu Urlaub durch das Jahr. Die Kuhle im Sofa ist der bleibendste Eindruck des Tages. Wie tragisch.

Überprüfen Sie mal, in welche Kategorie Sie Ihre Mitarbeiter einordnen würden. Wie ist die Verteilung bei Ihnen? Doch entwickeln Sie bitte keine negativen Gefühle gegenüber Ihren Mitarbeitern aus Gruppe zwei und drei. Ihre Leute können daran vielleicht weniger ändern, als Sie denken. Bevor wir zu den Ursachen kommen, müssen wir uns die drei Konsequenzen dieser Verteilung des Engagements anschauen.

Mangelnde Produktivität kostet Millionen

Das Engagement der Mitarbeiter in den drei Kategorien ist höchst unterschiedlich. Die Zahl auf dem monatlichen Lohnzettel unterscheidet sich kaum, zumindest in Deutschland. Die Personalkosten für alle drei Gruppen sind ähnlich. Die Produktivität nicht. In Workshops frage ich Führungskräfte regelmäßig: »Was glauben Sie, wie viel die Produktivität eines hoch engagierten Mitarbeiters höher liegt als die eines durchschnittlichen? Oder gar eines Mitarbeiters, der innerlich gekündigt hat?« Die Schätzungen reichen von plus 70 Prozent bis zum drei- bis fünffachen. Sollten wir nicht mehr über Produktivität und weniger über Personalkosten sprechen?

Nehmen wir eine Firma mit zehn Millionen Euro Umsatz und 100 Mitarbeitern. Also mit 15 hoch engagierten, mit 70 im Modus Dienst nach Vorschrift und 15 aktiv demotivierten. Rechnen wir mal 60 000 Euro Jahresgehalt für jeden. Die durchschnittliche Produktivität liegt dann bei 100 000 Euro (10 Millionen Umsatz/100 Mitarbeiter). Gelingt es, nur 30 der 70 Mitarbeiter aus der mittleren Gruppe zu den hoch identifizierten Mitarbeitern zu entwickeln, wäre viel gewonnen. Nehmen wir mal vorsichtig die 1,5-fache Produktivität an für einen hoch engagierten Mitarbeiter gegenüber der mittleren Gruppe. Dann setzt diese Veränderung mal eben 1,5 Millionen Euro Mehrproduktivität frei. Was Sie damit machen können, dafür liefere ich Ihnen später noch einige Ideen. Lohnt es sich nicht, diese Potenziale zu heben?

Der entscheidende Nachteil im Wettbewerb

Ob Sie ergonomische Fahrersitze für schicke Cabrios in besserer Qualität und kürzerer Zeit bauen müssen, im Hotel für die immer weiter wachsenden Ansprüche Ihrer internationalen Gäste zuständig sind oder im Support einer Vertriebssoftware Verbesserungsideen für die nächste Version finden sollen – wie gut das gelingt, entscheidet darüber, ob Sie morgen noch erfolgreich sind. Nur wer sehr gute Leistung liefert, überlebt. Mitarbeiter, die Dienst nach Vorschrift machen, gehen gerne den bequemen Weg. Statt eine Verbesserungsidee weiterzugeben, verschweigt man sie lieber. Das spart Arbeit, Rückfragen und Papierkram. Den anspruchsvollen Gast übersieht man besser. Er könnte ja noch einen weiteren Wunsch haben und es ist gleich Feierabend. Malen wir uns gar nicht aus, welchen Schaden die 15 Prozent aktiv demotivierten Mitarbeiter verursachen. Am besten hält man sie von Kunden ganz fern. Das ist teuer. Sie in Kontakt mit Kunden kommen zu lassen ist noch teurer. Engagement und Identifikation der Mitarbeiter sind ein unbezahlbarer Wettbewerbsfaktor.

Mitarbeiter gewinnen Mitarbeiter – oder auch nicht

Je schwerer es wird, die richtigen Mitarbeiter zu finden, desto wichtiger werden die, die schon an Bord sind. Stellen Sie sich vor, Ihr Unternehmen hat es geschafft, potenzielle Mitarbeiter für eine Bewerbung zu interessieren. Sie haben viel Geld in die neue Karrierewebsite gesteckt, einen tollen Stand für die Firmenkontaktmesse an der Hochschule bestückt und einen Haufen Geld für Headhunter ausgegeben. Das Bewerbungsgespräch mit Ihrem Favoriten ist gut gelaufen. Auf der Toilette bekommt er ein Gespräch zweier aktiv Demotivierter mit: »Hast du mal auf die neue Website geschaut? Das Blaue vom Himmel versprechen sie da. Hast du von der Wertschätzung schon mal was mitgekriegt?« Seine Recherchen beim Internetportal *kununu* und die Nachfragen bei Bekannten lassen die Zweifel wachsen. Davon bekommen Sie nichts mit. Sie sind nur überrascht über seine Absage. Wo Sie sich doch so angestrengt haben. Sie können so viel Geld in Websites, Personalberater und Karrieremessen stecken, wie Sie wollen. Selbst wenn die hochglänzende Fassade bis zur Vertragsunterzeichnung reichen sollte, ab dem ersten Arbeitstag kommt die Wahrheit sicher ans Licht.

Zum Glück geht es auch anders. Sind Mitarbeiter begeistert, spüren Bewerber das schnell. Hoch engagierte Mitarbeiter werden selbst zu Werbern für neue Talente, empfehlen Freunde und Bekannte und sorgen im Unternehmen für eine Atmosphäre, die motivierte Menschen anzieht und einbindet. Den Wert, den begeisterte Mitarbeiter als Botschafter und Werber auf dem Arbeitsmarkt haben, kann man kaum hoch genug einschätzen.

Gemessen am Potenzial der Menschen ist die Realität in den meisten Unternehmen unhaltbar. Unsummen an Wert werden vernichtet. Mitarbeiter leiden, bleiben weit unter ihren Möglichkeiten, sind frustriert, werden krank. Die Gallup-Studie stellt die Dramatik der Situation Jahr für Jahr aufs Neue dar. Die Zahlen werden kaum besser. Jedenfalls nicht im Durchschnitt aller Arbeitnehmer. Doch es gibt Hoffnung: Repräsentanten von Gallup bestätigen, was mir meine Erfahrung ebenfalls zeigt: Es gibt riesige Unterschiede zwischen den besten Firmen und dem Durchschnitt. Es gibt sie, die Firmen mit 60 bis 70 Prozent an hoch engagierten Mitarbeitern.

Zurück zur Frage nach der Ursache. Gallup kommt zu genau einer: Die Qualität der Führung entscheidet darüber, wie viele Mitarbeiter in der engagierten Gruppe landen. Wenn wir keine Täuschungsabsicht unterstellen, sind zu Beginn der beruflichen Lebensabschnittspartnerschaft alle Beteiligten bestens motiviert. Danach muss irgendetwas schiefgelaufen sein.

Da haben wir's: Die Chefs sind schuld

Wie gelingt es Führungskräften, die anfängliche Motivation zu zerstören und aus strahlenden Gesichtern hängende Mundwinkel zu machen? Das geschieht oft unbemerkt. Fehler und Versäumnisse zeigen sich in Gedanken wie diesen:

- »Ich strenge mich an! Niemand nimmt es wahr. Keiner hat was gesagt. Nächstes Mal mach' ich halblang.«
- »Ich habe mich in mein Projekt reingehängt, mein Bestes gegeben. Meine Ergebnisse habe ich trotz hohen Drucks pünktlich abgeliefert. Jetzt verkauft mein Teamleiter meine Ergebnisse als seine! Das passiert mir nicht noch mal.«
- »Der Job klang so spannend. Aber die ersten Wochen waren schon enttäuschend. Von wegen Einarbeitung. Es hat ewig gedauert, bis ich meinen Rechner hatte und klar war, was ich machen sollte. Richtig loslegen konnte ich erst nach acht Wochen.«
- »Am Anfang war das cool. Die Kundentermine, interessante Baustellen, nette Kollegen. Da habe ich schnell gelernt und wollte mit dem Schwung weiter. Jetzt warte ich schon seit anderthalb Jahren auf die versprochene neue Aufgabe als Projektleiter. Nichts tut sich.«

Menschen sind nicht blöd. Was sich nicht lohnt, lässt man. Menschen lernen schnell, wie sie über die Runden kommen. Mitarbeiter denken sich: »Wenn sich keiner ernsthaft auseinandersetzt mit mir und meiner Rolle, meiner Arbeitszufriedenheit, meiner Entwicklung, dann passe ich mich an. Wird mein volles Engagement nicht wertgeschätzt, investiere ich eben woanders.« So nimmt das Elend seinen Lauf. Leider gibt es noch mehr Mechanismen zur Vernichtung von Mitarbeiterengagement. Doch dazu später.

Die Guten gehen von allein – die anderen leider nicht

Es kommt noch schlimmer. Nehmen wir zuerst die hoch engagierten Mitarbeiter. Sie werden in der Führung oft vernachlässigt, machen sie doch selten Probleme. Darin liegt eine unterschätzte Gefahr: Die Guten gehen von allein. Ist der Job nicht mehr spannend, suchen sie sich neue Herausforderungen. Wenn das die Chefs nicht mitbekommen, weil sie nicht danach fragen oder es nicht hören wollen, dann suchen sie eben woanders. Viel tun müssen sie dazu gar nicht. Kluge Algorithmen in den Social-Media-Kanälen wissen, wer latent offen ist für Neues, und liefern Angebote direkt in die Newsfeeds unserer besten Leute. Wer da innerlich nur ein bisschen wackelt, kommt schon mal in Versuchung. Mit zunehmendem Fachkräftemangel werden die Verführungen offensiver.

Leider funktioniert das auf der anderen Seite nicht. Die innerlich gekündigten Mitarbeiter schimpfen zwar ständig, gehen aber praktisch nie von allein. Führungskräfte schließen lieber die Augen und machen einen Bogen um die eigentlich notwendige Konfrontation. Je mehr Schwierigkeiten man hat, guten Nachwuchs zu finden, desto mehr glaubt man, jeden halten oder nehmen zu müssen. Sie wissen schon: die Eintrittskarte zur Spirale des Todes.

Das Fazit ist schmerzhaft: Je schlechter Sie führen, desto mehr gute Leute gehen verloren. Je schlechter Sie führen, desto mehr demotivierte Mitarbeiter bleiben an Bord. Je schlechter Sie führen, desto mehr ehemals motivierte Menschen rutschen auf der Identifikationsleiter nach unten. Je schlechter Sie führen, desto schlechter wird die Qualität Ihrer Bewerber. Wozu das führt, muss ich nicht wiederholen.

Es gibt immer noch Menschen, die Führung als *Soft Fact* bezeichnen. Darüber kann ich mich aufregen. Wenn das keine *Hard Facts* sind, was denn dann sonst, bitte schön? Hier steckt so viel ungenutzte Produktivität für die Firmen und so viel zerstörte Lebensenergie für die Menschen.

Aber halt! Bevor Sie jetzt losziehen und als Führungskraft alles anders machen oder Ihren eigenen Chef am Montag mit seiner Schuld konfrontieren – warten Sie bitte noch kurz. Die meisten Führungskräfte machen mir nämlich gar nicht so einen böswilligen Eindruck. Vielleicht tragen sie auch gar nicht allein die Schuld. Schließlich ist das System meist machtvoller als die einzelnen Menschen. Lassen Sie uns mal schauen, wie die Führungskräfte von heute zu ihrer Rolle gekommen sind.

Bock zum Gärtner – Wie Führungskräfte gemacht werden

Stellen Sie sich bitte folgende Szene vor: Flughafen Frankfurt frühmorgens. Das Boarding ist beendet, Sie haben sich an Ihrem Fensterplatz eingerichtet, strecken die Beine, breiten Ihre Zeitung aus und freuen sich auf Kaffee und Flug. Sie hören die vertraut blecherne Stimme aus dem Lautsprecher: »Guten Morgen liebe Fluggäste. Mein Name ist Robin Lauterwein, ich bin heute Ihr Kapitän auf dem Flug LH 1598 nach Berlin. Ich freue mich auf den Flug mit Ihnen. Es ist mein erster. Aber ich bin schon mal mitgeflogen, war im Simulator und habe zwei gute Bücher übers Fliegen gelesen.«

Schlagartig wäre Ihr Adrenalinspiegel in die Höhe geschossen und Sie würden schnellstens die Flucht ergreifen. Zum Glück werden wir diese Ansage vor dem Abflug nie hören. Es wäre völlig absurd, Menschen auf eine so wichtige und verantwortungsvolle Aufgabe so schlecht vorzubereiten, oder? Aber bei Führungskräften ist das leider Alltag und in Firmen finden das alle normal. Das ist, als ob Sie im Flieger nach Berlin bei der Ansage einfach entspannt weiter Ihre Zeitung lesen und denken: »Alles klar. Das klappt schon.«

Bevor wir der Frage nachgehen, wie Führungskräfte gemacht werden, lassen Sie uns zuerst klären, was wir mit »Führung« meinen. Was muss jemand mitbringen, der in dieser Rolle gut sein will?

Beim Piloten erwarten wir, dass er uns sicher und wohlbehalten ans Ziel bringt. Wir unterstellen, dass er dazu bestens ausgebildet wurde und weiß, was er tut. Ähnlich verhält es sich beim Führen. »Führung ist wie ein zweiter Beruf« – so hat es ein Kunde treffend formuliert. Nahezu unabhängig von der Branche, Führungskräfte müssen mit ihrem Team Ergebnisse erzielen. Dafür werden sie bezahlt. Führungskräfte sorgen dafür, dass Menschen sich einbringen, sich weiterentwickeln und produktiv zusammenarbeiten. Menschen brauchen dazu Vertrauen, Sicherheit und Wertschätzung. Teams brauchen Ziele, Spielregeln und Feedback. Konflikte wollen gelöst oder vermieden, Prozesse verbessert und Fähigkeiten der Mitarbeiter trainiert werden.

Diese echten Führungsaufgaben erfordern mindestens ein Viertel der Arbeitszeit einer Führungskraft, möglicherweise auch die Hälfte. Das Fatale ist: Hier zu wenig zu tun geht eine ganze Weile gut. Na ja, vielleicht nicht gut, aber doch nicht auffallend schlechter als in anderen Abteilungen.

Wenn Führungskräften in Workshops bewusst wird, worauf es bei dieser Rolle ankommt, wirft mancher Jurist oder Ingenieur innerlich das Handtuch. »Gibt es nicht eine vergleichbar gut bezahlte Position mit Dienstwagen ohne das ganze Menschen-Gedöns?« Führung braucht Menschen, die Menschen mögen. Menschen, die in der Lage sind, klare Ziele zu entwickeln und zu begeistern. Menschen, die sich für andere interessieren und Fingerspitzengefühl im Umgang haben. Menschen, die verstehen, wie Menschen ticken, was sie brauchen, wie sie sich entwickeln. Führung braucht Menschen, die Wertschätzung zeigen, mit wertvollem Feedback Entwicklung fördern und mehr loben als meckern. Und Führung braucht Menschen, die den Mut haben, kritische Themen anzusprechen, zu einer positiven Veränderung zu leiten und nicht locker zu lassen – gerade dort, wo es wehtut.

Wie werden bei uns Führungskräfte gemacht?

Wenn eine Führungsposition neu zu besetzen ist, spielen oft andere Fragen eine Rolle als die tatsächliche Eignung und Motivation zum Führen: »Der Meier ist länger da, der muss es werden«, »Wenn wir die Müller nicht nehmen, ist sie beleidigt«, »Der Schmitt wird es nicht – nur über meine Leiche«, »Die Krause können wir nicht befördern, die will noch ein zweites Kind«.

Höhlenmensch und Stammesältester grüßen aus unserer evolutionären Vergangenheit. Auch wenn es nicht ganz so schlimm kommt, besteht die Tendenz zum klassischen Besetzungsfehler: Der beste Vertriebler wird Vertriebschef, der beste Entwickler Teamleiter, der beste Ingenieur Abteilungsleiter. Das Ergebnis: Firmen sind voll von Führungskräften, die sich in ihrer Rolle nicht wohlfühlen. Allen gemeinsam ist das Gefühl, durch die vielen fachfremden Aufgaben kaum noch zu ihrer »normalen« Arbeit zu kommen. Hallo? Als Führungskraft ist die *normale* Arbeit eine andere!

Sie könnten jetzt sagen: »Der hat ja gut reden.« Es ist immer leichter, eine solche Situation von außen zu beschreiben als sie aufzulösen, wenn man selbst gerade mittendrin steckt. Aber die Schuld liegt nicht bei der einzelnen Führungskraft. Die Fehler liegen im System. Einzelne Führungskräfte sind selbst Opfer der Umstände.

Karriere muss auch ohne Führung möglich sein

In vielen Firmen gilt immer noch »Karriere gleich Führung«. Die Herkunft von Sätzen wie »Ich habe 30 Leute unter mir« haben wir schon bloßgestellt. Wenn Chefs ihre Wichtigkeit begründen, hört man innerlich das stolze Trommeln auf der Brust. Der Primat im Ingenieur kommt durch. Muss man sich da wundern, wenn Menschen alles daransetzen, endlich Chef zu werden? Ob sie es können? Egal.

Das kann erst anders werden, wenn Karriere auf verschiedenen Wegen gelingen kann: als Führungskraft, als Experte oder als Projektleiter. Dann können sich Mitarbeiter entsprechend ihren Neigungen und Zielen für den Karriereweg entscheiden, der zu ihnen und ihren Stärken passt.

Fragen wir uns, ob Frauen eine bessere Selbsteinschätzung haben. Ich vermute: ja. Leider trauen sie sich eine Führungsrolle seltener zu, obwohl sie oft die bessere Führungskraft wären als manches zu Selbstüberschätzung neigende Testosteron-getriebene Alphamännchen. In der Rolle als Führungskraft angekommen, nimmt das Elend seinen Lauf. Die empfindsameren Chefs wider Willen leiden selbst. Die einfältigeren machen auf dicke Hose, scheren sich wenig um das Befinden ihrer Mitarbeiter und machen platt, was sich in den Weg stellt. Da wird der Fachkräftemangel helfen. Solche Chefs kann man sich nicht mehr leisten.

Dass die alte Art des Führungskräftemachens überholt und schädlich ist, wissen viele Geschäftsführer und Unternehmer. Die gewachsene Kultur im Unternehmen zu verändern ist alles andere als einfach. Zu tief verankert sind unbewusste Signale von Macht, Wertschätzung und Anerkennung. Es wird noch dauern, bis es normal wird, Führung nicht anzustreben oder aus der Führungsrolle wieder in eine Expertenrolle zu wechseln. Es wird noch dauern, bis es normal wird, Führungsrollen nach Lust auf und Eignung zur Führung zu besetzen. Auch diese Entwicklung wird der Fachkräftemangel beschleunigen.

Wird die Führungsrolle als notwendiger Schritt zu höheren Weihen angesehen, liegt der Fokus der neuen Führungskraft falsch. Nicht das Wohl des Teams und der Mitarbeiter steht im Mittelpunkt – die Gedanken des ehrgeizigen Neu-Chefs kreisen um den nächsten Karriereschritt. Dem wird alles untergeordnet. Einer Führungskraft ist das unwürdig. Gesunde Ambitionen in eigener Sache sind in Ordnung. Aber die Verantwortung einer Führungsrolle ist weit mehr als egozentrisches Mittel zum Zweck.

Fehlende Vorbereitung und Begleitung in die Rolle

Selbst wenn die richtigen Leute als Führungskräfte ausgewählt werden, ist das keine Garantie für gutes Gelingen. Nach der Personalentscheidung warten die nächsten Stolperfallen. Die Hemdsärmeligkeit, mit der Führungskräfte mancherorts eingeführt werden, ist erschreckend. Man geht anscheinend davon aus, dass mit dem Amt auch die Fähigkeiten gegeben sind. Die Hoffnung entpuppt sich oft als Illusion.

Manchmal fehlt es an der Klarheit der Rolle. Mal sind die Kompetenzen der Rolle unklar, mal ist der Wechsel nicht gut kommuniziert. Da macht jemand die Arbeit des Teamleiters schon ein paar Monate, hat aber kein klares Mandat oder sein Team wurde nicht hinreichend informiert. In gut geführten Firmen ist ein Wechsel an der Spitze ein gut organisierter und mit Stil durchgeführter Prozess: Die Entscheidung wird besprochen und vorbereitet. Die neue Führungskraft erhält ein Training, ein Coach unterstützt als Sparringspartner den Weg in die neue Rolle. Team und Kollegen werden von der Geschäftsführung in angemessener Form informiert. Der oder die Neue ist vorbereitet und kann im richtigen Moment eine einladende, sichere und zuversichtliche Botschaft an das neue Team senden. Alle spüren: »Der oder die weiß, was er/sie will, fühlt sich in der Rolle wohl und wir wissen, woran wir sind.« Mit guter Vorbereitung ist der Übergang ein gelungener und unkomplizierter Prozess. Die Realität erinnert leider häufig an die fiktive Ansage des Piloten.

Es gibt Branchen und Unternehmensformen, bei denen das Führungsdefizit sozusagen strukturell eingepreist ist. Steuerberater lernen Steuerrecht, nicht Führung, und müssen sich dann mit dem emotionalen Geschehen im Büroteam plagen. Schulleiter müssen mit Lehrern arbeiten, die sie gar nicht selbst ausgesucht haben. Bürgermeister und Büroleiter in Verwaltungen tun sich schwer, gute Standards durchzusetzen, erscheint eine Trennung von einem langjährigen Mitarbeiter doch nahezu unmöglich. Doch selbst in solchen Strukturen kann man vieles besser machen. Dazu kommen wir ganz am Ende. Bessere Führung geht überall.

Wenn Sie nicht gerade in einem aussichtslosen System gefangen sind, gibt es Hoffnung. Denn die Lösungen sind gar nicht so schwer. Gute Firmen haben ihre Lektionen aus den beschriebenen Führungsdefiziten gelernt und freuen sich über eine hohe Zahl begeisterter Mitarbeiter. Haben Sie noch etwas Geduld. Ein Teil der Lösung kommt schon am Ende dieses Kapitels.

Vorher muss ich Ihnen aber noch einen tieferen Blick zumuten. Zwar sollte man meinen, dass mit der richtigen Auswahl der Führungskräfte alles in Butter wäre. Ich muss Sie enttäuschen. Leider nicht. Es gibt weitere Herausforderungen, die in der Praxis gute Führung verhindern. Wo wir gerade über Steuerberater gesprochen haben. Beginnen wir in einer Kanzlei.

Keine Zeit – Wie falsche Prioritäten fatale Folgen haben

Wir betreten die Kanzlei am Marktplatz in der kleinen Stadt im Siegerland. In dem langgezogenen Gebäude sind die Büros der Mitarbeiter links und rechts an einem langen Flur aufgereiht. Die beiden Steuerberater haben je ein Büro am Kopfende, Winfried am einen Ende des Flurs, Claudia am anderen. Die Kaffeemaschine befindet sich genau in der Mitte. Claudia ist immer früh im Büro, arbeitet viel und packt Termin an Termin. Irgendwann braucht auch sie einen Kaffee. Sie weiß genau, was jetzt kommt. Es ist an jedem Bürotag das Gleiche. Auf den Moment, in dem sie ihre Tür öffnet, haben die Mitarbeiter gewartet und kommen mit dringenden Fragen aus den Büros rechts und links des Flurs. Der Weg zur Kaffeemaschine wird zum Spießrutenlauf, Chefs ohne Zeit werden zum Problem für alle Beteiligten.

Chefs wie Claudia leisten unglaublich viel. Mit größtem Einsatz wirken sie für den Erfolg der Firma. Sie meinen es gut und fühlen sich in guter Gesellschaft. Richtig viel zu tun zu haben scheint manchmal ein regelrechtes Statussymbol zu sein. Die Führungsrolle erfordert aber etwas ganz anderes.

Wenn Sie Fußball mögen, dann wissen Sie, was Spieler wie Toni Kroos, Andres Iniesta oder Joshua Kimmich auszeichnet. Sie sind die Schaltzentralen im Spiel ihrer Mannschaften. Berühmt dafür, dass sie mit genialen Pässen den Gegner überraschen. Dafür, dass sie Spiele lesen können und die richtigen Schlüsse ziehen. Sie steuern, verteilen die Bälle und setzen ihre Mitspieler ein. Aber wissen Sie, was besonders wichtig für ihre Rolle ist? Sie sind immer anspielbar! Jeder im Team weiß, dass er den Ball dorthin spielen kann. Er wird dort nie lange bleiben, sondern sofort zurück oder zu einem besser postierten Spieler kommen. So kennen wir das. Was würden wir denken, wenn Toni Kroos den heranrollenden Ball einfach vorbeilaufen lassen würde? Wenn er wegschauen würde, als ob er ihn nicht sähe? Was würden wir denken, wenn er mit dem Rücken zum Team noch sein Leibchen richten würde? Oder dem Nebenspieler schnell was erklären und überhaupt erst morgen wieder Pässe annehmen könne? Außerdem sei das Meeting mit der Abwehr gerade wichtiger. Und die nächsten Bälle würde er einfach aufnehmen und an der Seitenlinie stapeln: »Ich kümmere mich drum.«

Die Mitspieler spielen den Ball nicht ab, weil sie keine Lust haben. Sie sind selbst Top-Spezialisten in ihrer Rolle. Trotzdem brauchen sie gelegentlich den Pass, die Initiative, die Mitwirkung des Spielmachers.

Was im Fußball komplett spielzerstörend und geradezu absurd erscheint, ist in Unternehmen leider Alltag. Führungskräfte, die ständig zwei Bälle am Fuß haben, um ja nicht noch einen dazu zu bekommen. Chefs, die sich vor der eigentlichen Aufgabe wegdrehen. Spielmacher, die ihre Rolle verweigern, statt sich zum Zuspiel anzubieten. Was beim Fußball Pfeifkonzerte auf den Rängen auslöst, wird im Unternehmen als normales Spiel toleriert. Fatal.

Meistens kommt bei Führungskräften die Führungsarbeit noch *on top* zur fachlichen Arbeit. Die Erwartungen an die neue Rolle sind oft unklar. So verwundern die Ergebnisse nicht: Führungskräfte flüchten in fachliche Aufgaben – auf vertrautes Terrain. Für Mitarbeiterentwicklungsgespräche, gut vorbereitetes Feedback, Coaching on the Job, kurze Rückfragen oder Rückendeckung für schwierige Entscheidungen bleibt keine Zeit. An offensives Anbieten und aktives Zugehen auf die Bälle, sprich Führungssituationen, ist gar nicht zu denken.

Führung ist nicht bequem und »keine Zeit« eine gute Ausrede

Mit »Keine Zeit« wird vieles entschuldigt. Nicht immer liegt die Ursache im zeitlichen Aspekt. Menschlich verständlich gehen wir in Wirklichkeit unangenehmen Situationen aus dem Weg, vermeiden Konfrontation und Unsicherheit. Nehmen wir an, Sie sind ein erfolgreicher Vertriebler. Besuchen Sie einen wichtigen Kunden und holen einen Auftrag, werden Sie gefeiert. Erklären Sie stattdessen als Vertriebsleiter Ihren Kollegen, wieso Sie vom Gebiets- zum Zielgruppenzuschnitt im Vertrieb wechseln oder welche Erwartungen an die Einführung der neuen Vertriebssoftware gestellt werden, ist das Echo weitaus unsicherer. Beifall? Eher Fehlanzeige. Oder gar wenn Sie dem Kollegen Schmidt erklären dürfen, warum der Bonus dieses Jahr geringer ausfällt. Führungsaufgaben sind nicht immer sexy und selten einfach. Sie brauchen Mut, gute Vorbereitung und Fingerspitzengefühl. Da machen Chefs doch lieber eine Excel-Tabelle, holen einen Auftrag rein oder beschäftigen sich selbst mit dem Lastenheft für die neue Software. Anerkennung garantiert. Und es menschelt nicht so.

Würde ein Fußballer seinen Job derart erledigen oder besser nicht erledigen – er hätte sein Pfeifkonzert verdient! Bei Führungskräften ist leider das Gegenteil der Fall. Organisationen tolerieren das Verhalten, weil es alle so machen und weil sich die obersten Chefs genauso verhalten. Wer für Führung bezahlt wird, muss zuallererst führen – egal ob das 20 oder 50 Prozent der eigenen Arbeitszeit umfasst. Die Priorität darf nicht infrage stehen. Wer führt, muss seinen Fokus über die eigenen Aufgaben hinaus auf die Ziele, die Entwicklung und die Aufgaben seines Teams richten. Teil der Rolle ist es, das Spiel zu lesen und Bälle in den Lauf zu spielen, statt selbst alle Hände voll zu tun zu haben. Entwickelt man dann mit seinem Team das Spielsystem weiter, trainiert die Taktik und übt Spielzüge immer und immer wieder, entsteht Spitzenleistung.

Reden Sie mal mit Ihrem Vertriebsleiter über Führung

Für interessante Erkenntnisse brauchen wir nicht ins Stadion zu gehen. Der Blick zu den eigenen Kollegen im Vertrieb reicht. Ist Ihnen schon mal aufgefallen, wie ähnlich Aufgaben in Vertrieb und Führung sind – und wie unterschiedlich sie wahrgenommen werden? Wie Vertrieb geht, wissen Sie. Ein Vertriebler betreut seine Kunden – regelmäßig, systematisch und mit klaren Zielen. Er nutzt ein Softwaresystem, das ihn erinnert, wann er wen mal wieder anrufen sollte. Er legt Akquiseprojekte auf Wiedervorlage und kümmert sich um den Weg des Interessenten zum Neukunden und von dort zum zufriedenen Stammkunden. Gemeinsam mit dem Marketing kümmert er sich um Kundenevents. Gute Vertriebler halten permanent Kontakt zu ihren Kunden, wissen viel über sie. Sie lernen viel über unterschiedliche Menschentypen und trainieren, jeden passend anzusprechen. Vertriebler werden auf dem Weg zu ihren Verkaufszielen permanent gemessen. Wie viel Neugeschäft mit Altkunden? Wie viel Service-Umsatz mit bestehenden Anlagen? Wie viele Leads für Zusatzverkäufe? Gute Vertriebler sind stark in der Bedarfsklärung. Sie verstehen die Situation ihrer Kunden, denken proaktiv über deren Entwicklung nach und stehen des Öfteren mit guten Vorschlägen in der Tür.

Sie kennen diese Mechanismen. Wenn Sie mögen, machen Sie folgende kleine Übung: Ersetzen Sie Vertrieb durch Führung, Vertriebler durch Führungskraft und Kunden durch Mitarbeiter. Lesen Sie den Text noch mal und vergleichen Sie ihn mit der Praxis in Ihrem Unternehmen. In den meisten Firmen laufen etliche der Fragen ins Leere. Wenn Sie tiefer einsteigen wollen: Bei den Downloads finden Sie eine Checkliste, mit der Sie Ihre Führungsarbeit überprüfen können. Wenn Führung genauso wichtig ist wie Verkauf – warum machen wir es nicht genauso professionell?

Meetings als Zeitfresser und Stimmungskiller

»Vor lauter Besprechungen komme ich nicht zum Arbeiten« – eine häufige Beschwerde im Arbeitsalltag. Eine andere: »Uns hat niemand informiert.« Oder: »Keine Ahnung, was die dabei gedacht haben.« Ob zu viel oder zu wenig – über Kommunikation gibt es ständig Klagen. Führungskräfte gestalten den Informationsfluss, strukturieren und leiten Teamrunden. Machen sie das gut, wird in guter Stimmung produktiv gearbeitet. Schauen wir mal, wie Meetings normalerweise verlaufen. Da gibt es höchst unterschiedliche Modelle – sowohl offline wie online:

Modell »Tribunal«: Alphatier-Chefs fordern zu Ideen und Kritik auf, warten kurz und beschweren sich dann, dass nichts kommt. Subtext: »Die Leute sind einfach zu doof, alles muss ich selbst machen.« Was sie nicht wahrnehmen: Ihre eigene Art, Ideen und Absender vor versammelter Mannschaft bloßzustellen ist die eigentliche Ursache der Stille. Traut sich doch mal eine Idee in den Raum, wird der Überbringer mit süffisanter Bemerkung zum Projektleiter auserkoren. Wer also nicht doof oder masochistisch veranlagt ist, hält die Klappe, wartet, bis das Meeting rum ist und man wieder an die Arbeit kann.

Modell »Predigt«: Einer redet. Über alles. Trends. Markt. Projekte. Eigene Ideen. Appelle. Nach zwei Stunden: »Noch Fragen?« Natürlich nicht. Endlich vorbei. Hält nur vom Arbeiten ab. Ist aber wichtig, Mitarbeiter müssen ja informiert werden.

Modell »Kaffeeklatsch«: Als Meeting getarnt, dient aber dem Austausch von Wochenenderlebnissen, Tratsch und dem neuesten Flurfunk. Wird toleriert – Kommunikation ist ja wichtig.

Modell »Stierkampf«: Wer hat heute genug Testosteron für die Arena? Zeigt sich in der ersten Runde. Einer wirft den Fehdehandschuh, ein anderer steigt in den Ring. Die Spiele sind eröffnet. Die Protagonisten fechten mit Argumenten, Storys und Beweisen. Alle anderen bleiben in Sicherheit auf den Rängen und belustigen sich am Spiel der Egos. Wird toleriert. Musste mal ausdiskutiert werden.

Modell »warmer Regen«: Einer oder wenige reden. Die meisten sind vertieft in Smartphone, Laptop oder Unterlagen. Das gelegentliche Nicken als Schutz der eigenen Gedankensphäre haben erfahrene Meeting-Teilnehmer perfektioniert. Der unerfahrene Beobachter hält sie glatt für aufmerksam. Wird toleriert. Lieber etwas mehr Information als zu wenig.

Menschen beschweren sich über schlechte Meetings. Wundert uns das? Haben Führungskräfte gelernt, gut zu moderieren? Sind Besprechungen gut vorbereitet? Gute Meetings zu etablieren ist nicht schwer. Einen kleinen Leitfaden mit Tipps und Empfehlungen für Offline- wie Online-Meetings finden Sie bei den Downloads. Damit können Sie Ihre Abstimmungsrunden sofort besser machen. Ein paar erste Tipps: Schaffen Sie klare Strukturen: Wer sollte sich mit wem zu welchen Themen in welchem Rhythmus austauschen? Sorgen Sie für gute Moderation und Spielregeln, die disziplinieren und auflockern. Nutzen Sie eine Standardtagesordnung, protokollieren Sie effizient und schaffen Sie Abwechslung. Ein Meeting im Stehen läuft anders als am Besprechungstisch.

Abschaffen muss man Meetings nicht. Es reicht schon, Gutes und Bewährtes einfach gut zu machen. Ein guter Tagesordnungspunkt sind die Erfolge der letzten Woche. Ein anderer die Frage nach den Verbesserungsmöglichkeiten am Ende der Tagesordnung. Wer kein begnadeter Moderator ist, sollte ein paar Methoden trainieren. Oder dafür sorgen, dass andere aus dem Team die Moderation übernehmen.

Ob man sich im Büro trifft oder online, macht dabei weniger Unterschied, als man denkt. Videokonferenzen haben Vorteile und sollten zum Standardrepertoire gehören. Je flexibler wir unser Arbeiten organisieren, desto wichtiger werden gute Meetings. Sind nicht alle Mitarbeiter im gleichen Gebäude, fällt der Flurfunk weg, der bisher Defizite bei den offiziellen Runden halbwegs ausgeglichen hat. Gute Meetings mit Teilnehmern vor Ort und virtuell zugeschalteten Kollegen sind die Voraussetzung für gute Kommunikation und Führung an unterschiedlichen Orten. *Keine Zeit* zum Vorbereiten der Themen oder zum Trainieren der nötigen Kompetenzen gilt auch hier nicht. Schlechte Meetings vernichten teure Arbeitszeit – und Stimmung und Motivation leiden gleich mit. Das ist teuer.

Führung ist tatsächlich ein komplexes Geschehen. Wenn Sie die Aspekte in diesem Abschnitt alle beherzigen, sind Sie schon viel weiter. Gefahren lauern trotzdem noch. Besonders tückisch sind die weniger offensichtlichen Fallen, in die Führungskräfte trotz bester Absicht hineintappen.

Führungsfallen – Warum gut gemeint nicht gut gemacht ist

Kurz vor 17 Uhr, draußen beginnt die Dämmerung, drinnen die Aufbruchstimmung. Einige sind schon weg, andere wünschen sich einen schönen Feierabend. Frank Müller wird nicht fertig. Er geht zum Chef, seinem Vorgänger in der Kalkulation. »Andreas, ich komme mit der Pivot-Tabelle für die Auswertung in Excel nicht hin. Du bist doch darin fit. Könntest du mir da helfen?« »Lass mal sehen.« Andreas hat angebissen, öffnet die Datei und schaut kurz drauf. »Ah. Ok. Klar. Komm, lass es da.« Frank geht. Er hat Feierabend. Andreas liebte Excel-Tabellen schon immer, hängt abends noch zwei Stunden dran und präsentiert morgens mit zufriedenem Gesichtsausdruck die fertige Tabelle.

Anspielbar sein kippt schnell ins andere Extrem. Das gilt besonders bei Chefs, die fachlich sehr gut sind. Sind sie in ihrer Rolle nicht klar und dann auch noch hilfsbereit, entsteht ein kritischer Mix. Andreas ist in die Falle getappt. Statt die Mitarbeitergespräche für die nächste Woche vorzubereiten, hat er seine Tabelle gebaut, nein: Franks Tabelle.

Die Falle mit den Affen

Paule ist ein 30 Zentimeter großer Stoffaffe. Er ist in unseren Seminaren immer dabei. Er steht sinnbildlich für Aufgaben, die Mitarbeiter wie Frank Ihren Chefs wie Andreas ins Büro bringen. Jetzt hat der Chef den Affen und der Mitarbeiter frei. So ist Führung nicht gemeint. Das Beispiel ist Ihnen zu platt? Ich bin erstaunt, wie viele Führungskräfte Excel-Tabellen oder PowerPoint-Präsentationen erstellen anstatt die Zeit für ihre Führungsaufgaben zu nutzen. Die Falle schnappt auch auf subtilere Art zu. Mal ist es der Anruf beim schwierigen Kunden, dann ein Projektbericht, mal ein komplexes Angebot oder der Förderantrag für das Forschungsprojekt. Was bleibt da nicht alles, was angeblich nur die Führungskraft selbst kann.

Der Mechanismus ist immer derselbe: Wir sind in unserer persönlichen fachlichen Kompetenz angesprochen. Wir sind stolz und zeigen gerne, was wir können. Außerdem sind wir hilfsbereit und unterstützen unsere Mitarbeiter. Manchmal kommt noch etwas schlechtes Gewissen dazu, weil wir uns als Führungskräfte aus dem Tagesgeschäft rausziehen und unsere Leute alleinlassen müssen. Kennen Sie das? In diesem Mix verspricht das »Ja« zu Paule kurzfristige Linderung und Heldenpunkte. Da hat jemand einen wunden Punkt, einen *Knopf* gefunden, wie man solche meist unbewussten Triggerpunkte häufig nennt. Fatalerweise wird solches Verhalten genau beobachtet. Kluge Mitarbeiter haben die Knöpfe ihrer Führungskräfte schnell raus, die Betroffenen merken es selbst am wenigsten. Oft ohne böse Absicht nutzen Mitarbeiter die bequeme Abkürzung in den Feierabend. Paule und Co. bevölkern derweil die Schreibtische der Chefs. Bei manchen Führungskräften quellen sie aus den Schränken, sitzen im Auto und bevölkern das Homeoffice. Führungskräfte kämpfen tapfer, machen Überstunden, bis sie nachts von den Affen träumen. Kämpfen und sich noch mehr anstrengen sind der falsche Weg. Helfen können nur der Blick in den Spiegel und die Reflexion des eigenen Verhaltens. Führungskräfte sind dann immun gegen die Falle, wenn sie sich als Unterstützer und Trainer ihrer Mitarbeiter verstehen. Egal wie Sie es machen: Paule bleibt bei seinem Herrchen oder Frauchen! Der Affe verlässt den Raum mit der Person, die ihn mitgebracht hat.

Die Falle mit dem Herrschaftswissen

Manche Dinge weiß oder kann nur der Chef. Das gibt es auch in unserem Unternehmen. Seit wir unsere interne Buchhaltung wegrationalisiert hatten, gab der Chef die Lohnabrechnung frei. Das war doof. So saß ich am Bahnhof, als mein Handy klingelte: »Stefan, du müsstest noch die Löhne freigeben.« Also Smartphone raus, Verbindung herstellen, Rechner aufklappen, die E-Mail vom Steuerbüro aufrufen, die Seite mit der Zahlungsanweisung im PDF-Dokument suchen. Ausschneiden, digital unterschreiben und als Mailanhang ans Büro schicken. Klassischer Fall von Herrschaftswissen, das zu Knechtarbeit führt. In diesem Fall ziehe ich rasch die Konsequenzen. Kaum im Zug, greife ich zum

Handy und telefoniere kurz mit meiner Büroleiterin. Ich übertrage ihr Zugang und Verantwortung, schreibe eine Mail mit dem zukünftig geänderten Prozess an das Steuerbüro und alle Beteiligten. Für sie ist das überhaupt kein Problem und ich frage mich, weshalb ich das nicht gleich so eingerichtet habe. Vielleicht kennen Sie ähnliche Dinge. Die Realität in Firmen strotzt vor Chefaufgaben, die keine sind. Die Ursachen liegen mal in Misstrauen und Kontrollwahn, mal einfach in der Angst, Transparenz zu schaffen. Wer sich nicht traut, Information im Unternehmen offenzulegen, versklavt sich selbst. Dann müssen Geschäftsführer Urlaube genehmigen ohne Ahnung von der Arbeitsverteilung im jeweiligen Team. Dann müssen Führungskräfte Freigaben abzeichnen für kleine Anschaffungen und für die wirkliche Führung fehlt die Zeit.

Die Falle mit der Delegation

Es ist eine Kerndisziplin der Führungsarbeit: die Delegation, also die Übertragung von Aufgaben. Oft hören wir: »Delegieren kann ich nicht – ich sehe niemanden, dem ich die Aufgaben übertragen kann.« Wird das akzeptiert, ist die Falle zugeschnappt. Die Führungskraft verharrt in einem unlösbaren Überlastungszustand und fühlt sich als Opfer der Umstände. Denkfehler liegen in drei Bereichen: in der Haltung, in der Kommunikation und im Prozess der Aufgabenübertragung.

Der Fehler in der Haltung liegt im Jammern. Die Klage »alles muss ich selbst machen« ist selten berechtigt, aber meistens bequem. Die vermeintliche Unersetzbarkeit streichelt das Ego und winkt mit *Heldenpunkten*. Die wirkliche Ursache der Überlastung liegt nach meiner Erfahrung woanders: Es fehlt die klare Entscheidung, was man nicht mehr selbst machen *will*. Das erfordert den inneren Ruck, manchmal Verhandlungen mit eigenen Chefs und die Größe, liebgewordene Aufgaben loszulassen. Wer das tut, gibt Mitarbeitern die Chance, zu wachsen, und sich selbst den Freiraum für Führungsaufgaben.

Der Fehler in der Kommunikation: Chefs nehmen sich meistens zu wenig Zeit für die Delegationsgespräche. Da wird besprochen, was getan werden soll, vielleicht noch etwas Erklärung, und das war's dann. Ein Delegationsgespräch ist erst zu Ende, wenn der Übernehmer der Aufgabe ein volles innerliches »JA« zu erkennen gibt. Mal fehlt das volle Verständnis, mal erscheint die Aufgabe nicht wirklich sinnvoll, mal zweifelt jemand daran, der Aufgabe gewachsen zu sein. Oder es fehlt schlicht die Klarheit, was weggelassen werden kann, um Zeit für die neue Aufgabe zu haben. Eine Aufgabe, die Mitarbeiter annehmen, ohne voll überzeugt zu sein, gehen sie oft erst gar nicht oder nicht mit voller Energie an.

Der Fehler im Prozess: Viele sehen bei der Aufgabenübertragung nur schwarz oder weiß. Sie unterscheiden nur zwischen »Ich mache es selbst« oder »Du machst es«. Diese beiden Zustände sind nur Anfangs- und Endpunkt im Delegationsprozess. Der Weg dazwischen ist entscheidend. Gutes Delegieren spart langfristig eine Menge Zeit. Kurzfristig muss ich Zeit und Energie investieren. Gutes Delegieren gleicht einem Entwicklungsprozess, in dessen Verlauf Mitarbeiter wachsen und Verantwortung übernehmen. Zuerst denkt sich der Mitarbeiter in die Aufgabe hinein, dann entwickelt er eigene Vorschläge und man bespricht das Ergebnis. Im nächsten Durchgang hat die Führungskraft noch ein Vetorecht, schließlich wird die Aufgabe komplett übertragen und die Führungskraft nur noch informiert. So wachsen Mitarbeiter in Verantwortung und Kompetenz. Delegation ist eine lohnende Investition. Gutes Delegieren ist eine Chance zum Wachsen für alle Beteiligten.

Die Falle »Dafür werde ich nicht bezahlt«

Die bisherigen Fallen hängen mit der persönlichen Interpretation der Führungsrolle zusammen. Die nächste liegt im Führungssystem des Unternehmens. Stellen Sie sich mal vor, in Ihrem Unternehmen wird gute Führung aufgebaut. Führungskräfte werden trainiert, Rollen geklärt, gute Mitarbeitergespräche eingeführt. Das ist ein guter Start, der bei Mitarbeitern wie Führungskräften Hoffnungen weckt. Das Geschäftsjahr nimmt seinen Lauf. Einige Monate später fragen wir nach, wie die Mitarbeitergespräche gelaufen sind. »Ach ja. Die haben wir noch nicht gemacht. Wissen Sie, wir haben echt Druck, der Auftragseingang hinkt hinter den Zielen zurück. Die Zentrale fordert immer neue Auswertungen. Am Ende des Jahres müssen wir unsere Ziele erreichen«. Zack, die Falle ist zugeschnappt.

In der Belastung zeigen sich die wahren Prioritäten. Lässt das Unternehmen jetzt zu, dass zentrale Führungsthemen zurückgestellt werden, sind die Weichen falsch gestellt und Sie sitzen in der Falle. Mitarbeiter, die neue Hoffnung auf verbesserte Führung geschöpft hatten, werden eines Schlechteren belehrt: alles nur Lippenbekenntnisse. Das ist teuer. Wie schon bei anderen Aspekten liegt auch hier der Fehler im System. Woran messen Sie Ihre Führungskräfte? Soll gute Führung gelebt werden, muss Führung in den Zielen vorkommen. Ziele können nur transparent besprochen werden, wenn die Erwartungen an die Führungskräfte klar formuliert sind und überprüft werden. Soll gutes Führungsverhalten aufgebaut werden, muss es durchgängig entwickelt, vorgelebt und gemessen werden – von ganz oben bis zum Teamleiter. Dann sitzen die Prioritäten auch bei Stress richtig.

Doch wie soll man Führung messen? Das ist tatsächlich nicht so einfach. Umsatz, Neukunden, Energieeinsparung und Durchlaufzeiten sind nun mal leichter zu messen als Mitarbeiterengagement, Lerngeschwindigkeit, Teamgeist oder Stressniveau. Weil es nicht so einfach geht, verzichtet man ganz auf die Messung. Das ist, als ob unser Pilot die Warnlampen zukleben würde, um ungestört zu fliegen. Doch auch hier gibt es Lösungsansätze. Beginnen Sie einfach damit, Erfahrungen und Einschätzungen abzufragen und Ziele für Führung zu formulieren. Das muss nicht exakt sein. Es geht um Priorität und Aufmerksamkeit für das Thema. Nur wenn Führungskräfte Rückendeckung von oben für gutes Führen erfahren, kommt das auch bei allen Mitarbeitern an.

Die Falle mit Erwartung und Überforderung

Hierarchie wird von vielen als überholt betrachtet. Tatsächlich gibt es hochinteressante Ansätze, Unternehmen anders zu organisieren. Richtig verstanden erleichtert eine klare Struktur jedoch das Miteinander und gibt Sicherheit. Wird sie zum Selbstzweck, zum unflexiblen Korsett, rutschen Menschen leicht in die Überforderung. Das geschieht dann, wenn mit hierarchischen Positionen unerfüllbare Erwartungen verbunden sind. So leiden alle. Bis irgendwer oder irgendwas zusammenbricht.

Da ist der Teamleiter in der Softwareentwicklung. Er leitet alle Entwicklungsprojekte, definiert Aufgabenpakete und gibt sie an sein Team weiter. Die Kommunikation zu seinem Team läuft ausschließlich über ihn. »Warum?« »Ich muss Bescheid wissen, damit ich steuern kann.« Er ist davon überzeugt, die höchste Kompetenz zu besitzen. So war es immer, er kennt es nicht anders. Das Team wächst, die Zahl der Projekte auch. Der Teamleiter wird zum Flaschenhals. Er gibt alles – bis es ihm den Rest gibt. Mitarbeiter sind gefrustet, weil sie sich nicht voll einbringen können. Projektleiter sind gefrustet, weil sie nicht direkt mit den Mitarbeitern im Projekt kommunizieren dürfen. Die Geschäftsführung ist gefrustet, weil die Prozesse zu langsam geworden sind. Werden Führungsrolle und Kommunikationswege stattdessen neu definiert, kann das System auf ein neues Level kommen.

Ein anderer Fall: Die neue Abteilungsleiterin kommt aus der operativen Arbeit. Dort ist sie absolute Fachfrau, die Herausforderungen von Kunden liebt und zügig löst. In der neuen Rolle soll sie sich auch um die strategische Weiterentwicklung des Geschäftsfelds kümmern. Vom Typ her ist sie eher Optimiererin, weniger Visionärin. Jetzt muss sie Strategie liefern. Das wird auf ihrer Managementebene erwartet. Ihre Chefin bewundert sie, sieht die doch ständig neue Geschäftschancen und entwickelt überzeugende Strategien scheinbar spielerisch. Deren Erwartungen machen ihr jetzt Druck. Druck kommt auch von der anderen Seite. Die jungen Wilden im Team sprudeln vor Ideen. Beobachten sie. Woche für Woche vergeht ohne begeisternde Strategie von der neuen Abteilungsleiterin. Der Druck wächst. Vielleicht gelingt es, die eigene Haut zu retten – aber um welchen Preis? Die Falle liegt in den althergebrachten, unflexiblen Rollenerwartungen. Nur wer Rückendeckung von oben spürt, kann ohne Angst offen zu Stärken und Schwächen stehen, sich helfen lassen und die Strategie mithilfe des Teams entwickeln.

Die Falle »Zum Erklären haben wir keine Zeit«

Wenn in Unternehmen Entscheidungen nicht oder zu spät getroffen werden, lähmt das die tägliche Arbeit. Das ist allen klar. Ein anderer Aspekt wird oft unterschätzt: Mit der Entscheidung ist es nicht getan. In der Umsetzung zeigt sich, ob die Mitarbeiter getroffene Entscheidungen nachvollziehen und sich mit ihnen identifizieren können. Nur dann wird mit voller Energie gearbeitet. Zum Erklären fehlen aber oft Zeit wie Einsicht. Haben Sie Veranstaltungsformate, in denen Chefs erklären, was warum wie entschieden wurde und offen auf Fragen antworten? Ein Regionalleiter der Drogeriemarktkette *dm* beschrieb die Tätigkeit der Geschäftsführung so: »Deren wichtigste Aufgabe ist es, in alle Firmenbereiche zu reisen und permanent zu erklären, was wir tun und warum. Und zuzuhören und für Fragen zur Verfügung zu stehen.« In anderen Unternehmen höre ich hingegen: »Was machen eigentlich die neuen Leute?« »Wie kann es sein, dass wir die Anlage verkauft haben, wo wir doch genau wissen, dass wir die Produktion in der Zeit nicht schaffen können?«

Es ist fatal, wenn man nicht nachvollziehbar transparent macht, wie es zu einer Entscheidung kam. Wer dazu keine Zeit hat, zahlt wieder einen hohen Preis: Flurfunk, Gerüchte, Unsicherheit, Missverständnisse, zerstörte Motivation. Der Ausweg aus der Falle: gute Formate und bewusste Schritte des Erklärens. Das muss nicht streng nach Hierarchie gestaltet werden. Hier sind gute Gelegenheiten für einen informelleren Kontakt über die Ebenen hinweg. Ein berühmtes Beispiel ist der »Google-Friday«. Die beiden Vorstände Sergej Brin und Larry Page erklären in wöchentlichen Videokonferenzen allen Mitarbeitern aktuelle Entwicklungen im Unternehmen. Eine von mehreren Facetten, die zu hohem Mitarbeiterengagement führt. Ihre Variante können gute Betriebsversammlungen sein, monatliche Dialogforen oder informelle »meet the CEO«-Formate.

Führung muss Vorrang haben, kompromisslos

Alles könnte so schön sein. Menschen arbeiten im richtigen Job, können ihre Stärken einsetzen, identifizieren sich mit ihrer Firma und deren Zielen. Sie werden gut geführt, können sich beweisen und entwickeln sich weiter. Mitarbeiter werden durch ehrliches Feedback, Training und Coaching unterstützt. Die Stimmung im Unternehmen ist eine gelungene Balance aus produktiver Arbeit, menschlichem Miteinander und einer guten Portion Humor und Lebensfreude. Die Realität ist leider oft weit davon entfernt.

»Die Chefs sind schuld!« Das ist eine zweischneidige Aussage, denn sie stimmt nur zum Teil, denn auch Teamleiter und Abteilungsleiter sind Opfer eines Systems, das ihnen ihre Rolle schwer macht. Schauen wir weiter nach oben: »Die Chefs sind schuld!« Beim Blick auf Geschäftsführer, Inhaber und oberste Leitungsebene gibt es nicht mehr viele, an die wir die Verantwortung weiter delegieren könnten. Auch sie sind nicht frei von traditionellen Führungs-Rollenbildern, von der Art, wie sie selbst Führung erlebt haben. Doch niemand sonst im Unternehmen wirkt mit seinen Haltungen und Vorstellungen über Führung so stark in die Kultur der Firmen wie die Menschen an der Spitze. Wenn Führungskräfte multiplizieren, dann ist es bei den prägendsten Persönlichkeiten im Unternehmen eher ein Potenzieren, wie wir später sehen werden.

Menschenbild und Führungsverständnis der obersten Leitungsebene bilden die Grundlage für alles Weitere. Reflektieren und klären Sie gründlich und entwickeln Sie mit Ihrem Führungsteam eine gemeinsame Vorstellung von guter Führung. Sorgen Sie für klare Führungsrollen und nachvollziehbare Erwartungen an Führungskräfte. Schaffen Sie unterschiedliche Karrierewege und unterstützen Sie Ihre Mitarbeiter darin, frühzeitig zu entdecken, wer für eine Führungsrolle geeignet ist. Entkoppeln Sie Status von Führung und Sie werden mehr geeignete Personen in Führungspositionen erleben. Führungshandeln sollte ein wesentlicher Bestandteil der Unternehmensziele sein. Nur so können Führungskräfte die Fallen umgehen, sind anspielbar und können das Spiel machen, für das sie bezahlt werden. Die Wirkung spüren Sie schnell an besserer Stimmung und höherer Produktivität. Halten Sie das durch, spricht es sich rum. Nach und nach steigt der Anteil Ihrer hoch engagierten Mitarbeiter. Ihre Anziehungskraft auf Menschen, die Sie als Verstärkung an Bord holen wollen, steigt mit. So brauchen Sie den Fachkräftemangel nicht zu fürchten. Sie werden zu den Gewinnern gehören.

Ach ja – da war noch was. Ich habe Ihnen meine Vorschläge für die Verwendung der Millionen aus der gesteigerten Produktivität versprochen. Ich will Sie noch ein wenig auf die Folter spannen. Den Sekt können Sie schon mal kaltstellen.

Kapitel 6
CHEFSACHE: Wie Firmen aufhören, Potenzial zu vernichten

Wir leben in einer starken Wirtschaft. Großartige Unternehmen gehören in ihrem Markt zu den Weltmarktführern oder sind in ihrer Region oder Branche eine feste Größe. Unternehmen sind oft entstanden, weil ihre Gründer eine innovative technische Lösung für ein Problem geschaffen haben. Die größten Tunnelbohrer, geniale Fördersysteme, innovative Biotechnologie oder einmalige Softwarelösungen – Deutschland ist voll von technisch führenden Firmen. Ein anderer Typus von Unternehmen ist auf seine Märkte fokussiert, sehr kundenorientiert und verkäuferisch stark. Ob Schraubenhändler, Finanzvertriebe oder Handelsunternehmen, auch hier gibt es großartige Unternehmen.

So stark Unternehmen in der Technologie und in ihrem Markt sind, so sehr gibt es Nachholbedarf auf der Menschenseite. Solange immer genug neue Mitarbeiter da waren und die vorhandenen geblieben sind, haben die Spitzenleistungen in den angestammten Feldern gereicht. Im Arbeitsmarkt der Zukunft reicht das nicht mehr. Um auch auf der Menschenseite spitze zu werden, muss das Thema Chefsache sein.

Klar, dass die Strukturen und Organisationsformen aus Zeiten, in denen Arbeitskräfte wie Maschinen funktionieren sollten, nicht geeignet sind, selbstständig denkende Menschen zu gemeinsamen Höchstleistungen zu animieren. Unternehmen so zu gestalten, dass alle sich gerne und wirksam einbringen, in eine gemeinsame Richtung verantwortungsvoll agieren und in fairer Weise am Erfolg beteiligt sind – das ist die große Herausforderung. Dazu müssen alte Strukturen überwunden und neue etabliert werden. Stellen Sie sich vor, was möglich wäre, wenn das volle Potenzial aller Beteiligten wirklich genutzt würde.

Personalentwicklung – Erfolgsfaktor oder Feigenblatt?

CNC-Fräse, Lagenpalettierer oder Beflockungsstraße – als technische Anlage hast du es gut in Deutschlands Firmen. Du hast feste Wartungsintervalle, wirst mit guten Zutaten gewartet, geölt und gefettet und stehst als Wert in den Büchern und bekommst regelmäßige Software-Updates. Kommen Gäste, wirst du gezeigt und bewundert, manchmal sogar liebevoll geknufft. Es ist klar, was du realistisch leisten kannst – und mehr wird dir auch nicht abverlangt. Es gibt sogar Sensoren, die aufpassen, wie es dir geht. Sobald es irgendwo zwickt, manchmal schon vorher, kommt ein netter Servicetechniker und bringt dich wieder auf Vordermann. Cooles Leben – so als Maschine. Nicht wie die armen Menschen, die sich um alles selbst kümmern müssen.

Es besteht ein eklatantes Missverhältnis zwischen der Aufmerksamkeit für klassische Managementthemen aus Technologie, Markt und Finanzen und für die Anliegen rund um die Menschen. Beschaffungsprozesse für Schmieröl und Ersatzteile sind nicht selten ausgereifter als die Prozesse zur Einarbeitung neuer Mitarbeiter.

Natürlich gibt es die vorbildlichen Unternehmen mit einer großartigen Personalentwicklung. Das sind Firmen, in denen die Prozesse rund um Bewerbung, Einstieg im Unternehmen, Einarbeitung, Kompetenzaufbau, Karriereentwicklung, Coaching, Mentoring, Vereinbarkeit von Familie und Beruf und Wissensweitergabe beim Ausscheiden bestens organisiert sind. Das sind die Firmen, in denen Nachwuchskräfte in Talentmanagement-Programmen identifiziert und systematisch qualifiziert werden. Es sind Firmen, in denen den obersten Führungskräften die menschlichen Themen am Herzen liegen. Personalentwicklung ist als strategische Funktion entsprechend gut besetzt und verankert. Ihre Themen bleiben auch in Krisenzeiten oben auf der Tagesordnung. Leider sind die noch in der Minderheit. In anderen Firmen besteht Fachkräftemangel ausgerechnet in der Personalentwicklung, also an der Stelle, wo es am schmerzhaftesten ist. Dort, wo die Systeme für die Menschen entwickelt, koordiniert und unterstützt werden sollten.

In vielen Jahren der Beratung und Begleitung von Unternehmen habe ich reichlich unterschiedliche Ausprägungen und Niveaus von Personalentwicklung gesehen. Es gibt Fehlentwicklungen, Leerstellen und Missverständnisse. An dieser für Mensch und Unternehmen so zentralen Schlüsselstelle sind die sehr teuer. Die Gestaltung des Systems Personalentwicklung ist eine strategische Entscheidung und damit Chefsache. Auch wenn ich mitunter überzeichne, ich will nur sicherstellen, dass Ihnen die Fehlentwicklungen früh genug auffallen und Sie sie ändern können.

Fachkräftemangel in der Personalabteilung

Es gibt keine Unternehmensgröße, ab der man sagen kann: »Jetzt lohnt sich eine volle Stelle als Personalentwickler.« Aber selbst bei zehn Mitarbeitern gibt es einen Anteil an Personalentwicklungsarbeit, für den jemand verantwortlich sein sollte. Je weiter ein Unternehmen noch von dem beschriebenen Idealzustand entfernt ist, desto öfter erleben wir Personalentwicklung als Leerstelle. Auf die Frage nach der Personalentwicklung kommt dann der Hinweis auf die Personalverwaltung! Klar, die gibt es. In jeder Firma laufen Lohnabrechnung und Urlaubsanträge, man bekommt sein Arbeitszeugnis und ein Bewerbungsverfahren funktioniert auch meistens. Doch Personalverwaltung ist nur die halbe Miete. Eine gute Personalabteilung hat zwei Aufgaben: Personalverwaltung und Personalentwicklung. Das sind völlig unterschiedliche Jobs. Dafür braucht man völlig andere Qualifikationen. Beides zu vermischen ist oft keine gute Idee. Nichts gegen Juristen und Buchhalter. Aber in der Personalverwaltung sind andere Kompetenzen gefragt als in der Personalentwicklung. Wer detailorientiert, beständig und zuverlässig Lohnabrechnungen machen kann, hat selten die Fähigkeiten für sensible Personalentwicklung. Der arbeitsrechtsbewanderte Abteilungsleiter meistens auch nicht. Und wer soll dann die Arbeitgebermarke aufbauen, Talentmanagement betreiben, eine Kompetenzlandschaft entwickeln, die Führungskräfte bei Mitarbeitergesprächen unterstützen und vorbildliche Einarbeitungsprozesse auf die Beine stellen? Gibt es hier niemanden mit passender Qualifikation und persönlichem Talent und Leidenschaft für das Thema, kann das alles nicht funktionieren. Wenn Sie im Fachkräftemangel bestehen wollen, müssen Sie zuerst den in der eigenen Personalabteilung beheben.

Feigenblatt Personalentwicklung

Manche Chefs handeln schnell und haben direkt eine entsprechende Stelle geschaffen. Der Maschinenbaumittelständler holt sich eine junge Arbeitspsychologin oder Erwachsenpädagogin (immer noch sind es meist Frauen) an Bord, die soll dann mal machen. Das macht sie dann auch sehr motiviert. Sie kümmert sich um die Karrierewebsite, bearbeitet Bewerbungen und entwickelt Vorschläge. Recherchiert Trainer, erstellt Konzepte, holt Angebote ein, macht Vorschläge. Sie empfiehlt Kompetenzmodelle, agile Methoden und New-Work-Mindsets, forciert Resilienztrainings und will Wertschätzungsworkshops mit den Führungskräften machen. Bei ihren Präsentationen im Führungskreis gibt es selten Streit. Vielleicht etwas irritierte Blicke von Vertriebs- und Werksleitung. Nach einem oder zwei Jahren baut sich allmählich etwas Frust auf, weil die schönen Konzepte nicht den gewünschten Anklang finden. Ihren anfangs guten Ruf ramponiert sie sich spätestens, wenn sie den Führungskräften wegen der nicht vollständig ausgefüllten Kompetenzmatrix, die sie für die Mitarbeiter-Jahresgespräche entwickelt hatte, mehrfach auf die Füße treten muss.

Wieso der Maier aus der Auftragsvorbereitung überraschend gekündigt hat? Davon hatte sie keine Ahnung. Wie, die IT hat sich schon gegen Laptops entschieden und wieder Workstations gekauft? Wie soll da mobiles Arbeiten gelingen? Wieso hat der Werksleiter die Kompetenzgespräche einfach verschoben? Ohne Akzeptanz und Rückendeckung verhungern qualifizierte und motivierte Menschen. Wenn die Geschäftsführung keine klaren Anforderungen und verbindlichen Mandate formuliert, ist die Rolle zum Scheitern verurteilt. Verheizen Sie sie nicht! Gute Personalentwickler werden auch woanders gebraucht.

Missverständnisse in der Rolle

Seit der Fachkräftemangel spürbar wird, hat Personalentwicklung Konjunktur. Doch frage ich nach, heißt es oft: »Wir haben so viele Stellen ausgeschrieben. Ich weiß gar nicht, wie ich die alle besetzen soll. Ich bearbeite nur noch Ausschreibungen und Bewerbungsgespräche.« So werden Personalentwickler auf die Sachbearbeitung von Bewerbungen reduziert und können sich nicht um die strategischen Themen kümmern. Keine gute Idee.

In sehr hierarchischen und traditionellen Unternehmen und Behörden gibt es auch noch ein anderes Extrem. Der Personalleiter als graue Eminenz, Troubleshooter und Herrscher über alles Finanzielle und Persönliche. Er weiß alles über Verträge, Gehalt, Persönliches, Details aus der Personalakte. Machtbewusste Personalleiter wissen dieses Insiderwissen zu nutzen. Fatal wird das im Zusammenspiel mit Führungskräften, die sich gerne um die konfliktträchtigen Themen der Mitarbeiterführung drücken. Hinter einer machtbewussten Personalabteilung kann man sich dann gut verstecken und im Zweifel mit dem Mitarbeiter gegen die Geschäftsleitung verbrüdern.

Es gibt Unternehmen, in denen die Führungskräfte weder im Detail wissen, was ihre Mitarbeiter verdienen, noch in Fragen zur Gehaltsentwicklung eingebunden sind. Für Mitarbeiter und Unternehmen ist das gefährlich, verwirrend und konfliktreich. Die Führungskräfte entziehen sich ihrer originären Verantwortung. Nie bekommt der Mitarbeiter von seinem Chef klare Aussagen zu möglicher Karriere- und Gehaltsentwicklung. Der Personalleiter kann kein Feedback aus der praktischen Arbeit geben. Entsprechend ist sein Bild oft verzerrt, sind seine Entscheidungen nicht nachvollziehbar. Wo Willkür herrscht, entsteht Frust bei fast allen Beteiligten. An meiner Art, die Rolle der Führungskräfte in diesem System zu beschreiben, können Sie mein Fazit schon erraten: Die wichtigsten Personalentwickler sitzen nie in der HR-Abteilung. Es sind die direkten Führungskräfte. Diese Aufgabe kann professionell unterstützt werden – sie ist nicht delegierbar!

Nur gut gedacht oder auch gut gemacht?

Hat man Personalentwicklung etabliert, hat eine Person oder ein kleines Team, die wissen, was sie tun, und halbwegs ernst genommen werden, ist schon viel gewonnen. Da werden dann Personalplanungen gemacht, die Demografie analysiert, Wissensträger identifiziert. Es gibt Weiterbildung für Führungskräfte und Ideen und Projekte für Talentmanagement, Employer Branding und mehr. In guten Zeiten gibt es erkennbare Fortschritte. Im Zuge von Weiterbildungsprozessen werden Mitarbeitergespräche eingeführt. Dann gibt es zwei große Klippen, an denen sich die Spreu vom Weizen trennt: die der Prozesse und die der Krise. Sie erinnern sich an die Maschine? Hand aufs Herz. Wie gut sind die Personalentwicklungsprozesse als Ganzes durchdacht, beschrieben und mit klaren Verantwortlichkeiten versehen? Nehmen wir Mitarbeiterentwicklungsgespräche. Oft erleben wir, dass die zwar trainiert und eingeführt werden, die Vor- und Nachbereitung aber völlig unklar bleibt. Ist offen, wer für die Ergebnisse verantwortlich ist und wie mit den Erkenntnissen weiter umgegangen werden soll, folgt auf die anfänglich positive Resonanz Enttäuschung. Chance vertan.

Die zweite Klippe: Personalentwicklung bei schönem Wetter ist leicht. Wenn die Mittel knapper werden, eine Krise vor der Tür steht, entscheidet es sich. Bleiben Führung und Personalentwicklung wichtig oder werden diese Maßnahmen als Erste fallen gelassen. Hohe Priorität heißt nicht, dass man nicht mal Maßnahmen verschiebt oder reduziert. Aber alle müssen spüren, dass die Themen auf der Agenda oben bleiben und im Kampf um knappe Ressourcen mit Investitionen in Vertrieb oder Produktion auf Augenhöhe sind. Mitarbeiter glauben diesen Signalen mehr als jeder noch so motivierten Ansprache oder den Employer-Branding-Floskeln auf der neuen Karrierewebsite.

Personalentwicklung muss emotionale Chefsache sein

Der Präsident einer Hochschule fasst meine Botschaften nach einem Vortrag so zusammen. Die »emotionale Chefsache« trifft es sehr gut. Das Thema muss der Unternehmensleitung ein Herzensanliegen sein. Besteht eine Geschäftsführung oder ein Vorstand aus drei Personen, sollte mindestens einer im Kern ein

People Expert sein. Wie schon bei den vorherigen Themen: Bitte keine Schnellschüsse und -urteile. Überdenken Sie bitte zuerst die Strukturen. Viel öfter als eine personelle Fehlbesetzung ist es die Struktur, die echt gute Personalentwicklung zunichtemacht.

Der Reflex, die Personalentwicklungsstelle extern zu besetzen, ist oft richtig, aber längst nicht die einzige Option. Für den Erfolg der Rolle braucht es nach meiner Erfahrung zwei Kompetenzfelder. Das erste liegt auf der Hand: die richtigen persönlichen Kompetenzen für die Menschenentwicklung. Das zweite ergibt sich aus dem, was wir gerade erläutert haben: alles, was nötig ist für die umfassende *Akzeptanz* im Unternehmen. Das rein Fachliche kann man sich aneignen, es gibt hervorragende Weiterbildungen, Aufbaustudiengänge oder externe Unterstützung. Eine andere Option kann es sein, eben nicht die eine Person zu suchen, sondern ein kleines Personalentwicklungsteam mit sich ergänzenden Kompetenzen aufzubauen. Vielleicht haben Sie die perfekte Person oder das richtige Team längst im Haus, die seit einigen Jahren im Unternehmen sind und persönliche Reife, Fingerspitzengefühl für Menschen, ein gutes Netzwerk in der Firma und das Vertrauen von Geschäftsführung und Führungskräften haben und für sich selbst neue Herausforderungen suchen.

People Strategy – Ihre Roadmap zum Erfolg

Im Schlosshotel über dem Rhein treffen sich einige Hundert Weiterbildungsprofis. Besonders gespannt bin ich auf den HR-Chef von Google Europa. Was er sagt, hallt nach: »Wissen Sie, alle denken, Google sei eine Suchmaschine. Es ist ganz anders: Google ist ein Unternehmen, das um die Idee herum gebaut ist, die besten Talente der Welt zu gewinnen, zu binden und zu entwickeln.«[1]

Mit diesem Impuls war meine Neugierde geweckt, tiefer zu hinterfragen, wie Google das macht. Dabei geht es mir um den Grundgedanken und seine Radikalität, das Unternehmen von vornherein aus der Menschenperspektive zu gestalten.

Götz Werner, der Gründer der *dm*-Drogeriemärkte, sieht Unternehmen als »soziale Skulptur«. Das trifft es gut, gehört doch eine Menge dazu, ein Unternehmen zu einem herausragenden Arbeitgeber aufzubauen. Ein begeisternder Unternehmenszweck, zu dem man beitragen will. Motivierende Ziele, die Ambitionen wecken. Eine Unternehmenskultur, zu der man gehören will. Führungskräfte, die Rückhalt und Feedback geben. Grandiose Unternehmen strahlen nach außen und wirken in ihr Umfeld. Grandiose Unternehmen empfangen neue Mitarbeiter herzlich, integrieren sie professionell und entwickeln sie ambitioniert. Grandiose Unternehmen orchestrieren persönliche Ziele, Karriereziele, Teamziele und die Mission des Unternehmens zu einem großen Ganzen – einem Kunstwerk eben. Grandiose Unternehmen sind wie grandiose Filme. Wie in einem guten Film kommt vor der Umsetzung das Drehbuch, die Strategie für die Menschenseite. Ich habe lange nach einem passenden Begriff gesucht und recherchiert und mich schließlich für People Strategy entschieden. Ein passendes deutsches Äquivalent habe ich nicht gefunden. *Menschen-Strategie* würde gehen, klingt aber komisch. Alles, was mit *Personal-* anfängt, scheidet aus. Sofort wären wir wieder im funktionalen Denken, der Mensch Mittel zum Zweck und der Denkfehler schon auf der Titelseite des Dokuments eingefädelt.

Dabei geht es nicht um die Form, nicht um Papier und Konzept, sondern um die von der Spitze des Unternehmens gesteuerte Strategie. Wie beim Drehbuch: Nicht das Skript entscheidet, sondern die Umsetzung.

Die People Strategy ist das Drehbuch

Es gibt Unternehmen, die eine People Strategy haben, ohne das Wort je gehört oder ein solches Konzept bewusst formuliert zu haben. Das sind Firmen, in denen Inhaber oder langjährige Geschäftsführungen einen ganz klaren Schwerpunkt im Menschenthema setzen, Menschen Chefsache sind, gepaart mit Kompetenz in den Personalthemen.

Aber auch Firmen, bei denen vieles nicht gut läuft, haben in gewisser Weise ihre Strategie zu Menschenthemen. Die wird dann gerne von frustrierten Mitarbeitern im Verlauf von Firmenfesten oder im Schutze der Privatheit so beschrieben: »Die Strategie ist ja klar: Zuerst ködern sie dich mit großen Versprechungen. Wenn du unterschrieben hast, erinnert sich keiner mehr dran. Die da oben gönnen sich den 7er BMW, wir müssen ...«

Eine gute People Strategy umfasst das ganze Themenspektrum dieses Buches. In diesem Kapitel geht es mir nicht um die einzelnen Inhalte, sondern um Sinn, Struktur und den möglichen Weg zu einem wichtigen Teil der Unternehmensstrategie. Die Perspektive Mensch muss auf der gleichen Ebene spielen wie die finanziellen Unternehmensziele und die Roadmap für Technologie, Innovation und Entwicklung. Sie erinnern sich an das Manifest der amerikanischen Spitzenmanager zu den Unternehmenszielen.

Radikale Klarheit statt Floskeln

Radikal heißt an die Wurzel gehend. Der Kern einer People Strategy liegt in den grundlegenden Haltungen, aus denen alle Maßnahmen entspringen. Es geht um Selbstverständnis und Werte, um das Menschenbild und um Prioritäten und Strategien zu den Menschenthemen im Unternehmen.

Für den langfristigen Erfolg ist die radikale, grundlegende Klarheit elementar. Sie zeigt sich nicht in wohlklingenden Floskeln in schönen Broschüren, sondern bemisst sich daran, ob sie zu harten, belastbaren Maßnahmen führt und ob die Konsequenzen aus den Statements eingefordert werden können. *Werte sind nur dann echte Werte, wenn sie auch trotz materieller Nachteile gelten.* Sonst war es Marketing. Wenn Sie über die Kernaussagen Ihrer People Strategy unberührt hinweglesen können, sind Sie noch nicht fertig. Wertvoll sind knackige Aussagen, an denen Sie sich messen lassen. Darüber lohnt es sich im Leitungskreis zu streiten. Das braucht Mut.

Lassen Sie uns das Zusammenspiel von Selbstverständnis und betrieblicher Realität an ein paar Beispielen illustrieren. Wenn Sie verkünden: »Wir fördern lebensphasenorientierte Personalentwicklung und Vereinbarkeit von Familie und Beruf«, dann dürfen Sprüche wie »Die kann noch Kinder kriegen. Kannste nicht nehmen!« nicht ohne Konsequenzen bleiben. Väter, die in Elternzeit gehen wollen, sollten sich dafür nicht rechtfertigen müssen. Eine faire Beteiligung der Mitarbeiter am Unternehmenserfolg muss sich in konkreten Instrumenten, Prämien oder Belegschaftsaktien wiederfinden. Wenn Sie betonen: »Lebensziele des Mitarbeiters haben Vorrang«, dann dürfen Sie von Ihren Führungskräften erwarten, dass sie dazu gute Gespräche führen und sich als eine Art Mentor für ihre Leute verstehen. »Mitarbeiter dürfen arbeiten, wo sie wollen« bedeutet dann, dass sie nicht nur im Homeoffice, sondern auch in der Karibik arbeiten dürfen. Steht da was von offener Kommunikation, muss der Entwickler seinem Vorstand ehrlich seine Meinung sagen dürfen, statt illegale Praktiken aus Angst zu vertuschen. Ist Ihnen Diversität und Liberalität wichtig, haben weder Schwulenwitze noch Nachteile für muslimische Bewerber einen Platz in Ihrem Unternehmen.

Wohlklingende Floskeln haben alle Firmen, die Geld für Agenturen ausgeben. Das ist nicht gemeint und meistens Geld zum Fenster rausgeworfen. Starke Commitments können Furore machen. Ob man sich, wie der Inhaber von Trigema, Wolfgang Grupp, zu einer Aussage traut wie »Wir garantieren den Kindern unserer Mitarbeiter einen Job«, muss man sich gut überlegen. Zu seiner Persönlichkeit passt es.

Definieren Sie Ihre zentralen Kernaussagen. Weniger ist mehr. Fünf knackige Botschaften, hinter denen Sie im Eigentümer- und Führungskreis mit ganzem Herzen stehen, sind genug. Sie müssen so dahinterstehen, dass ihre Realisierung *Gesetz* ist. Hört man diese Sätze und sagt »Wow« oder »Ehrlich?«, dürften sie gut sein. Verstehen Sie die Beispiele bitte nur als Illustration. Was Sie für sich formulieren, muss zu Ihnen und Ihrem Unternehmen passen. Je unterschiedlicher die Selbstverständnisse verschiedener Firmen sind, desto besser können sich Bewerber orientieren. Unterschiedliche Menschen brauchen unterschiedliche Firmen, um glücklich zu arbeiten.

Die Roadmap zum Erfolg

Eine gute People Strategy braucht eine langfristige Perspektive über einige Jahre und eine kurzfristige mit konkreten Zielen und Projekten für die nächsten Monate oder das nächste Jahr. Sie ist elementarer Bestandteil der Unternehmensstrategie und entwickelt sich dynamisch weiter. Ich verwende gerne das Bild der Roadmap. Man braucht nicht um jede Straßenbiegung schauen können, aber ein klares Bild vom Ziel, die richtige Richtung und klare Etappenziele sind wichtig. Mindestens einmal im Jahr sollte das Ganze aktualisiert, an der Umsetzung permanent gearbeitet werden. Der Anspruch muss sein, dass sie alle relevanten Aspekte rund um die Menschen im Unternehmen klug verknüpft. Sie fundiert zu entwickeln braucht Zeit und Ressourcen, sie umzusetzen Jahre. In den Download-Materialien zum Buch finden Sie unter People Strategy einen Überblick mit Fragen für eine erste Reflexion in Ihrem Unternehmen. Einige Aspekte hier in aller Kürze. Sie definieren Ihr Selbstverständnis in Bezug auf Menschen und Arbeit. Mit Ihrer Arbeitgebermarke schaffen Sie die Grundlage für Maßnahmen und Kommunikation. Sie entwickeln das Produkt als Arbeitgeber: Karrierewege, Arbeitsformen, Gehalt und Benefits. Der konkrete Bedarf an Menschen und Kompetenzen ist Ausgangspunkt für die Identifikation Ihrer Zielgruppen und der erfolgversprechenden Gewinnungsmaßnahmen. Im Recruiting gestalten Sie die Prozesse rund um das Erlebnis des Bewerbers vom ersten Kontakt über die Auswahlphase bis zur Einarbeitung. Nicht zuletzt strukturieren Sie das gesamte Themenfeld der Personalentwicklung – inhaltlich wie in der organisatorischen Ausgestaltung.

Eine People Strategy wird nur erfolgreich sein, wenn sie in Kopf, Herz und Schatulle von Inhabern und Geschäftsleitung verankert ist. Die Verantwortung für ihre Entwicklung und Umsetzung muss wirksam geregelt und in den richtigen Händen sein. Nur noch mal zur Sicherheit: Nein, Sie können das nicht allein ihre Mitarbeiterinnen in der Personalentwicklung machen lassen!

In einem Boot – Wie alle an einem Strang ziehen

Ich versuche, mir die Szene auszumalen im lauten Treiben einer spätmittelalterlichen Hafenstadt: geschäftiges Treiben, Hämmern auf Holz, laute Anweisungen von Vorarbeitern. Vor meinem inneren Auge sehe ich Hunderte verschwitzte, kraftvolle Körper schuften, schwere Lasten tragen. Irgendwie kann ich mir die Szenerie nicht wirklich vorstellen, wie da ein Marketingdirektor der Reederei die Glocke läutet und den Leuten was vom Glück auf der anderen Seite des Ozeans erzählt. Das Zitat kennen wir alle: »Wenn du ein Schiff bauen willst, dann trommle nicht Männer zusammen, um Holz zu beschaffen, Aufgaben zu vergeben und die Arbeit einzuteilen, sondern lehre die Männer die Sehnsucht nach dem weiten, endlosen Meer.«[2] Ich hatte immer schon so ein doofes Gefühl dabei: Ich kann mir nicht vorstellen, dass die Leute, die schufteten, jemals mitfahren durften.

Wenn es ehrlich gemeint ist, ist die Sehnsucht nach dem Meer ein starkes Bild. Der Mensch will gerne Teil von etwas sein, das größer ist als er selbst, will an Großem mitwirken und sich mit seiner Aufgabe identifizieren. Das große Warum, die Mission einer Organisation dürfte ihre stärkste Kraftquelle sein. Je klarer sie ist, desto eher organisiert sich intern einiges von selbst. Der klare Zweck wirkt als ordnender Faktor. Baut man gemeinsam ein Schiff, mit dem man in See sticht, kann jeder mitdenken. *Schiff* können Sie durch alles ersetzen, wofür Ihr Unternehmen antritt.

Ist die Richtung für die Mannschaft nicht erkennbar, bewegen sich alle durcheinander, vielleicht gegeneinander oder gar nicht mehr. Wenn dann ein Firmenchef neue Ziele vorgibt wie »Wir wollen die Eigenkapitalrendite auf 15 Prozent und die Ebit-Marge auf 12 Prozent steigern«, spüren wir sofort den starken inneren Impuls zum Loslaufen, oder? Menschen würden dann lieber weglaufen, als gemeinsam in eine Richtung zu ziehen. Ohne echten Zweck ist alles hohl.

Mit einer klaren Mission werden enorme Kräfte freigesetzt – wie in der NASA nach Kennedys Botschaft an den Nationalstolz der Amerikaner: »Binnen zehn Jahren setzt ein Amerikaner als erster Mensch seinen Fuß auf den Mond.« Wenn Google sagt »We organize the world's information and make it universally accessible and useful« und den Anspruch formuliert »We provide access to the world's information in one click«[3], ist das ein Teil der Erklärung für die hohe Identifikation der Google-Mitarbeiter.

Wer bei Greenpeace arbeitet, weiß, wofür er eintritt, vermutlich sind es weniger die Verdienst- und Karrieremöglichkeiten. Wie kraftvoll eine überzeugende Mission sein kann, zeigen die Unternehmungen, für die sich Menschen in aller Welt sogar ehrenamtlich engagieren. So weit wollen wir es im Arbeitskontext gar nicht treiben, eine gute Bezahlung gehört dazu.

Ein Heizungsbauer, der sich auf die Nutzung regenerativer Energiesysteme spezialisiert hat, formuliert das so: »Wir wollen, dass Kinder in Zukunft Häuser ohne Schornstein malen.« Eine wunderschöne Visualisierung für einen Wandel in Technologie und Bewusstsein. Auch die natürliche Begeisterung für Material und Werk des eigenen Schaffens kann die Grundlage für eine starke Aussage sein. Ein Tischlerteam baut Möbel aus Holz und sagt: »Wir können alles bauen, was Sie sich vorstellen können.«

Eine gute Mission beseelt die ganze Mannschaft. Mit Blick auf den Fachkräftemangel kommt eine weitere Funktion hinzu. Kann es eine bessere Motivation zur Bewerbung geben als die Aussage »Genau richtig. Dazu will ich beitragen«? Mit einem überzeugenden Unternehmenszweck lösen Sie einen Sog auf die richtigen Mitarbeiter aus. Konkurrenten im Kampf um die Talente sind Sie damit weit voraus. Die Websites von Unternehmen, auch großer Marken, zeigen eher inhaltsleere Floskeln. Auf die Nennung der Beispiele verzichte ich. Das können Sie besser.

Warum machen wir das?

Je größer ein Unternehmen wird, desto mehr Führungsebenen gibt es. Das muss nichts Schlechtes sein. Zumindest nicht, wenn die Übersetzung der Kraft funktioniert. Ich verwende bewusst das Bild aus der Technik. Versteht man es mechanisch, geht es schief, weil Menschen eben keine Maschinenteile sind. Wer glaubt, man kippe oben in die Organisation eine Information oder eine Entscheidung und die würde dann mit voller Kraft über Riemen und Zahnräder weitergeleitet, der täuscht sich.

Der Begriff *Trans-Mission* lässt sich auch so verstehen, dass die Mission des Unternehmens in die jeweilige richtig dimensionierte Einheit übersetzt wird, sodass sie verständlich wird für die jeweils betroffenen Menschen. Die Mitarbeiter in der Lackiererei interessieren sich mehr dafür, ob sie endlich den richtigen Kran bekommen, mit dem sie die Bauteile mit weniger Beschwerden und körperlicher Quälerei in die richtige Position bewegen können, als für die jüngste Gewinnsteigerung. Die unpassende Information führt zu Missverständnissen: »Die quetschen auch noch den letzten Gewinn raus und wir können hier malochen.« Man muss sich nicht wundern, was im Team ankommt, wenn man zuhört, was Mitarbeitern alles als wichtig erzählt wird.

Soll die Mission bei jedem Einzelnen ankommen und der Organismus Firma gut funktionieren, müssen Führungskräfte die Botschaften richtig übersetzen. Von oben nach unten und von unten nach oben. Das erfordert reife und kommunikationsfähige Menschen. Für diese Führungsrollen zwischen den Ebenen, zwischen Vorstand und Abteilungsleiter, zwischen Werksleiter und Produktionsmitarbeiter gibt es einen entlarvenden Begriff: »Sandwich-Position«. Wie hirnfrei ist das? Wer hat diesen Begriff geprägt? Wer will schon die Hackschicht im Brötchen sein? Gesunde und gute Führungskräfte stelle ich mir jedenfalls anders vor.

Wechseln wir die Analogie. Betrachtet man die Hierarchie im Unternehmen weniger als Maschine mit Transmissionsriemen, sondern als einen Organismus mit Organen, Blut- und Nervenbahnen, lässt sich besser zeigen, wie Führungskräfte ihre Position sinnvoll ausfüllen. Mitarbeitern geht es wie Zellen. Fehlt Durchströmung, fehlt Sauerstoff, gehen die Lebensgeister zurück. Vielleicht bilden sich sogar Krebszellen aus. Kommt die Verbindung ganz zum Erliegen, stirbt das Organ. Leider erleben wir das immer wieder: Die Entscheidung der Geschäftsleitung mag völlig schlüssig sein, doch beim Teamleiter kommt davon nur noch ein Bruchteil an, beim Mitarbeiter nichts mehr. Also nur noch das Ergebnis: die nicht genehmigte Investition, die nicht neu besetzte Stelle, das zusätzliche Projekt on top – keine Hintergründe oder Perspektiven. Motivierend ist das nicht.

Wann Sandwich-Manager überflüssig sind

Vielleicht ist es angesichts der undankbaren Rolle kein Zufall, dass sich Führungskräfte eher wie Hack fühlen, nicht wie starke Menschen. Wie kann die Trans-Mission aber funktionieren? Führungskräfte sollten um die Wahrheit ringen und selbst hinter einer Entscheidung stehen. Nur dann kann ich sie mit eigenen Worten für mein Team übersetzen und auch die kritischen Aspekte im Sinne des Unternehmens begründen, erklären und so transportieren, dass sie der Mitarbeiter in der Lackiererei genauso versteht wie der Verkäufer im Außendienst.

Neben dem Mut, mit meinem Chef in eine notwendige Auseinandersetzung zu gehen, brauche ich auch das Standing, kritische Fragen in meinem Team zu kommunizieren und dort für das Unternehmen zu stehen. Gemeinsam mit meinem Team auf *die da oben* zu schimpfen wäre natürlich bequemer.

Ein gesundes und lebendiges Austauschsystem braucht ein Geflecht von starken, menschlichen, gut kommunizierenden Führungskräften, die sich ihrer Führungsrolle für das Unternehmen bewusst sind und für die Ideen ihrer Mitarbeiter und die beste Lösung streiten. Wer nichts sagt, verstopft die Bahnen. Mitarbeiter (bzw. deren Engagement) sterben ab wie Zellen. Wer verfälscht, vergiftet die Atmosphäre. Wer unvollständig informiert, lässt die Leute verhungern. Wer kuscht, belügt das Unternehmen und verhindert bessere Entscheidungen.

Wenn es unser Baby ist, ziehen wir das auch durch

Die transparente Informationsvermittlung im Unternehmen ist kaum zu überschätzen. Große Linien müssen von denen, die an der Spitze stehen, selbst erklärt werden. So werden Top-Führungskräfte greifbar und können sicherstellen, dass jeder Mitarbeiter das Original hört. Schlecht informierte Mitarbeiter treffen teure Entscheidungen, weil sie ohne Kenntnis der großen Ziele nicht im Sinne des Ganzen mitdenken können.

Ich verstehe nicht, warum zahllose Manager und Führungskräfte meinen, sie müssten die Ziele und Strategien nur vorgeben. Ich vermute, das ist eine Mischung aus Eitelkeit, falsch verstandener Rolle und fehlender Kompetenz in Sachen Moderation und Kommunikation. So unterschiedlich Themen und Teilnehmer bei meinen Workshops waren – die Resonanzen ähnelten sich meist: »Ich hätte nie gedacht, dass wir in zwei Tagen so viel gemeinsam schaffen können« oder »Schön zu sehen, dass wir irgendwie alle das Gleiche wollen«, »Toll, dass wir so klare gemeinsame Ergebnisse und konkrete Schritte festgelegt haben«. Der Aufwand zahlt sich aus, wirkt das gemeinsam erarbeitete Ergebnis doch wie ein gemeinsames Baby.

In meinem Unternehmen ist unser jährlicher Strategieprozess selbstverständlich. Alle Mitarbeiter arbeiten an der Strategie des jeweiligen Bereichs mit. Das schafft Identifikation, schützt vor Fehleinschätzungen und gibt allen tiefe Einblicke in die Firmenentwicklung. Das sind Workshoptage, bei denen wir die Strategien und Zahlen des Vorjahres und die Planung erläutern. So können alle nachvollziehen, was wir warum machen oder eben nicht. Das sind Tage, in denen wir Entwicklungen in anderen Firmenbereichen transparent machen. Tage, an denen wir als Führungskräfte über persönliche Ziele und langfristige Perspektiven sprechen. Das schweißt zusammen. Wer Vertrauen gibt und Menschen einweiht, erhält Loyalität und umgekehrt die Offenheit, dass auch Mitarbeiter ihre Führungskraft und die Firma rechtzeitig in persönliche Pläne einweihen. Beteiligung ist der Schlüssel zur Motivation!

Arbeit und Kapital – Wie neue Partnerschaft gelingt

»Hey, lass uns kooperieren!«, sagt das Huhn zum Schwein. Zusammen machen wir bacon & eggs!« »Gute Idee!«, sagt das Schwein begeistert. Das Huhn holt schon mal die Eier aus dem Stall. Das Schwein wird nachdenklich: »Aber halt. Du gibst nur ein Ei und ich bin dann tot!« Das Huhn grinst: »Tja, so ist das halt!«

Dauerhaft erfolgreiche Zusammenarbeit kann nur gelingen, wenn alle Beteiligten das Gefühl haben, in fairer Weise zu partizipieren. Wenn sich Arbeitnehmer latent wie der treuherzige Vierbeiner vom Bauernhof fühlen, der immer wieder ein achselzuckendes »Tja, so ist das halt« zu hören bekommt, darf niemand vollen Einsatz erwarten. Voller Einsatz braucht eine sichere Grundlage. Das ist eine Frage der Haltung der Inhaber und der Teilhabe am Erfolg. Mit einem klugen System wandelt sich der scheinbare Gegensatz zwischen Arbeit und Kapital zu einer klugen Kooperation zum Nutzen aller Beteiligten.

Reife Unternehmerpersönlichkeiten haben ein gutes Gespür für eine gelungene Balance zwischen den Interessen. Niemand neidet der Unternehmerfamilie ihren Reichtum, wenn die Firma gesund, die Führung fair und der Anteil der Mitarbeiter angemessen ist. Will die eine Seite die andere ausbeuten, beginnt die Polarisierung. Widerstand ist vorprogrammiert, der Arbeitskampf beginnt. Die Parteien organisieren sich, die Fronten verhärten, die Kommunikation wird schwieriger. Die Gegensätze der Interessen werden zumindest in der Wahrnehmung intensiviert. Strukturen verfestigen die Gegensätze. Leider definiert unser Arbeitsrecht immer noch die »unselbstständige, abhängige Arbeit« als Voraussetzung für die Arbeitnehmereigenschaft.

Was den scheinbaren Gegensatz von Arbeit und Kapital noch verstärkt

Das Konzept des Shareholder Value ist inzwischen als allein selig machendes Leitbild erfreulicherweise aus der Mode gekommen. Entfremden sich Eigentümerinteressen vom Unternehmen, entsteht gefährliche Anonymität. So kann man Renditesteigerungen leicht einfordern, wenn man die zugehörigen Maßnahmen den Betroffenen nicht selbst erklären muss. Das lässt man hoch bezahlte Kurzzeitmanager erledigen. Menschen, Familien und Schicksale bleiben hinter einer Zahl verborgen. Menschen im Unternehmen spüren sehr genau, wo Ziele nicht mehr ambitioniert, sondern unredlich sind. Unternehmer und Führungskräfte mit regionaler Bindung und persönlichem Kontakt mit den Mitarbeitern sind gegen solche Auswüchse eher immun. Manches ehemals erfolgreiche Unternehmen wurde jedoch mit kurzfristig großem Finanzerfolg für Investoren und Spitzenmanager restrukturiert, renditeoptimiert oder gleich ganz zerlegt. »Tja, so ist das halt.«

Auch bei stabiler Eigentümerstruktur gibt es Fehlentwicklungen, die den Gegensatz verstärken, statt ihn aufzulösen. Gute Beteiligungsmodelle können zur fairen Beteiligung am Erfolg für alle beitragen, dazu gleich mehr. Schlechte Beteiligungsmodelle bewirken das Gegenteil. Im Extremfall werden Manager mit hohen Prämien und Boni eher bestochen als belohnt, um Entwicklungen voranzutreiben, die zwar renditetreibend, aber nicht unbedingt langfristig gesund für Unternehmen und Arbeitgeberattraktivität sind. Selbst bei sinnvollen

Zielen bleibt ein struktureller Interessengegensatz. Ist der Manager ausschließlich Angestellter, kann er nur das Interesse haben, möglichst viel Geld aus der Einflusssphäre des von ihm nicht zu kontrollierenden Unternehmens herauszuziehen.

Die Sozialpartnerschaft ist besser als ihr Ruf

Auf andere schimpfen ist immer leicht. So geben sich Arbeitgeber und Gewerkschaften gegenseitig die Schuld für Ausbeutung, überzogene Forderungen oder unflexible Regelungen. Manche Tarifverhandlungen werden als Schlacht um die größere Macht alljährlich medial inszeniert. Je konfliktträchtiger der Streit, desto größer die Aufmerksamkeit. Alte klassenkämpferische Bilder und Reflexe lassen grüßen.

Wie anders klingt das, spricht man mit Verantwortlichen der Tarifpartner. Als Mitglied eines Arbeitgeberverbandes war ich bei Veranstaltungen und Gesprächen mit Vertretern beider Seiten beeindruckt von gegenseitiger Wertschätzung und guten gemeinsamen Konzepten. Im internationalen Vergleich verliert Deutschland wenig Produktivität durch Streiktage. Moderne Tarifvereinbarungen zeigen erstaunliche Flexibilität bei Arbeitszeitmodellen, Weiterbildungsansätzen oder Erfolgsbeteiligungen. Wo Delegierte respektvoll und konstruktiv miteinander verhandeln, ist vieles möglich. Auf der Ebene der Tarifparteien wie im einzelbetrieblichen Maßstab zwischen Betriebsrat und Geschäftsleitung können wir darauf aufbauen und aus alten Gegensätzen neue Gemeinsamkeiten entwickeln.

Auf dem Weg zu modernen und attraktiven Formen der Mitarbeiterbeteiligung türmen sich allerdings auch erhebliche Hürden. Je mehr davon aus dem Weg geräumt werden können, desto besser. Teilweise sind gesetzliche Regelungen erforderlich, teilweise müssen Tarifpartner über ihren Schatten springen. Verschanzen sich beide Seiten in Verteidigungsgefechten, herrschen Misstrauen und Absicherungsstrategien vor, kommen unflexible, bürokratische und letztlich fortschrittshemmende Tarifverträge und Betriebsvereinbarungen heraus. In einer Kultur zermürbender Verhandlungsmarathons überlegen sich die Beteiligten gut, ob sie mit wirklich innovativen Denkansätzen überhaupt in den Dialog eintreten.

Die Wirtschaft ist voll von Beispielen, bei denen restriktive Regelungen sinnvolle Ansätze im Keim ersticken. Nehmen wir nur die *betriebliche Übung* als Beispiel. Da will ein Unternehmen ein transparentes Erfolgsbeteiligungssystem etablieren und allen Mitarbeitern die Spielregeln klar und nachvollziehbar erklären. Gerade in der Einführungsphase braucht ein Unternehmen Flexibilität und muss Erfahrungen sammeln können. Der Fallstrick ist die Regelung der *betrieblichen Übung*. Ist das System transparent und nachvollziehbar formuliert und wird zwei bis drei Jahre in Folge praktiziert, entsteht ein Anrecht auf Beibehaltung. Um rechtliche Risiken zu vermeiden, ist man gezwungen, die Kriterien unklar zu lassen und schwammig zu formulieren. Dann ist es eine einmalige Maßnahme, die nicht zur Wiederholung verpflichtet. Das ist ebenso absurd wie kontraproduktiv. Was geschieht? Die Chefs haben ein schlechtes Gefühl, weil man nicht ehrlich kommunizieren darf. Mitarbeiter können die juristische Zwangslage nicht nachvollziehen, wittern Intransparenz und fühlen sich ungerecht behandelt.

Vom Mitarbeiter zum Mitunternehmer

Die Höhe finanzieller Beträge ist nicht entscheidend. Die veränderte Rolle macht den Unterschied. Sind Mitarbeiter direkt am Gewinn und an der Wertsteigerung des Unternehmens beteiligt, ändert das mehr, als man denkt. Ich gehe in *mein* Unternehmen, nicht mehr *zur* Arbeit. Wem als stiller Gesellschafter oder Aktionär die Geschäftsentwicklung erklärt wird, spürt Augenhöhe, die nicht von der Tagesform einer Führungskraft abhängig ist. Sie ist gesellschaftsrechtlich und vertraglich unterlegt. Wenn man schon den ganzen Tag arbeitet, warum sollte man dann nicht auch Mitunternehmer sein?

Legendär sind die reich gewordenen frühen Mitarbeiter heutiger Tech-Giganten. Die Microsoft- und Apple-Milliardäre stehen sinnbildlich für die Idee junger Firmen, Beteiligung am Erfolg als Ausgleich für Unsicherheit, niedrige Gehälter und Pizzakartons anzubieten. Um Mitarbeiter zu Mitunternehmern zu machen, müssen Sie kein ambitioniertes Start-up gründen. Es gibt längst eine Fülle von Instrumenten zur Erfolgs- und Kapitalbeteiligung von Mitarbeitern.[4] Das einfachste ist die Ausschüttung eines festen Anteils des Gewinns an die Mitarbeiter. Mitarbeiterdarlehen an die Firma verbessern deren Finanzierung, die erfolgsabhängige Extra-Verzinsung bessert die Finanzen des Mitarbeiters auf. Für die Beteiligung der Arbeitskräfte am Kapital des Unternehmens gibt es mehr Möglichkeiten als Aktie oder GmbH-Anteil. Teammitglieder können als stille Gesellschafter eingebunden sein. Mitarbeiteranteile können über eine eigene Beteiligungsgesellschaft organisiert werden, ohne die Gesellschafterstruktur der eigentlichen Firma unnötig aufzublähen.

Teilweise gibt es diese Lösungen seit Jahrzehnten, erfolgreiche Beispiele haben mitunter eine lange Geschichte. So großartig die langfristigen Wirkungen sein können, einfach ist die Einführung nicht. Die Tücken lauern im Detail, zwischen Arbeits-, Steuer- und Gesellschaftsrecht haben findige Anwälte ein weites

Betätigungsfeld. Wenn es leicht wäre, würde es ja jeder machen. Wer ein wahrhaft großartiger Arbeitgeber werden will, lässt sich davon nicht abschrecken.

Aus angestellten Fachleuten werden investierte Eigentümer

Die weitreichendste Form, aus Mitarbeitern Mitunternehmer zu machen, ist die Beteiligung am Kapital und damit an der Wertentwicklung der Firma. Das hat enorme Tragweite und will gut überlegt werden, schließlich wollen Sie nicht bei jedem Mitarbeiterwechsel zum Notar. Ein gutes System braucht klare Spielregeln, eine Handelbarkeit der Anteile und eine langfristige Strategie. Mit Aktien gelingt das am einfachsten. Doch auch mit anderen Rechtsformen kann man pfiffige Konzepte entwickeln.

Von den Anfängen der Beratung von Herrmann Simon habe ich berichtet. Heute arbeiten über 1 000 Mitarbeiter weltweit für seine Unternehmensberatung Simon, Kucher & Partner. Frühzeitig etablierte er mit seinen Kollegen ein internes Beteiligungsmodell, das Partnern den Anteilskauf am Unternehmen ermöglicht und die Handelbarkeit sicherstellt. Das Konzept kennt nur Gewinner. Der Titel eines Artikels, in dem er diesen Ansatz beschrieben hat, bringt es auf den Punkt: »Abends verlässt das Vermögen die Firma.«[5] Unternehmen mit Wissensarbeitern sind noch stärker von der Fluktuation betroffen als Produktionsunternehmen. Daher können wir von deren Ansätzen viel lernen, haben sie doch ein paar Jahre Vorsprung. Leistungsträger sind Mitgesellschafter und arbeiten für ihr eigenes Unternehmen. Sie profitieren doppelt, sitzen verbindlich im Sattel und denken automatisch im Sinne des langfristigen Firmeninteresses. Der Firmeninhaber kann in kleinen Tranchen Anteile an seinem Unternehmen abgeben. Statt irgendwann vor der Rente die Firma mit großem Knall in die Hände eines großen Investors oder Wettbewerbers geben zu müssen, streckt er den Verkauf über Jahrzehnte. Das ist nicht nur finanziell ein geschicktes Vorgehen. In einem Know-how-Unternehmen wie einer Beratung hat das Firmenkapital zwei Beine. Fühlen sich die Leistungsträger nicht mehr in der gemeinsam entwickelten Kultur gut aufgehoben, sind sie schneller weg, als die Tinte unter dem Firmenverkauf trocken ist. Sind Beratungsunternehmen wie auch alle anderen Dienstleister, Planungsbüros etc. erst einmal richtig wertvoll geworden, wird es nämlich schwierig. Ein vom Inhaber oft bevorzugter Verkauf an Mitarbeiter ist für die bisherigen Angestellten schlicht nicht finanzierbar. Ein Verkauf an große potente Investoren jedoch oft das Ende der Erfolgsgeschichte.

Wenn Sie jetzt denken, das gehe nur in der Dienstleistung – weit gefehlt. Ich kenne ein Gartenbauunternehmen, in dem die Mitarbeiter Gesellschafter einer eigenen Firma sind, die sämtliche Maschinen des Unternehmens besitzt und an den eigentlichen Gartenbaubetrieb vermietet. Daraus entsteht eine vergleichsweise sichere unternehmerische Beteiligung für die Mitarbeiterschaft als Ganzes, ohne dass der Unternehmer das alleinige Eigentumsrecht am eigentlichen Betrieb abgeben muss.

Strukturen für Mitverantwortung und gemeinsamen Erfolg

Doch auch ohne direktes Kapitaleigentum lassen sich verbindliche Strukturen der Erfolgsbeteiligung realisieren. Es gibt Firmen, die festlegen, dass ein bestimmter Teil des Umsatzes immer Personalkosten sind. Klingt trivial, hat aber radikale Wirkung. Rationalisieren Mitarbeiter im normalen Unternehmen Prozesse, sinken die Kosten. Die Firma profitiert, der Mitarbeiter allenfalls mit einer Prämie. Ansonsten bleibt alles gleich. In einem Konzept mit festem Personalbudget bedeutet 20 Prozent Rationalisierung in Prozessen entsprechend mehr Gehalt oder weniger Arbeitszeit, wenn die Einsparung ganz oder teilweise im Team verbleibt. Der Effekt ist grundlegend. Versteht man sein Kernteam dann als festen Bestandteil der Firma, könnte man sagen: »Lasst uns die Firma komplett digitalisieren und unsere Arbeit so weit wie möglich gemeinsam abschaffen. Dann arbeiten wir alle noch fünf oder zehn Stunden in der Woche, überwachen und verbessern die Abläufe ständig und freuen uns des Lebens – bei nahezu gleichem Gehalt.«

Für normale Unternehmen am leichtesten umzusetzen sind klassische Modelle von Teamprämien aus dem Gewinn des Unternehmens. Wir schütten in einem unserer Unternehmen einen festen Anteil am Jahresgewinn als Teamprämie aus. So machen das eine Reihe von Firmen. Ach ja. Sie ahnen es vermutlich schon. Jetzt wäre ein guter Zeitpunkt, die versprochene Empfehlung für die Verwendung Ihrer Produktivitätserträge durch bessere Führung zu verraten.

Rezept für klugen Einsatz Ihres Produktivitätsgewinns

Ich hatte Ihnen Tipps versprochen für das Geld, das Sie durch die höhere Produktivität aufgrund richtig guter Führung erlösen. Hier eine Idee als Anregung, ausnahmsweise als Rezept:
Teilen Sie den Mehrertrag in fünf gleiche Portionen.

1. Den ersten Teil stecken Sie in die Professionalisierung Ihrer Führungskräfte, Ihrer Personalentwicklung und der Arbeitsbedingungen. Sorgen Sie für mobile IT, damit alle arbeiten können, wo sie wollen. Investieren Sie in schöne Arbeitsplätze, schicke Büros, höhenverstellbare Schreibtische und gute Arbeitsgeräte.

2. Den zweiten Teil investieren Sie in die Zukunftsfähigkeit Ihres Unternehmens. Investieren Sie in Forschungsprojekte, geben Sie Ihren Mitarbeitern freie Zeit und ein Budget für Innovationen, fördern Sie die Zusammenarbeit mit Impulsgebern aus anderen Branchen. Schicken Sie Teams zu Arbeitsreisen, lassen Sie sie mit Forschern in Workations Innovationen entwickeln, schicken Sie Teams auf Messen, zu Tagungen, in Verbände.
3. Wenn Sie der Inhaber sind, nehmen Sie eine Portion und investieren Sie in sich selbst. Gönnen Sie sich Freiraum, investieren Sie in Ihre Weiterentwicklung. Holen Sie sich einen guten Coach, fangen Sie an zu meditieren oder lernen Sie segeln, fotografieren oder Tango tanzen. Schaffen Sie sich Freiräume, damit Sie auf gute Gedanken für die sinnvolle Ausrichtung des Unternehmens kommen. Mit einer gewissen Unabhängigkeit und Rücklagen sind Sie in schwierigen Phasen gelassen und nicht erpressbar. Das ist auch für Ihre Mitarbeiter unbezahlbar.
4. Den vierten Teil schütten Sie als Erfolgsprämie an alle Ihre Mitarbeiter aus. Einfach als fairen Anteil am Erfolg. Dabei spielt es keine Rolle, ob jemand ein paar Tage länger krank war oder in Elternzeit. Alle haben ihren Anteil und Großzügigkeit verbindet.
5. Den letzten Teil teilen Sie noch mal in zwei Hälften. Mit der einen Hälfte unterstützen Sie gemeinnützige Projekte, die zum Unternehmen passen. Die andere Hälfte hauen Sie bitte mit gutem Gewissen auf den Kopf. Ehrlich. Machen Sie Party. Schaffen Sie Erlebnisse, die in Erinnerung bleiben. Laden Sie alle Mitarbeiter ein. Veranstalten Sie eine »family&friends«-Grillparty. Finden Sie Ihren Stil – aber feiern Sie!

Ob Sie alle Portionen gleich groß machen, da finden Sie Ihren eigenen Weg. Und glauben Sie mir: Das spricht sich rum und zieht gute Leute an. Die Guten suchen sich die richtigen Firmen. Sie gehen nicht nur von allein, sie kommen auch von allein.

Vertrauen – Wie Organisationen vitaler werden

Jos hatte seit zehn Jahren als Krankenpfleger gearbeitet. Enttäuscht kündigte er und gründete Buurtzorg. Hier arbeitete man unter ganz anderen Voraussetzungen. Schnell fand er heraus, dass ein sich selbst organisierendes Team von zehn bis zwölf Pflegekräften ohne Managerin und Teamleiter am besten war, um hervorragende Pflege zu gewährleisten und einen zufriedenstellenden Arbeitsplatz zu ermöglichen.[6]

Unter den Verfechtern neuer Organisationsmodelle und der Bewegung des *New Work* ist der niederländische Pflegedienst Buurtzorg legendär. Über 10 000 Mitarbeitende in der ambulanten Pflege arbeiten inzwischen in autarken Teams ohne Hierarchien nach den Prinzipien des Buurtzorg-Gründers Jos de Blok.[7] Die Pflegenden haben im Laufe der letzten Jahre mit den Füßen abgestimmt und dieser Arbeitsform zum Durchbruch verholfen. Zugegeben, es ist eine sehr radikale Form der Verlagerung von Verantwortung und Initiative auf die Mitarbeiter, wenn man Hierarchien und Strukturen einfach abschafft.

Bei modischen Schlagworten bin ich grundsätzlich skeptisch. Zu oft wird mit aufwendiger Neuetikettierung alter Wein in neuen Schläuchen teuer verkauft. Es lohnt sich, genau hinzuschauen und zu unterscheiden, welche Ideen wirklich neu und wertvoll sind oder welche alte Idee im neuen Kontext endlich in die Zeit passt. Skeptisch war ich auch immer beim Modebegriff *New Work*.

Von Kritikern des Ansatzes manchmal auf das Ersetzen der Krawatte durch Sneakers im Management reduziert, geht es in Wahrheit um die Stärkung von Eigenverantwortung und Sinn der Arbeit sowie um die Entwicklung neuer Organisationsformen und Kompetenzen, die beides ermöglichen. Das gilt nicht nur für *New Work*, es werden noch ein paar weitere Buzzwords in diesem Abschnitt auftauchen. Jenseits des Beratersprechs sind die Themen einen intensiven Blick unbedingt wert. Eine gute Balance aus gesunder Skepsis und neugieriger Offenheit sollten Sie sich dabei bewahren. Wenn Sie die Verantwortung für ein Unternehmen und seine Mitarbeiter tragen, gehen Sie bitte nicht noch so wohlklingenden Konzepten und Präsentationen von dubiosen Beratern auf den Leim und spielen mit der Substanz Ihres Unternehmens.

Es ist mutig, manchmal wagemutig, was manche Unternehmen ausprobieren. Wo es funktioniert, finden wir die Protagonisten auf der Bühne und ihre Storys in Buchhandlungen und Bestsellerlisten. Hat es nicht funktioniert, wächst das Gras schnell über einen weiteren gescheiterten Versuch, Wirtschaft neu zu erfinden. Von diesen Beispielen hören wir leider selten.

Einer der Berater, der nun wahrlich viel Expertise für sich in Anspruch nehmen könnte, Frédéric Laloux, kommt zu dem Schluss: »Übernehmen Sie kein

Modell von anderen, entwickeln Sie es selbst.« Nutzen Sie also Beispiele und Konzepte als das, was sie sind: Inspirationen für den eigenen Weg.

Management ohne Manager – Das klingt zumindest reizvoll

Seit mindestens 25 Jahren steht ein Buch[8] in meinem Bücherregal über ein ungewöhnliches Unternehmen. Jetzt, Jahrzehnte später, erlebe ich den Firmeninhaber live auf der Bühne – einer der Fälle mit gelungenem Experiment. Ich weiß noch, wie beeindruckt ich in meinen jungen Jahren von diesem Unternehmen war. Besonders in Erinnerung geblieben war mir: Jeder kann verdienen, was er will. Einzige Bedingung: Das Wunschgehalt muss mit Begründung im Foyer ausgehängt werden. Interessante Vorstellung. Aber wer macht so was? Ricardo Semler war Musiker. Da mag man denken: »Hätte er Wirtschaft studiert, wäre er nie auf so abwegige Ideen gekommen.« Doch es gab noch mehr davon. Jeder erstellt sein eigenes Budget, immer nur für sechs Monate rollierend. Führungskräfte werden halbjährlich evaluiert und die Teams schreiben den Namen auf, der für das nächste halbe Jahr die richtige Führungskraft zu sein scheint. Einiges am Semco-System klingt inspirierend und schlüssig. Nach eigenem Bekunden hat sein Maschinenbau-Unternehmen Semco inzwischen mehr als 5000 Mitarbeiter. Andere Quellen berichten, dass große Teile davon verkauft seien. Beim Recherchieren finde ich dazu unterschiedliche Quellen.[9]

Das Projekt »Augenhöhe« hat wunderbare Beispiele klassisch wie alternativ geführter Unternehmen portraitiert und sehenswerte Filme dazu produziert.[10] Dort wird unter anderem Fritz Kola mit einem Ansatz portraitiert, der mehr an einen Verein oder eine Bewegung erinnert denn an eine Firma. Die Grenzen zwischen Firma, Kunden, Unterstützern und Mitarbeiter verschwimmen auf sympathisch-chaotische, selbstorganisierte Weise. Im Film Augenhöhe wird eindrucksvoll demonstriert, wie Menschen aus begeisterten Kunden zu Mitarbeitern werden. Zuerst freiwillig und unbezahlt, dann möglicherweise vertraglich. Niemand weiß so genau, wie viele Mitarbeiter es gibt.

Unternehmer Detlef Lohmann machte Furore mit der Ansage im Buchtitel *Und mittags geh ich heim*. Er beschreibt, wie er in seinem Unternehmen, einem Hersteller für Ladensicherungssysteme in Baden-Württemberg, fast alles anders mache, als man es an der Uni lerne. Sein Beispiel kann Mut machen, die richtigen Strukturen zu schaffen, gute Mitarbeiter zu finden und die dann machen zu lassen. Dann haben Führungskräfte auch genug Zeit für Führung.[11]

Agenturinhaber Lasse Rheingans hat den Fünf-Stunden-Tag ausgerufen und in einem Buch[12] beschrieben. Nein, keine Kurzarbeit, sondern fünf Stunden arbeiten und acht Stunden bezahlt bekommen. Die Hypothese: Bei entsprechender Motivation, guten Prozessen und Konzentration aufs Wesentliche schafft man alles auch in fünf Stunden. Ich halte das für vorstellbar. Denken Sie an den Flow oder vergleichen Sie die üblichen Leerlaufzeiten in vielen Jobs mit der Dynamik am letzten Tag vor dem Urlaub. Perfektes Arbeitgebermarketing ist ein solches Modell allemal.

Führungskräfte wählen lassen? Das ist ein Ansatz, der vermehrt Anhänger findet. Hermann Arnold war lange Zeit Geschäftsführer des Softwareherstellers Haufe Umantis[13] – bis er eine ungewöhnliche Erfahrung machte und abgewählt wurde. Bei einem Vortrag[14] schildert Arnold die Logik dahinter sinngemäß so: Mitarbeiter stimmen ohnehin über ihre Chefs ab. Besser sie tun das direkt im Unternehmen als dadurch, dass sie gehen. Der Gedanke hat eine gewisse provokative Eleganz.

Kreise statt Hierarchien, Rollen statt Positionen und kollegiale Führung

Ein noch weiterreichend durchorchestriertes Organisationsmodell ist die Holokratie.[15] Der Grundgedanke ist, Verantwortung von festen Führungspositionen wegzunehmen und sie mithilfe klar definierter Prozesse zu bearbeiten. Der Ort der Bearbeitung sind Circles, Kreise mit Verantwortlichen und Teammitgliedern, die bestimmte Unternehmensfunktionen wahrnehmen. Hierarchien gibt es nicht mehr. Die Kreise organisieren sich auch untereinander selbst, sind so autark wie möglich. Damit das funktioniert, braucht es gut definierte Rollen und Abläufe, zum Beispiel für Entscheidungsprozesse und für Meetings. Wo es früher feste hierarchische Funktionen gab, sind einzelne Mitarbeiter in mehreren Rollen, eine Menge wird im Team erledigt. Das kann sehr gut funktionieren, im Idealfall ist die Organisation sehr flexibel, jeder bringt sich ein, wo es gebraucht wird, und alle denken mit. Es gibt Abwandlungen und Zwischenformen.

Der Ansatz der kollegialen Führung[16] in agilen Organisationen verfolgt ebenfalls die Grundidee, Führungsaufgaben auf mehrere Personen aufzuteilen und die klassische alte Hierarchie zugunsten flexibler Systeme aufzulösen. Kreise sind auch hier das leitende Organisationsprinzip. So unterschiedlich diese und andere Organisationsmodelle auch sind – ein Aspekt erscheint mir bemerkenswert. Man kann Hierarchien flacher machen, man kann sie sogar abschaffen. Dort wo das gelungen ist, wurde auf anderem Wege ein großes Maß an Klarheit geschaffen: durch klare Spielregeln, feste Organisationsprinzipien, definierte Rollen und gute Entscheidungsprozesse. Dann kann man auf alte Sicherheiten verzichten. Menschen füllen alle erforderlichen Rollen, das immer wieder erneuerte gemeinsame Commitment zum aktuellen Stand der Regeln führt dazu, dass sie gemeinsam eingehalten werden. Das kann besser gelingen, als es angstbasierte strenge Hierarchie je könnte.

Den einen richtigen Weg kann es nicht geben. Dafür gibt es vermutlich viele Wege zu einer besonderen Unternehmensorganisation. Wenn Sie sich fragen, wo Sie mit neuen, beweglicheren, selbstorganisierten Strukturen beginnen können, haben Sie mehrere Optionen.[17] Manche Firmen starten in einem Team oder in einer Abteilung mit Pilotprojekten. Dann führen sie zum Beispiel eine Circle-Struktur in einem Geschäftsfeld ein. Andere rufen zu kleinen Experimenten in der ganzen Firma auf. Etwas radikaler ist der Ansatz, eine neue Firma neben der alten zu starten und dort die Dinge ganz anders zu machen. Funktioniert es nicht, ist der Schaden überschaubar. Funktioniert es gut, ziehen Sie die Leute nach und nach in die neue Firma und lassen die alte sterben. Für viele Firmen vermutlich leichter realisierbar ist es, mit einzelnen Prozessen im Unternehmen zu starten. Dann machen Sie Meetings schon mal besser und lebendiger oder geben Teams eine Mitsprache bei der Besetzung von Teamleiterstellen.

Vom Potenzial einiger Ansätze bin ich überzeugt, vor Aktionismus möchte ich dennoch warnen. Halbherzig angegangen oder vor dem Hintergrund tiefer liegender Probleme zur falschen Zeit gestartet, schaffen so weitreichende Konzepte mehr Verwirrung als Nutzen. Manchmal muss man nicht gleich die ganze Struktur verändern. Ganz konventionelle Methoden einfach nur sehr menschlich und gut zu leben kann schon unglaublich viel bewirken.

Kapitel 7
MENSCHEN: Das Wesen hinter der Arbeitskraft

Wer führen will, muss Menschen mögen. Dieser Satz hat Konsequenzen. Wer keine Menschenkompetenz erwirbt, ist in einer Führungsrolle eine Fehlbesetzung. Die Bestellung lautet auf *eine Arbeitskraft*, die Lieferung enthält eine Persönlichkeit in Komplettausstattung. In der alten Arbeitswelt hat man nur ausgepackt, was man bestellt hatte, der Rest sollte Privatsache bleiben. Das war der Deal.

Wer bereit ist, die ganze Lieferung auszupacken, erhält keine einfache Massenware. Wo vorher alles zähl- und messbar war und in Excel-Tabellen und Kapazitätsplanungen gepasst hat, öffnet sich eine bunte, vielfältige Welt voller einzigartiger Individuen. Jede und jeder ein einzigartiges Bündel von Eigenschaften, Motiven, Erscheinung und Erfahrungen – und immer für eine Überraschung gut. Wir Menschen sind emotionale Wesen, haben ganz unterschiedliche Stärken, verrückte Lebensläufe, Macken und Talente. Schaut man näher hin, sind wir viel unterschiedlicher, als es das Bild vom *normalen Menschen* nahelegt. Ganze Gruppen werden verkannt, manche ausgegrenzt.

Wem es jetzt zu sehr menschelt, keine Sorge. Ambitionierte Ziele erreichen und Ergebnisse sicherstellen bleiben zentrale Führungsaufgaben. Es geht darum, Unterschiedlichkeit positiv zu nutzen und mit Menschen kompetent umzugehen. Experte für alle folgenden Themen muss dafür niemand sein. Verständnis, Reflexion und echte Lernbereitschaft – das reicht oft schon.

Werden Unternehmen menschlich exzellent geführt, geben Menschen ihre besten Eigenschaften auch nicht an der Garderobe ab, sondern bringen sie in die gemeinsame Arbeit ein.

Menschen sind emotional – Wie wir die Energie nutzen

Ein französisches Restaurant. Weihnachtsfeier. Dreizehn Mitarbeiter, leckeres Essen. Ein paar Impulse zum Jahr, wechselnde Plätze, viel zu erzählen, viel zu lachen, guter Rotwein. Als ich meine Kreditkarte zücke, meint der nette Kellner: »Sag mal – was seid ihr denn für 'ne Firma? So 'ne gute Stimmung hab' ich noch bei keiner Weihnachtsfeier erlebt. Da war nix aufgesetzt. Den ganzen Abend ausgelassen.«

Ich bin selten sprachlos. Da war ich's – und ein bisschen stolz. Vermutlich ist es nur eine Frage der Zeit, bis jemand eine Methodik entwickelt, die Art und Intensität des Humors in Unternehmen mit ihrem wirtschaftlichen Erfolg korreliert und daraus eine pfiffige Stimmungs-Controlling-Methode erfindet.

Man kann Unternehmen auf mehreren Ebenen betrachten. Meistens steht die materielle Ebene im Blickpunkt des Interesses – Anlagen und Standorte, Produkte und Finanzen. Hier zählen Fakten und Ergebnisse. Diese Ebene der Wirklichkeit können wir messen und bewerten. Über Rentabilität und Produktivität wird diskutiert. Dabei ist sie oft nur Ergebnis. Sie ist die Folge dessen, wie gut, wie produktiv, wie klug Menschen zusammenarbeiten. Ob und wie gut das wiederum funktioniert, entscheidet sich auf einer anderen Ebene: der seelisch-emotionalen, in der wir Menschen leben und fühlen, leiden oder uns freuen.

Wenn Sie diesem Gedanken folgen wollen, wäre es doch nur schlüssig, diese andere Ebene genauso differenziert und bewusst wahrzunehmen und zu gestalten. Im Sinne eines klugen strategischen Controllings ist es viel besser, kleine Veränderungen früh wahrzunehmen, als zu warten, bis die Probleme groß und teuer geworden sind. Schauen wir also auf das Betriebsklima, die emotionale Stimmung im Unternehmen.

Stellen Sie sich bitte zweimal das gleiche Unternehmen vor. Die Hardware ist bei beiden gleich: Gebäude, Maschinen, Standort. Dann füllen wir das eine Unternehmen mit einem hervorragenden Betriebsklima. Menschen kommen gerne zur Arbeit, es herrscht eine entspannt-produktive Atmosphäre. Man begrüßt sich fröhlich, es wird gelacht und konzentriert gearbeitet. Jeder weiß, was er zu tun hat. Erfolge werden gefeiert, die Fotos an den Wänden zeugen davon. Fehler und Probleme kann jeder ansprechen, die Chefs sind präsent. Jeder weiß, »wenn was wäre, spreche ich es an und die Dinge werden zügig geklärt«.

Die zweite Firma füllen wir mit einem schlechten Betriebsklima. Gedrückte Stimmung, Menschen kommen still und schleppend. Erst mal schauen, wie heute die Lage ist. Eine Kultur der Vorsicht. Man schaut sich um, ehe man zur Kollegin eine sarkastische Bemerkung macht. In offiziellen Besprechungen kann man die Luft schneiden. Niemand gibt sich eine Blöße. Belastungen zu

Hause – bloß nichts anmerken lassen. Es gibt Antipoden, die sich aus dem Weg gehen. Lässt es sich nicht vermeiden, fliegen die Fetzen.

Es ist klar, in welche der beiden Firmen Sie investieren würden. Denn dahinter steckt ein Schlüssel sowohl zum wirtschaftlichen Erfolg als auch zur Attraktivität als Arbeitgeber.

Das Geheimnis erfolgreicher Teams – psychologische Sicherheit

Haben Sie sich schon mal gefragt, welches die Ursache für die unterschiedliche Leistung und Produktivität verschiedener Teams ist? Google stellte sich diese Frage in seinem *Project Aristotle*. Das Ergebnis: Der mit Abstand wichtigste Faktor ist die *psychologische Sicherheit*. Harvard Business School Professorin Amy Edmondson definiert die psychologische Sicherheit am Arbeitsplatz in ihrem Buch *Die angstfreie Organisation*[1] als »das Wissen, dass man nicht bestraft oder gedemütigt wird, wenn man sich mit Fragen, Kommentaren, Bedenken oder Fehlern zu Wort meldet«.

Teams bringen dann dauerhaft großartige Leistungen, wenn alle im Team sicher vor zwischenmenschlichen Risiken sind. Jeder darf sein, wie er ist, und alles sagen und beitragen, ohne befürchten zu müssen, bloßgestellt oder zurückgewiesen zu werden. Fühlt sich jeder ernst genommen, unterstützt man sich gegenseitig. So ist die Chance groß, dass jeder alles beiträgt, um ein gutes Ergebnis zu erreichen.

Andere Faktoren haben sicher ebenfalls positive Auswirkungen: klare Aufgaben und Spielregeln, Zuverlässigkeit und die Gewissheit, etwas Sinn- und Wertvolles beizutragen. Aber die psychologische Sicherheit übertrifft alles andere. Interessant auch, was sich als nicht relevant herausstellte: die Erfahrung der Teammitglieder zum Beispiel oder ob alle im gleichen Büro oder räumlich verteilt arbeiteten. Diese psychologische, emotionale Sicherheit als Unternehmenskultur zu etablieren ist eine zentrale Führungsaufgabe. Wes Geistes Kind ein Unternehmen ist, spüren wir als Gast oder Kunde in einer uns bisher völlig fremden Firma ganz schnell.

Will man eine bestehende Kultur verändern, geht das nicht ohne Reflexion und Weiterentwicklung. »Ändern Sie mal meine Leute!« ist kein durchführbarer Auftrag, egal wie gut er bezahlt würde.

Neben dem Rückhalt von ganz oben braucht es jede einzelne Führungskraft, um die emotionale, psychologische Sicherheit zu etablieren. Gute Führungskräfte sorgen für Klarheit in Rollen und bezüglich gegenseitiger Erwartungen. Wie weit reicht meine Verantwortung? Was erwarten Sie als Führungskraft genau von mir? Das schafft Raum für Vertrauen und sicheres Agieren. Menschen wollen wissen, woran sie sind. Solche grundlegenden Klärungen sind die Basis für eine angstfreie Atmosphäre. Die Schönwetterperioden sind dabei weniger entscheidend als die kritischen Tage. Was ist bei Stress? Was passiert, wenn Termine in Gefahr sind? Wie reagieren Chef und Team, wenn mein Kind krank ist? Die wahren Nagelproben sind die ärgerlichen Fehler, die teuren Pannen oder die notwendige Kritik. Jetzt zeigt sich die wahre Haltung. Menschen beobachten aufmerksam und merken sich genau, wie reagiert wird. Ich kenne Unternehmen, in denen scheint alles eitel Sonnenschein zu sein und doch sind alle irgendwie gehemmt. Warum das so ist, versteht man erst, wenn man die Chefin beim Ausrasten erlebt hat. Ein Vulkan muss nicht jede Woche ausbrechen, damit man weiß, dass er aktiv ist. Das Wissen, »es kann jeden Moment so weit sein«, reicht.

Machen wir uns nichts vor: Menschen sind nicht sachlich

Ein Betriebsklima mit reiner Luft ist kaum hoch genug einzuschätzen. Man geht entspannt und fröhlich ans Werk, konzentriert sich auf die Arbeit, frei und unbelastet. Das ist ein großartiger Zustand und er droht immer wieder verloren zu gehen. Jeder hat mal einen schlechten Tag, Menschen im Stress reagieren gereizt, schwierige Themen werden unter den Teppich gekehrt, bis man sie nicht mehr verbergen kann. Zwischen Bürokollegen baut sich Spannung auf. Leistungsunterschiede frustrieren, Absprachen werden nicht eingehalten – Dinge, welche die Luft belasten, gibt es täglich. Entscheidend ist, wie damit umgegangen wird.

Der Appell »Immer schön sachlich bleiben!« mag gut gemeint sein, die Botschaft ist trotzdem meistens falsch. Das Label »Sachlich bleiben« erinnert mich an den Warnhinweis auf dem Dampfdrucktopf »Erst nach Abkühlung öffnen«. Die gute Absicht: Emotional aufgeheizte Situationen lassen sich nicht durch Anschuldigungen lösen. So weit, so klug – was in der Hitze des Gefechts gesagt wird, kann man später schwer wieder aus der Welt schaffen. Runterfahren ist also richtig. Wenn der Druck aber da ist, ist »sachlich bleiben« schlicht unmöglich.

Die Botschaft muss eine andere sein: Wenn es Probleme gibt, versuchen Sie zu verstehen, auf welcher Ebene sie wirklich liegen. Sollte es ein sachliches Problem sein, dann lösen Sie es sachlich.

Wenn es jedoch mit Akzeptanz und Wertschätzung zu tun hat, dann sprechen Sie das an. Wenn es mit Unsicherheit über die eigene Rolle zu tun hat, sorgen Sie für Sicherheit und Vertrauen. Wenn Sie ein anderes Verhalten erwarten, geben Sie unter vier Augen gutes Feedback – nach dem Durchatmen oder sogar Drüber-Schlafen. Wenn es mit fehlender Kompetenz zu tun hat, stärken Sie den Menschen und trainieren ihn in seinen Fähigkeiten. So schaffen Sie echte Werte in den Währungen Vertrauen und emotionale Sicherheit. Nein, ich habe nicht behauptet, dass das einfach sei. Es stellt höchste Ansprüche an Selbstreflexion, Fingerspitzengefühl und Kommunikation.

Wenn sich Ihre Leute darauf verlassen können, dass Sie respektvoll bleiben, nahezu egal, was passiert, bleibt die Luft sauber. Außer gutem Kaffee kocht dann gar nichts. Mal davon abgesehen, dass Dampfdrucktöpfe als Führungskräfte ohnehin nicht zugelassen sind.

Angst und Misstrauen oder Mut zu Nähe und Emotion

Wenn eine Kultur aus Angst, Druck und Misstrauen in einer Firma herrscht, sieht die Welt ganz anders aus. In mancher Firma gehört es zu den ungeschriebenen Gesetzen, die emotionale Ebene zu verdrängen. Die Energie sucht sich dann Notventile im Flurfunk, in sarkastischer Kollegenschelte oder in Therapiesitzungen. Diese Belastung kostet Millionen und macht Menschen krank. In größeren Organisationen zieht sich die Angst vor Reaktionen über mehrere Ebenen. Je stärker die Angstkultur in der Organisation, desto weniger trauen sich Team- und Abteilungsleiter ihren Chefs kritische Fragen zu stellen oder für wichtige Anliegen zu kämpfen. Informationen werden aus Angst zurückgehalten, Probleme nicht benannt. Viele überleben emotional in einem solchen System nur durch inneren Rückzug und eine lebenserhaltende Portion Zynismus. Das ist toxisch – für die Beteiligten und für ganze Unternehmen. Über Jahre aufgebaute Imageerfolge einer ganzen Branche, gar eines ganzen Landes, können im Nu pulverisiert sein, wie das Beispiel des Diesel-Abgas-Betrugs zeigt.

Bei Trainings zu Mitarbeiterentwicklungsgesprächen tauchen immer wieder Unsicherheiten auf wie »Was darf ich fragen?«, »Soll ich persönliche Themen ansprechen?«, »Was mache ich, wenn ein persönliches Problem auftaucht?«.

Gute Mitarbeitergespräche brauchen Nähe, Ehrlichkeit und Vertrauen. Viel zu oft verstecken sich Führungskraft und Mitarbeiter hinter Kompetenzprofilen, Weiterbildungswünschen und sonstigen vergleichsweise unwichtigen Dingen. Immer schön sachlich bleiben, auch hier. Gute Mitarbeitergespräche brauchen Mut, Dinge anzusprechen, und schaffen einen Raum, in dem die Gesprächspartner sich trauen, das an- und auszusprechen, was ihnen wirklich auf der Seele liegt. Können heikle Themen dort angesprochen werden, wo sie hingehören, kann man sich in der Kaffeeküche und beim Feierabendbierchen entspannt unterhalten.

Ein gutes Kriterium für die Qualität von Führung ist für mich: »Gute Chefs wissen als Erste, wenn ein Mitarbeiter sich verändern will. Schlechte als Letzte.« Manche Führungskräfte merken erst mit der Kündigung, dass da was im Busch war. »Das braucht aber eine Menge Vertrauen«, werden Sie vielleicht denken. Stimmt. Genau darum geht es. Wenn Mitarbeiter auch nur leichte Zweifel haben, dass ihre Führungskräfte mit Vertraulichem nicht integer umgehen, sind sie raus aus der Königsklasse von Führung!

Humor ist nicht immer lustig

Nicht überall, wo gelacht wird, ist gutes Betriebsklima drin. Für die erwähnte humorbasierte Gewinnprognose braucht es ein feineres Instrumentarium. Der richtige Indikator für ein entspannt-produktives Betriebsklima ist der positive Humor[2], eine Art Humor, die nicht auf Kosten anderer geht. Feine Selbstironie und die Fähigkeit, lustige Vorlagen aus dem Alltag aufzunehmen und zu kommentieren, sind gute Zutaten für ein gedeihliches Miteinander. In kreativen Prozessen kann etwas Verrücktheit hoch produktiv sein. Im rechten Maß und zur rechten Zeit ist dieser positive, inspirierende Humor unbezahlbar – und keinerlei Widerspruch zu höchster Produktivität, im Gegenteil.

Wird Humor zum Zeitvertreib, stimmt etwas in der Führung nicht. Schlimmer ist es, wenn der Humor negativ wird. Leicht depressiver Humor auf eigene Kosten zieht runter und macht krank. Kann feine Ironie noch Spannungen reduzieren, hört der Spaß bei Zynismus und Sarkasmus vollständig auf. Dann läuft im Unternehmen einiges schief. Zynismus wird zum Ventil, um den Druck auszuhalten, ohne zu explodieren. Das dürfen in den meisten Firmen eh nur Chefs, Mitarbeitern bleibt dann nur Sarkasmus. In seiner schädlichen Wirkung übertroffen wird er nur noch durch aggressiven Humor, der andere herabsetzt und direkt angreift.

Zurück zu den positiven Formen von Humor und Leichtigkeit. Sie sind tatsächlich ein guter Indikator für die Qualität von Führung und das Betriebsklima – und ein Pfund im Wettbewerb um Talente. Lachen ist gesund. Und was könnte es Besseres geben, als in der Arbeit schon eine ordentliche Portion davon abzubekommen?

Sie müssen kein harter Hund sein, klar und empathisch reicht

Leider gibt es immer noch Leute, die glauben, eine gewisse Angst sei als Antreiber gar nicht schlecht. Die scheinbare Mehrleistung, die Menschen in Angst erbringen, um Schlimmeres zu verhindern, ist ausbeuterisch und macht krank. Auch ein Führungsstil à la Stromberg scheidet aus. Trotzdem werden Sie vielleicht den einen oder anderen Einwand haben – vor allem wenn Sie sachbezogen und ergebnisorientiert sind. Nach dem Motto »Ist ja alles recht, aber man muss auch mal 'ne klare Ansage machen« oder »Lustig ist ja gut, wir sind aber bei der Arbeit, da geht es um Produktivität«. Und natürlich gehören zu guter Führung beide Dimensionen: Ergebnisse erreichen und hohe Mitarbeiteridentifikation und -produktivität. Es gehört zur Führung, auch unangenehme Entscheidungen zu treffen – vor allem diejenigen, die sonst niemand treffen will.

Es gehört zur Führung, diese dann zu kommunizieren. Es gehört dazu, Menschen – auch denen, die man mag – gegebenenfalls ein hartes und unerfreuliches Feedback zu geben. Dazu müssen Sie kein Unmensch sein. Diese Dinge sind auch hart genug, wenn Sie dabei wertschätzend und anständig sind. Das erfordert allerdings wesentlich mehr Mut, Fingerspitzengefühl und gute Kommunikationsfähigkeiten.

Menschen sind nicht normal – Wie wir von Individualität profitieren

»Mein Vater ist wie deiner, nur in Schwarz.«
Charles zu Laure in dem Film Monsieur Claude und seine Töchter

Was es alles für Menschen gibt. Frauen, Männer und alles dazwischen: Gläubige, Nicht-Gläubige und Andersgläubige, Heterosexuelle und Homosexuelle, Schwarze und Weiße, Spanier und Finninnen, Hochsensible und Autisten, Frühaufsteherinnen und Nachteulen, Introvertierte und Extrovertierte, Kontaktscheue und Partylöwen, Einzelkinder und Großfamiliensprösslinge, Veganer und Grillkönige, Tanzmuffel und Parkettsichere, Gartenkünstler und Weltreisende, laute und leise. Die Probleme beginnen mit dem Anderssein.

Die Rechtslage ist eindeutig, die Realität bei Weitem nicht. Artikel 2 der Erklärung der Menschenrechte der UNO sagt: »Jeder hat Anspruch auf alle in dieser Erklärung verkündeten Rechte und Freiheiten, ohne irgendeinen Unterschied, etwa nach Rasse, Hautfarbe, Geschlecht, Sprache, Religion, politischer oder sonstiger Anschauung, nationaler oder sozialer Herkunft, Vermögen, Geburt oder sonstigem Stand.«

Eigentlich ist es ein alter Hut und man sollte nicht mehr darüber sprechen müssen – die Gleichberechtigung von Frau und Mann. Doch da hängen noch eine Menge oft unbewusster Vorurteile in unseren Köpfen und Gewohnheiten. Wie dramatisch das Missverhältnis in der Verteilung von Frauen und Männern an der Firmenspitze tatsächlich ist, zeigt der *Thomas-Faktor*. Es gibt unter den deutschen börsennotierten Firmen im September 2019 ganze drei Frauen als Vorstandsvorsitzende, aber sieben mit Vornamen Thomas. Andere Länder sind da erheblich weiter. Treffender als der Titel des jüngsten AllBright Berichts für Deutschland kann man es nicht benennen: »Entwicklungsland. Deutsche Konzerne entdecken erst jetzt Frauen für die Führung.«[3] Der Bericht zeigt auch schön den als *Mini-Me-Effekt* bekannten Grundfehler: Wir rekrutieren unbewusst genau die Sorte Mensch, die uns am ähnlichsten ist.

Unser Umgang mit Sprache ist ein weiteres Trainingsfeld, das betrifft auch dieses Buch. Mit Gendersternchen oder Gender-Gap habe ich mich nicht anfreunden können. Damit die übliche Regelung, nach der alle gemeint sind, ein bisschen aufgemischt wird, gilt sie auch bei der Verwendung einer weiblichen Sprachform. Also keine falsche Ausrede – Kritik an Chefinnen gilt auch für Männer.

Chancen und Risiken des Andersseins

Diversität lohnt sich. Was jeder bestätigen kann, der sehr unterschiedliche Menschen kennt, gilt auch wirtschaftlich. Die Unternehmensberatung McKinsey&Company ermittelt eine um 21 Prozent höhere Profitabilität bei jenem Viertel der Unternehmen mit deutlich höherer Diversität.[4]

Blicken wir auf die Diskrepanz zwischen Ideal und Realität. Menschen unterscheiden sich hinsichtlich verschiedener Kriterien und dann gibt es noch unglaublich viele Schattierungen. Nur eines gibt es nicht: *normal*. Normal gibt es nur, wenn man nicht so genau hinschaut. Normal ist das mir Bekannte und Übliche. Normal ist überall anders. Im lokalen Industrie- oder Handwerksbetrieb ist normal vielleicht Mann-Hetero-Fußballfan-Biertrinker-Hausbesitzer. Im Berliner Fintech-Startup ist normal Mann/Frau/Divers-Homo-Vegan-Gintrinker-Weltreisender.

Die jeweils *Normalen* finden die *Anderen* komisch. Das kann harmlos und sogar lustig sein. Die Unterschiede zwischen anderen Kulturen dieser Welt hingegen sind nicht ohne Grund Gegenstand von interkulturellen Seminaren. Man sollte schon wissen, dass das Wiegen des Kopfes in Indien nicht nein, sondern ja heißt. Schlimmer noch: Unser Daumen nach oben kann in Australien und manchen afrikanischen Ländern als obszöne Geste verstanden werden.[5]

Manchmal ist das Anderssein sichtbar, macht aber gar keinen Unterschied. Hautfarbe, Geschlecht oder Rollstuhl haben keinen Einfluss auf die Performance als Programmiererin oder Führungskraft. Trotzdem verursachen sie Ablehnung und Ausgrenzung und erschweren die Karriere.

Manchmal ist das Anderssein unsichtbar, macht aber einen großen Unterschied. Erhöhte Sensitivität, besondere Begabungen oder spezielle Einschränkungen lassen Menschen die Welt anders erleben. Firmen und Führungskräfte wissen von diesen Unterschieden oft wenig, ganz zu schweigen von den mit ihnen verbundenen besonderen Stärken, Chancen und Anforderungen.

Manchmal ist das Anderssein weder sichtbar noch für die Arbeit relevant und wird trotzdem unterdrückt, weil man Angst hat, sich zu zeigen. Das Leben mit Geheimnistuerei und der Angst vor Ablehnung und Nachteilen wegen sexueller Orientierung, persönlichem Glauben oder persönlichem Lebensstil ist das Gegenteil der vorhin beschriebenen psychologischen Sicherheit. Nicht wenige Menschen tragen eine unnötige Last.

Der Preis ist hoch, wenn man das Anderssein nicht anerkennt, nicht zulässt und nicht wertschätzt. Menschen leiden unnötig, quälen sich mit für sie schlechten Bedingungen und sind belastet, werden gar krank. Firmen leiden unnötig, weil Stärken und Potenziale für Produktivität und Innovation nicht genutzt werden, weil Mitarbeiter, die sich nicht wohlfühlen, unter ihren Möglichkeiten bleiben oder verloren gehen. Arbeitgeber leiden unnötig unter dem Fachkräftemangel, weil sie enorme Potenziale verschenken, wenn sie nur die vermeintlich *normalen* Bewerber im Blick haben.

Hochsensibilität – Wenn der Spamfilter fehlt

Ich konnte mich schon immer gut auf ein Thema konzentrieren, egal was drumherum los ist. *Wegblenden* ist eines meiner Lieblingswörter in diesem Zusammenhang. Ich kann inmitten des Trubels einer belebten Innenstadt entspannen, für meine Frau ist das hoch anstrengend, bedeutet Stress. Was ich als angenehme Lautstärke empfinde, ist für sie laut. Dass es sich dabei um eine besondere psychische Eigenschaft handelt, war für uns eine wertvolle Erkenntnis. Von der Amerikanerin Elen Aron 1990 erstmals formuliert[6], gilt es inzwischen als gesichert, dass 15 bis 20 Prozent der Menschen hochsensibel sind. Im Kern handelt es sich um eine deutlich erhöhte Sensitivität. Sinne sind feiner, immer eingeschaltet, *Wegblenden* geht kaum, ein Spamfilter ist nicht eingebaut. Naheliegend, dass bei der viel höheren Reizmenge schnell Erschöpfung eintritt, dass Geräusche schneller die Schmerzgrenze erreichen. Diese Sensitivität ist auf der einen Seite eine große Stärke und bringt außergewöhnliches Einfühlungsvermögen, das Wahrnehmen feiner Schwingungen bei anderen Menschen und häufig sehr gewissenhaftes und detailorientiertes Arbeiten mit sehr hoher Qualität.

Hochsensible können diese Stärken aber nur ausspielen, wenn sie nicht überflutet werden von Eindrücken jenseits der Schwelle des Angenehmen und danach die Gelegenheit haben, die Fülle der Wahrnehmungen auch zu verarbeiten. Wirkliche Stille, Ruhephasen und eine Umgebung ohne unnötige Reize helfen, die innere Balance zu halten. Dass laute Musik in der Fabrikhalle, Großraumbüros, laut telefonierende Kollegen, hipp animierte Präsentationen und schnell geschnittene Videos für diese Menschen kein Spaß sind, dürfte einleuchten.

Menschen mit erhöhter Sensibilität haben oft feine Antennen für andere Menschen und deren Emotionen. Sehr sensible Menschen leiden schon, wenn andere einem Dritten unhöflich ins Wort fallen. Denken Sie an ein Meeting vom

Typ Tribunal. Da leiden alle, aber Hochsensible leiden schon, da haben andere noch gar nicht gemerkt, dass etwas nicht stimmt. Sie können mit solchen Situationen nur umgehen, indem sie sich abkapseln und versuchen, sich in einen Schutzmantel zu hüllen. Manche gereizte Reaktion ist der reine Selbstschutz.

Wie wertvoll könnten die Hochsensiblen sein, um Belastungen in der Arbeit zu identifizieren und zu reduzieren. Wie hilfreich wäre es, diese Menschen Feedback zu Meetings und Kommunikation geben zu lassen. Um sie selbst in guter Weise zu Produktivität und psychischer Gesundheit in der Arbeit zu begleiten, braucht man sensible Kollegen und einfühlsame Führungskräfte. Menschen brauchen die Freiheit, sich ihren Arbeitsraum so einzurichten, dass sie dort kreativ, gesund und produktiv sein können. Ruhige Räume, wenig Ablenkung, Konzentration. »Hab dich nicht so« und ähnliche Sprüche sind völlig fehl am Platze. Mancher ist als empfindlich, komisch oder wenig belastbar stigmatisiert und verkannt. Es wird Zeit, dass sich das ändert.

»Jede Jeck es anders«, oder wie lieben Sie?

Sexuelle Orientierung ist ein heikles Thema. Ich bin in einem kleinen Dorf aufgewachsen. Jeder wusste, was normal war. Für mich als Landei waren meine Besuche in der Großstadt Berlin eine Offenbarung. Im Erleben der bunten Szene dort erweiterte sich mein Begriff von *normal* deutlich. Wir hatten in unserer kleinen Firma immer wieder gleichgeschlechtlich orientierte Mitarbeiter. Es brauchte in allen Fällen einige Zeit und viel Vertrauen, bis sie sich getraut haben, zumindest halbwegs offen damit umzugehen. Bis zu einem offenen und entspannten Umgang ist es wohl noch ein weiter Weg. Die Stiftung *Prout at Work*[7] berichtet von den Belastungen der Betroffenen, zeichnet Unternehmen aus, die sich für die Offenheit der Arbeitswelt unabhängig von der sexuellen Orientierung einsetzen.

Die Diskussionen um das dritte Geschlecht und entsprechende Eintragungen in Formularen und auf Toilettentüren hat hierzulande eher schlechte Witze hervorgebracht als Verständnis. Wer in Thailand unterwegs ist, bekommt sofort ein anderes Bild. Nirgendwo sonst ist ein drittes Geschlecht als Kategorie für alle Übergänge und Kombinationen zwischen Mann und Frau so präsent als vertrauter Teil des Lebens.

Was hat das jetzt mit Fachkräftemangel und Arbeitsmarkt zu tun? Nehmen wir die Stadt Köln als Beispiel. In der LGBT*IQ-Szene für ihre Toleranz und Weltoffenheit bekannt, nutzt Köln dies aktiv als Standortvorteil. Oberbürgermeisterin Henriette Reker: »In einer Stadt zu leben, in der nicht nur kulturelle, sondern auch sexuelle oder die geschlechtliche Vielfalt offen gelebt werden kann, ist für uns alle ein Gewinn – auch wirtschaftlich gesehen.«[8]

Behindert oder nur speziell begabt?

Zur Vorbereitung eines Workshops mit Führungskräften eines Sozialunternehmens war ich zu Gast in einer Werkstatt für Menschen mit Behinderung. Von der intensiven, emotionalen Energie der Kassiererin mit Down-Syndrom in der Kantine war ich genauso beeindruckt wie von der direkten und herzlichen Zuwendung, von der Freude der Bewohner beim Erblicken meiner Gesprächspartnerin aus der Einrichtungsleitung.

Später ließ ich mir das Konzept erklären, mit dem die Menschen betreut und bestmöglich in den Arbeitsmarkt integriert werden. Neben dem direkten Vorgesetzten gibt es einen psychologischen Betreuer. Zu Beginn der Zusammenarbeit findet eine umfassende Erkundung der Fähigkeiten und Stärken jedes Einzelnen statt, ein individueller Entwicklungsplan wird dann erarbeitet und in regelmäßigen Abständen evaluiert und fortgeschrieben.

Man staunt nicht schlecht, wenn man sieht, welche Leistungen und Produktivität Menschen zusammen erreichen, welche die *Normalen* im Alltag als behindert abstempeln. Was sich mir aufdrängt: Eine solche Betreuung hätte eigentlich jeder Mitarbeiter in einem Unternehmen verdient.

Dass es sich auszahlt, Menschen Chancen zu bieten, die bislang aufgrund ihrer Andersartigkeit kaum Chancen hatten, zeigt das Softwareunternehmen SAP AG, das gezielt Menschen aus dem Autismus-Spektrum für Aufgaben in der Softwareentwicklung und -prüfung einstellt. Das ist in mancher Hinsicht eine kluge Idee und für das Image als Unternehmen mit hoher Diversität auch nicht schlecht.[9]

Das gelingt aber nicht einfach so. Viele autistische Menschen haben eine hohe Intelligenz und sehr spezifische Begabungen in teils herausragender Ausprägung. Soll die Integration in die Arbeitswelt gelingen, ist eine einfühlsame Betreuung gefragt. Das reicht vom Vorgehen beim Kennenlernen ohne klassische Bewerbungsgespräche bis zu einem persönlichen Buddy als Begleiter und einem erfahrenen Team als Programmleitung. Menschen mit besonderen Fähigkeiten und Bedürfnissen in einem Unternehmen zu integrieren, erfordert eben auch eine differenzierte und angepasste Umgebung, entsprechende Führung und Verständnis bei Kolleginnen.[10]

Etwa 5 Prozent der Kinder fallen in eine Auffälligkeit im Sinne der Aufmerksamkeitsdefizit-/Hyperaktivitätsstörung ADHS, bei 60 Prozent verbleiben Reste davon auch im Erwachsenenalter.[11] Einige haben die damit verbundenen Eigenschaften recht gut kultiviert. Dr. Eckart von Hirschhausen beschreibt in berührender Form, wie er gut mit und sogar von seiner sprunghaften Aufmerksamkeit lebt.[12] Ein anderer bekennender ADHS-Betroffener ist Titus Dittmann, ein inspirierender Unternehmer.[13] Mit seiner Stiftung organisiert er *Skaten statt Ritalin*.

»Wir therapieren die Falschen!«, die Normalen sind das Problem

In dem großen Spektrum von Menschen sind die Übergänge von normal zu etwas anders, von besonders bis zu verrückt fließend. Einen ebenso erhellenden wie unterhaltsamen Blick auf das Spektrum von »nicht-normal« richtet der Psychiater und Kabarettist Dr. Manfred Lütz.[14] Er stellt die normalen Mächtigen in seiner Praxis ein- und ausgehenden »Verrückten« gegenüber und kommt zum Schluss: »Wir therapieren die Falschen!« Das ist gut nachvollziehbar, wenn man Blender und Narzissten an Staats- und Firmenspitzen beobachtet, wenn man Status- und Machtspiele zwischen Führungskräften erlebt oder die tägliche Tyrannei in manchen Betrieben. Vielleicht sollten manchmal eher die Chefs in Therapie, ehe sie von Mitarbeitern anderes Verhalten verlangen.

Hinter Verhaltensauffälligkeiten und einer mühsam aufrechterhaltenen Fassade steckt oft ein viel ernsteres Problem. Und diese Probleme sind verbreiteter, als Sie vermutlich denken. Verselbstständigt sich beispielsweise der natürliche Schutzmechanismus Angst und tritt auch auf, wo er gar nicht nötig wäre, spricht man von einer Angststörung. Das reicht von der Flugangst bis zur Panikattacke. Mit einem großen Spektrum an Intensitäten gehen Experten von 9 Prozent der Männer und 21 Prozent der Frauen mit einer Form der Angststörung aus.[15] Etwa 8 Prozent der erwachsenen Deutschen leiden pro Jahr wenigstens einmal an einer depressiven Störung.[16] Das Bundesgesundheitsministerium geht auf seiner Website[17] von 1,6 Millionen Alkoholabhängigen, 2,3 Millionen Medikamentenabhängigen, 600 000 Menschen mit problematischem Konsum von Cannabis und anderen Drogen und 500 000 Menschen mit Glücksspielsucht aus. Es lohnt sich also, genauer hinzuschauen.

Jeder Mensch ist normal – bis wir ihn näher kennen

Es gibt Grauzonen, fließende Übergänge. Wo *normal* aufhört und *besonders* oder *verrückt* beginnt – die Grenzen sind fließend. Wenn wir mehr Nähe zulassen, treten die Normalen aus dem Nebel und erscheinen als Individuen. Ein Problem in unserer Wahrnehmung ist die Etikettierung. Das verengt unseren Blick und wir übersehen, wie viele Gemeinsamkeiten wir haben. Wir sind überall auf der Welt trotz aller Unterschiede nach meiner Erfahrung viel ähnlicher, als man denkt.

Christoph Burckardt, Unternehmer, Psychologe und Pfarrerssohn, lebt in San Francisco, Köln und Shanghai, ist mit einem Mann verheiratet und beschäftigt sich mit seinem Think Tank *Tinybox*[18] mit Innovation. Diversität ist für ihn ein wichtiger Treiber für innovativen Output: »Wenn ich Menschen nicht mehr sofort verstehe, beginne ich zuzuhören. Wo ich merke, dass andere anders sind, fange ich an nachzudenken, warum ich so denke, wie ich denke. Und ob das die einzige Möglichkeit ist.« Dann beginnen neue, innovativere Gedanken.

Schaut man näher hin, so ist jeder Mensch eine besondere Kombination ganz unterschiedlicher Faktoren. Normal ist höchstens die Individualität. Es wäre wünschenswert, dass sich Offenheit, Toleranz und echte Diversität aus Einsicht entwickeln. Realistischer ist vermutlich, dass erst der zunehmende Fachkräftemangel Unternehmen dazu zwingt, sich um spezifische Gruppen intensiver zu kümmern und sie als Talente zu verstehen. Neben den genannten Beispielen könnte es Arbeitszeitmodelle für Eulen und Lerchen geben, Teams mit Englisch als Arbeitssprache und reizreduzierte Büros für Hochsensible. Auch wenn der Anfang aus der Not kommt, nach den Pilotprojekten werden die Dinge normal und die Situation für viele Menschen besser. Firmen schadet das nicht nur nicht – es macht sie innovativer, resilienter und hält alle beweglich und lernfähig.

Wer das nicht tut, verprellt Menschen und verliert Talente. In der Vergangenheit oft in Minderleistung, Krankheit oder Arbeitsunfähigkeit. In Zukunft hoffentlich öfter an sensiblere und bessere Arbeitgeber.

Menschen werden älter – Warum die 50-Jährigen in den Außendienst sollten

Eine Villa im Grünen beherbergt das diesjährige Preisträgerunternehmen im rheinland-pfälzischen Wettbewerb »Firma & Familie«. Das Beratungsbüro entra wurde ausgezeichnet für seine familienfreundliche Firmenkultur, die sehr individuellen Konzepte zu Elternzeit mit flexiblem Wiedereinstieg, Homeoffice und hoher Kinderfreundlichkeit. Klappt es mit der Betreuung nicht, sind Kinder der Mitarbeiter im Büro gerne gesehene Gäste.

So stand es in einer Pressemeldung. Über den Preis[19] für unser kleines Unternehmen haben wir uns natürlich sehr gefreut. Einerseits. Andererseits hat es mich geärgert. Wieso muss man einen Preis bekommen für Dinge, die völlig normal sein sollten? Rückblende. Meine erste Mitarbeiterin wurde schwanger. Ihr Freund studierte noch, Elterngeld gab es damals noch nicht. Die kleine Familie brauchte das Einkommen. Mit Homeoffice – was 2012 noch ziemlich ungewöhnlich war – und ganz kleiner Stundenzahl konnte sie zügig nach der Geburt langsam und flexibel wieder einsteigen.

Beim zweiten Kind ist ihr Mann im Job, das Elterngeld sichert die Phase ab und sie möchte sechs Monate Pause machen. Auch kein Problem. Wir bleiben in Kontakt und planen den Einstieg in geändertem Tätigkeitsfeld. Ihre Schwangerschaftsvertretung übernimmt eine Mutter, deren Töchter in der Schule sind. Sie tut sich schwer, einen anspruchsvollen Job in Teilzeit zu finden – unser Glück. Sie startet mit zwanzig Wochenstunden. Die Entscheidung zwischen Aufstocken ihrer Arbeitszeit oder dem ersehnten Hund lösen wir durch unseren ersten Bürohund.

Lebt man in der Haltung, dass ein Arbeitsverhältnis eine Kooperation in beiderseitigem Interesse ist, dass es immer wieder darum geht, die persönliche Lebenssituation und -planung mit der des Unternehmens abzugleichen – dann sind solche Weichenstellungen und Arrangements völlig selbstverständlich.

Die richtige Herausforderung für jede Lebensphase

Eigentlich ist es absurd. Wir ordnen unser Leben den Anforderungen des Arbeitslebens unter. Das war zumindest lange normal. Verschieben sich die Kräfteverhältnisse im Arbeitsmarkt, werden Menschen selbstbewusster und können auswählen, wo und wie sie arbeiten wollen. Doch noch stecken lange eingeübte Gewohnheiten im Arbeitsleben. Haben wir den Job, ziehen wir in die Nähe der Firma, nehmen Fernbeziehungen in Kauf. Dann gilt es sich zu etablieren. Es sind die wilden Jahre: Beraterinnen werden von Kunde zu Kunde geschickt, Ingenieure zur Inbetriebnahme, Vertriebler sind mehr auf Dienstreise als zu Hause. In jungen Jahren wollen wir Karriere machen und klotzen ran. Der Einsatz ist enorm, der Druck auch. Denn zur gleichen Zeit gründen viele eine Familie, wollen sesshaft werden. Nachwuchs kündigt sich an. Die Anforderungen im Job werden nicht weniger und kollidieren mit den Pflichten zu Hause. Führungskräfte sind frustriert, wenn Leistungsträger dann die Reißleine ziehen und gehen, weil in der Firma die Flexibilität für eine familienfreundlichere Jobgestaltung fehlt. Menschen sind latent überfordert oder unglücklich, weil sie keiner der Erwartungen gerecht werden können.

Anders ist die Situation bei den erfahrenen Mitarbeitern. Die Fünfzigjährigen stehen gefühlt manchmal schon auf dem Abstellgleis. Warum schicken wir sie nicht auf Dienstreisen, zur Inbetriebnahme und zu Kunden? Bei ihnen sind die Kinder groß, das Haus ist weitgehend bezahlt und manch einer wäre froh und bereit, noch mal richtig durchzustarten und Verantwortung zu übernehmen.

Sind Führungskraft, Mitarbeiter und Personalentwicklung in einem guten Dialog über die richtigen Herausforderungen für die nächste Lebensphase, bleiben Job und Perspektiven reizvoll, die Mitarbeiter vital und hoch engagiert. Haben Unternehmen und Führungskräfte diese Themen nicht auf dem Schirm, verlieren sie die besten Kräfte und behalten die zurück, denen der Schritt zur neuen Herausforderung zu riskant ist.

Schwanger ist keine Krankheit – Elternzeit ist Lebenszeit

Kinder gebären nun mal die Frauen. Obwohl immer mehr Frauen früh wieder einsteigen, stecken die Mütter im Durchschnitt länger beruflich zurück als die Väter. So selbstverständlich Gleichberechtigung sein sollte, so weit davon entfernt ist die Realität. Natürlich verlangt es einem Unternehmen einiges ab, eine qualifizierte Mitarbeiterin zeitweise oder ganz zu ersetzen. Nicht jeder Job passt zum Leben mit kleinen Kindern.

Geschäftsführer zögern, wenn es um die Besetzung einer Führungsrolle geht und eine Kandidatin im potenziellen Mutter-Alter ist. Die Nachricht »Ich bin schwanger« kann mit einem Schlag die Beteiligung am Nachwuchs-Förderungs-Programm beenden. Ich halte das für gefährlich kurzsichtig und unfair. Besser wäre es, langfristig über solche Phasen hinauszudenken. Gemeinsam kann man oft gute Ideen entwickeln, wie sich der Job so gestalten lässt, dass er mit Kleinkind gut leistbar und inhaltlich eine Weiterentwicklung ist.

Erfreulicherweise verändern sich auch bei den Vätern die Prioritäten. Auch sie nehmen vermehrt mehr als den einen Monat Elternzeit und es wächst die Zahl derer, die im Job einen oder zwei Gänge zurückschalten, um ihre Kinder aufwachsen zu sehen und ihren Anteil an Elternschaft und Hausarbeit zu leisten.

Vor einigen Jahren besuchten wir mit einer kleinen Expertengruppe Kooperationspartner in Dänemark zu einer Exkursion. Wir erwarteten ein volles Programm und hatten eine typisch deutsche Agenda im Kopf. Weit gefehlt. Das Programm endete jeden Tag um 16:15 Uhr. Auf unsere vorsichtige Nachfrage gab es eine klare Ansage: »Halb fünf holen wir unsere Kinder an der Schule ab, danach ist Kinderzeit.« Das ist normal in Dänemark. Kaum jemand arbeitet länger. Wer es doch tut, sieht sich schnell als »Rabenvater« tituliert oder mit Fragen wie »Kannst du dich nicht organisieren?« konfrontiert.

In traditionellen deutschen Mittelstandsunternehmen ist das längst noch nicht so. Gehen Väter in Elternzeit, wird das schon mal als Malus wahrgenommen. Moderne und traditionelle Rollenbilder prallen aufeinander, meist nicht offen ausgesprochen, aber die innere Haltung der Unternehmensleitung und der Führungskräfte wird doch spürbar.

Teilzeit ist kein Abstellgleis

Nach der eigentlichen Elternzeit folgt oft eine intensive Familienzeit. Junge Eltern wollen meistens nicht wie die Generationen davor bei den Enkeln nachholen, was sie bei den eigenen Kindern versäumt haben, würden lieber 30 als 40 Stunden arbeiten.

Teilzeitjobs gibt es traditionell in Sachbearbeitung, Assistenz und ähnlichen Aufgaben. Aber warum soll das bei Ingenieurinnen, Führungskräften und Vertrieblern nicht funktionieren? Längst ist erwiesen, dass zwei 20-Stunden-Kräfte produktiver sein können als eine Vollzeitkraft. Christiane Haasis und Angela Nelissen beweisen, dass das auch in hohen Führungspositionen geht. Sie arbeiten seit Jahren bei Unilever zusammen und sind als Tandem CHAN schon mehrfach befördert worden.[20] Wenn es drauf ankommt, können beide gleichzeitig aktiv sein, sogar an zwei Orten. Es gibt eine klare Aufgabenteilung und höchstmögliche Transparenz untereinander, Vertretung jederzeit inklusive. Eine gemeinsame E-Mail-Adresse und enge Abstimmung macht die Doppelrolle für alle Menschen drumherum nicht komplizierter als die klassische Ein-Personen-Jobbesetzung. Der Rieseneffekt für die beiden: Da sind zwei unterschiedliche Persönlichkeiten, die sich gegenseitig reflektieren und coachen. Solche Modelle sollten Schule machen.

Krise und Lebensphasen

Das Leben verläuft nicht geradeaus. Zum Glück. War man früher mit einer ordentlichen Midlife-Crisis zufrieden, hat man heute schon mal eine Lebensabschnittskrise. Solche Phasen kann man durchhalten, von Fernreisen, einem ganz anderen Job oder einer Auszeit träumen – und sich Tag für Tag ins Büro quälen. Die Leistung leidet und erfüllend ist das schon gar nicht.

Haben Sie eine tolle Führungskraft, merkt die das früh. Vielleicht sprechen Sie darüber und überlegen sich, was zur Klärung hilft. Wie wäre es mit einer Auszeit oder einem Sabbatical? Hat man die Krise geplant, kann man das ein Jahr vorher vereinbaren. Das Gehalt läuft mit 80 Prozent weiter und dann kann man drei Monate bei weiterlaufenden Bezügen machen, was man will. Kommt die Krise plötzlich, spricht man eben über unbezahlten Urlaub, die Umwandlung von Bezügen in zusätzliche Urlaubstage oder den Ausgleich über ein Stundenkonto – Lösungen gibt es immer, wenn beide Seiten offen ins Gespräch gehen. Und was, wenn jemand dabei auf »dumme Gedanken« kommt und die Firma verlassen will? Solche Gedanken wären eh gekommen. Bevor jemand nur halb da ist, geht er besser ganz.

Gewisse persönliche Situationen begegnen uns in der Beratung immer wieder, wie die verdienten Mitarbeiter auf dem Abstellgleis. Der 58-jährige Ingenieur oder die 57-jährige Leiterin der Buchhaltung sind in den neuesten Technologien eher keine Vorreiter. Sie werden respektiert, man erwartet aber auch keine große Entwicklung mehr und so landen sie in einer Art präpensionalem Halbschlaf. Da haben alle ihren Anteil dran. Wenn sich die Frühsenioren um eine Weiterbildung drücken wollen mit der Begründung »Ich hab ja nur noch sieben Jahre«, könnte ich schreien. »Sieben Jahre! Das ist ja eine Ewigkeit. Was Sie da noch alles aufbauen können.«

Dabei ist die Gestaltung der letzten sieben Jahre der verdienten und erfahrenen Mitarbeitenden eine großartige Aufgabe für die Personalentwicklung. Für welche Aufgaben sind genau diese Personen besonders geeignet? Was wäre ein echter Anreiz? Natürlich könnte dabei auch herauskommen, dass jemand noch mal in eine ganz andere Firma wechselt. Das ist jedoch allemal besser, als eine hoch dotierte Führungsposition bis zur Rente zu verstopfen.

Da gibt es Menschen, die ihre Führungsrolle weiterreichen und dafür eine Sonderaufgabe bei Bauprojekten in der Firmenexpansion übernehmen. Andere kümmern sich um die Ausbildung oder bauen das internationale Netzwerk des Arbeitgebers aus und pflegen wertvolle Kontakte. Wieder andere bringen ihr langjähriges Know-how im Tandem mit einem jungen, digitalaffinen Kollegen in ein Wissensmanagement-System ein. Solche Aufgaben gibt es reichlich und erfahrene Augenpaare, die gerne wieder begeistert leuchten, auch.

Abschied mit Stil

Nimmt man die ehrliche, vertrauensvolle Arbeitsbeziehung mit einem gemeinsamen Weg, der unterschiedlich kurz oder lang sein kann, wirklich ernst, dann gibt es noch eine Phase – die der Trennung. Das gelingt in der besten Firma nicht immer reibungs- und geräuschlos und ist doch so wichtig. Beim Beginn der Zusammenarbeit stellen sich alle positiv dar. Das Ende ist häufig geprägt von Freistellungen und gefrustetem Absitzen der Kündigungszeit. Wir haben bereits mehrfach Verabschiedungsprozesse von Mitarbeitern so gestaltet, dass wir die Bewerbungsphase bei anderen Unternehmen transparent mitverfolgt haben. Da war ein Kollege, der in seine Heimatregion zurückwollte und uns früh informiert hat. Für die wichtigen Projekte konnten wir frühzeitig eine Nachfolge aufbauen, er hat sich auf Sonderprojekte konzentriert, bis der neue Job eingetütet war.

Von meiner Geschäftsführungskollegin wusste ich anderthalb Jahre vor ihrem Abschied, dass sie sich nach einer neuen Herausforderung umschauen wird. Durch die vorbehaltlose Offenheit und die absolute Garantie für die Mitarbeiter, dass die Offenheit zu keinerlei Nachteilen führt, können wir als Firma, kann das jeweilige Team frühzeitig entsprechende Vorkehrungen treffen. Mitarbeiter, die gehen, hinterlassen ein bestelltes Feld und die Firma kann dankbar alles Gute wünschen. Beim Einstieg sind alle Firmen cool, die wahren Firmenwerte zeigen sich beim Ausstieg.

Wenn Sie es in der Arbeitsbeziehung ernst miteinander meinen, spricht viel für ein offenes, vertrauensvolles gemeinsames Entwickeln des Weges. Ich weiß, das ist ein Grenzbereich. Niemand muss über Nachwuchsplanung mit seinem Arbeitgeber sprechen, danach fragen darf man nicht. Das sind Regelungen zum Schutz von Privatsphäre und zur Vermeidung von Nachteilen wie der schnellen Kündigung vor der Schwangerschaftsanzeige – in all den Fällen, in denen die psychologische Sicherheit noch nicht besteht, braucht man die auch noch.

Lebt man Vertrauen und gibt es von beiden Seiten ein Bekenntnis zu langfristiger Zusammenarbeit, ist Offenheit für alle das Beste. Beide Seiten können planen, stimmen sich eng ab. So vertiefen gemeinsam gemeisterte Elternzeiten, Sabbaticals, durchgestandene Krisen und wilde Jahre Loyalität und Vertrauen. Selbst wenn sich die Wege trennen, bleiben die Reputation eines tollen Arbeitgebers und eine gute Verbindung. Man sieht sich immer zweimal im Leben. Mindestens.

Menschen wachsen – Wie Persönlichkeitsentwicklung Zukunft schafft

>»Arbeiten, um Geld zu verdienen, war gestern. Ab heute lautet das Ziel: arbeiten, um persönliche Erfüllung zu finden.«
>
>John Strelecky

Will ein Unternehmen Spitzenleistungen im Wettbewerb erbringen, Innovationen hervorbringen und dauerhaft höchste Produktivität und Qualität erzeugen, braucht es Mitarbeiter, die mit ganzem Herzen und vollem Engagement für ein gemeinsames Anliegen eintreten. Wer Liebe, Energie und Engagement von seinen Mitarbeitern will, muss Liebe und Menschlichkeit geben und Zeit und Geld in die Entwicklung der Menschen investieren. *Liebe* als Begriff im Business? Man kann gerne auch schwächere Begriffe verwenden, aber letztlich ist es genau das. Wer von seinen Mitarbeitern nur erwartet, dass sie funktionieren, kann sich das meiste davon sparen.

Wer mehr will, muss dafür Räume schaffen. Wer mehr will, darf Personalentwicklung nicht von der alten, funktionalen Struktur her denken: »Wir haben da einen Bedarf. Wie können wir Person A dorthin entwickeln?« Der Startpunkt liegt woanders, nämlich bei den Ambitionen des Einzelnen. Je klarer Menschen ihre Lebensziele und -träume identifiziert haben, desto fokussierter, zufriedener und engagierter sind sie in ihrem Leben unterwegs.

Lebensziele sind die Triebfeder für die gemeinsame Reise

Die persönliche Lebensplanung des Mitarbeiters ist die Grundlage für eine erfolgreiche gemeinsame Zeit von Unternehmen und Mitarbeitenden. Die Grundidee, die Autor John Strelecky in seinem Bestseller[21] so plastisch beschreibt, ist in außergewöhnlich gut geführten Firmen längst gängig.

Der spannende Entwicklungsprozess liegt im fortwährenden Matching. Wie verbinden wir die persönlichen Lebensziele am besten mit den Zielen und Strategien des Unternehmens? Welche Herausforderungen, Projekte und Rollen leisten einen wirklichen Beitrag zu persönlichem Wachstum und zum Erreichen der persönlichen Ziele? Passt beides zusammen, sind die verabredeten Ziele automatisch für alle Beteiligten nützlich. So entstehen Engagement, Eigenantrieb und Initiative. Engmaschige Kontrolle, Anwesenheitsprüfung oder dauernde Anweisungen im Detail sind überflüssig.

Eine Frage haben wir noch nicht geklärt: Wie können Menschen bei ihrer Arbeit hochproduktiv sein, ohne dabei ihre Gesundheit aufs Spiel zu setzen? Entscheidend dafür sind Selbstmanagement und Persönlichkeitsentwicklung.

Warum Persönlichkeitsentwicklung Unternehmensthema sein muss

Jeder wünscht sich solche Mitarbeiter: hochgradig selbstständig, motiviert, mit gutem Selbstmanagement, lösungsorientiert, kommunikationsstark, ausgeglichen, stressresistent, mitdenkend, körperlich und geistig fit und gesund, am besten noch überwiegend gut drauf und unterhaltsam.

Aber kaum jemand ist bereit, in die Entwicklung der zugehörigen Qualitäten und persönlichen Reife zu investieren. Dabei ist das eine der lohnendsten Investitionen der guten Arbeitgeber von morgen. Die Frage »Was bietet ihr mir für meine Weiterentwicklung?« wird für die Wahl eines Arbeitgebers immer wichtiger.

Wir haben geklärt, dass wir nie nur die Arbeitskraft, sondern immer den ganzen Menschen in Empfang nehmen. Jetzt muss es praktisch werden. Gibt es Unterstützung zur Klärung meiner persönlichen Ziele, meiner Talente und Potenziale? Bekomme ich ehrliches, gut formuliertes Feedback? Werde ich ermutigt, über bisherige Grenzen hinauszuwachsen?

Persönliche Entwicklung ist der zentrale Schlüssel zur Selbstwirksamkeit eines Menschen. Und doch gibt es Unternehmen, die sagen: »Persönlichkeitsentwicklung ist Privatsache.« Klug ist das nicht. Klar gibt es im bunten Feld von Weiterbildung, Coaching und Selbstoptimierung neben vielen guten Angeboten auch reichlich Scharlatane und Verführer. Doch wer könnte besser für hohe Qualität sorgen als die Profis in gut geführten Unternehmen?

Privatsache ist Persönlichkeitsentwicklung aus meiner Sicht also nicht. Umso wichtiger ist ein sensibler Umgang mit der Privatsphäre. Jeder und jede muss selbst entscheiden können, welche Themen man im Unternehmenskontext bearbeiten will. Je nach Vertrauen und Firmenkultur kann das mehr oder weniger sein. Zum Umgang mit persönlichen Themen kann man kluge Absprachen treffen. Persönliche Details aus Coachingsessions bleiben vertraulich, auch wenn das Unternehmen bezahlt.

Selbstkompetenzen als Schlüssel zur Produktivität

So wie man Kompetenzen zu Softwareentwicklung, Aluminiumschweißen oder Bilanzanalyse trainieren und entwickeln kann, so kann man auch Kompetenzen zur Selbststeuerung trainieren und entwickeln. Früher hat sich das Weiterbildungsangebot in Firmen häufig auf Fachkompetenzen und Sicherheitsunterweisungen beschränkt, vielleicht gab es mal ein Kommunikations- und ein Zeitmanagementseminar. Aus meiner Sicht müssen sich die Gewichte deutlich verschieben. Wollen wir mehr Eigenverantwortung von Mitarbeitern, mehr Initiative und in gesundem Sinne hohe Produktivität, dann gelingt das nur, wenn Menschen sich selbst gut steuern lernen. Mitarbeiter brauchen Programme und Unterstützung dabei, sich ihrer persönlichen Werte bewusst zu werden, Talente und Potenziale zu identifizieren und klare Ziele für Leben und Karriere zu entwickeln.

Wir können lernen, die Denkmuster, die uns steuern, bewusst wahrzunehmen und zu gestalten. Die Art, wie wir auf Herausforderungen reagieren, wie wir Probleme erkennen und lösen, lässt sich trainieren. Kommunikation profitiert von guten Antennen für Menschen. Das gute Handwerk dazu kann man lernen: Formuliere ich so, dass andere das als Vorwurf hören, oder kann ich meine Anliegen gelungen transportieren? Wie gut kann ich Ideen präsentieren und Menschen gewinnen?

Trotz etwas fragwürdiger Begriffsherkunft ist auch die Resilienz ein trainierbares Kompetenzfeld. Verstehe ich, wie ich auf Stress reagiere, wie ich ihn erzeuge und wie ich ihn vermeiden oder auf ein gesundes Maß reduzieren kann? All das sind genauso handfeste Kompetenzen und Methoden wie klassische fachliche Themen – und sie sind genauso erprobt, bewährt und lernbar.

Kompetenz für unterschiedliche Typen und die eigene Entwicklung

Persönlichkeitstypen unterscheiden sich deutlich. Menschenkompetenz erfordert ein Verständnis für unterschiedliche Typen und die Fähigkeit, mit diesen Unterschieden gut umzugehen. Genauso wie man Fachkompetenzen messen und analysieren kann, helfen gute Persönlichkeitsanalyseverfahren im Verständnis von Verhaltensmustern und Persönlichkeitsmerkmalen bei sich und anderen.

Es hilft, wenn alle Mitarbeiter, mindestens aber alle Führungskräfte solche Typologien kennen. Der erste Schritt ist, den Irrglauben aufzugeben, andere Menschen würden genauso ticken wie man selbst! Tiefergehende Einsichten erhält, wer für sich selbst eine professionelle Analyse machen lässt und die Ergebnisse dann in einem Auswertungsgespräch reflektiert. Führungskräfte, die sich im Spiegel guter Persönlichkeitsanalysen selbst besser verstehen gelernt haben, sind meistens beeindruckt, wie treffend sie sich beschrieben sehen.

Den wahren Wert entwickeln die Instrumente, wenn man neben den fürs persönliche Gespräch reservierten Interna die wichtigsten Ergebnisse mit Führungskraft, Kollegin und Mitarbeitern reflektiert. Es gibt kaum eine bessere Grundlage für die gemeinsame Reflexion von persönlichen Stärken und produktiver Kommunikation. Der offene Dialog erfordert wieder Vertrauen und Mut zur Nähe. Aber das hatten wir ja schon öfter.

Analysemodelle gibt es Hunderte – vom einfachen Selbsttest bis zur fundierten individuellen Auswertung. Die wissenschaftlichen Grundlagen sind oft ähnlich, Analysetools und Geschäftsmodelle der Anbieter unterscheiden sich. Es gibt Ansätze, die von hoher Veränderbarkeit der Ergebnisse ausgehen, und andere, die große Teile der Persönlichkeit als relativ stabil ansehen und sich eher auf die Frage konzentrieren, wie man das Gegebene in möglichst guter Form kultivieren kann. Wie man persönliche Stärken und Potenziale erkennen und nutzen und umgekehrt Begrenzungen und Schwächen abbauen oder vermeiden kann, berücksichtigen fast alle. Manche Instrumente gehen stark auf die Motive von Menschen ein, andere nur auf Stärken und Verhalten.

Bei einigen der verbreiteten Instrumente gibt es eine grundlegende Struktur mit vier Quadranten. Die eine Achse unterscheidet zwischen Introversion und Extraversion, die andere, ob der Fokus mehr auf die Sache oder mehr auf die Beziehung gelegt wird. Aus der persönlichen Ausprägung entstehen beliebige Kombinationen. Bei den Extrovertierten gibt es zielorientierte, dominante Typen und die emotionalen Menschengewinner. Bei den Introvertierten gibt es die zuverlässigen und ausdauernden Detailorientierten und die auf Zahlen, Daten und Fakten fokussierten Denker. Eine ausführlichere Beschreibung der Typen und weitere Ansätze zur Nutzung finden Sie bei den Downloads zum Buch.

Die fundierten unter den Instrumenten liefern eine umfangreiche Auswertung, mit der man für sich selbst, mit Coach oder Führungskraft sehr gut reflektieren kann, was sonst im Nebel der *weichen Faktoren* verschwimmt. »Man sieht nur, was man weiß«, gilt hier auch. Alle Instrumente haben ihre Vor- und Nachteile. Die Profis im Unternehmen sollten mehrere Instrumente kennen. Man wechselt so die Perspektive und erhält ein schärferes Bild des Individuums. Ein bisschen Schubladendenken ist systemimmanent, ist es doch so schön einfach, komplexe Persönlichkeiten auf Stereotype zu reduzieren. Am Ende bleibt jeder Mensch ein individuelles Wunder. Bewusstsein für und ein kompetenter Umgang mit unterschiedlichen Persönlichkeitstypen führt nicht nur zu einem produktiveren Betriebsklima und besserer Zusammenarbeit. Sie helfen auch bei der klugen Stellenbesetzung.

Menschen sind zu dem geworden, was sie sind

Manche Verhaltensweise im Businessalltag ist eher suboptimal. Die scharfe Reaktion auf eine bestimmte Art von Person. Die dünnhäutige Replik auf Kritik. Der quälende Perfektionismus, der jede Deadline reißt. Die Fluchtreflexe bei Konfliktsituationen. Die Annahme, sich nicht helfen lassen zu dürfen. Menschen agieren in solchen Situationen nicht souverän und erwachsen, sondern oft aus einem Automatismus heraus. Diese Muster werden schon in der Kindheit als Überlebensstrategie entwickelt, sie begleiten uns manchmal lebenslang und steuern uns unbewusst. Automatengleich reagieren wir auf äußere Auslöser mit der tausendfach bewährten Software aus vergangenen Tagen.

Wer als kleines Kind lernt, sich immer schön brav anzupassen, wird später nicht leicht und mutig in Konflikte gehen. Wer früh lernt, mit vorlauten Witzen Aufmerksamkeit zu erreichen, kann auf diese Kompetenz in jedem Management-Meeting zurückgreifen. Stromberg-Fans muss ich warnen: Es geht nicht darum, für den nächsten Meeting-Fight sarkastisch aufzurüsten, nach dem Motto: »Ah, der Meyer. Einzelkind. Merkt man gleich.«

Die eigene Kindheit darf auch nicht als Ausrede herhalten, im Gegenteil. Es geht um die Reflexion der eigenen Verhaltensmuster, ob angeboren oder früh trainiert. Entscheidend ist, zu erkennen, ob das heutige Verhalten eine innerlich freie Regung und angemessene Reaktion auf die aktuelle Situation ist oder ob wir von alten Mustern gesteuert werden. Dann nämlich sind Konflikte und Irritationen vorprogrammiert, die ihre Ursache überhaupt nicht in der Außenwelt haben, in der wir meistens danach suchen. Je größer unser Wirkungs- und Verantwortungskreis wird, desto dramatischer wirkt sich das aus. Gute Arbeitgeber von morgen investieren wesentlich mehr in Persönlichkeitsentwicklung.

Kapitel 8

REFLEXION: Wie Persönlichkeiten Unternehmen prägen

Menschen prägen Unternehmen. Wollen wir ein Unternehmen verstehen, seine Attraktivität auf dem Arbeitsmarkt erfassen und verändern, führt kein Weg an den Menschen an der Spitze vorbei. Was in besonderem Maße für Gründerinnen und Inhaber gilt, trifft mit Abstrichen auf alle zu, die Unternehmen und ihre Geschicke für eine gewisse Zeit steuern.

Führungskräfte können viel verändern. Je verantwortungsvoller die Position, desto größer der Hebel. Persönlichkeit prägt Unternehmen tief greifend, im Guten wie im Schlechten.

Das gilt auch für den zukünftigen Erfolg im Arbeitsmarkt. Persönlichkeit und Werte der Menschen an der Spitze lösen einen kraftvollen Sog auf Talente aus – oder das Gegenteil. Da sind die schillernden Figuren mit großer eigener Öffentlichkeitswirksamkeit wie Steve Jobs, Elon Musk oder Richard Branson. In anderen Fällen kennt man die Menschen an der Spitze nicht persönlich, sie sind aber indirekt über Firmenkultur und -strategie nicht minder wirksam.

Ihre Haltungen, ihre Werte, ihr Menschenbild und ihre Prioritäten setzen den Rahmen für Führung und Arbeitgeberattraktivität. Sie scheinen immer durch und sind kraftvoller als alle noch so engagiert aufgesetzten Personalentwicklungsprojekte, Führungskräftetrainings oder Employer-Branding-Strategien.

Die Botschaft ist eine doppelte: Sind die Menschen an der Spitze reife und charismatische Persönlichkeiten, stehen die Chancen für Erfolg im Arbeitsmarkt gut. Umgekehrt wird leider auch ein Schuh draus: Ist der Chef ein Idiot, ist alles umsonst. Zumindest wenn er uneinsichtig ist. Lernbereitschaft hat immer eine Chance verdient.

Kopfsache – Wie Unternehmen ihre Chefs spiegeln

Gerade hat er die Hausbrauerei in der Altstadt von Schwäbisch Hall eingeweiht, jetzt steht Reinhold Würth zwischen den Gästen – ein unauffälliger älterer Herr. Ich spreche ihn an, stelle ihm die Idee vor. Er ist sofort hellwach, seine Augen funkeln. Zwei, drei kurze, präzise Nachfragen: »Das funktioniert?« »Sie sind schon auf dem Markt?« Und dann gleich Nägel mit Köpfen: »Schreiben Sie Folgendes an ...«

Reinhold Würth hat einen der größten Mittelständler in Deutschland aufgebaut. Eher durch Zufall entdeckte ich im Würth-Museum, dass das kleine Start-up, bei dem ich einen Verwandten unterstützte und für das wir einen Partner suchten, perfekt zu Würth passen würde. Deutlich wie selten wurde mir die Wechselwirkung von Gründerpersönlichkeit und Firmenkultur vor Augen geführt. Seine Begeisterungsfähigkeit inklusive leichter Rage gegenüber den eigenen Leuten, die ihm bisher immer ein »geht nicht« zugetragen hatten, dürfte intern schnell Wellen geschlagen haben. Danach ging alles schnell. Wenige Wochen später waren die Verträge unterzeichnet, die Firma in neuen Händen. Aus Gesprächen mit Mitarbeitern verschiedener Ebenen, bestätigt von Autoren und vor allem aus dem kurzen Erleben des Gründers selbst, wird nachvollziehbar, was über den Chef gesagt wird: ein Verkäufer aus ganzem Herzen. Das herrlich plastische Prinzip gilt bis heute: »Wir haben immer mehr Leute im Verkauf als in der Verwaltung.« So findet Persönlichkeit ihren Niederschlag in der Unternehmenskultur. Schon einem 1994 erschienenen Buch von Reinhold Würth stellt er den Satz voran: »Ich bin davon überzeugt, dass Menschenführung zu mehr als fünfzig Prozent über Gewinn und Verlust entscheidet, während Kapital und Produkte nur nachgeordnete Bedeutung haben.«[1]

Die Designprinzipien eines Steve Jobs, das Abenteurertum eines Richard Branson, der Erfindungsgeist eines Robert Bosch – Prägung wirkt zu Lebzeiten und darüber hinaus. Götz Werner hat die Führung von *dm* vor einigen Jahren abgegeben. Sein Menschenbild und seine Übersetzung in Unternehmenskultur haben ein außergewöhnlich leistungsfähiges und erfolgreiches Unternehmen hervorgebracht. In einer Branche, die durch kleine Margen und hohen Kostendruck charakterisiert wird, ein Unternehmen mit so hohen menschlichen Werten zu erschaffen – Respekt.

Menschen prägen Organisationen

Gilt diese Prägewirkung nur für klassische inhabergeführte Mittelständler? Zwei Landkreise haben mich vom Gegenteil überzeugt. Es ist Jahre her und keiner der handelnden Personen ist mehr im Amt. Zwei Kreisverwaltungen kooperierten in einem Projekt, unser Büro hat sie begleitet. Die Zusammenarbeit hätte unterschiedlicher nicht sein können. In der einen Verwaltung herrschte gute Stimmung, jeder unserer Ansprechpartner konnte zum Projektstand Aussagen machen und Entscheidungen treffen. Im Telefonat vor seinem Urlaub sage ich zu unserem Ansprechpartner: »Oh, da werden Sie nach Ihrem Urlaub sicher einen vollen Schreibtisch vorfinden.« Er entgegnet: »Nee. Der wird genauso leer sein wie jetzt. Wir haben klare Vertretungsregeln und machen saubere Übergaben.« Er erzählt mir vom internen Führungsprogramm, das der Landrat bei seinem Amtsantritt mit seiner Leitungsrunde beschlossen hat, über dessen Haltung, die von seinen Leuten Verantwortung und Initiative erwartet und fördert, und von der menschlich reifen, verlässlichen, trotzdem immer klaren Position des Chefs. Ich bin beeindruckt und denke an den Kollegen im Nachbarkreis. Intellektuell, großgewachsen, respekteinflößend – und unberechenbar. Es kommt schon mal vor, dass die Arbeit der letzten Wochen in einer Sitzung glatt über den Haufen geworfen wird. Kritik an Dienstleistern wie eigenen Mitarbeitern vor offener Runde – damit musste man jederzeit rechnen. Ein enormer Krankenstand in der Verwaltung war die Folge, Aussagen von Mitarbeitern standen immer unter Vorbehalt. Vor jeder Sitzung ein Vorbereitungsmeeting und danach interne Abstimmung. Welch ein Aufwand, nur um Ausbrüche des Chefs zu vermeiden. Ist es gelungen? Dreimal dürfen Sie raten.

Licht und Schatten

Was wir vorher zum Universum Mensch gesagt haben, gilt auch für die an der Spitze. In jedem genialen Unternehmer, in jeder begnadeten Chefin steckt immer ein ganzer Mensch mit Ecken und Kanten, mit Stärken und Schwächen, mit Licht und Schatten. Und nein – beim Prägen des Unternehmens können wir uns nicht aussuchen, was Spuren hinterlassen soll. Ich glaube sogar, je stärker Menschen nicht alles zeigen wollen, desto stärker wirkt das Unterdrückte. Das erfordert Mut und das Zulassen menschlicher Unvollkommenheit. Keiner kann alles. Keiner kann überall gut sein. Es ist ein Zeichen von Reife der Menschen an der Spitze, sich über ihre Persönlichkeit bewusst zu sein – nicht als Zustand, sondern als dauernder Prozess. Gefährlich wird es, wenn im Glauben an die eigene Unfehlbarkeit das Gegenteil von emotionaler Reife das Ruder übernimmt. Leichter heilbar, aber auch anstrengend ist das fehlende Bewusstsein für eigene Defizite. Hier haben es Inhaber und Geschäftsführer allerdings auch schwer. Wer gibt ihnen ehrliches Feedback? Oft leiden Mitarbeiter mehr oder weniger im Stillen. Alle kennen die Ursache, nur der Verursachende selbst weiß davon nichts, ahnt es bestenfalls.

Da ist der geniale Netzwerker, Stratege und Konzeptentwickler an der Spitze. Innovativ im Denken, weltweit bestens vernetzt. Läuft auf internationalen Kongressen zur Hochform auf, weiß sich und seine Organisation ins rechte Licht zu rücken und hat einen guten Blick für die strategischen Fragestellungen. Ein bisschen eitel, reisefreudig und durchaus statusbewusst. Das bringt der Organisation Wachstum, Reputation, Aufträge und fasziniert Mitarbeiter wie Kunden. Kleinteiliges Feedback für Mitarbeiter und Alltagsführungsarbeiten sind seine Sache nicht. Der schnelle und brillante Geist zieht die großen Linien. Kleinliche Fragen nach Spielregeln oder internen Prozessen regen ihn eher auf. Das passiert immer öfter. Mitarbeitende werden vorsichtiger und halten Sicherheitsabstand. Aus Respekt wird Angst, aus Bewunderung Distanz. Führung funktioniert so nicht mehr.

Dabei geht es doch um so viel! Da ist der konzeptionell geniale Kopf, der die Unternehmensstrategie inklusive aller relevanten Prozesse auf 250 Seiten in brillanter Form beschrieben hat und sich wundert, dass seine Führungskräfte sie nicht verinnerlichen. Da ist der Springinsfeld-Chef, der Unzuverlässigkeit als Lappalie, als Nebeneffekt seiner allseits gelobten Kreativität nicht wichtig nimmt und nicht sieht, wie seine Leute unter der fehlenden Verbindlichkeit leiden. Da ist der wettbewerbsorientierte, kampfstarke Stratege an der Spitze, der sich als Garant der Firmenzukunft erlebt und nicht bemerkt, wie kompetente und langjährige Führungskräfte vor der sportlich und inhaltlich gemeinten halböffentlichen Zurechtweisung zuerst zittern und zuletzt schlecht träumen.

Die Quadratur des Kreises

Für die Menschen, die ein Unternehmen gründen und erfinden, sind die Anforderungen besonders hoch. Reichtum, Reputation und Einfluss im Erfolgsfall werden von allen wahrgenommen. Jahrelange 60-Stunden-Wochen, schlaflose Nächte und Anforderungen im 15-Minutent-Takt – das sehen die wenigsten.

Wachstum und Reife braucht nicht nur das Unternehmen – seine Köpfe auch. Später sind ganz andere Fähigkeiten gefordert als zu Beginn der Entwicklung. War die konzeptionelle Genialität in den Anfangsjahren der Erfolgsgarant für das schnelle Wachstum, entsteht daraus für nachwachsende Führungskräfte rasch eine unerreichbare Anspruchshaltung. Der Frust bei allen Beteiligten ist vorprogrammiert. Sind Entscheidungsfreude und Spontaneität in der Start-up-Phase grandios, zerschießen geniale Gründer die später notwendigen verlässlichen Strukturen selbst wieder.

Auch wenn es selten eingestanden wird: Manch erfolgreicher Unternehmer oder Geschäftsführer ist von der Fülle der Anforderungen schlicht überfordert. Dass dann Nerven blank liegen – wer könnte es nicht verstehen?

Soll die Unternehmensentwicklung langfristig gelingen, müssen die Menschen an der Spitze mitreifen. Das ist leichter gesagt als getan. Die Personalentwicklung für die Mitarbeiter und Führungskräfte liegen im guten Falle in professioneller Hand. Wer aber kümmert sich um die Entwicklung der Menschen ganz oben? Der Teamleiter darf auf Feedback, Support und Leitung durch seinen Chef hoffen. Der Abteilungs- oder Geschäftsbereichsleiter auf das Sparring mit der obersten Spitze. Doch wer gibt dem Menschen ganz oben auf der Leiter Feedback, wer ist sein Sparringspartner, wer sein Mentor? An der Spitze ist es einsam – so heißt es oft. Im Freundeskreis kann man Interna aus der Firma nicht besprechen. Mit den eigenen Führungskräften systembedingt auch nicht alles. Berater sind selten auf Augenhöhe, nur wenige kennen die Unternehmerrolle mit all ihrer Verantwortung aus eigener Erfahrung.

Niemand muss perfekt sein. Was man aber von den Menschen an der Spitze erwarten darf, ist die Bereitschaft, das eigene Verhalten zu reflektieren und sich persönlich weiterzuentwickeln. Das haben die Menschen verdient, die am Lebenswerk mitwirken.

Erkenne dich selbst – Wieso die harten Jungs die Weicheier sind

»Macht korrumpiert. Absolute Macht korrumpiert absolut. Gefährlich wird es, wenn der eigene Name auf dem Firmengebäude steht.«
»Das Wichtigste, was wir brauchen, sind reflektierte Führungskräfte.«
Manfred Kets de Vries

Unternehmen sind schon für die Mitarbeiter Resonanzräume. Für die Menschen an der Spitze sind sie so etwas wie Resonanz im Vollwaschgang. Manfred Kets de Vries ist ein renommierter Kenner internationalen Managements, er lehrt an der französischen Kader-Schmiede INSEAD und an der Harvard Business School und verbindet Management-Know-how mit den Erkenntnissen der Psychoanalyse. Schon vor Jahren konstatierte er, dass jede fünfte Top-Führungskraft eine psychische Störung aufweise: »Narzissmus ist oft die treibende Kraft hinter dem Wunsch, eine Führungsposition zu erlangen. Vielleicht sind Personen mit stark narzisstischen Persönlichkeitsmerkmalen eher bereit, den mühsamen Prozess der Erlangung einer Machtposition in Angriff zu nehmen.«[2]

Vermutlich trifft das in größeren Konzernen überproportional zu, doch auch in mittelständischen Strukturen gibt es Gefahren und Versuchungen. Geht es darum, die nächste Führungsebene aufzubauen, ein Unternehmen erfolgreich durch Wachstumsphasen zu führen, entscheiden Erfahrung und Reflektiertheit der Menschen an der Spitze darüber, welcher Typus im Unternehmen in Verantwortung kommt.

Wer ein Unternehmen aufbaut, lebt oft für einen großen Traum. Nimmt anstrengende Zeiten in Kauf für ein großes Ziel. Erfolge streicheln das Ego. Menschen neigen zur Selbstüberschätzung. Wenn sich Erfolge dann nicht wiederholen lassen, ist die Enttäuschung groß. Wachstumsschritte greifen nicht wie erhofft. Führungskräfte misst man an den eigenen Maßstäben und wird dann darin bestätigt, dass keiner so gut ist wie man selbst. So mutiert der brillante Geist der Gründertage zum Autokraten. Blinde Flecke will er nicht wahrhaben und mit zunehmendem Alter wird der Stress immer größer. Besonders wenn er sein Lebenswerk in Gefahr sieht.

Es gibt Themen in diesem Buch, bei denen ich das Bedürfnis verspüre, immer mal wieder das Geschlecht der Handelnden zu verändern – es sind immer alle Geschlechter gemeint. Hier aber sind die »harten Jungs« meist tatsächlich Männer. Vielleicht täusche ich mich, vielleicht sind Frauen nur subtiler – aber es sind doch sehr männliche Verhaltensweisen, die das rationale, sachliche, machtorientierte Verhalten von Führungskräften auf Abwegen beschreiben.

Man bestätigt sich gegenseitig in seiner Unfehlbarkeit, lästert über »Weicheier« und demonstriert Härte, nur Wettbewerb und Status zählen. Ohne zu merken, dass die Kraftmeierei nur ablenkt. In stillen Momenten spürt man die innere Leere. Deshalb darf es nie still werden. Manche Restrukturierung, manche wohlklingende neue Managementmethode sorgen für den willkommenen Lärm und verhindern, dass Stille einkehrt, die unangenehme Erkenntnisse zutage fördern könnte.

Der wahre Mut: der Blick in den Spiegel

Ich kann mir schon die reflexhaften Widerstände vorstellen, die manch gestandenem Unternehmer, manch erfahrener Führungskraft beim Lesen dieser Überschrift in den Sinn kommen. Die Sprüche von den »Seelenklempnern«, das »Ich bin doch gesund, was brauche ich eine Therapie«, »Was soll das, am Ende zählen die Taten«. Schon klar. Es hat schon seinen Grund, dass über dem Orakel von Delphi nicht stand »Eigenkapitalrendite über 17 Prozent? Bitte durchgehen«. Da stand mit gutem Grund »Erkenne dich selbst«. Der ehrliche Blick in den Spiegel erfordert Mut, ist Lebensaufgabe für jeden. Wer über Wohl und Wehe vieler entscheidet, für den gilt das besonders.

Jetzt werden Sie fragen, ob Sie in Therapie müssen? Nein und ja. Nehmen wir Therapie mal als Behandlung für Kranke und verstehen eine professionelle

Reflexionshilfe als Training und Unterstützung für die besonders Leistungs- und Erkenntniswilligen. Das ist wie im Sport. Wer nur im Wald joggen will, kann das allein tun. Wer zu Olympia will, braucht Trainer und Coachs, Sparringspartner und Weltklassemethoden. Wer als Mensch andere und ganze Organisationen leitet, für den sollte das Beste gerade gut genug sein.

Dabei geht es nicht um eine bestimmte Methode, sondern um die Bereitschaft, sich zu reflektieren – in einer guten Balance mit entschlossenem, mutigem Handeln. Mal überwiegt das eine, mal das andere. Es gibt Phasen im Leben, da braucht man vielleicht mal ein paar Wochen Auszeit und Einsamkeit oder professionelle Begleiter. Da hilft vielleicht eine Skriptanalyse, eine Selbsterfahrungsphase, Familien- oder Systemaufstellungen oder eine therapeutisch erfahrene Sparringspartnerin. Es gibt Phasen, da reichen der tägliche Waldlauf und gutes Feedback von Mitarbeitern und Kollegen.

Mutig ist, Kollegen und Mitarbeiter zu einem echten, ehrlichen und ungeschminkten Feedback zu ermuntern und sich das dann auch anzuhören. Mutig ist, Konflikten nicht aus dem Weg zu gehen, nur weil man mit den damit verbundenen Emotionen überfordert ist. Es gehört Mut dazu, die eigenen Verhaltensmuster anzuschauen und Trigger zu erkennen, die andere nur berühren müssen, damit ich austicke. Wo bin ich selbst Getriebener meiner unsichtbaren Antreiber? Wo leide ich unter übertriebenem Perfektionismus, darunter, es jedem recht machen zu wollen, oder unter dem Irrglauben, alles selbst schaffen zu müssen? Mutig ist, Verantwortung zu übernehmen für Dinge, die man selbst verursacht und vielleicht verbockt hat. »Was und wie viel ist genug?« Sich diese Frage zu stellen ist klug und sicher mutiger als die Fortsetzung des ewigen *immer schneller, immer weiter, immer mehr*.[3]

Eine mutige Mission für das eigene Unternehmen und ambitionierte Grundsätze der People Strategy zu formulieren erfordert ebenfalls mehr als das Fortsetzen des üblichen »Gewinn als Unternehmenszweck-Denkens«. Mit das Mutigste kann es sein, für sich zu erkennen, was nicht zu den eigenen Stärken gehört. Wer die Größe hat, zur rechten Zeit Aufgaben und Macht loszulassen, tut sowohl sich selbst als auch dem wachsenden Unternehmen einen Gefallen. Wenn Sie diesen Fragen etwas Zeit geben, merken Sie: Die angeblich so weichen Faktoren sind die wirklich harten Realitäten. Sie entscheiden über Wohl und Wehe von Unternehmen.

Erfolgreiche Familienunternehmen achten bei der Besetzung von Geschäftsführungs- und Top-Führungspositionen auf genau diese Eigenschaften und wählen Führungskräfte, die integrierend wirken, persönlich bescheiden sind. Keineswegs entsprechen sie dem Klischee des Starmanagers, der die Titelseiten der Wirtschaftsmagazine ziert.[4] Die langfristig erfolgreichen Chefs haben Kraftmeierei und dicke Arme nicht nötig.

Selbstfürsorge – Warum Ihre Stimmung viele beeinflusst

Der große schwarze Flügel ist das einzige Utensil auf der Bühne. Mit langem schwarzen Pferdezopf sitzt Hagen Rether an den Tasten. Seinem Publikum mutet er den schnellen Wechsel zwischen herzhaftem Lachen und stockender Erschütterung zu. Ein Satz klingt nach: »*Liebt euch selbst und die anderen, seid nett zu euren Kindern. So einfach ist das.*«

Hagen Rether in »Liebe«

Manchmal denke ich an diesen Satz, wenn wir Führungskräften empfehlen: »Wenn Sie nur eine Sache mitnehmen: Sorgen Sie wenigstens dafür, dass Sie selbst gut drauf sind.« Das ist durchaus ernst gemeint. Die meisten Menschen wollen einen guten Job machen und den Erwartungen ihrer Führungskräfte und ihres Arbeitgebers entsprechen. Menschen messen das nicht an Umsätzen, Neukunden, Werkstücken oder ausgelieferten Essen, sondern als soziale Wesen an der Wertschätzung, der emotionalen Zuwendung und der Resonanz.

Menschen sind auch da allerdings unterschiedlich. Es gibt diejenigen, die davon ausgehen, dass eine lobende Äußerung solange gilt, bis sie was anderes hören. Und es gibt diejenigen, die zweimal täglich die Bestätigung brauchen, dass sie okay sind und alles stimmt. Unabhängig davon dürfen Sie als Führungskraft oder Firmeninhaber davon ausgehen, dass Ihre Leute ein Interesse daran haben, dass es Ihnen persönlich gut geht. Das gilt jedenfalls, solange Sie es sich nicht bei Ihrer Mannschaft verscherzt haben.

Die direkte Führungskraft ist die wichtigste Resonanzebene für Mitarbeiter, sie gibt Feedback und ist mitverantwortlich für die persönliche Weiterentwicklung. Geschäftsführung und Inhaber/Unternehmer sind im Unternehmen die letzte und höchste Instanz. Ihre Persönlichkeit und ihre Souveränität entscheiden aus Mitarbeitersicht über das Gefühl der existenziellen Sicherheit.

Warum Sie für Ihr Team so wichtig sind

Je näher Sie Ihrer Führungskraft sind, desto direkter wirkt deren emotionaler Zustand auf Sie. Da sind Führungskräfte, die viel zu viel arbeiten, Aufgaben an sich ziehen und übernächtigt, überarbeitet und überfordert wirken. Das Team versucht zu unterstützen, bleibt aber hilflos, weil die Offenheit für wirkliche Lösungsansätze fehlt. Also verschont man Chef oder Chefin mit heiklen Themen, obwohl die dort hingehören: die eigenen Sorgen, Klärungsbedarfe, Verbesserungsvorschläge. »Der hat eh keinen Kopf – das lass ich jetzt besser.« Aus Rücksicht auf die vermeintlich bestehende Überlastung stellen Mitarbeiter eigene Anliegen zurück. Das ist gut gemeint, verhindert aber Verbesserungen.

Mir ist es auch schon so ergangen. Ich liebe dynamische Zeiten und kann gut drauf sein, wenn viel los ist. Dann erzähle ich davon auch, laufe schnell über den Flur. Ich war dann einigermaßen erschrocken, als ich in einer Teamklausur mit gegenseitigem Feedback erfahre, dass dadurch der Eindruck entstanden war, ich hätte keine Zeit. Innerlich war ich tiefenentspannt, für wichtige Dinge hätte ich mir sofort Zeit genommen. Also denken Sie dran: Fragen Sie Ihr Team. Was zählt, ist, was ankommt, nicht was wir Chefs uns manchmal so vormachen.

Ein bisschen zu viel Stress ist die harmlose Variante. Führungskräfte, die durch latente Überlastung oder Sorgen dünnhäutig und emotional sprunghaft sind, wirken wie eine Bedrohung für die emotionale Gesundheit ihres Teams. Ohne die vorsichtig um die Ecke gehuschte Frage »Wie ist sie heute drauf?« geklärt zu haben, möchte man seiner Vorgesetzten nicht beggnen. Menschen, die wie »Kann-jederzeit-explodieren«-Vulkane durch Werkshallen und Büros laufen, sind für unzählige Kündigungen, Krankmeldungen und Frustbiere verantwortlich.

»Führen Sie erst mal sich selbst, ehe Sie andere führen.« Auch das klingt trivial, ist es aber nicht. Für ein Unternehmen ist es unglaublich wertvoll, wenn an der Spitze Menschen stehen, die sich selbst und ihre Zeit gut im Griff haben. Die sowohl ambitionierte Ziele erreichen als sich auch mit Ruhe und Gelassenheit auf die gerade anstehende Aufgabe konzentrieren können. »Gute Chefs haben immer Zeit« – ein Satz, den ein befreundeter Geschäftsführer mal in einem Vortrag formuliert hat. Eine schmerzhafte Erkenntnis, gemessen an der Alltagssituation vieler von allen Seiten geforderter Unternehmer, Geschäftsführer und Werksleiter. Doch er ist umso richtiger.

Damit ist nicht die »ständig offene Tür« gemeint. Wer sich immer stören lässt, muss seine eigenen Kernaufgaben am Wochenende oder nach Feierabend erledigen. Klüger ist es, feste Gelegenheiten für unterschiedliche Arten von Kommunikation zu schaffen. So finden alle offiziellen Themen in guten Regelmeetings ihren Platz. Feste Zeiten ohne Termine und mit offener Tür bieten Raum für individuelle Anliegen. Auch Rundgänge in der Firma können helfen – das gilt aber nur, wenn Sie nicht so unterwegs sind, wie ich es gerade von mir beschrieben habe. Kommen dann informelle Gelegenheiten mit Chefbeteiligung wie gemeinsames Essen, Kaffeepausen oder Feiern dazu, stimmen die Voraussetzungen für bestmögliche Führung.

Was hoch wachsen will, muss tief wurzeln

Bäume sind ein schönes Gleichnis. Das Wurzelwerk ist etwa genauso groß wie der an der Oberfläche sichtbare Baum. Je größer die Aufgabe, je höher die Verantwortung – desto fester, tiefgründiger und fundierter muss eine Persönlichkeit in der Tiefe wurzeln, wenn sie nicht im Sturm des Lebens hinweggefegt werden will. Eine gerade in Krisenzeiten nicht zu überschätzende Quelle von Loyalität und Sicherheit im Arbeitsplatz ist die fundierte Zuversicht der Menschen an der Spitze, die mit ruhigem Blick die nötigen Entscheidungen treffen, über die Krise hinausblicken und allen das Gefühl geben »Wir schaffen das!«.

Diese Kraft wächst aus Erfahrung, braucht aber vor allem innere Klarheit. Welches sind meine Werte? Was ist mir wichtig im Leben? Wofür stehe ich? Woran glaube ich? Woraus schöpfe ich mein Urvertrauen in das Leben? Auf welche Ressourcen kann ich mich verlassen?

Für den einen kommen diese Gewissheiten aus persönlichen Erlebnissen, langen Reisen oder Auszeiten. Andere schöpfen Kraft aus einem persönlichen Glauben. Sportliche Typen machen bei Triathlons oder Ultramarathons Erfahrungen, die ihnen in den normalen Krisen des Alltags Gelassenheit verschaffen. Weltentdecker umsegeln die Erde, wandern durch die Wüste oder zum Nordpol. Andere ziehen sich für sieben oder zwölf Tage in ein Schweigekloster zurück und lernen dort, zur Ruhe zu kommen. Wer immer unter Strom steht, wer ständig wie ein Getriebener powert, kann das ganze Spektrum von Führung gar nicht erfassen, geschweige denn gestalten. Wer nie ausatmet, fällt irgendwann mit hochrotem Kopf um.

Genau so wenig gehören Bedenkenträger an die Spitze. Anführer brauchen ein ordentliches Maß an Zukunftsoptimismus, Veränderungswillen und Initiative.

Inspiration – Warum Chefs Hobbys und Impulse brauchen

Es ist eine renommierte deutsche Tageszeitung. Ich kann kaum glauben, was ich da gelesen habe. Über einem Portrait des Jesuiten Rupert Lay, der Wirtschaftslenker und Politiker berät, prangt ein Satz, den ich mich so nie zu sagen getraut hätte, jedenfalls damals nicht: »Wer länger als vierzig Stunden arbeitet, ist ein fauler Hund!«

Über die Aussage muss man etwas nachdenken. Dann erschließt sich die Logik. Es ist viel anstrengender, unangenehme Entscheidungen zu treffen und Dinge loszulassen, als sich immer mehr anzustrengen und das Unmögliche zu versuchen. Dafür wird man zwar oft anerkannt, mindestens erntet man Verständnis, wenn es nicht zu schaffen war. Klarheit und Mut zu Entscheidungen, solange Probleme noch klein sind, sind jedoch weiser. Dazu brauchen Chefs und Chefinnen neben klaren Prioritäten vor allem eines: Abstand.

»Die Firma war sein Leben«, ist so ein klassischer Nachrufsatz von Unternehmern und Entscheidern. Ob das klug ist? Ich glaube eher nicht. Ein Hobby, das Menschen erlaubt, sich anders zu zeigen, sich anders zu fordern oder mit anderen Menschen zusammenzukommen als im Beruf, erzeugt frische Gedanken und relativiert die Welt in der Businessblase. Das verbessert das Verständnis für Mitarbeiter und schafft ein Ventil für Leidenschaften, die in der Firma eher fehl am Platze wären. Da kann der Tüftler dann beim Programmieren der eigenen Fotodrohne seine technische Begeisterung ausleben und muss nicht im Unternehmen zum Mikromanager werden. Da kann ein Alphamännchen seinen extremen Wettbewerbsgeist beim Sport ausleben und muss nicht sein Unternehmen damit ruinieren. Da kommt ein hochrangiger Manager in der monatlichen Kochrunde beim Kartoffelschälen mal wieder in den Genuss unklarer Anweisungen. Was es auch sein mag und wie groß der Zeitaufwand dafür ist, schaffen Sie Gelegenheit für ein Hobby.

Kleine und große Auszeiten

Führungskräfte, besonders Inhaber und Geschäftsführer, tragen enorme Verantwortung und fühlen sich verantwortlich – manche für alles. Werden sie selbst mal krank und fallen längere Zeit aus, sind viele danach erstaunt: »Das hat besser geklappt als gedacht.« Das Team wuppt das meist. Auszeiten sind lebensnotwendig, um in der restlichen Zeit vital, präsent und kraftvoll agieren zu können.

Wer dauerhaft viel zu lange arbeitet, macht etwas falsch. Phasenweise ist das okay, aber Menschen brauchen Rhythmus. Der eine gleichmäßiger, der andere mit mehr Abwechslung. Das fängt mit dem täglichen Rhythmus an. Bauen Sie Phasen von Ruhe und Entspannung in Ihren Tagesablauf ein, wodurch auch immer. Ob Sie Sport treiben, Tagebuch schreiben oder einen Kaffee auf der Terrasse genießen, finden Sie Ihre kleinen Kraftquellen. Wochen haben ebenfalls einen inneren Rhythmus, für den man seine Routine finden kann. Bauen Sie freie Zeiten ein, auch wenn Sie sonst sehr viel arbeiten. Halten Sie das Wochenende oder mindestens einen Tag und kürzere Zeitfenster frei.

Für Urlaub gilt Ähnliches. »Ich hatte dieses Jahr überhaupt noch keinen Urlaub« ist kein Grund, stolz zu sein. Auch wer im Job rund ums Jahr funktioniert und seinen Urlaub mit den Anforderungen der Familie oder anderer gesellschaftlicher Verpflichtungen verbringt, wechselt möglicherweise nur den Kontext, nicht den Modus. Immer aktiv, immer am Organisieren, immer am Tun.

Eine zusätzliche und besondere Qualität bringen echte Auszeiten. Dabei meint Auszeit etwas anderes als Urlaub. Das kann eine der oben beschriebenen Phasen zum Abschalten sein. Eine gute Übung ist auch, eine Woche alleine zu reisen. Das gibt Raum für eigene Gedanken und neue Ideen. Das kann die Tour allein in eine fremde Stadt sein. Das kann die Tour mit Freunden auf dem Segelboot sein oder die Wanderung auf den Kilimandscharo oder durch den Spessart. Für viele ist es hoch produktiv, bestimmte Arbeiten an anderen Orten zu machen.

Arbeiten in der Sonne

Ich kenne etliche Unternehmer, die ein paar Mal im Jahr ein Wochenende oder eine Woche an einem zweiten Wohnsitz verbringen. Ich habe für mich eine Form gefunden, ohne den mit einer festen Immobilie verbundenen Aufwand. Ich arbeite drei- bis viermal im Jahr für eine Woche in der Sonne. Außerhalb der touristischen Hochsaison miete ich mich in ein gutes Hotel oder ein Appartement ein. Ich arbeite möglichst nicht an den alltäglichen Projekten, sondern jeweils an einem besonders wichtigen Thema. Teile dieses Buches sind so entstanden, neue Produkte ebenfalls. Der besondere Effekt dabei ist die Freiheit: keine Verpflichtungen, keine Termine, keine fixen Aufgaben. Das erlaubt, Gedanken fließen zu lassen, zur Ruhe zu kommen. Ich bin jedes Mal erstaunt, welche Fülle guter Gedanken auftaucht und wie sich Themen klären. Super ist auch das Gefühl danach: Es fühlt sich an wie Urlaub, obwohl ich meistens unglaublich viel gearbeitet habe.

Die Grundidee, sich als Chef immer mal wieder für ein paar Tage – durchaus mit Arbeit – weitgehend aus dem Geschehen herauszunehmen und danach aufgeräumt und geklärt wieder kraftvoll am Start zu sein – die könnten viel mehr Menschen für sich realisieren. Das ist kein Urlaub. Der kommt extra und dient Erholung und Familie. Diese Auszeiten sind Arbeitszeiten – nur eben anders gestaltet. Wenn Ihnen die Idee gefällt – auch dazu gibt es Tipps und Erfahrungen im Download-Bereich.

Entwicklungsphasen

Kürzlich traf ich den Inhaber eines Sanitätshauses, der mir von seinen innovativen Führungsmodellen berichtete. Er war stolz über die Einführung einer festen Mitarbeiterbeteiligung und auf ein großes gemeinsames Projekt zur Prozessverbesserung. Ich frage ihn, wie er auf diese Ideen gekommen sei. Eine längere Krankheit habe ihn zum Umdenken bewogen. Monate seines Ausfalls habe das Team super überbrückt. Danach habe er einiges verändert. Er engagierte sich für ein Projekt in Indien, wo er dreieinhalb Monate im Jahr verbringt. »Und die Firma?« »Läuft besser als vorher«, erwiderte er tief zufrieden.

Sie müssen nicht nach Indien reisen. Doch warten Sie nicht auf den Schicksalsschlag. Hören Sie auf die inneren Botschaften. Spüren Sie den Bedarf nach einer kleineren oder größeren Auszeit, dann gehen Sie dem nach. Ein ausgebrannter Geist inspiriert nicht. Mitarbeiter haben viel mehr Verständnis für ihren Chef, als Sie glauben. Es sind oft die inneren, gelernten Antreiber des »Ich muss aber stark sein«, die uns von überfälligen und wohltuenden Befreiungen abhalten. Der Inhaber eines Büro- und IT-Ausstatters hat sich neben seiner Chefrolle eine umfassende Coaching-Ausbildung gegönnt. Nicht, um das Unternehmerleben an den Nagel zu hängen, sondern für die eigene persönliche Weiterentwicklung. Er sagte von sich: »Wir haben einige Veränderungen in der Branche und in unserer Firma vor uns. Da wollte ich erst mal mich entwickeln, ehe ich das meinen Mitarbeitern zumute.« Nicht die schlechteste Haltung. Er kann jetzt ganz anders auf Anliegen von Mitarbeitern eingehen und hat vor allem sich selbst zu reflektieren gelernt.

Mut zur Individualität

Nein, Chefs müssen nicht morgens die Ersten, abends die Letzten und dann noch am Wochenende in der Firma sein. Ich plädiere für viel mehr Individualität. Nur wer sich kennt, wer Selbst- und Fremdbild gut abgeglichen hat, kann zu einer realistischen Selbsteinschätzung gelangen. Ist es ein Teil davon, zu erkennen, dass bestimmte Managementaufgaben nicht zu meinem Profil passen, dann besteht die eigentliche Aufgabe darin, die richtige Struktur und dann die richtigen Menschen zu finden und zu etablieren. Das mag eine anstrengende, vielleicht schmerzhafte Phase sein – der Lohn sind Gelassenheit und Menschen, die an der richtigen Stelle mit Leichtigkeit produktiv sind.

In unserem Kontext geht es immer um die Wirkung auf Mitarbeiter – heutige und potenzielle. Wie viel attraktiver ist es, sich in einer Firma zu bewerben, bei der Führungskräfte in flexiblen Arbeitszeitmodellen arbeiten, der Inhaber sich auf seine Leibrolle beschränkt und Menschen ihre Arbeitsstruktur mindestens mitentwickeln können? Wie viel attraktiver ist es, wenn die Chance und Verpflichtung zu offenem und ehrlichem Feedback für Mitarbeiter und für Chefs selbstverständlich ist und dann noch eine gute Kultur mit einer gewissen Leichtigkeit gelebt wird?

Warum gibt es eigentlich so wenige Führungskräfte in Teilzeit? Omnipräsenz ist ein weiterer Nimbus, der sich überlebt hat. Denken Sie an das Managerinnen-Tandem bei Unilever. Es gibt genug Unternehmer, die zwei Firmen parallel führen oder gleich mehrere Jobs in der eigenen Firma innehaben. Warum also nicht Teilzeit und Freizeit in der restlichen Zeit? Ich war fasziniert von einem Portrait André Hellers. Künstler dürfen etwas exzentrischer sein als normale Chefs. Aber sein Konzept, erst um 14 Uhr ins Büro zu gehen, fand ich inspirierend. Die Vormittage sind frei von Verpflichtungen. Sie sind sein Freiraum, einfach auszuschlafen, zu lesen oder im Pyjama Konzepte zu schreiben.

Mir geht es nicht darum, das zu kopieren. Die Botschaft ist: Trauen Sie sich zu dem Maß an Individualität, das Ihnen bestmögliche Leistung und Lebensqualität bietet. Sie tun nicht nur sich selbst einen Gefallen, sondern setzen auch ein Signal für Ihre Leute und die Öffentlichkeit, dass in Ihrem Unternehmen mehr möglich ist als anderswo. Was Sie vorleben, ist eine Botschaft für Menschen, die sich überlegen, in welcher Firma sie ihre Lebenszeit investieren wollen.

Unabhängigkeit

Geld macht nicht glücklich. Stimmt. Aber es gibt Freiheit und Unabhängigkeit. Unternehmer und Führungskräfte sind gerade in schwierigen Zeiten sehr gefordert. Kommen noch persönliche und finanzielle Notlagen dazu, ist es mit Gelassenheit und Souveränität schnell vorbei. Naheliegend, dass dann die Qualität von Entscheidungen und Führung leiden und die Leichtigkeit verloren geht.

Erfolgsgeschichten von Unternehmern auf Bühnen und in Biografien enthalten oft Sätze wie »Ich habe alles auf eine Karte gesetzt«, »Jeder Cent steckte im Unternehmen«. Das klingt gut, wenn alles gut gegangen ist. Ist es nicht gut gegangen, stehen die Protagonisten nicht auf der Bühne, sondern womöglich vor dem Insolvenzrichter oder fristen ihr Dasein in Firmen, die auf den Namen des Lebenspartners laufen.

So wie das Hobby für die Zeitgestaltung eine Unternehmerpflicht ist, so sollte es eine gewisse finanzielle Unabhängigkeit außerhalb des Unternehmens auf der materiellen Ebene sein. Nichts ist für ein Unternehmen stabilisierender als ein Inhaber, der nicht erpressbar ist, der eine Krise durchstehen kann, der bereit ist, in langfristige Ziele zu investieren, von deren Idee er überzeugt ist.

Das gilt im Übrigen auch für angestellte Führungskräfte. Menschen, die unabhängig sind, tun sich entschieden leichter, zu Werten und Überzeugungen zu stehen und sich nicht zu verbiegen. Das schützt vor faulen Kompromissen und kommt der Führungskultur zugute.

Dirigenten – Warum Chefs das ganze Stück kennen müssen

Die großen Dirigenten haben es immer geschafft, eine Vision so fein zu justieren, dass sie vom Orchester umgesetzt werden konnte.
Christian Gansch, Dirigent

Wenn das Konzert beginnt, sind alle auf die Musik fixiert. Was es alles braucht, um diese außergewöhnlichen Momente zu schaffen, wissen die wenigsten. Das ist in Unternehmen nicht anders als in der Musik. Als ob es nicht ambitioniert genug wäre, alle internen Vorgänge und Menschen im Blick zu behalten. Doch wer über Wohl und Wehe einer Firma entscheidet, braucht noch mehr Perspektiven. Der Blick auf Markt und Finanzen ist allen bewusst. Wichtiger ist der Blick in die Welt da draußen und in ihre Zukunft, die sich immer schneller und grundlegender verändert und entwickelt.

Man kann nicht alles absichern, niemand weiß, was die Zukunft bringt. Wer sich frühzeitig mit möglichen Entwicklungen auseinandersetzt, in Szenarien denkt und die eigene Mannschaft wie die Strukturen zukunfts- und lernfähig hält, ist besser vorbereitet als andere. Im Kampf um Talente geht es in Zukunft viel weniger um die klassischen Themen wie Gehalt und Karriere. Entscheidender werden Fragen nach Sinn und Perspektive eines Unternehmens. Ist eine Firma Teil der Lösung globaler Probleme oder eher Relikt alter Zeiten? Finde ich zeitgemäße Haltungen und Strukturen und Kollegen, die mich herausfordern?

Inhaber, Geschäftsführungen und Vorstände sind gefragt und müssen Antworten auf diese Fragen finden. Das müssen sie nicht allein tun – aber sie setzen den Rahmen, schaffen die Gelegenheit und fordern ihre eigene Organisation. Führungsaufgabe ist es, die richtigen Fragen zu stellen und Räume für deren Beantwortung zu schaffen.

Perspektiven statt Unsicherheit

Wo hängt der Feuerlöscher? Wer ist ausgebildeter Ersthelfer? Was ist zu tun bei einem Hackerangriff? Nein, Chefaufgaben sind das alles nicht. Doch der Plan für die Krisenfälle, für den müssen die Menschen an der Spitze sorgen. Immer in der Hoffnung, alle diese Dinge nie zu benötigen – sie geben Sicherheit und machen im Zweifel schnell handlungsfähig. Meistens hat oder nimmt man sich für solche Fragen nur Zeit, weil Arbeitsschutz oder eine Auditierung entsprechende Fragen aufwerfen. Risikoanalysen, ein Notfallhandbuch, vielleicht sogar eine Übung, geben Sicherheit. Die heikelste Frage, insbesondere bei inhabergeführten Familienunternehmen: Was passiert, wenn dem Inhaber etwas zustößt? Auch diese Sicherheit ist ein Argument und sie ist spürbar.

Unsicherheiten in Unternehmen entstehen, wenn eine absehbare Nachfolgefrage nicht frühzeitig geklärt wird. Halten alte Inhaber zu lange an ihrer Position fest oder laufen Nachfolgeprozesse auf ungeeignete Nachkommen zu – gerade für hoch qualifizierte Mitarbeiter sind das Gründe, sich anderweitig umzuschauen. Mitarbeiter brauchen Perspektive und Sicherheit in ihrer Arbeit, wenn sie Entscheidungen im Privaten treffen. Bauen wir ein Haus? Ziehen wir noch mal woanders hin? Wo gehen unsere Kinder zur Schule?

Das KfW Mittelstandspanel[5] spricht von mehr als 500 000 Unternehmen, die in den nächsten zwei bis drei Jahren ihre Nachfolge regeln müssen. Die meisten denken dabei nur an eine Lösungsvariante, die wenigsten in Alternativen. Denken Sie an die Beteiligungsmodelle. Eine Nachfolgesituation kann eine hervorragende Gelegenheit sein, ein Unternehmen zu einem großartigen Arbeitgeber auf- und umzubauen. Eine frühzeitige Klärung der Aufstellung für morgen oder zumindest des Weges dahin schafft Sicherheit und Perspektive.

Mit der Mär vom Gewinn als alleinigen Unternehmenszweck haben wir schon aufgeräumt. Eine der vornehmsten Unternehmeraufgaben ist die Definition der Firmenmission. Bei Gründung werden solche Dinge meist vom Gründer definiert – sozusagen als DNA eines Unternehmens. Visionäre Typen wie Elon Musk setzen ambitionierte Ziele in die Welt – oft zur Überraschung ihrer eigenen Leute. Das ist ein Weg. Genauso gut können Auftrag und Vision im Kreis der Führungskräfte oder gar mit Beteiligung aller Mitarbeiter geklärt und aktualisiert werden. Das ist möglicherweise die stabilere und gesündere Variante.

Zukunftsfähig, lernwillig und beweglich

»Zukunft ist nicht vorhersehbar. Aber wir alle treffen Annahmen über die Zukunft als Grundlage unserer Entscheidungen – oft unbewusst und häufig auf einer schlechten Grundlage«[6], sagt der Experte für Zukunftsmanagement Dr. Pero Micic. Sind Unternehmer ohnehin sehr zukunftsorientiert, fällt dieses Thema leicht. Sind Sie es nicht als Person, müssen Sie dennoch dafür sorgen, dass es interne Zukunftsmanager oder -teams gibt, sich das Unternehmen systematisch damit befasst, was auf Sie zukommt und wie Sie sich darauf bestmöglich einstellen – mit Strategieprozessen, Zukunftskonferenzen oder Zukunftsmentoren. Kommt die Beschäftigung mit relevanten Trends allerdings nicht über Plattitüden und den Keynote-Vortrag bei der Jahreshauptversammlung des Branchenverbandes hinaus, ist das zu wenig. Wie anders stehen Sie im Wettbewerb und auf dem Arbeitsmarkt da, wenn Sie von einem systematischen Zukunftsprozess, Ihren Experimentierfeldern und den ersten Zukunftsprojekten in Ihrer Pipeline berichten können. Mit Letzteren gewinnen Sie die wirklich unternehmerisch denkenden High Potentials, die sich vorstellen können, eines Ihrer Babys in eine boomende Zukunft zu führen.

Es gibt einen Fluch in erfolgreichen Unternehmen. Je kompetenter und erfolgreicher eine Firma funktioniert, desto stärker wird aussortiert, was gegen die eigenen Erfahrungen und Erfolgsrezepte steht. Das ist gefährlich. Es ist ein Grund, warum revolutionäre Innovationen meistens nicht aus den etablierten Firmen eines Marktes kommen, sondern von außen. Ikea hat den Möbelhandel als Newcomer revolutioniert – designte Möbel zum Mitnehmen und Selbstaufbau. Die Insider waren sicher, dass das nie klappen würde.

Wie schaffen wir es, unser eigenes Geschäft neu zu denken, ehe es andere tun? Wie geben wir verrückten Ideen den nötigen Raum, gedacht und weiterentwickelt zu werden? Die Schlüsselbegriffe sind Experimentieren und schnelle Kommunikation. Ob das offline in kommunikativen Workspaces geschieht oder in sozialen Medien – alles geht, wenn es schnell und ohne Dienstwege geschieht.

Eine Firma, besonders eine gewachsene, stabile, alte, in diesem Sinne beweglich zu halten oder zu machen, für Innovationen zu sorgen, dürfte mit über deren Erfolgsaussichten für morgen und übermorgen entscheiden. Manager, die sich im Mittelbau eingerichtet haben, sind dafür selten die richtigen Impulsgeber. Es ist eine Aufgabe für die Spitze im Unternehmen, gemeinsam mit den Innovatoren und Impulsgebern aus allen Ebenen und Generationen.

Der Dirigent setzt den Ton und orchestriert das Werk

Unternehmen profitieren von Kooperationspartnern, Lieferanten und dem Dialog mit Kunden. In unserer hypervernetzten und weltumspannend kommunizierenden Wirtschaft verschwimmen die Grenzen von Firma und Umfeld. Kunden lassen sich intensiv in die Produktentwicklung integrieren, Start-up-Inkubatoren bieten Raum für innovative Nerds, die das eigene Geschäftsmodell herausfordern sollen, ehe es andere tun. Unternehmen, die durch Initiativen, Wettbewerbe, Auszeichnungen – durch Keynotes und Veröffentlichungen ihrer Know-how-Träger oder wie auch immer öffentlich sichtbar sind, profilieren sich als Arbeitgeber der Zukunft. Die Wege, wie die Leistungsträger von morgen zu ihnen kommen, sind höchst unterschiedlich. Gerade in Branchen, in denen es eine überschaubare Anzahl prägender Unternehmen gibt, kennt man sich. Ein Unternehmen hat gerade einen hervorragenden Vertriebsleiter gewonnen. Nein, besser müsste ich sagen: Ein hervorragender Vertriebsleiter hat sich für das Unternehmen entschieden. Warum? Er kannte die Player des Marktes schon lange. Und hier habe man genau die Zeichen der Zeit erkannt, einen konsequenten Digitalisierungs- und Transformationsprozess eingeleitet. Mitarbeitergewinnung in Top-Positionen wird vermutlich oft so laufen. Die besten Leute kennen den Markt und ihren möglichen Beitrag. Sie wählen den besten Partner und melden sich.

Ich bin davon überzeugt, dass es kaum eine wirksamere Strategie gibt, um die besten Talente und Experten als Partner und Mitarbeiter zu gewinnen, als eine wirklich aufregende, begeisternde und sinnvolle Strategie mit entsprechenden Zielen und Mission zu entwickeln und zu leben. Gekoppelt mit einer oder mehreren menschlich gewinnenden Persönlichkeiten oder Teams an der Spitze und einer Unternehmenskultur voller Entwicklungsmöglichkeiten, Freiräumen und Leichtigkeit – dann können Sie sich vermutlich Headhunter und Marketingagenturen sparen. Begeisterte Mitarbeiter, innovationssuchende Journalisten und Arbeitgeberbewertungsportale erledigen das dann für Sie.

In unserer Tour d'horizon durch die Faktoren, die über die Überlebensfähigkeit von Unternehmen im Arbeitsmarkt der Zukunft entscheiden, sind wir jetzt sozusagen ganz oben angekommen. Je stärker ein Unternehmen von Inhabern, Gründerinnen, Gesellschaftern und Führungskräften geprägt ist, desto größer ist auch ihr Einfluss. Das war schon immer so. Durch den zunehmenden Fachkräftemangel werden Menschen wählerischer, durch die zunehmende Medienpräsenz des Themas werden Unternehmen bekannter und sprechen sich gute wie schlechte Dinge schneller herum.

Für Mittelständler, die diese Aufgaben verschlafen oder so eingespannt sind, dass sie keinen Kopf für die eigentlich wichtigen Dinge haben, wird das zum Todesurteil. Sie erinnern sich, das geht schleichend. Mit den Kompromissen beim Einstellen kalibrieren sie Mitarbeiterqualität, Innovationsgeist und Produktivität scharf in Richtung Mittelmaß. Ein schleichender Tod.

Umgekehrt geht's auch und das ist die ermutigende Botschaft. Wenn Sie als Kopf eines Unternehmens, als Team an der Spitze einen Teil Ihrer Zeit in die Klärung von Mission, Selbstverständnis und Menschenbild investieren. Wenn Sie diese Arbeit von Anfang an unter dem Gesichtspunkt von Innovation, Wettbewerbsfähigkeit und People Strategy tun, dann können Sie innerhalb weniger Jahre Wettbewerber hinter sich lassen – auch viel größere und finanzstärkere.

Die persönlichen Eigenheiten, die unendlichen Unterschiede zwischen Menschen und den durch sie geprägten Unternehmen – sie sind vielleicht die zentrale Chance für mittelständische Unternehmen. Haben Sie ein Menschenbild, das in die Zeit passt, können Sie ein Unternehmen kreieren, das Talente magnetisch anzieht. Ich wünsche mir, dass viele People Champions entstehen, sozusagen eine neue Form der Hidden Champions. Ein großer Teil des Erfolgs im Arbeitsmarkt der Zukunft entscheidet sich zwischen den Ohren der Chefs. Sie wählen, ob das Fluch oder Segen ist.

Kapitel 9

MARKT: Wie Unternehmen Mitarbeitergewinnung neu denken

Der Arbeitsmarkt dreht sich. Unternehmen werben um Mitarbeiter, wie sie es um Kunden schon lange tun. Ich bin der festen Überzeugung, dass nur die Unternehmen als großartige Arbeitgeber vom Wandel im Arbeitsmarkt profitieren, die von innen heraus etwas Großartiges zu bieten haben.

Sind sie intern gut aufgestellt, kommt der Punkt, an dem wir nach draußen, in den Arbeitsmarkt schauen. Auch hier warten alte Zöpfe auf die Schere, müssen vertraute Gewohnheiten der Personalarbeit über Bord geworfen werden. Die benötigten Haltungen und Instrumente erinnern mehr an Marketing als an klassische Personalarbeit.

Das Ziel Ihres Arbeitgebermarketings muss sein: Sorgen Sie dafür, dass die richtigen potenziellen Mitarbeiter früh auf Sie aufmerksam werden und sich bei Ihnen bewerben. Gewinnen Sie so viele Bewerberinnen und Bewerber, dass Sie die Auswahl haben und keine Kompromisse machen müssen. Sie wissen schon: Die Spirale des Todes lässt grüßen.

Das ist ein hoher Anspruch. Den besten Firmen wird das gelingen. Dafür brauchen Sie allerdings einen weiten Horizont, was Instrumente, Zielgruppen und Arbeitsformen angeht. Mit klassischen Stellenanzeigen, Bewerbungsgesprächsstress für Neulinge und langwierigen Recruitingprozessen gewinnen Sie keinen Blumentopf.

Je schwieriger Ihre Situation ist, desto langfristiger sollten Sie ansetzen. Das härteste Thema kommt am Anfang. Sehen wir uns an, wie wir unseren Nachwuchs aufs Berufsleben vorbereiten. Hier läuft unglaublich viel schief und es ist von uns in den Unternehmen am schwierigsten zu verändern.

Talente? Was auf dem Weg ins Arbeitsleben schiefläuft

Im Vorraum der Aula stehen Eltern, Schüler und Lehrer nach der Aufführung zusammen. »Sagen Sie mal, warum gibt es eigentlich keinen 10-Finger-Schreibkurs in der Schule?«, frage ich den Schulleiter des Gymnasiums. »Ach Herr Dietz. Wir haben das mal diskutiert. Es wurde abgelehnt. 10-Finger-Schreiben sei Realschul-Curriculum!«

Ich bin sprachlos und stinksauer. Okay, für mich war das auch kein reiner Spaß. Aber im Nachhinein bin ich dankbar, dass mich meine Eltern mit 16 zum Schreibmaschinen-Kurs geschickt haben. Und wie profitiere ich heute davon! Ich sehe mitleidig auf Ingenieure, Berater und Geschäftsführer, die mehr oder weniger geschickt mit zwei bis vier Fingern Texte in ihre PCs tippen. Mit ein paar Stunden Einsatz kann jeder genauso schnell schreiben, wie er oder sie sprechen kann. Wie viele Millionen Arbeitsstunden werden da verschwendet? Wie leicht wäre das zu lösen?

Die Realität bringt mich regelmäßig in Rage. Da sitzen dann Hunderte akademisch ausgebildete Experten in Tagungen über Digitalisierung und schreiben unleserliche Notizen auf Zettel, die sie nie wiederfinden. Was soll das? Ich schreibe seit Jahren konsequent bei Tagungen per Notebook mit, verlinke Websites und entwickle eigene Gedanken. Bei Bedarf habe ich meine Notizen griffbereit. Immer. Egal, ob ich nur mein Smartphone oder meinen Rechner bei mir habe. Das sollte normal sein. Und was lernen unsere Kinder? Handschrift statt Tastatur.

Ich weiß um die pädagogischen Glaubenskriege um die Bedeutung der Handschrift. Klar, soll man die noch lernen. Gebraucht wird sie heute schon nirgends mehr. Schule von heute muss für morgen vorbereiten und nicht das Gestrige mystifizieren.

Mit Instrumenten von gestern verspielen wir die Zukunft

Die Corona-Homeoffice-Challenge ist auch ein Realitäts-Check für die Schulen. Plötzlich sollen Schüler von zu Hause lernen. Nur ist kaum eine Schule, sind die wenigsten Lehrer darauf vorbereitet. Auch hier gibt es positive Ausnahmen, die jetzt hoffentlich dauerhaften Rückenwind verspüren. Einzelne Lehrer, die mit Videokonferenzen unterrichten, einzelne Schulen, die ihre Erfahrungen aus Pilotprojekten jetzt ausrollen können – es gibt sie.

Was mich aufregt, ist die offensichtliche Verweigerung und fehlende Lernfähigkeit mancher Lehrkräfte. Wie kann es sein, dass Lehrer alles Digitale ablehnen und bisher keinerlei Bereitschaft gezeigt haben, sich für ihre verbleibenden

15 Berufsjahre mit digitalen Technologien auseinanderzusetzen? Dazu kommen wir noch mal. Mir geht es nicht darum, Analoges zu verteufeln und das Digitale hochzujubeln. Alle Entwicklungen haben ihre Kehrseite. Aber Ablehnung und Negieren sind der falsche Weg. Wir brauchen Lehrkräfte und Mentoren, die sich mit neuen Technologien und ihren Möglichkeiten auseinandersetzen, die junge Menschen darin unterstützen, die richtigen Kompetenzen aufzubauen, um in einer digitalen Welt bestehen zu können. Medienkompetenz, Selbstbewusstsein, digitale Kontrolle, Datensouveränität, Suchmethodik, Selbststeuerung in Anbetracht der Suchtgefahren von Internet, Games und Social Media – es gäbe viel zu lehren. Doch wer soll die dringend nötigen Fähigkeiten für die vorwiegend digitale Arbeitswelt vermitteln?

Der Weg ins Berufsleben liegt in falschen Händen

Für unsere Kinder bin ich trotzdem optimistischer, als es vielleicht hier und da geklungen hat. Da schon Zwölfjährige ihre Lehrer nicht mehr als Autorität in Sachen IT, Zukunft und interessante neue Themen akzeptieren, sind sie bei YouTube unterwegs, trainieren Englisch, Reaktionsfähigkeit und Fingerfertigkeit in E-Games und diskutieren die großen Fragen im Freundeskreis. Das könnte man zwar wesentlich besser unterstützen, aber Wege finden sich trotzdem.

Eine harte Hürde gibt es: die Berufswahl. Junge Menschen sind verunsichert wie nie – trotz vielfältigster Möglichkeiten. Wir beklagen in Deutschland zu geringe Start-up-Kultur, zu wenig Innovationsfreude und Unternehmergeist. Wundert uns das, wenn wir die Information zur Berufsorientierung beamteten Lehrern und Berufsberatern der Arbeitsagentur überlassen? Wie sollen Menschen in so sicherheitsaffinen beruflichen Strukturen ein positives Wirtschaftsbild verbreiten? Wie sollen Menschen, die überwiegend nie in einer Selbstständigkeit oder in einer verantwortlichen Position im privaten Unternehmen gearbeitet oder gar eine Firma gegründet haben, Unternehmergeist verbreiten?

Spätestens hier beginnt ein Feld, auf dem Unternehmen in ihrem Umfeld aktiv werden können, ja müssen. Je mehr Kontakte Schülerinnen und Schüler zu inspirierenden Unternehmerpersönlichkeiten, zu innovativen Firmen, zu Menschen in praktischen Berufen bekommen, desto besser. Es gibt diese Lehrer, die viel Zeit investieren und gute Praktikumsplätze für ihre Schüler organisieren. Es gibt Regionen, die systematisch Schüler in die Betriebe und Betriebe in die Schulen bringen. Es gibt Unternehmen, die Wettbewerbe in Schulen ausrichten, Patenschaften übernehmen und Schüler zu Kennenlernpartys einladen. Davon brauchen wir mehr.

Überforderung trotz bester Aussichten

Ein Teilnehmer sagte nach dem Vortrag zum Glücksfall Fachkräftemangel: »Sie haben das Beste vergessen. Um unsere Kinder müssen wir uns keine Sorgen machen – die können sich ihren Job aussuchen!« Sollte man meinen. Wir haben im letzten Jahr einen Workshop für Schüler veranstaltet. Im Logentrakt des Betzenberg-Stadions haben wir einen Tag für Schüler der Oberstufe organisiert. In einem Vortrag haben wir die Situation auf dem Arbeitsmarkt, Zukunftsfelder und ihre Chancen beleuchtet. Dann mit allen in nur wenigen Stunden persönliche Stärken und eine Idealvorstellung des eigenen Lebens, eine Zukunftscollage erarbeitet. Jeder der teilnehmenden Schüler hatte eine Richtung, eine Idee.

Die Resonanz war großartig. Und erschreckend zugleich. Wenn diese einfachen Methoden des Herausarbeitens eigener Stärken und Entwerfen einer Berufseinstiegsstrategie – in Verbindung mit positiven, bestärkenden Botschaften – zu Reaktionen führen wie »So haben wir das noch nie gesehen«, »Da klangen unsere bisherigen Berufsberatungen immer ganz anders, viel problematischer« und »Wir haben nur Bewerbungen trainiert, aber es gibt ja viel bessere Möglichkeiten«. Wie niederschmetternd und überfordernd muss das sein, was die Jugendlichen in der Schule zuvor zum Thema erlebt haben?

Was nicht hilft, sind erkennbar manipulative Werbemaßnahmen. Die dahinterliegende Not durchschauen schlaue junge Menschen ratzfatz. Was wir brauchen, ist die methodisch gute Unterstützung in der Entwicklung des eigenen Weges. Dazu brauchen wir Menschen mit Zukunftskompetenz und Zukunftslust – und inspirierende Vorbilder. Ali Mahlodji[1] hat über Jahre ein großartiges Portal namens *whatchado*[2] aufgebaut, in dem Tausende Menschen ihren Beruf in kurzen Videos erklären. Eine wunderschöne Inspiration.

Der Fachkräftemangel und der verschärfte Kampf um Talente zwingen Unternehmen zu etwas ohnehin sehr Sinnvollem: deutlich früher in Schulen präsent zu sein. Gerade Mittelständler, gerade regionale Unternehmen müssen hier noch viel aktiver werden. Marktführende Großunternehmen haben gleich zwei Vorteile: Sie sind als Marke ohnehin bekannt und sie sind spätestens an den Hochschulen so präsent, dass die guten Studierenden oder Fachausgebildeten zum Ende ihrer Ausbildung längst weg sind. Wer sein Arbeitgebermarketing erst bei Absolventen, bei fertig ausgebildeten Berufseinsteigern ansetzt, hat die beste Hälfte eines Jahrgangs schon verloren.

Jedes Unternehmen, egal wie klein, hat im direkten Umfeld eine Menge Gelegenheiten, auf sich aufmerksam zu machen. Fordern Sie Schulen heraus, bieten Sie Initiativen an und verbünden Sie sich mit den Willigen in Kollegien, Elternbeiräten und Schulträgern. Lassen Sie sich nicht entmutigen, wenn die ersten zwölf Versuche von Bedenkenträgern verhindert oder erschwert werden. Es geht um viel. Gute Unternehmer werden dringend gebraucht für bessere Schulen – oder zumindest die Rettung ihrer Absolventen aus der unverschuldeten Unwissenheit und Verunsicherung.

Verkehrte Welt? Wie Firmen um Talente werben müssen

Ostwestfalen. Geschäftsführer Dr. Holger May und Personalleiterin Frauke Michaelis freuen sich auf das Bewerbungsgespräch. Manuel Werner hat sie zum Kennenlern-Gespräch per Videokonferenz eingeladen. Als Entwicklungsingenieur könnte er perfekt passen. »Wie sind Sie denn auf uns aufmerksam geworden?«, wollen die beiden Firmenvertreter wissen. »In meinen Recherchen erschienen Sie mir interessant«, konstatiert er selbstbewusst. »Sie haben offenbar eine klasse Marktposition erarbeitet.«, fährt er fort. »Deswegen habe ich Sie in meine Auswahl genommen. Erzählen Sie mir doch bitte mal genauer, warum ich bei Ihnen arbeiten sollte.« Wie zufrieden er mit den Antworten ist, lässt er sich nicht anmerken, als er das Gespräch in die Zukunft lenkt »Wo wollen Sie denn in sieben Jahren stehen?« »Bei Glassdoor und Kununu habe ich kritische Kommentare zu Ihrer Führungskultur gelesen. Wie stehen Sie dazu?« May und Michaelis kommen ins Schwitzen. Nach 45 Minuten beschließt Werner das Interview seines potenziellen Arbeitgebers. Er klärt noch ein paar Themen wie Weiterbildung, Sabbatical und die geplanten drei Monate jährliche Remote-Arbeit, dann beschließt er den Dialog: »Das Gespräch hat mir gut gefallen, ich nehme Sie in die engere Wahl. Sie hören dann von mir.« Er verschwindet vom Bildschirm. Seine Gesprächspartner schauen sich an. Dr. May sagt: »Jetzt weiß ich, wie sich früher die Bewerber gefühlt haben.«

Bewerbungsgespräche wird es weiterhin geben, die Verhältnisse könnten sich aber umkehren. Das wird nicht überall und nicht in gleichem Maße geschehen, aber in der Tendenz bewerben sich in Zukunft die Firmen bei den Talenten. Arbeitgeber müssen sich bemühen, ihre Attraktivität zur Geltung zu bringen. Wo früher die Frage der Bewerber war »Wie kriege ich die Einladung zum Vorstellungsgespräch und dann den Job?«, wird die Frage in Zukunft sein: »Wie erreichen wir, dass sich die richtigen Talente bei uns bewerben und dann zusagen?«

Dazu müssen Firmen ihre Zielmärkte genau kennen, bei den Talenten von morgen Bekanntheit und ein positives Image aufbauen und dann die richtigen Personen Schritt für Schritt von sich überzeugen. Doch die üblichen Personalpraktiken stammen noch aus alten Tagen. Auf der Kundenseite können wir dabei längst alles Notwendige. Kunden sind per se auch knapp, aber hat schon mal jemand *Kundenmangel* beklagt? Stattdessen legen wir uns nach allen Regeln der Kunst ins Zeug, Kunden auf uns aufmerksam zu machen, zu informieren und schließlich zu gewinnen. Da liegt das Problem – und die Lösung. Aus der nachgeordneten Personalbeschaffung muss ein proaktives Arbeitgebermarketing werden. Abturnende *Bewerbungsverfahren* dürfen sich in flirtige Kennenlernprozesse wandeln. Der gesamte Prozess, die *Employer Journey*, soll sich anfühlen wie ein Weg zum Traumjob, bei dem nach jeder Biegung die Vorfreude wächst. Firmen mit richtig gutem Marketing und guten Kundenbeziehungen wissen im Grunde schon, wie das geht. Vielleicht müssen Sie nur die Leute von der Kundenseite ins Personal-Boot holen.

Employer Branding: Wofür stehen wir?

Der Wert von Unternehmen wie Coca-Cola oder Nike liegt in ihrer Marke, nicht in Getränke- oder Schuhfabriken. Symbolisiert durch ikonische Zeichen, bestimmte Farben und Slogans steht ein Unternehmen für bestimmte Werte. Die kennt die gesamte Bevölkerung. Nicht allen gefällt eine Marke, es gibt Fans und Gegner. Die Strahlkraft der Marke erzeugt Umsatz, erlaubt hohe Preise, gibt Identifikation und entfacht Sog. Bei den großen Marken wirkt das fast automatisch auch als Arbeitgebermarke. Die Googles, Daimlers, Teslas und Microsofts dieser Welt können in Sachen Bewerbungen nach wie vor aus dem Vollen schöpfen, für Firmen wie BASF, Beiersdorf oder Bosch gilt Ähnliches.

Große Teile der Wirtschaft in Deutschland bestehen jedoch aus mittelständischen Firmen, aus öffentlichen Organisationen und aus Kleinunternehmen. Sogar die Hidden Champions sind bis auf wenige Ausnahmen eher unbekannt. Großer weltweiter Erfolg auf der einen Seite trifft auf vergleichsweise niedrige Bekanntheit auf dem Arbeitsmarkt. Manche haben das längst erkannt und die Arbeit an der Arbeitgebermarke ist in vollem Gange. Relevant ist das Thema für jeden Arbeitgeber. Der Weltmarktführer, der jedes Jahr 100 neue Mitarbeiter sucht, muss andere Kampagnen fahren als der Handwerksbetrieb, der einen neuen Azubi per annum braucht. So oder so ist die positive Bekanntheit als guter Arbeitgeber im relevanten Umfeld die Voraussetzung, damit sich gute Kandidaten überhaupt bewerben.

Die meisten Aussagen über Arbeitgeber sind an Plattheit kaum zu überbieten, die Texte auf Websites könnten als Bullshit-Bingo dienen. So entstehen sie auch oft. Man schreibt ab, ein Content-Creator in einer Agentur produziert Texte am Fließband. Alles hübsch gestaltet, besser als nichts – aber nicht gut.

Die Strahlkraft einer Arbeitgebermarke kommt nicht aus der austauschbaren Verpackung. Es lohnt sich, tiefer hinzuschauen und herauszuarbeiten, was unser Unternehmen als Arbeitgeber ausmacht. Wofür stehen wir? Welches ist unsere Mission? Was bieten wir als Arbeitgeber? Welche Stimmung herrscht bei uns? Was unterscheidet uns von anderen? Wo haben wir etwas Verrücktes?

Dass man das nicht einfach von Externen beschreiben lassen darf, sollte klar sein. Es geht um Fragen zum Kern des Unternehmens, die nur von den Menschen im Unternehmen selbst beantwortet werden können. Beim Formulieren und In-Form-Bringen können externe Profis helfen, bei der Organisation des Prozesses auch. Aber die Aussagen müssen aus dem Herzen des Unternehmens kommen. Wer das ernst nimmt, bezieht die Mitarbeiter ein. Womöglich erleben Sie einen höchst wertvollen Prozess, wenn Ihre Leute die Firma auf den Prüfstand stellen und Potenziale wie Baustellen offenlegen. Was auf die Botschaften für neue Bewerber zielt, ist die Chance, zu erkennen, welcher Kitt den Laden zusammenhält und wo das Arbeitgeberimage noch leidet.

Klingt aufwendig? Ja. Aber ich kann Ihnen versprechen, das ist eine der wertvollsten Investitionen in die Zukunft Ihrer Firma. Wer in der Not laut trommelt, um ein paar Bewerbungen mehr zu bekommen, verbrennt Geld. Wer in der Ruhe die eigene Strahlkraft klärt und entwickelt, schafft Firmenwert. Begeisterte Mitarbeiter, die von ihrem Arbeitgeber erzählen, sind nach wie vor die wirksamste und kostengünstigste Methode des Arbeitgebermarketings. Man kann das mit einer Prämie anreizen, ich bin aber nicht sicher, ob das wirklich eine gute Idee ist. Es könnte angemessenere Anerkennungen geben.

Employer Marketing: Wo ist die coolste Party?

Stellenausschreibungen schalten und zweimal im Jahr bei einer Jobbörse mit einem Stand vertreten sein – das reicht nicht. Das ganze Spektrum des Marketings – geschickt übersetzt in die Welt des Personalmarketings – steht Ihnen zur Verfügung, um Ihrer jammernden Konkurrenz ein paar Nasenlängen voraus zu sein.

Als Nächstes müssen Sie wissen, wen Sie erreichen wollen. Wer alle glücklich machen will, erreicht keinen. Weiß man erst mal, wen man sich als Mitarbeitende von morgen wünscht, sind die Ideen schnell geboren. Ein Unternehmen investiert zweimal im Jahr in eine Riesenparty und karrt die Studierenden der einzigen relevanten Hochschule mit Bussen auf ihr Betriebsgelände zur Riesensause. Die Party ist legendär, alle haben die Firma auf dem Schirm und der Nachschub der jährlich fünf bis zehn Top-Absolventen ist gesichert. Mission completed.

Ein Metallbauer in einem kleinen Ort lädt einmal im Jahr zur Nacht der offenen Werkstatt – seine zwei Ausbildungsplätze sind ein bis zwei Jahre im Voraus vergeben. Mission completed.

Ihre Möglichkeiten sind schier unbegrenzt. Machen Sie Ihr Unternehmen sichtbar, verbreiten Sie gute Botschaften zu Ihrer Marke. Ein großes Gartenbauunternehmen erneuert alle drei Jahre pressewirksam den gesamten Fuhrpark. Dreißig neue Firmenfahrzeuge mit knalliger Farbe vom Premiumhersteller. Das gibt Presse, sendet eine starke Botschaft und sichert nebenbei gute Einkaufskonditionen.

Vergrößern Sie Ihr Suchfeld. Müssen Ihre Bewerber unbedingt deutsch sprechen oder reicht gutes Englisch auch? Müssen spätere Mitarbeiter fest in der Region wohnen, oder können Sie sich auch Jobs an anderen Standorten oder völlig remote vorstellen? Welche Mitarbeitergruppen können Sie erschließen und als Quereinsteiger gewinnen? Wen können Sie reaktivieren und welche Gruppe durch besondere Betreuung als loyale Mitstreiter zu sich holen?

Datenschutz und Arbeitsrecht machen den Personalern das Leben nicht leichter. Warum soll es nicht trotzdem eine E-Mail-Liste potenzieller Interessenten geben, einen Arbeitgeber-Newsletter mit regelmäßigen Infos und Veranstaltungen für potenzielle Mitarbeiter? Alle, die mal bei einer Firmenbesichtigung Interesse gezeigt haben, alle früheren Praktikanten, ehemalige Mitarbeiter, Lebenspartner von Mitarbeitern – solange wir diese warmen Leads nicht erfassen und eine regelmäßige Kommunikation zu ihnen aufbauen, kann der Fachkräftemangel noch nicht so schlimm sein.

Employer Sales: Willst du mit mir gehen?

Ein weiterer Prüfstein für die Zukunftsfähigkeit liegt im Recruiting. Aber nicht in der Weise, wie man das bisher machte, wo man meist unattraktiv gestaltete Stellenanzeigen voller formaler Anforderungen raushaute. Der Fokus liegt fast immer auf Kompetenzen, auf Fachwissen und Erfahrung, nicht auf Persönlichkeit. Selten wird ein wirklich klares Anforderungsprofil gemeinsam mit den späteren Führungskräften oder Kollegen erarbeitet. Was dann herauskommt, ist entweder zu unspezifisch oder legt die Hürde viel zu hoch. Man wartet drei Wochen, ehe man Kandidaten einlädt. Bewerbungsgespräche sind angsteinflößend für die Bewerber, Gespräche werden meist nur von zwei oder drei Vertretern des Unternehmens geführt und in der Regel wird nach zwei Terminen eine Entscheidung getroffen. Für aufwendigere Prozesse hat man keine Zeit. Außerdem gebe es ja die Probezeit. Solches Vorgehen ist in mehrerer Hinsicht falsch. So ist der Prozess für Bewerber unattraktiv und die besten Bewerber gehen verloren, weil Firmen zu langsam reagieren. Hier zu wenig Ressourcen zu haben ist ein teurer Fehler. Schließlich gibt es keine effizientere Methode zur Produktivitätssteigerung, als die richtigen Mitarbeiter auszuwählen. Einstellungen scheitern selten an Fachkompetenzen. Leute passen nicht ins Team, die Rolle nicht zu ihren Stärken oder ihre Persönlichkeit nicht zu den Unternehmenszielen. Aber nein, für genauere Auswahl haben wir keine Zeit. Schon klar.

Google hatte vermutlich seine Gründe, bis vor ein paar Jahren im Schnitt 32 (!) Gespräche mit einem Bewerber vor der Einstellung zu führen. Durch den Einsatz von künstlicher Intelligenz und umfassenden Analysen hat man diese Zahl jetzt auf vier reduziert. Ein guter, zeitgemäßer Prozess der Mitarbeitergewinnung muss anders aussehen als der bisherige Standard. Wenn schon Stellenanzeige, dann bitte sympathisch, pfiffig und spezifisch, für eine Softwareentwickler-Stelle auch schon mal in Programm-Code formuliert. Bewerber sind heute an schnelle Prozesse gewöhnt. Die Bewerbung sollte online funktionieren. Schaffen Sie es dann, mit der vollautomatischen Eingangsbestätigung direkt eine Terminvereinbarung zum kurzen Videocall innerhalb der nächsten 24 Stunden anzubieten, sind Sie im Rennen. Grundanforderungen sind so schnell geklärt und der Draht zum Bewerber ist geknüpft. Kennenlernen beruht auf Gegenseitigkeit. Beide Seiten profitieren, wenn man genug voneinander weiß, ehe man Verträge unterschreibt und seine Social-Media-Profile ändert. Schaffen Sie ein Setting, in dem sich Bewerber umworben und willkommen fühlen. Stellen Sie das Unternehmen vor, zeigen Sie echtes Interesse. Dann fühlen Sie sich gegenseitig auf den Zahn, kreieren reale oder modellhafte Arbeitssituationen und kommen dann zu einer Entscheidung – auf beiden Seiten. Sorgen Sie dafür, dass die Leute, mit denen jemand zusammenarbeiten soll, beteiligt sind. Halten Sie nichts hinter dem Berg. Der Frust käme später eh. Wenn es passt, können Sie sicher sein, gut gewählt zu haben. Wenn es nicht passt, läuft da draußen jemand herum, der Ihr gutes Verfahren lobt.

Auch wenn der Vertrag unterschrieben ist, machen Arbeitgeber noch viel falsch. Das Integrieren und Einarbeiten neuer Mitarbeiter ist einer der wichtigste Personalentwicklungsprozesse. Hier steckt so viel Potenzial. Fragen Sie mal Ihre Mitarbeiter, wie gut ihre Einarbeitung war. Sie werden sehen: Manches geht viel besser, als es bisher üblich war. Hier schlummern erhebliche Chancen, sich von Wettbewerbern abzuheben.

Homeoffice? Was sagen Sie, wenn jemand auf Bali arbeiten will?

Das Essen bei Pedro war lecker, wir sitzen noch zusammen in der Runde der Freunde des Coworking bed'n'desk. Diego stammt aus Sevilla und lebt mit seiner Freundin Donna hier in Palma. Donna ist Amerikanerin. Beide sind angestellt. Diego arbeitet für ein Internet-Unternehmen mit Sitz in Brasilien. Er leitet Projekte und führt ein Team mit 25 Softwareentwicklern. Nein, persönlich hat er nur ganz wenige schon mal getroffen, alles läuft virtuell und es läuft gut. Donna stellt individuelle Rundreisen für einen chilenischen Reiseveranstalter zusammen. Beide haben normale Acht-Stunden-Tage. Sie lieben Mallorca und deshalb arbeiten sie hier. Was sie daran besonders schätze, frage ich Donna. »Weißt du, wenn ich in ein Büro muss, muss ich eine Stunde fahren. Ich hasse das. Mein Leben ist viel besser. Ich stehe auf, mache mir einen Kaffee, kämme die Haare zurück, ohne mich besonders zurechtmachen zu müssen, und bin online, fange an zu arbeiten. Nach acht Stunden ist noch eine Menge Tag übrig. Dann mache ich mich schick für die Leute, mit denen ich abends feiern will. Sie lacht zufrieden und strahlt Diego an: »We don't waste time.«

Längst ist erwiesen, dass Menschen im Homeoffice produktiver arbeiten als im Büro. Die Möglichkeiten dazu sind längst da, unzählige Menschen wünschen sich größere Flexibilität wenigstens für einzelne Tage pro Woche und für besondere Anlässe. Allein die Firmen standen auf der Bremse. Es scheint, als hätten sich Firmen und Führungskräfte beharrlich geweigert, die an allen Ecken erkennbaren Möglichkeiten anzuerkennen und zuzulassen. Verzweifelt versuchte man, die Reste der Kontrollillusion bei komplett anwesenden Mitarbeitern zu erhalten.

Was gute Argumente lange Zeit nicht vermocht haben, schaffen ein Virus und die zu seiner Bekämpfung notwendigen Maßnahmen auf einen Schlag: den Beweis, dass es geht. Was Diego und Donna seit Jahren freiwillig machen, üben wir plötzlich alle gleichzeitig in der Corona-bedingten Homeoffice-für-alle-Challenge.

So bedrohlich und herausfordernd der Anlass – so enorm sind die Chancen für einen riesigen Schritt nach vorne, was flexibleres Arbeiten angeht. Darin steckt viel mehr. Die zugrunde liegenden Trends sind alle nicht neu, die Tools längst vorhanden, die Erfahrungen für den täglichen Betrieb auch. Die Krise könnte einen enormen Schub bringen. War Homeoffice ohne Vorbereitung und Kinderbetreuung für Mitarbeiter oft persönlich anstrengend – für die Firmen war es ein Realitäts-Check. Mehr als deutlich traten die Unterschiede zutage zwischen denen, die gut vorbereitet waren, und denen, deren Betrieb nahezu zum Erliegen kam.

Wer hier weiterhin glaubt, es gäbe in puncto Flexibilität des Arbeitens ein Zurück an fest installierte Rechner und nahtlose Büropräsenz, hat es nicht besser verdient, als den Fachkräften ratlos hinterherzuschauen. Alle anderen sind derzeit hoffentlich dabei, ihre technischen Voraussetzungen und ihre Führungskultur entsprechend upzudaten, um für die Zukunft gewappnet zu sein.

Warum Vertrauen und Flexibilität das neue Normal sind

Wir haben gut reden. Unsere Prozesse laufen weitgehend virtuell. Wir konnten einfach unsere Laptops mit nach Hause nehmen und weiterarbeiten. Besprechungen und Kundentermine über Videokonferenzen, alles andere wie sonst auch. Wir haben Formate wie das virtuelle Feierabendbierchen eingeführt, ein paar neue Tools getestet und viel gelernt für die Zeit danach.

Jetzt wird es darauf ankommen, was Firmen aus dem Realitäts-Check lernen. Konsequent wäre es, die technischen wie organisatorischen Arbeitsstrukturen so auszurichten, dass sie zum Vorteil auf dem Arbeitsmarkt werden. So wie vorher und ein bisschen mehr Homeoffice – das ist keine Gewinnerstrategie. Gute Firmen werden ihren Mitarbeitern den Ort des Arbeitens mindestens zeitweise freistellen. Nicht wenige werden nach wie vor gerne ins Büro kommen – zumindest an den allermeisten Arbeitstagen. Ist die Technik auf alle Eventualitäten vorbereitet, gewinnen alle an Flexibilität, Freiheit und Lebensqualität. Das ist für die Attraktivität als Arbeitgeber allemal besser als der tägliche Stau, die anstrengenden Tage ohne Kinderbetreuung oder die unnötigen Reisen.

Für Firmen, die komplett remote arbeiten, ist online normal, jeder sitzt an seinem Laptop woanders. Das ist relativ leicht zu organisieren. Herausfordernder wird die Kombination aus klassischer Offline-Welt mit Mitstreitern in Remote-Situationen. Video-Calls machen erst Freude, wenn die Technik so gut ist, dass die Teilnehmer in der Ferne genauso gut integriert sind wie die am Tisch. Gute Raummikrofone, Kameras und Bildschirme oder ganze Video-Rooms – die hybriden Formate sind die eigentliche Herausforderung, doch die Lösungen dafür gibt es. Sie sind vielleicht etwas teurer, amortisieren sich aber in kürzester Zeit durch wegfallende Inlandsflüge und Hotelkosten. Technisch geht das alles längst. Arbeiten Teammitglieder an anderen Orten, braucht es mehr Selbstverantwortung und andere Routinen für Führung und Kommunikation. Dabei sind die Unterschiede geringer, als man denkt. Wer beim Führen über die Distanz Probleme hat, hatte sie vermutlich vorher auch schon.

Warum die neue Freiheit jenseits vom Homeoffice beginnt

Die ausschließliche Fixierung des Arbeitens außerhalb des Büros auf das Homeoffice ist ein tragischer Denkfehler. Das Zuhause ist nur einer der unzähligen Orte zum Arbeiten. Schriftsteller haben schon immer in Kaffeehäusern gearbeitet. Das

Spektrum der Menschen, die zwischen Latte Macchiato und Croissant ihrer Arbeit inspiriert nachgehen, reicht heute weiter. Ist das Café in der Altstadt die Alternative für die Heimatverbundenen, wuchs in den letzten Jahren die Zahl der ganz oder teilweise nomadisch arbeitenden Menschen stark an. Immer öfter leben auch Festangestellte für eine Phase die Kombination aus Reisen und Arbeiten, machen ihren Job tagsüber aus dem Coworking-Space und genießen den Rest der Zeit die Lebensqualität vor Ort in Bali, Thailand oder Mallorca. Wem das nach zu viel Freiheit, Lebensqualität und Ablenkung riecht, der findet ein boomendes Spektrum neuer Orte zum Arbeiten. Irgendwo zwischen Büro und Café angesiedelt, sprießen unterschiedliche Konzepte flexibler Coworking-Modelle wie Pilze aus dem Boden. Große Büro-Anbieter stellen in jeder größeren Stadt für Stunden oder Tage eine professionelle Struktur mit Besprechungsräumen, Hochleistungsinternet, großen Video-Screens und vertraulichen Arbeitsräumen bereit. Die Mitgliedschaft ist die Eintrittskarte. Lifestyle-orientierte Anbieter punkten mit professionellen Arbeitsräumen mit cooler Atmosphäre, Loungebereich, Tischkicker und Café-Bar – angereichert mit Community, Meet-ups und Weiterbildungen.

Drei Beispiele: Das *Spreegold* in Berlin – ein riesiges Café und dahinter ein großer Bereich mit Tischen mit Steckdose und Bedienung. Es ist gewollt und nicht nur toleriert, dass man hier ein paar Stunden sitzt und arbeitet, Blick auf die Gedächtniskirche inklusive. Das Hotel *25hours* in Köln hat zwischen Foyer und Tagungsbereich eine Bürolandschaft eingebaut, die an Büros hipper Hightech-Unternehmen erinnert. Besprechungsinseln, Stehtische, Notebook-Arbeitsplätze mit Steckdose, schicke Bereiche mit pfiffiger Dekoration und telefonzellenähnliche ruhige Rückzugsräume. Service am Platz gehört dazu. In Bangkoks Einkaufszentren ist ein Coworking-Bereich des örtlichen Telekommunikationsanbieters Standard. Angenehme Ruhe, ein hochwertiges gastronomisches Angebot, Tische mit Steckdose, große Bildschirme zum Mieten. So kann man es aushalten.

Wir müssen also nicht zu Hause bleiben zum Arbeiten. In die Büros wollen wir in Zukunft nur noch, wenn sie schön sind und die Stimmung gut ist. Ansonsten sind Büros ziemlich überflüssig. Arbeitgeber, die sich nicht auf diese neue Freiheit einstellen, werden es schwer haben, gute Leute zu finden. Da draußen hat jetzt nämlich jeder erlebt und begriffen, was geht.

Für Arbeitgeber bieten die neuen Freiheiten ungeahnte Chancen. Es entsteht viel mehr Spielraum, mit verdienten Mitarbeitern individuelle Lösungen zu finden und Menschen an Bord zu halten, die reisen wollen oder in andere Gegenden ziehen. Profis können gewonnen werden, ohne ihren Lebensmittelpunkt dauerhaft zu verlagern. Für die vorhandenen Mitarbeiter können gute Firmen attraktive Angebote schaffen. Wenn Firmen ausschließlich remote erfolgreich arbeiten können, warum sollen nicht Teams mal für ein oder zwei Wochen in der Sonne Spaniens in einem Hotel mit Coworking an einem besonderen Projekt arbeiten? Warum soll eine Ingenieurin nicht mal für vier Wochen in der Nähe des portugiesischen Standorts leben und arbeiten können? Der normale Job läuft weiter und der abendliche Surfkurs braucht keinen Urlaub.

Sexy? Was Arbeitsplätze in Zukunft bieten müssen

Ein ästhetisch gelungenes Bürohochhaus mit Dachterrasse in Tallinn. Holzschindeln sorgen schon am Empfang für eine angenehme Atmosphäre. Miriam, die Personalerin, holt mich ab, wir gehen in die Kommunikationsetage. Neben dem eingebauten estnischen Holzhaus steht ein Foodtruck, die Arena dient für die großen Meetings. In den Etagen darüber arbeiten Menschen in schicken Teambüros. Es gibt eine kleine Nische mit Bett zum Power-Napping. Sogar eine Sauna ist eingebaut – typisch estnisch. Kugelrund mit Holzschindeln sieht sie nicht nur urig aus, sondern wird auch für Pausen oder vertrauliche Besprechungen genutzt. In Betrieb natürlich.

Das Büro in Tallinn ist in mehrfacher Hinsicht State of the Art. Was bin ich durch viele Büros und Werkhallen gelaufen in meinem Leben! Schöne und nicht so schöne. Habe mir zeigen lassen, wo Software programmiert, Maschinenteile gestanzt oder Motoren gegossen werden. Ich bin durch Büroflure gelaufen, habe Besprechungsräume ertragen und in Räumen gestanden, die ich freiwillig nicht aufsuchen würde. Habe auf schlechten Stühlen gesessen, Lärm ausgehalten und stickige Luft geatmet. Arbeitsplätze sind nicht immer schön. Es wird Zeit, dass sie besser werden.

Ehe Sie weiterlesen – halten Sie mal kurz inne. Vielleicht schließen Sie die Augen für ein paar Momente und gehen gedanklich um Ihr Unternehmen. Stellen Sie sich vor, Sie kommen per Flugdrohne aufs Werksgelände, aufs Bürogebäude zugeflogen und machen einen kleinen Rundflug. Erster Eindruck? Farben? Logos? Fahnen? Parkplatz? Gehen Sie rein, Empfangssituation, Eingangshalle, Botschaften an den Wänden? Flanieren Sie an den Arbeitsplätzen vorbei, schauen Sie sich und Ihren Kollegen fiktiv über die Schulter. Sehen Sie sich um. Was hängt an den Wänden, wie ist die Atmosphäre? Wird gelacht, gibt's guten Kaffee? Wie gerne hält man sich hier auf? Wie stolz ist man, dabei zu sein? Wie viel Wertschätzung bringt Ihnen die Umgebung entgegen? Wertig oder minderwertig? Mensch oder Arbeitstier?

Sicher ist: Die Umgebung, in der wir große Teile unserer Zeit verbringen, hat Einfluss auf unser Wohlbefinden, unsere Produktivität und unsere Motivation, jeden Tag hierher zu kommen. Je schlechter die Bedingungen, desto schlechter die Karten im Kampf um die besten Leute. Eigentlich klar, oder?

Firmengebäude sind gebaute Markenwelten

Die Gebäude prägender Unternehmen waren seit jeher architektonisch präsent. Sind die besten Zeiten ihrer Erbauer vorbei, werden sie zu Business-Center, Inkubatoren oder hippen Wohnvierteln. Andere Firmensitze zeugen vom erfolgreichen Wandel. Von BASF bis VW, von Daimler bis Thyssen-Krupp.

Große Unternehmen und ihre Firmensitze sind ganze Welten. Die Ikonen der Neuzeit stehen dem in nichts nach. Apple hat nach Plänen von Sir Norman Foster das angeblich teuerste Gebäude der Welt gebaut. Für schlappe fünf Milliarden US-Dollar hat die Marke mit dem Apfel ein Donut-förmiges Büro in die Wälder vor Cupertino gebaut. Wie ein Raumschiff – modern, futuristisch, Zugangskontrolle. Wer rein darf, ist wer. Der Google Campus in Palo Alto ist legendär, die Arbeiten an einem neuen Standort mit Glaskuppel laufen. Da darf sich das blaue *f* nicht lumpen lassen. So hat Frank Gehry in Menlo Park die neue Facebook-Zentrale gebaut – mit allem New-Work-Schnickschnack inklusive vier Hektar Dachgarten.

Die Größe ist nicht entscheidend. Es geht um Individualität und Angemessenheit. Also bevor Sie bei Foster oder Gehry anrufen, schauen Sie sich noch weiter um. Alnatura baut das größte Bürogebäude aus Lehm. Naturagart kreiert ein Paradies für Gartenfreunde und Hobbytaucher, um Zubehör für Gartenteiche zu verkaufen. Der Öko-Holzhaus-Hersteller Baufritz stellt ein Bürogebäude in Form eines Holzkopfes an die Autobahn. Die neue Drogeriezentrale heißt »*dm* Dialogicum«. Ganz nach der anthroposophischen Philosophie kommt das Gebäude ohne rechte Winkel aus. Das alles sind Beispiele für gebaute Firmenphilosophie. Ob das moderne IT-Systemhaus im Gewerbepark, die alte Villa am Ortsrand, das Büro auf dem Bauernhof, der schicke Backsteinbau neben der Fabrikhalle oder das hochmoderne, lichtdurchflutete Firmengebäude mit Vertikalbegrünung im Industriegebiet: Gebäude und Gelände mit Charakter, ästhetischer Qualität und Wiedererkennungswert haben Zukunft.

Hässliche Büros braucht in Zukunft niemand mehr

Können Industrie- und Produktionsunternehmen sich ja noch recht sicher fühlen, gelten für Büros erschwerte Bedingungen. Hässliche Büros braucht niemand mehr. Doch wir werden auch in Zukunft noch in Büros arbeiten – zumindest einen Teil der Zeit. Wir sind soziale Wesen, wir lieben es, in Gesellschaft zu sein und gemeinsam zu arbeiten. Stimmt die Firmenkultur, treffen wir uns gerne mit Kolleginnen, lieben den Austausch, die Inspiration. Das wird auch so bleiben, wenn die Kollegen nett und die Umgebung angenehm sind. Ein Teil der Arbeit wird sich aber zunehmend in andere Umgebungen verlagern – auf Reisen, nach Hause, ins Coworking-Space, ins Café.

Zahlengetriebene Kostensenker sind jetzt direkt zur Stelle und errechnen, wie viel Miete und Bürokosten sich einsparen lassen, wenn sich fünf Mitarbeiter einen Schreibtisch teilen. Ich kann nur warnen vor solcher Motivation. Menschen spüren schnell, wenn die neue Homeoffice-Freundlichkeit mehr mit Ausbeutung als mit Freiheit zu tun hat. Überhaupt ist nicht alles Gold, was in modernen Büros glänzt. In den Medien werden trendfarbige Sitzmöbel, Gourmetküche und Massageraum gelobt. Die Unmengen viel zu kleiner Schreibtische eng an eng, die sich hinter den Glastüren verbergen, werden selten gezeigt.

Großraumbüros sind für manche Menschen Quälerei und bei schlechter Schalldämmung unzumutbar. Die Auflösung des persönlichen Arbeitsplatzes fordert evolutionär tief sitzende territoriale Verhaltensmuster heraus. Das kann gewollt sein, aber auch auf Kosten des Wohlbefindens gehen. Ob mit festem Bürobereich für jeden oder flexibel mit allen Utensilien im Rollcontainer oder in der Cloud – mobilen, flexiblen und kommunikationsfördernden Bürokonzepten mit unterschiedlichen Räumen für Kommunikation, stilles Arbeiten oder erholsame Pausen gehört die Zukunft.

Professionelle Ausstattung für Spitzenleistung

Richtet man den Blick zu sehr auf die bauliche Hülle und die Möblierung, kommt schnell etwas Wichtiges zu kurz: die Ausstattung am Arbeitsplatz. Es wird häufig unterschätzt, wie sehr Mitarbeiter unter schlechter Ausstattung leiden. Wie ärgerlich ist es, wenn für einen komfortablen Bürostuhl erst nach ärztlich attestiertem Bandscheibenvorfall Geld da ist. Wie bedauerlich, wenn wegen eines kleinen Mehrpreises die schicke Farbe des Laptops nicht drin ist. Das mag für den IT-Leiter unerheblich sein. Für die Mitarbeiterin mit der Prämisse »Es gibt alles auch in schön«, die ihre persönliche Ausstattung immer farblich abstimmt, ist der Farbton des Laptops ein entscheidendes Kriterium. Billiger kann man Arbeitgeberattraktivität nicht bekommen.

Oft geht es um noch handfestere Dinge. Der Zimmermann, dessen moderner LKW mit Lastenaufzug den Gesellen das Werfen der Ziegel erspart. Das Hochleistungswerkzeug-Sortiment im Montagewagen, das die Arbeit auf der Baustelle erleichtert. Atmungsaktive, gut aussehende Arbeitsklamotten statt langweilig maoeskes Einheitsblau.

Können LKW-Fahrer in der Spedition bei der Auswahl der Ausstattung ihrer Brummis mitreden, dürfen die Piloten hochmoderner Erntemaschinen bei der Anschaffung Wünsche einbringen und die Mitarbeiter eines Gartenbauunternehmens über ein Budget für Maschinen und Geräte mitentscheiden – Sie können sicher sein, dass das handfeste Argumente für Sie als Arbeitgeber sind.

Manche Anschaffung ist teuer, anderes amortisiert sich schnell. Wir haben vor einigen Jahren im Zuge einer Aktion zur Büroverschönerung mit einem Budget von 3 000 Euro für zehn Mitarbeiter viel erreicht. Jeder konnte Sitzmöbel für sein Büro auswählen. Von der gemütlichen Sofaecke über Barhocker und Pausenliege sind witzige und kommunikative Dinge entstanden. Die Favoriten sind die roten Clubsessel im Büro meiner Kollegin.

Für Wissensjobs sind die digitalen Arbeitsgeräte entscheidend. Warum wird an Bildschirmen für komfortables Arbeiten oder am Laptop gespart? Ordentliche Technik ist das Mindeste, was talentierte und leistungswillige Menschen erwarten dürfen.

Priming – hier seid ihr richtig!

Menschen sind Resonanzwesen, wir spüren schnell, welcher Geist in einer Firma herrscht. Sie kennen das – es gibt Firmengebäude, da kommen Sie rein und haben ein komisches Gefühl, fühlen sich klein und wenig willkommen. Trotz oder gerade wegen toller Architektur und beeindruckender Ausstattung. Anderswo fühlen Sie sich sofort wohl, obwohl der Gästesessel schon ein paar Jahre da steht, das Gebäude seine Jahre nicht versteckt und alles gar nicht so perfekt aussieht.

Gestaltung und Einrichtung können eingekauft werden, aber den Geist, den Spirit des Unternehmens, den spüren wir trotzdem. Räume senden Signale auf unterschiedlichsten Ebenen, das kann man nutzen oder eben nicht. Was haben wir nicht schon alles gesehen und in unbeobachteten Momenten fotografiert. Da gibt es Firmen mit kahlen Wänden. Keine Bilder, keine Fotos, keine Farben, keine Pflanzen. Einziger Schmuck sind die Rettungswege-Karten und der Feuerlöscher. Vielleicht noch eine Anweisung, wo Sie sich melden müssen, wenn die Tür verschlossen ist, und ein Schild, wo der Lieferanteneingang ist.

Fühlen Sie sich da großartig? Das setzt sich dann meist in schmucklosen, atmosphärefreien Besprechungskammern fort und findet seine Abrundung in kahlwändigen Toiletten. Das nenne ich echtes Empowerment. Menschen sind Resonanzwesen. So etwas zieht runter. Das geht auch anders!

Bei einem richtig guten Arbeitgeber kommen Sie rein und fühlen sich wohl. Der Stil kann unterschiedlich sein – ob das Image hochpreisig und wertig, eher kommunikativ und leger oder sehr technisch sein soll – da gibt es nicht richtig oder falsch, sondern Gestaltungsspielraum für Firmenkultur. Nutzen Sie Wände, Utensilien und Gebäude. Welch großartige Möglichkeiten gibt es hier, Mitarbeitern das gute Gefühl zu geben: »Wir sind großartig und du gehörst dazu!« »Zusammen können wir die Welt zu einem besseren Ort machen!« »Schau mal, was wir schon alles geschafft haben!«

Es gibt Firmen, die solche Botschaften tatsächlich an die Wände schreiben oder über Bildschirme flackern lassen. Kann man machen, geht aber auch subtiler als unausgesprochene Subline. So kann im Foyer ein Kunstwerk oder eine Bilderwand die Firmenphilosophie plastisch machen. Fotos und Kundenstimmen an den Wänden zeigen die herausforderndsten Projekte der Firma und jedem Ingenieur, der morgens noch über die aktuelle Anlage grübelt: »Was wir schon alles geschafft haben. Das Ding da drüben schaffen wir auch. Das wäre doch gelacht!«

Eine Wand mit Foto und Aussage von Mitarbeitern, die auf Leistungen als Arbeitgeber hinweisen, Testimonials von Menschen mit besonderem ehrenamtlichen Engagement, die Pressewand, die »Wall of fame« mit Auszeichnungen. Zeigen Sie, worauf Sie stolz sind.

Lustige, freche, nicht ganz so öffentliche Aspekte haben in den nicht öffentlichen Räumen ähnliche Funktion. Dort sind es dann die witzigen Fotos von der letzten Faschingsparty, die besten internen Sprüche und die netten Erinnerungen an ehemalige Kollegen.

Caring Companies – das Rundum-sorglos-Paket

Im Zuge des intensiveren Umwerbens der eigenen Mitarbeiter ist der Begriff der »Caring Companies« in den letzten Jahren entstanden. Firmen, die ihren Mitarbeitern einen so umfassenden Service bieten, dass höchster Leistung und größtmöglicher Loyalität nichts im Wege steht. Facebook, Google und Apple treiben auf die Spitze, was deutsche Industrielle über 100 Jahre vorher begonnen haben. Waren es damals die Wohnviertel, die Krankenstation und der Werksfriseur bei Krupp, Gienanth und Daimler, sind es heute in Cupertino, Palo Alto und Menlo Park ganze Erlebniswelten mit Rundumservice. Dienstfahrrad, kostenloses Gourmetessen – auf Wunsch glutenfrei und vegan, Umzugsorganisation oder Karriereberatung für den Lebenspartner. All inclusive. Sogar die Busse, welche die Googler vom Campus nach San Francisco zurückbringen, sind WLAN-ausgestattet und verlängern die Arbeitsfähigkeit. Den Spruch in der Facebook-Zentrale »Die Arbeit endet nie« könnte man leicht zynisch interpretieren: »Hier ist für alles gesorgt. Warum willst du nach Hause?«

Auch hier geht es nicht um die Größe der Firma. Tun Sie Dinge, die zu Ihnen und zu Ihren Leuten passen. Da ist der Tischler, der seinen Mitarbeitern gestattet, den modernen Maschinenpark nach Feierabend zum Bau privater Möbel zu nutzen. Da ist die Vertriebsfirma für Musikerzubehör, die mit eigenem Tonstudio, Leihinstrumenten und Bandvermittlung für Musik-Freaks ein Eldorado mitten im Nirgendwo geschaffen hat und damit Menschen gewinnt, die sonst nie in diese Region zu bekommen wären. Schier unbegrenzt sind die Möglichkeiten, wie man seinen Mitarbeitern das Leben erleichtern kann – von der Hilfe bei Steuererklärung und Geldanlage, Unterstützung für Fitness-Studio oder Kinderbetreuung bis zur Vermittlung des Jobs für den Partner. In einer Zeit, in der es immer noch Unternehmen gibt, bei denen Mitarbeiter für den Kaffee zahlen müssen, das Essen in der Kantine schlecht oder teuer ist, gibt es verdammt viele Möglichkeiten, sich zu unterscheiden.

Arbeitsmarkt? Was Dating und Arbeit gemeinsam haben

> Carsten hat sieben Jahre bei uns gearbeitet, den Firmenbereich mit mir zusammen aufgebaut. Für unsere Jungs ist er eine Institution. Als wir noch im gleichen Haus gewohnt haben, in dem auch unser Büro ist, führt ihr Weg von der Schule zum Mittagessen immer durch sein Büro zur kurzen Session PC-Spiel-Anleitung vor dem Mittagessen. Als ich ihnen von Carstens Wunsch, die Firma zu verlassen, erzählte, platzte Julius mit der Frage heraus: »Papa, wenn Carsten geht – kriegen wir dann eine Ablösesumme?«

Ich weiß nicht, ob die Fußballbranche mit ihren Übertreibungen zum Prototyp der zukünftigen Arbeitsmärkte taugt. Vermutlich stehen Arbeitsrecht und geringere Finanzausstattung dem entgen. Aber ein paar Fragen ergeben sich trotzdem. Werden sich Top-Experten durch ihre Laufbahn von provisionsfinanzierten Karrieremaklern betreuen lassen? Etablieren Top-Arbeitgeber eigene Nachwuchsakademien und rekrutieren zwölfjährige Talente, um sie selbst besser auszubilden, als es staatliche Schulen tun? Sehen wir Ablösesummen und mehrstufige Ausbildungsvergütungen? Werden Top-Experten von Sponsoren gefördert und tragen deren Interesse in Firmen? Wir dürfen gespannt sein.

Wie auch immer – der Arbeitsmarkt wandelt sich gründlich. Dass sich die Kräfteverhältnisse zugunsten der gut qualifizierten Menschen verlagern und Firmen sich stärker anstrengen müssen, haben wir gesehen. Das ist längst nicht alles. Der Arbeitsmarkt wird digitaler, transparenter und globaler. Plattformen machen Arbeit verfügbar und Arbeitgeber transparent, künstliche Intelligenz und Matching-Technologien revolutionieren das berufliche Dating. Die Grenzen zwischen Unternehmen und Außenwelt verschwimmen. Auch hier bieten sich Chancen für die Schnellen und Attraktiven und drohen Gefahren für die Gestrigen und Beharrenden.

Transparenz auf beiden Seiten – oder die grüne Wiese der anderen

Explizite Bewerbungen werden überflüssiger, gut gepflegte LinkedIn- und XING-Profile enthalten alles, was man braucht. Die Stars auf dem Arbeitsmarkt pflegen ihre persönliche Website, erstellen ihren Expertenblog und führen Bookmark-Listen potenzieller Arbeitgeber.

Man muss sich gar nicht bewerben, ständig spülen die Plattformen Jobangebote und Werbung von Headhuntern in die persönlichen Feeds. Das explodiert, setzt man noch ein paar Häkchen bei »auf Jobsuche« oder »offen für Angebote«. Umgekehrt sind nahezu alle Arbeitgeber im Netz. Bei Glassdoor oder Kununu hat jeder seine Präsenz. Angelegt wird sie spätestens vom ersten frustrierten Ex-Mitarbeiter. Bezahlte Stellenbörsen, unzählige Plattformen und Rankings – wer nicht einiges an Zeit in Entwicklung und Pflege der Auftritte investiert, sieht schlecht aus.

Umgekehrt bieten sich Unternehmen wie Bewerbern viel bessere Gelegenheiten zum sogenannten *Active Sourcing*, der Direktansprache potenzieller Arbeitsmarktpartner. Die bisherige Domäne der professionellen Personalberater und -vermittler wird zunehmend demokratisiert, Recherche und Kontaktaufnahme laufen über die beruflichen sozialen Netzwerke – aber nicht nur das. Warum soll die Technologie aus Datingplattformen nicht auch im Matching von Arbeitgeber und potenziellem Mitarbeiter funktionieren? So gibt es bereits branchenspezifische Matching-Plattformen, beispielsweise für Juristen.[3] Von der digitalen Stellenbörse bis zur Persönlichkeits- und Performanceanalyse mit Scoring-Wert und Weiterleitung zu den Suchprofilen geeigneter Unternehmen. Auch Personalberatung und -vermittlung wird sich vom vertraulichen Telefonanruf nach Feierabend in die digitale Welt verlagern.

Expertenplattformen und Freelance-Economy

Bei den beschriebenen Entwicklungen steht noch das feste Arbeitsverhältnis im Mittelpunkt. Die Entwicklung geht aber weiter. Je ortsflexibler Arbeit wird, desto unabhängiger von Zeit und Raum können Aufgaben delegiert und Arbeiten beauftragt werden. Auf Plattformen wie Fiverr, Upwork, Textbroker oder Twago warten Millionen engagierter, qualifizierter Menschen auf Aufträge. Das ist keine Nische, hier zeigt sich ein Trend mit umwälzender Wirkung. Es gibt Plattformen für die unterschiedlichsten Leistungen – von der Programmiererin bis zum virtuellen Assistenten – Sie haben die Wahl.

In der Folge entstehen Heere von Clickworkern. Die Honorarunterschiede auf der Welt verringern sich schneller als in der klassischen Wirtschaft. Der Wordpress-Experte in Bangladesch mit Kunden in den USA und Europa gewöhnt sich schnell an höhere Stundensätze und der Berliner Experte kann sich dem Wettbewerb auch nicht entziehen. Immer mehr Freelancekräfte sehen keine Notwendigkeit mehr für eine Festanstellung. Warum sich mit Chefs und Arbeitsverträgen rumärgern, wenn ich meine gut profilierte Expertise permanent gut verkaufen kann und frei entscheide, ob und wann ich arbeiten will. Mit wachsender Kompetenz und Kundenzufriedenheit kann man Preise steigern. Umgekehrt wird auch ein Schuh draus: Warum soll ich als Arbeitgeber meine Personalkosten hoch und unflexibel halten? Ein alternatives Modell zu dem vorhin beschriebenen Ansatz der *Caring Company* ist das *fluide Unternehmen*. Die Kernmannschaft ist schmal und steuert ein Netzwerk spezialisierter freiberuflicher Projektmitarbeiter. Um dieses Unternehmensmodell erfolgreich gestalten zu können, müssen Firmen Meister im Netzwerken sein. Man steht in Kontakt mit vielen und kann projektweise die Leute anheuern, die man braucht.

Der Arbeitsmarkt ist längst global

In gewisser Weise ist der Arbeitsmarkt längst global. Sei es in der Form, dass Unternehmen bei Fachkräfteengpässen an ihren angestammten Standorten einfach Unternehmensteile, Werke und Büros in andere Weltregionen verlegen, für große Unternehmen eine mögliche Lösung des Fachkräftemangels. Mitarbeiter und ländliche Standorte in Deutschland schauen dabei in die Röhre.

Globaler wird der Arbeitsmarkt auch im direkten Sinne. Die Plattformen machen Arbeit zugänglich und einkaufbar – völlig egal, wo auf der Welt jemand sitzt. Selbst kleine Firmen können eine Rund-um-die-Uhr Dienstleistung organisieren – ein Freelancer in Südamerika, einer in Thailand und die Zentrale in der Pfalz. 24 Stunden offen, ohne Schichtarbeit. Geht.

Nicht erst seit der deutsche Gesundheitsminister werbewirksam in Mexiko nach Pflegekräften suchte und das Fachkräfteeinwanderungsgesetz den Zuzug leichter machen soll, gibt es Potenziale für Firmen, die ihren Suchradius vergrößern. Denken Sie an den Bauunternehmer, der seine Helfer aus Sizilien importiert. Sicherheit und Ausstattung des Jobs in Deutschland wiegen sogar das schlechte Wetter auf.

Chancen nutzen – wer weiterdenkt, hat immer genug Bewerber

Eine befreundete Marketing- und Internetagentur hat ein Team mit zwölf Programmierern in Moldawien aufgebaut. Der Cousin eines Partners lebt dort und führt die Dependance. So entsteht eine sehr gute Leistung bei hoher persönlicher Identifikation zum halben Preis – das hilft allen Beteiligten.

Der Ansatz des Remote-Arbeitens steht erst am Anfang. War es bisher noch wenigen Pionieren unter Firmen wie Mitarbeitern vorbehalten, einen normalen Vollzeitjob wahrzunehmen, ohne am Standort des Arbeitgebers zu leben, könnte das ein Modell für eine große Zahl an Firmen werden. Ohne diesen Ansatz war der Suchradius der meisten Arbeitgeber auf pendelbare Entfernungen beschränkt oder Arbeitnehmer müssen auf Kosten ihrer privaten Bindungen zum Ort des Arbeitgebers umziehen. Zum Karrierestart kann das als erfrischend wahrgenommen werden, besonders wenn die Ziele Berlin, München oder New York sind. Bei Arbeitsplätzen in Övelgönne, Wolfstein oder Uelzen sieht das schon anders aus.

Welche unglaublichen Chancen ergeben sich für Firmen, die Arbeiten remote anbieten. Man braucht keine teuren Münchner Mieten zahlen, um bei einem Münchner Arbeitgeber zu arbeiten. Man muss Berlin nicht verlassen, nur weil der spannende Arbeitgeber in der Eifel oder im Schwarzwald sitzt. Zur Einarbeitung und dann jedes Jahr ein paar Wochen kann man in Hotel oder Firmenappartement leben, der Rest geht remote. Da ist viel in Bewegung. Es gibt pfiffige Möglichkeiten, sich als besonderer Arbeitgeber zu profilieren, ohne Millionen in neue Bürogebäude investieren zu müssen.

TEIL III

Für eine bessere Arbeitswelt: Sie sind dran!

Es ist Zeit für einen Kaffee. Wir sind durch die Welt der heutigen Unternehmen gereist und haben uns zahlreiche Themen der Arbeitswelt gemeinsam angeschaut, Missstände aufgedeckt und Ansatzpunkte identifiziert. Zeit, sich noch mal zu sortieren und zu reflektieren. Was ist für Sie besonders relevant, wo spüren Sie den Impuls zum Handeln, für Veränderung?

Es ist Zeit für modernere, menschlichere und flexiblere Formen der gemeinsamen Arbeit. Zeit, sich von überkommenen Vorstellungen zu verabschieden. Viele Elemente einer erfolgreichen Strategie liegen schon offen vor uns. Ich will versuchen, Ihnen Brücken in die praktische Umsetzung zu bauen und Ideen für Ihre Vorgehensweise zu geben.

Es ist Zeit, dass Sie Ihre Schlussfolgerungen ziehen und handeln. Ich will, dass Sie Ihren Teil zur Verbesserung der Arbeitswelt beitragen – und davon profitieren.

Kapitel 10

VIELFALT: Warum es überall besser geht

Es könnte sein, dass ein Teil in Ihnen hier und da innerlich gesagt hat: »Ist ja interessant, geht aber bei uns nicht.« Normalerweise entgegne ich dann: »Warten Sie mal, bis der Fachkräftemangel groß genug ist, dann geht das auch bei Ihnen.« Das ist augenzwinkernd formuliert, aber im Kern ernst gemeint.

Tatsächlich gibt es große Unterschiede zwischen Arbeitgebern. Das hängt nicht so sehr von der Branche ab, sondern eher von Größe und Struktur der Organisation. Die Themen im Buch gelten nicht nur für klassische Unternehmen – auch Verwaltungen, freie Berufe und soziale Einrichtungen sehen sich mit den gleichen Herausforderungen konfrontiert. Sie konkurrieren um die gleichen Talente.

Um die »geht bei uns nicht«-Impulse zu entkräften und Ihnen ein paar Brücken in Ihre jeweilige Situation zu bauen, möchte ich Situation, Möglichkeiten und Herausforderungen bei verschiedenen Arbeitgebern aufzeigen. In einigen Fällen, besonders bei den Hidden Champions, ist mir eine zweite Perspektive wichtig: Was können alle anderen von dieser Art von Unternehmen lernen?

Egal in welcher der Konstellationen Sie sich wiederfinden – die schonungslose und ehrliche Analyse ist die Basis für gute Entscheidungen. Betrachten Sie Ihre Unternehmensgröße, Ihren Standort, Ihre besonderen Herausforderungen als Potenzial. Ahmen Sie andere nicht nach, sondern entwickeln Sie eine Strategie, die für Sie passt. Eine gute Haltung ist: »Es gibt keine Schwächen, nur Stärken für unterschiedliche Dinge.«

Es gibt mehr als genug Möglichkeiten, sich im Arbeitsmarkt attraktiver aufzustellen, als es in der jeweiligen Branche oder Firmenart bis heute üblich ist.

Öffentliche Arbeitgeber – Wie Sie viel mehr Staat machen

»Sie machen Führungskräftetrainings? Waren Sie schon in unserer Stadtverwaltung? Dort wäre das sooo nötig!«

Fragt man in einer Region nach den größten Arbeitgebern, denkt man an den Maschinenbauer im Gewerbegebiet oder die alteingesessene Möbelfabrik. Nicht selten sind aber Stadt- oder Kreisverwaltung, die Arbeitsagentur oder Landes- und Bezirksbehörden die größten Arbeitgeber.[1]

Fast fünf Millionen Menschen arbeiten im öffentlichen Dienst in Deutschland. Sie bereiten Stadtratssitzungen vor, lassen Autos zu, stellen Personalausweise aus, bearbeiten Baugenehmigungen, erstellen Abwasserrechnungen und geben Müllsäcke aus. Verwaltungen funktionieren gut in Deutschland. Jeder Vorgang hat sein Formular, die Hauspost ihren Austräger und alles seine Ordnung.

Jobs in der Verwaltung sind anders als Jobs in der freien Wirtschaft. Wettbewerb gibt es praktisch nicht. Kein Job in Deutschland scheint so sicher wie der in der Verwaltung. Im Beamtentum scheint ein komfortabler Rest der früheren Leibeigenschaft übrig geblieben zu sein. Der Beamte verpflichtet sich zu Loyalität ohne Murren, der *Dienstherr* darf den *Staatsdiener* versetzen. Lebenslange Arbeitsplatzgarantie, sichere Pension, geförderte Krankenversicherung und langfristig planbare Laufbahnentwicklung mit transparentem Gehalt und 35-Stunden-Woche gibt es im Gegenzug: Man wird nicht reich, ist dafür sicher versorgt bis zur Bahre. Das muss man wollen, sonst ist man fehl am Platz. Die Grundidee, in wichtigen hoheitlichen Aufgaben Menschen so zu beschäftigen, dass sie nicht ihres eigenen Vorteils wegen gegen das übergeordnete Interesse agieren, ist sinnvoll. Ein unbestechlicher, funktionierender Apparat ist für den wirtschaftlichen Erfolg einer Gesellschaft wertvoll. Viele lernen das erst zu schätzen, wenn sie Verwaltung in anderen Ländern erleben. Auch eine Krise wie die aktuelle Pandemie macht bewusst, wie gut und souverän die Dinge laufen.

Verwaltungen als Arbeitgeber

Für den Blick auf Verwaltungen als Arbeitgeber, sind diese Strukturen aber nicht ohne Folgen. Nirgends sind Tätigkeiten so reglementiert, Jobs so festgelegt und Laufbahnen so vorbestimmt wie in der Verwaltung. Veränderungen erfolgen kaum oder sehr zäh. Durch die fehlenden Sanktionsmöglichkeiten lassen Führungskräfte und Alteingesessene Veränderungsimpulse achselzuckend abprallen.

Bei politisch geführten Arbeitgebern wie Ministerien, Kreis- und Stadtverwaltungen gibt es eine weitere strukturelle Besonderheit. Der Kopf wird politisch gewählt und hat im Gegensatz zu seiner Mannschaft meistens nicht die langfristige Sicherheit. Bürgermeister und Landräte, Minister und Behördenchefs müssen in Legislaturperioden denken. Das erfordert ein anderes Naturell als die normale Beamtenkarriere. Politisch erfolgreich sind oft machtbewusste Menschengewinner, die schnell und taktisch klug reagieren.

Notgedrungen sind Menschen, die das können, nicht unbedingt Chefs mit verbindlichen, ruhigen, zuverlässigen Führungseigenschaften. Treffen hemdsärmelige, flexibel denkende Bürgermeister dann auf unangreifbare, sicherheitsorientierte Referenten und Abteilungsleiter, sind Konflikte nicht weit. Die werden nicht selten auf dem Rücken der Mitarbeiter ausgetragen.

In politischen Verwaltungen herrscht oft eine Vorsichtskultur. Zur Vermeidung von parlamentarischer Anfrage oder öffentlichem Stress für den Chef wird gezögert und abgesichert, wo es nur geht. Schließlich droht die Energie von außen sich später wie im Brennglas auf den internen Verursacher zu fokussieren.

Führung ist in Verwaltungen tendenziell eher unterentwickelt und all diese Besonderheiten dienen gerne als bequeme Begründung. Ich halte das für eine Ausrede. Eine menschlich orientierte Mitarbeiterführung, gute Mitarbeiterentwicklungsgespräche und transparenter Informationsfluss sind in Verwaltungen genauso wertvoll wie in anderen Organisationen.

Beispiele außergewöhnlich gut geführter Behörden gibt es, Verbesserungsversuche ebenso. Aber muss man dann gleich über das Ziel hinausschießen? Gescheitert ist der Versuch, variable Vergütungsmodelle im öffentlichen Dienst einzuführen. Sicher gut gemeint, wollte der Gesetzgeber den öffentlichen Verwaltungen ein Instrument an die Hand geben, um gute Mitarbeiter mit variablen Gehaltsbestandteilen zu belohnen. Das konnte kaum gelingen. Eine individuelle Leistungsprämie ist schon in einem Wirtschaftsunternehmen ein ambitioniertes System. Sie müssen klare Ziele und nachvollziehbare Kriterien für die Prämie definieren und den Prozess gut kommunizieren. Das empfehlen wir schon Firmen nicht mehr. Wie soll das in einer Organisation funktionieren, die weder systematische Mitarbeitergespräche führt noch klar definierte Ziele und eine individuelle Feedbackkultur kennt? Die meisten Behörden lösen das pragmatisch und verteilen den Inhalt des Topfes nach dem Gießkannenprinzip.

Technischer Fortschritt im öffentlichen Dienst?

In Estland kann man digital wählen und Firmen online gründen, in Deutschland muss man noch aufs Amt. Anderswo sind die öffentlichen Verwaltungen

Treiber der Digitalisierung. Angesichts der Veränderungen in der Arbeitswelt scheinen unsere Verwaltungen in einer Blase zu leben – einer *Scheinsicherheitsblase*. Fast alles, was wir in Büros machen, ginge auch woanders. Alles, was mit klaren Abläufen von Menschen gemacht wird, kann von Computern und künstlicher Intelligenz irgendwann besser, schneller und billiger gemacht werden. In Deutschlands Amtsstuben müsste eigentlich Panik herrschen.

Stellen Sie sich mal vor, Sie wären als Unternehmer dafür verantwortlich, die Verwaltungsprozesse einer Behörde oder des ganzen Landes unter Beibehaltung oder Steigerung aller Ergebnisse, Qualitäten und Bearbeitungsgeschwindigkeiten zu optimieren. Sie könnten die Arbeit erledigen lassen, wo Sie wollen, Sie könnten Technik einsetzen und die Organisation führen, wie Sie wollen?

Allein durch Prozessverbesserungen können nach Insider-Schätzungen in Verwaltungen 20 bis 30 Prozent an Aufwand und Zeit eingespart werden. Wir können darüber streiten, wie viel Personal sich durch die konsequente Digitalisierung einsparen ließe. Wahrscheinlich würden Sie statt in neue Verwaltungsgebäude eher in moderne IT-Systeme, Videokonferenz-Räume und Ausstattung für mobiles Arbeiten investieren. Welche Arbeiten sind prädestinierter für Homeoffice und flexibles Arbeiten?

Es dürfte kaum einen Bereich der Arbeitswelt geben, der so viel Potenzial für Rationalisierung, Leistungssteigerung und Flexibilisierung der Arbeit hat wie die öffentliche Verwaltung. Gleichzeitig gibt es kaum einen Bereich, der so wenig gerüstet ist für Innovation und Veränderungsgeschwindigkeit.

In der Corona-Krise geht ein doppelter Ruck durch Deutschlands Verwaltungen. Der erste ist positiv: Da steckt ungeahnte Kraft und enormes Engagement in unseren Amtsstuben. Jetzt, wo es gilt, leisten alle Unglaubliches, stampfen Notkrankenhäuser aus dem Boden, etablieren und betreiben Testzentren und halten das Land vorbildlich am Laufen. Das ist großartig.

Der zweite Ruck ist eher eine plötzliche Vollbremsung. Mit einem Schlag tritt offen zutage, ob eine Verwaltung halbwegs zeitgemäß aufgestellt war und im Großen und Ganzen weiterarbeiten konnte oder ob Staatsdiener mit festen Bezügen die Zeit Corona-bedingt zu Hause absitzen mussten. Ein Realitätsschock, von dem ich hoffe, dass er heilsam sein wird.

Gute Ansätze für bessere Führung und moderne Arbeit

Ich kenne engagierte Menschen in Verwaltungen, die ihren Job aus echter Überzeugung machen. Wohlverstanden ist der selbstlose Dienst an Gemeinwesen und Gesellschaft eine gute Motivation für zufriedenes Arbeiten, manche leisten weit über das dienstliche Erfordernis hinaus eine Menge.

Da sind Landräte und Bürgermeister, die mit ihren Führungskräften gute Führung entwickeln, Mitarbeiterentwicklungsgespräche einführen und gute Personalentwicklung auf die Beine stellen. Angeregt durch die Erfahrungen des neuen Landrats aus seiner vorherigen Position in einem Unternehmen oder durch die Fusion zweier Verwaltungen. Kluge Bürgermeister haben solche Prozesse genutzt, um Führung und Kommunikation in der Verwaltung auf ein neues Niveau zu bringen. Es gäbe noch so viel zu tun: professionelles Projektmanagement in abteilungsübergreifenden Teams, Prozessoptimierung, die komplette Digitalisierung aller Vorgänge, moderne IT-Strukturen und flexibles Arbeiten.

Oft braucht es aber den Impuls von außen. Das kann die Spitze der Verwaltung sein, das kann eine gesetzliche Vorgabe sein oder der Schock der Corona-Krise. Die Chancen sind so schlecht nicht. Da sind engagierte Menschen, da ist ein enormes Potenzial zur Freisetzung von Arbeitszeit und da sind meistens genügend sinnvolle Aufgaben, die man mit diesen freien Kapazitäten angehen kann. Trotz Rationalisierungspotenzial muss niemand Angst um seinen Job haben.

Innovative Bürgermeister, Landräte und Büroleiter können schon mal anfangen, gut zu führen, ihre Mitarbeiter wertzuschätzen, weiterzubilden und zu entwickeln. Investieren Sie in die Digitalisierung und Modernisierung aller Abläufe. Dann sind Sie vorbereitet und dem Durchschnitt Ihrer Branche weit voraus. Setzen Verwaltungen diese frei gewordenen Kräfte klug ein, sind sie ein wertvoller Wettbewerbsfaktor *im Wettbewerb der Regionen*. Qualität und Geschwindigkeit von Genehmigungen und kommunalen Planungsleistungen und leistungsfähige digitalisierte Verwaltungsprozesse sind für Arbeitgeber ein Standortargument. Engagieren sich vorausschauende Kommunalpolitiker und Wirtschaftsförderer gemeinsam mit den Unternehmen für die Standortentwicklung und die Positionierung als attraktive Region, können sie gemeinsam zu den Gewinnern der Entwicklung gehören – als Region und selbst als guter Arbeitgeber.

Auf einen Bereich möchte ich noch speziell eingehen, weil er im Kontext des Arbeitsmarktes der Zukunft so unglaublich wichtig ist: die Schulen.

Schulen mit Fehlern im System

Die Schulen von heute scheinen für die Herausforderungen von morgen schlecht gerüstet. Engagierte Lehrer und Schulleiterinnen bemühen sich nach Kräften. Die Fehler liegen im System. Werfen wir Schlaglichter auf fünf kritische Felder:

BERUFSWAHL. Beginnen wir mit der Berufswahl. Wer wird Lehrer und warum? Verbeamtung, Altersvorsorge und Job auf Lebenszeit ziehen sicherheitsaffine Menschen an und wirken besonders auf Menschen mit eher niedrig ausgeprägtem Selbstbewusstsein attraktiv. Die Realität in der Schule sieht dann anders aus. Freude am Lehren, Durchsetzungsstärke und hohe Stressresistenz sind Voraussetzung für eine erfolgreiche Berufsausübung. Die Auswahl fürs Lehramtsstudium erfolgt über die Abiturnote, von Assessments mit Bezug zur konkreten späteren Anforderung leider keine Spur.[2]

LEHRKRÄFTE. Die flapsige Aussage, nach der die Hälfte der Lehrkräfte im falschen Beruf sei, deckt sich erstaunlich gut mit den Erkenntnissen der Potsdamer Lehrerstudie von Prof. Uwe Schaarschmidt.[3] Der Schulpsychologe unterscheidet vier Profile: 17 Prozent der Lehrer arbeiten mit gesundem Engagement, 30 Prozent mit erhöhtem Engagement und latenter Selbstüberforderung, knapp ein Viertel arbeitet aus Selbstschutz im Schonungsmodus und gut ein Viertel ist psychisch überlastet in dauerhaftem Erschöpfungszustand.

SCHULLEITUNG. Besetzungsentscheidungen an Schulen werden meistens in Schulbehörden getroffen, die Verfahren sind in den Bundesländern unterschiedlich. Fast nirgends hat die Schulleitung echte Personalhoheit. Wie soll ein engagierter Schulleiter ein pädagogisches Konzept verfolgen, wenn er bei der Auswahl der Lehrer und Führungskräfte bestenfalls ein Veto- aber kein Wahl- und Anwerberecht hat? So kann er nie Talente gewinnen und eine innovative Kultur etablieren.

FÜHRUNG. Für eine wirksame Führung und Steuerung eines Kollegiums sind das keine guten Voraussetzungen. Wie steht es um Führung und Personalentwicklung für Lehrer? Wer kümmert sich um die Weiterentwicklung der Lehrer? An welchen Kriterien wird Erfolg gemessen? Wer führt Lehrer und gibt ihnen Feedback? Wer lebt die Form von Entwicklungsbegleitung vor, welche die Lehrer mit den Schülern anwenden sollten?

DIGITALISIERUNG. Im Vergleich zu anderen Ländern sind unsere Schulen in Sachen Digitalisierung weit zurück. Zwar stehen Smartboards in Schulen, aber es mangelt an Lehrkräften, die sie anwenden können. Der Digitalpakt stellt Milliarden zur Verfügung und die Mittel werden nicht abgerufen – mehr als ein Alarmsignal.

Ob der Leidensdruck für die nötige Entwicklung reicht?

Zwar traue ich dem Fachkräftemangel und seiner heilsamen Kraft viel zu, doch selbst die Realitätsschockwirkung der Corona-Krise könnte verpuffen. Ich hoffe, dass die zukunftsorientierten Kräfte an unseren Schulen genügend Rückenwind bekommen, um den Unterricht zu modernisieren und Zukunftskompetenzen deutlich zu stärken. Entgegen der häufig geäußerten Kritik an Quereinsteigern in Schulen, könnten doch gerade Erfahrungen aus anderen Bereichen wertvoll sein. Warum zementieren wir, dass Menschen über das Leben da draußen berichten, die nur Schule und Studium gesehen haben? Wie erfrischend sind doch Lehrer mit Lebenserfahrung: Der Physiklehrer mit Erfahrungen in der Forschung, der Informatik- und Mathelehrer, der als Programmierer schon mal richtig Geld verdient hat, die Englischlehrerin mit Berufserfahrung aus den USA. Warum soll nicht eine langjährige Führungskraft aus der Industrie ein bereichernder Teil einer Schulleitung sein?

Stellen Sie sich mal vor, Sie könnten das Schul- und Lernsystem unter Nutzung aller technologischen und prozessualen Möglichkeiten völlig neu erfinden. Was könnte man nicht alles machen! Statt Lehrer in kleinen Klassen die immer gleichen Dinge erklären zu lassen, könnte die inhaltliche Wissensvermittlung von den besten Erklärern in YouTube-Channels, Fernsehprogrammen, Großveranstaltungen und Online-Kursen übernommen werden. Das Lernen würde mit hoher Verantwortung bei den Schülern über Lernziele und Projekte gesteuert. Lerncoachs, Mentoren und Moderatoren würden sich individuell um kleine Gruppen von Schülern kümmern. Die Mischung aus analogen und digitalen Lehrmethoden ermöglicht das Lernen an verschiedenen Orten. Schulkonzepte stünden im Wettbewerb, Schulleiter und Kollegien entscheiden selbst über Budgets, in Rankings und Bewertungen können zusätzliche Freiheitsgrade und Budgets erarbeitet werden. Nur ein Gedankenspiel ...

Soziale Einrichtungen –
Wie sie mit ihren Pfunden wuchern

Dem katholischen Chefarzt einer Klinik war gekündigt worden. Es rauschte durch den Blätterwald. Mehr als zehn Jahre dauerte der Rechtsstreit, es ist offen, ob es beim Urteil des Bundesarbeitsgerichts bleibt oder noch weiter geht. Der Grund: die Wiederverheiratung mit seiner inzwischen langjährigen Lebensgefährtin nach zwischenzeitlicher Scheidung von seiner ersten Frau.

Über 1,4 Millionen Menschen arbeiten in Deutschland für Arbeitgeber, die direkt oder indirekt zu den christlichen Kirchen gehören. Die Kirchen selbst verlieren kontinuierlich Mitglieder, ihre Protagonisten kämpfen mit Missbrauchsskandalen und deren öffentlicher Aufarbeitung und die Modernisierung einer der ältesten Institutionen kommt nicht so recht voran.

Während das geistliche Personal den kleinsten Anteil der Beschäftigten ausmacht, versehen Pflegekräfte, medizinisches Personal, Jugendbetreuer, Pädagogen, Erzieherinnen und Verwaltungsmitarbeiter in Einrichtungen von Caritas oder Diakonie tagtäglich ihren wertvollen Dienst.

Für diesen riesigen Teil unseres Arbeitsmarktes gelten besondere Spielregeln, die für Außenstehende nur bei medienwirksamen Zuspitzungen sichtbar werden: der gekündigte Chefarzt, weil er erneut geheiratet hat, die gefeuerte Pflegerin, die aus der Kirche ausgetreten ist, oder der für seinen Outing-Mut mit Jobverlust bestrafte homosexuelle Mann. Für normale Arbeitgeber schwer nachzuvollziehen. Aus alten Zeiten ist im Grundgesetz geregelt, dass die Kirchen ihre Angelegenheiten eigenständig regeln dürfen. In der katholischen Kirche ist es die Grundordnung des kirchlichen Dienstes, auf evangelischer Seite das Kirchengerichtsgesetz der evangelischen Kirche in Deutschland. Sie regeln eigene Arbeitsvertragsordnungen, der sogenannte Dritte Weg schafft ein eigenes Mitbestimmungsrecht mit Mitarbeitervertretung, aber ohne Arbeitskämpfe.[4] Die Dienstgemeinschaft ist ein hohes Gut und hinter dem sperrigen Begriff der Loyalitätsobliegenheiten steckt die Legitimation für Kündigungen oder Nichteinstellung bei Kirchenaustritt, Wiederverheiratung oder sexuell unerwünschter Orientierung. Bei Streitigkeiten jedoch enden die kirchlichen Privilegien. Der Weg zur normalen Gerichtsbarkeit verspricht weitere juristische Spannung. Nicht ausgeschlossen, dass die abgelehnte Kündigung des Chefarztes erst der Anfang vom Ende dieser erstaunlichen »Blase« im Arbeitsrecht ist.

Sinn und Kultur als Pfund – Relikte und Image als Bürde

Dabei bringen die konfessionellen Arbeitgeber eine Menge mit. Gibt es sinnvollere Tätigkeiten als die Pflege und Betreuung älterer Menschen, die Bildung und Förderung Jugendlicher aus schwierigem Umfeld oder die Förderung behinderter Menschen und ihre Integration in den Arbeitsmarkt? Wer etwas handfest Gutes tun will im Beruf, findet ein weites Feld sinnvollen Tuns – direktes Feedback und Dankbarkeit der betreuten Menschen inklusive. Wertvoll für alle Menschen, die hier arbeiten, ist aber noch etwas ganz anderes: Ich habe bei meiner Arbeit in und mit kirchlichen Organisationen hohen Stellenwert und Bewusstsein für Aufgabe und Gestaltung von Führung und Leitung erlebt. Ein gutes, von Nächstenliebe geprägtes Menschenbild, hohe Priorität für Kommunikation und Beteiligung – das sind optimale Voraussetzungen für gutes Führen, menschliche Atmosphäre und eine gute Firmenkultur. Also alles bestens?

Mitnichten. Stehen die Kirchen als Inbegriff patriarchalischer Hierarchie per se nicht im Verdacht besonderer Modernität, so laden sie weitere Bürden auf dem Rücken ihrer Führungskräfte und Mitarbeiter ab. Jeder Arbeitgeber mit dem Kreuz im Logo liefert neben den Besonderheiten der eigenen Einrichtung immer auch das Gesamtimage mit: Kirche wirkt wie eine traditionsreiche Institution im Sinkflug, was Mitgliederzahlen und Einfluss angeht. Niemand ist weiter weg von Gleichberechtigung von Frauen in Führungspositionen. Jahrzehntelang vertuschte Missbrauchsskandale. Selbst wenn die Führungskräfte vor Ort ein liberaleres und moderneres Lebens- und Weltbild mutig vorleben, gegen die Urgewalt dieses Images müssen sie ankämpfen.

Für die heilsamen Wirkungen des Fachkräftemangels gibt es also ein weites Spielfeld. Sind Diakonie und Caritas doch genau in Branchen tätig, in denen der Kampf um Nachwuchs teils schon verzweifelte Züge angenommen hat. Erinnern Sie sich nur an die Bilder des pflegekräfteanwerbenden Gesundheitsministers in Mexiko oder Serbien, als er noch reisen durfte. Durch die Corona-Krise sind Wertschätzung und Bezahlung der Berufe in Pflege und Sozialarbeit in den Fokus gerückt. Dabei gibt es Unterschiede. Gute Arbeitgeber zahlen besser, als es dem Image entspricht.

Für das Arbeitgebermarketing bringen die konfessionellen Arbeitgeber eine Menge mit. Eine starke und bekannte Marke, die durchaus polarisiert. Das ist nicht das Schlechteste. Eine starke Marke muss nicht jedem gefallen. Sie soll die anziehen, die mit ihren Werten übereinstimmen. Die zentrale Aufgabe für die konfessionellen Arbeitgeber ist, in erheblichem Maße Bewerber zu interessieren, welche die grundsätzlichen Werte teilen, ohne sich als Musterschüler-Christen im Sinne idealisierter Vorstellungen aus vergangenen Tagen zu sehen.

Mutige Führung und moderne Kommunikation gefragt

Mit Öffentlichkeitsarbeit ist das nicht getan, herrscht unter den Mitarbeitern intern schon Unsicherheit über den Umgang mit den heiklen Fragen der persönlichen Lebensführung. Wie sollen wir reagieren, wenn wir von negativen Reaktionen auf Scheidungen oder gleichgeschlechtliche Orientierung erfahren? Sollen wir so tun, als ob wir es nicht wüssten? Sollen wir Themen offen ansprechen? Dürfen wir klar Position beziehen und mutig Rückendeckung geben?

Unter der Unsicherheit leiden alle: die Führungskräfte, ihre Mitarbeiter, deren persönliches Umfeld. Wie hoch ist der Anteil, der angstfrei offen mit ihrer sexuellen Orientierung umgehenden Menschen unter kirchlichen Angestellten? Es ist anzunehmen, dass der Anteil an gleichgeschlechtlich orientierten Menschen genauso hoch ist wie im Rest der Bevölkerung. Wie viele der Pfleger und Betreuer schrecken aus Angst um ihren Arbeitsplatz vor einer überfälligen Trennung zurück oder wagen die neue Ehe nicht? Die Unsicherheit steigert sich noch bei denen, die neue Mitarbeiter einstellen. Was dürfen wir sagen, in Stellenanzeigen schreiben und im Bewerbungsgespräch ansprechen? Müssten wir nicht jeden nehmen, der bereit ist, in der Pflege zu arbeiten, und die Qualifikationen mitbringt?

Couragierte Geschäftsleitungen und Führungskräfte sind gefragt. Die kirchlichen Rechtskonstrukte bieten durchaus Spielräume für eine abgestufte Handhabung. Dass man den Seelsorger der Pflegeeinrichtung auch nach religiösen Kriterien einstellt, ist nachvollziehbar. Bei den Anforderungen an Chefarzt und Pflegedienstleitung sieht das schon anders aus, von Pfleger und Küchenhilfe ganz zu schweigen.

Es ist eine elementare Führungsaufgabe, hier für Klarheit zu sorgen. Eine eindeutige Linie gibt Rückendeckung. Reizen Geschäftsleitungen und Führungskreise den Spielraum in Richtung Menschlichkeit und Modernität aus und stehen offen und beherzt zu ihrer Linie, kann das Positive am kirchlichen Arbeitgeber ungestört nach außen strahlen. Bei welchem Arbeitgeber sollte die Verschiedenartigkeit menschlichen Lebens eigentlich besser aufgehoben sein als unter dem Zeichen von Nächstenliebe und Toleranz? Wird die Markenbotschaft modern interpretiert, klar und mutig kommuniziert, sollten Bewerberzahlen steigen – trotz Fachkräftemangel in der Branche. Die Kehrseite gilt genauso: Kirchlichen Arbeitgebern, die vage bleiben oder die nötige Modernisierung nicht entschlossen vorantreiben, stehen schwere Zeiten bevor.

Inhabergeführte Betriebe – Wie sie mit Persönlichkeit punkten

> Am fünften Loch lüpft Dr. Michaelis sein Käppi und wischt den Schweiß von der Stirn. »Sag mal, ist das bei dir auch so schlimm? Ich hab gerade so einen Zickenkrieg in der Kanzlei.« Golfbuddy Müller nickt: »Kenn ich. Ständig sind da Konflikte. Ich versteh das auch nicht.« Einig ziehen sie weiter zum nächsten Abschlag.

Steuerberater oder Arztpraxis, Friseursalon oder Buchladen, Elektroinstallateur oder Tischler, Hotel oder Restaurant, Landwirt oder Lohnunternehmer, Supermarkt oder Kiosk – über drei Millionen Unternehmen in Deutschland haben bis zu zehn Mitarbeiter, weitere 300 000 liegen zwischen 10 und 50 Mitarbeitern.[5] Ein großer Teil der Arbeitsverhältnisse verteilt sich auf kleine Einheiten. Der Strukturwandel läuft regelmäßig im Stillen. Die medienwirksame Pleite einer Bank, die 10 000 eingesparten Stellen bei einem Autokonzern – das geht durch die Presse und ruft die Politik auf den Plan. Die jährlich verschwindenden Buchhändler, Landwirte oder Innenstadthändler sterben im Stillen oder sie finden ihre Nischen.

Krisen – ob Fachkräftemangel oder Corona – führen meist zu einer Beschleunigung ohnehin laufender Entwicklungen. Die Angeschlagenen ohne klares Zukunftskonzept fallen der nächsten Krise zum Opfer. Die Gesunden gehen gestärkt daraus hervor. Doch was bedeutet der Fachkräftemangel für diese kleinen Unternehmen?

Hier steht und fällt nahezu alles mit der Persönlichkeit von Chef oder Chefin. Im Idealfall ist das jemand, der oder die ihr Geschäft versteht und damit wirtschaftlichen Erfolg und die Sicherheit der Jobs gewährleistet. Stimmt das Menschenbild und der Umgang mit Mitarbeitern, bietet die überschaubare Größe Vorteile, wiegt das Menschliche manchen Nachteil gegenüber dem vielleicht besser bezahlten Industriearbeitsplatz auf. Pfiffige Unternehmer mit erfolgreichem Geschäftsmodell müssen auch in Zukunft keinen Fachkräftemangel beklagen.

Sind die Chefs jedoch rückwärtsgewandt, ständig am Schimpfen auf Staat und Schule, auf Kunden und Internet, haben sie keine Chance auf dem Arbeitsmarkt. Vielleicht ist es in solchen Fällen am besten, wenn die Firma mit dem Chef in den Ruhestand geht.

Zukunftsfähiges Geschäftsmodell und Führung als Chefsache

Viel lieber ist mir, wenn sich eine möglichst große Zahl kleiner Firmen für die Zukunft der Arbeit gut aufstellen. Die beiden wichtigsten Zutaten: ein zukunftsfähiges Geschäftsmodell und gute Führung als Chefsache. Schauen wir auf das Geschäftsmodell. Ein ehrlicher Blick auf die eigene Branche, den technologischen Wandel, die Trends im Markt und die Anforderungen zukünftiger Kunden kann ernüchternd sein. Er bietet aber auch die Chance, über das Geschäft nachzudenken und es möglicherweise neu zu erfinden, bevor die nächste Krise dazu zwingt. Mit Reserven auf dem Bankkonto, gesundem Unternehmergeist und einem kreativen Kernteam macht das noch Freude, in der Not der nächsten Krise nicht mehr.

Wenn Einzelhandel in der frequenzarmen Innenstadt ohne besondere Spezialisierung das bisherige Konzept war, hilft es nicht, den Niedergang auf die Umstände zu schieben – auch nicht auf den Fachkräftemangel. Stattdessen könnte man sich auf Teilsortimente oder bestimmte Zielgruppen spezialisieren, Einrichtungsberatung statt Möbelladen bieten, ein neues Shop-Konzept im Outlet-Center entwickeln, statt ein verwaister Klamottenladen in der leeren Innenstadt zu werden – Ideen gibt es unzählige, nur *weiter so wie bisher* wird meistens nicht funktionieren.

Niemand sagt, dass es leicht ist. Aber oft muss man das Rad nicht neu erfinden. Mit guten Leuten hohe Qualität und besten Service abzuliefern reicht oft schon. Der Schlüssel dazu ist der Unterschied zwischen Menschen, die Dienst nach Vorschrift machen, und hoch engagierten Mitarbeitern, Sie erinnern sich. Das geht aber nur, wenn ordentlich bezahlt und vor allem gut geführt wird. Die Wirkung können Sie in höherer Nachfrage und dem Gewinn am Jahresende ablesen.

Goldener Boden für gute Charaktere

Die Welt ist voller Beispiele von Handwerkern, Hoteliers, Restaurantbesitzern und Tischlern, die zeigen, dass handwerkliche Spitzenleistung, erbracht mit einem motivierten und kompetenten Team, nicht nur ihren Preis, sondern auch ihren Markt hat. Ein Handwerker hat das eindrücklich so beschrieben: »Das Handwerk ist toll. Als Auszubildender verdienst du wenig, als Geselle mäßig, als Meister kannst du so viel verdienen, wie du willst.«

Nur wer mehr Einsatz als Dienst nach Vorschrift bringt, hinterlässt eine Baustelle so, dass Kunden begeistert sind. Wer über Jahre Erfahrung gesammelt hat, kann auch sieben Jahre später einem Kunden noch sagen, wo der besondere Dimmer verbaut ist. Nur wer fair geführt und entlohnt wird, bleibt so lange.

Wer auf Mitarbeiter angewiesen ist, muss Menschen mögen und gut führen. Alles, was ich dazu in diesem Buch geschrieben habe, gilt unabhängig von der Betriebsgröße. Der große Vorteil des kleinen Betriebs: Nirgendwo kann sich so schnell und durchgreifend etwas ändern, wenn Chefs geschnallt haben, worauf es ankommt. Sie brauchen keine Gremien überzeugen, keinen Betriebsrat einzubeziehen, keine Budgetverhandlungen. Sie brauchen nur klare Entscheidungen und eine gute Strategie. People Strategy ist keine Frage der Firmengröße. Pfiffige Ideen und gezieltes Vorgehen sind überzeugender als teure Allerweltslösungen. Mitarbeiter gewinnen durch selbst gemachte Portraitvideos, verbreitet über soziale Medien. Die Nacht der offen Werkstatt oder das Schulevent, und Ihr Azubi-Nachwuchs ist gedeckt. Vergünstigungen für Ihre Mitarbeiter, gemeinsame Unternehmungen und ein fairer, wertschätzender Umgangston in der Firma. Haben Chef oder Chefin dann noch ein offenes Ohr für persönliche Anliegen und verstehen sich als Mentor und Coach ihrer Leute – perfekt. Klare Rollen, regelmäßige Mitarbeitergespräche und laufende Verbesserungen in den Abläufen sind bei fünf Mitarbeitern genauso sinnvoll wie bei 50. Richtig gute Chefs haben weder Kundenmangel noch Fachkräftemangel.

Freie Berufe – von Steuerberatern, Kanzleien und Arztpraxen

Regelrecht im System eingepreist ist das Führungsdefizit bei Steuerberatern, Rechtsanwälten, Wirtschaftsprüfern, Apothekern und Ärzten – sie alle landen fast zwangsläufig in Führungsrollen. Vorbereitet sind sie meistens nicht. Der Weg zur eigenen Kanzlei oder Praxis führt über hohe fachliche Ausbildungshürden und Prüfungen. So setzen sich spätere Inhaber von Steuerkanzleien jahrelang mit Schachtelgesellschaften, Umsatzsteuergesetz und der pfiffigen Regelung der steuerlichen Absetzbarkeit von Oldtimern als Dienstwagen auseinander. Persönlichkeitstypen? Gute Kommunikation? Mitarbeiterentwicklungsgespräche? Kommt in den einschlägigen Ausbildungen eher nicht vor. Bei Rechtsanwälten, Fachärzten oder Apothekern ist das ähnlich. Am Ende finden sich die hoch spezialisierten Experten mit Problemen konfrontiert, mit denen sie nicht umzugehen gelernt haben: Wie kann der latente Konflikt zwischen dem schattenliebenden Franz und der sonnen- und frischluftanbetenden Zimmerkollegin Uschi gelöst werden? Wie mache ich aus dem erfahrenen Buchhalter einen begeisterten Anwender digitaler Belegverarbeitung? Wie fördere ich das unternehmerische Mitdenken meiner Mitarbeiter? Ist der Chef nett, lernt gute Führung und versteht die Wichtigkeit seiner Arbeitgeberstrategie, hat er vielen seiner Wettbewerber im Kampf um die Talente schon einiges voraus.

Mittelständische Champions – Wie sie zu Talentmagneten werden

Das Festzelt ist voll. Es ist morgens 10 Uhr. Nein, kein Frühschoppen. Das Zelt steht auf dem Gelände der Uni Mainz. Anfang der Neunzigerjahre. Mit einem Freund besuche ich eine Vorlesung, von der er mir vorgeschwärmt hatte. Der Professor, ein hagerer, hoch aufgeschossener smarter Typ ist in großen Schritten auf der kleinen Bühne. Er kommt gerade aus Tokio, direkt vom Flughafen ins Festzelt. Sein Thema fasziniert uns. Die »Hidden Champions«, unbekannte Weltmarktführer vom Land, als die erfolgreichsten Firmen in Deutschland.

Herrmann Simon hat mit den Hidden Champions[6] einen Gattungsbegriff geprägt. Er bezeichnet Weltmarktführer, die oft außerhalb ihrer Branche kaum bekannt sind. Jedenfalls war das früher so. Die erfolgreichsten sind gewachsen und bekannt wie Trumpf, Würth, Kärcher, Herrenknecht, Fuchs, Claas oder Wirtgen. Die Strategien dieser und der vielen kleineren und weniger bekannten Unternehmen der Kategorie *Hidden Champion* sind hoch interessant für alle Unternehmer. Volle Konzentration auf ein oder wenige Produkte, der Anspruch, weltweit führend zu sein, eine hohe Fertigungstiefe, der Standort meist im ländlichen Raum und die permanente Innovation und Entwicklung unterscheiden sie von anderen. Das Besondere aber: Hidden Champions halten in Bezug auf Führung, Unternehmenskultur und Arbeitgeberattraktivität interessante Erkenntnisse bereit, die durchaus gegen den Strich landläufiger Usancen bürsten. Alle, die ein Unternehmen besitzen, führen und weiterentwickeln wollen, können hier wertvolle Schlüssel zu dauerhaftem Erfolg finden.

Die Botschaften der heimlichen Gewinner

Sind Entscheidungen in Kapitalgesellschaften oft von kurzfristigen Gewinnzielen und Quartalsberichten getrieben, denken und handeln die Hidden Champions sehr langfristig. Wer in seinem Sektor in der Welt führend sein will, ist sich bewusst, dass das ein paar Jahre dauern kann. Klare und ambitionierte Ziele und die Langfristigkeit geben Mitarbeitern ein hohes Maß an Sicherheit, Nachhaltigkeit und Sinn. Das motiviert.

Während Karriereratgeber und Wirtschaftsmedien einen Wechsel der Firma alle paar Jahre propagieren, machen die Hidden Champions das Gegenteil. Die Kontinuität in der Geschäftsführung ist erstaunlich, 20 und mehr Jahre mit der gleichen Geschäftsführung sind fast normal. Die Führungskräfte haben eine auffallend lange Zugehörigkeit zum Unternehmen. Die ganze Mitarbeiterschaft ist hochgradig loyal. Die Fluktuation liegt im Schnitt der Hidden Champions bei 2,7 Prozent[7]. Das ist ein grandioser Wert und ungefähr ein Drittel des Durchschnitts der deutschen Wirtschaft.

Hier liegt ein unglaublicher Hebel für den Kampf um Talente. Wer nicht verloren geht, muss nicht ersetzt werden. Die langfristige Perspektive erlaubt, wirkliches Spitzen-Know-how aufzubauen. Dauerhaft gestaltete Führungspositionen machen eine stringent gelebte Unternehmenskultur möglich. Es kommt noch besser. Hidden Champions besetzen ihre Führungspositionen fast ausschließlich intern. Menschen, die man kennt, welche die Philosophie des Unternehmens verinnerlicht haben, wachsen in die Top-Positionen hinein und übernehmen. Führungspositionen werden früh besetzt. Junge Manager können sich beweisen und haben dann genau die lange Wirkungszeit vor sich, die zu einer Geschäftsführungs-Ära führt. Mit dieser langen Perspektive lohnt es sich für die Unternehmen, sehr viel Geld und Energie in die interne Aus- und Weiterbildung zu investieren. 20 Jahre Amtszeit – beim Gedanken an manche Führungskraft kann einem da angst und bange werden, war die Aussicht auf die baldige Ablösung doch das einzige Licht am Ende des Tunnels. Hier ist eine weitere wertvolle Erkenntnis versteckt. Die enorme Loyalität, das langfristige Vertrauen zwingt regelrecht dazu, am Anfang sehr gut hinzuschauen. Deshalb sieben Hidden Champions in der Personalauswahl und in der Probezeit stark aus. Passt jemand persönlich nicht in die Firma, trennt man sich. Die Einstellung erfolgt vor allem mit Blick auf die persönlichen Eigenschaften.

Leitsterne für andere

Der Arbeitsmarkt von morgen wird auch für die Hidden Champions eine Herausforderung. Dennoch sind diese Firmen wesentlich besser gerüstet als die allergrößten Teile der Wirtschaft. Gerade weil sie wesentliche Dinge anders machen als das, was medial als normal und richtig verkauft wird, können sie als Vorbild dienen. Im Gegensatz zu manchem bekannteren und medienpräsenten Konzern wachsen diese Firmen langfristig, schaffen Arbeitsplätze in großer Zahl und strotzen vor Kraft und Zukunftsoptimismus. Die allermeisten Unternehmen haben ihren Sitz in eher ländlichen Räumen. Die Hidden Champions machen daraus eine Tugend. Sie sind für ihre Standorte wichtig und umgekehrt: persönliche Bindung der Inhaber mit der Region, Mitarbeiter aus mehreren Generationen in der gleichen Firma, soziales Engagement der Unternehmen in der Region. Die ländliche Region ist für viele ein Pfund. Die ruhige Umgebung passt zu der fokussierten Strategie. Weniger Ablenkung scheint gut fürs Geschäft und Mitarbeiter können sich ein Haus mit Garten leisten für einen Betrag, der in München gerade für eine Zwei-Zimmer-Wohnung reichen würde. Eine besondere Pointe und einer der Gründe für meine Bewunderung für Prof. Simon ist sein eigener Werdegang. Neben der Professur hat er selbst eine Beratungsgesellschaft mit Kollegen gegründet und zu beeindruckender Größe aufgebaut. Da hat jemand von den vom ihm identifizierten Unternehmen offenbar sehr erfolgreich gelernt und bewiesen, dass die Prinzipien funktionieren. Sein Beteiligungsmodell haben wir an anderer Stelle schon vorgestellt. Wir diskutieren mit Geschäftsführern über die Unterschiede zwischen Hidden Champions und Konzernen. Gegenüber Führungskräften mit Konzernerfahrung sind sie skeptisch. Mit gutem Grund. Simon nutzt in seinen Befragungen eine weise Frage, die ich Ihnen nicht vorenthalten möchte. »Wie viel Prozent Ihrer Energie verwenden Sie auf die Überwindung interner Widerstände?« Und, was schätzen Sie? In Konzernen, so Simon, sind es oft 40 bis 70 Prozent. Bei normalen Mittelständlern 20 bis 30 Prozent, bei den Hidden Champions 10 bis 20 Prozent. Menschen lieben es, produktiv sein zu können. Langfristig klare Ziele, keine ständig wechselnden Führungskräfte mit der entsprechenden Verunsicherung, haft- und greifbare Entscheider, eine Kultur des selbstbewussten, lernwilligen Pragmatismus – das scheint eine hoch erfolgreiche Mixtur zu sein.

Herausforderungen auch für die Besten

Das Kernproblem, als relativ unbekanntes Unternehmen auf dem Arbeitsmarkt als attraktiver Arbeitgeber wahrgenommen zu werden, kennen die Hidden Champions schon lange. Durch ihr starkes Wachstum brauchen sie neue Kräfte, auch ohne Fluktuation. Von einigen ihrer Strategien können andere wiederum lernen: Sie kümmern sich intensiv um die Talente in der Region und bilden selbst stark aus. In Künzelsau, Harsewinkel oder Ottobeuren sind sie als starke Arbeitgeber bekannt. Für ihre oft sehr speziellen fachlichen Anforderungen haben die Hidden Champions die meist wenigen spezialisierten Ausbildungsstätten als Recruitingziele identifiziert und lassen sich eine Menge einfallen, dort präsent zu sein. Interessantes Detail: Die Hidden Champions haben eine Menge sogenannte Comebacker: Mitarbeiter, die nach ein paar Jahren Zugehörigkeit mal was anderes sehen wollten – dann aber wieder zurückkommen.

Doch auch die Hidden Champions dürfen nicht ruhen. Die Digitalisierung, die Modernisierung der eigenen Organisationsstrukturen und Kommunikationswege, das fordert auch hier große Aufmerksamkeit. Der Generationswechsel mit dem altersbedingten Verlust langjähriger Know-how-Träger in den nächsten Jahren wird eine enorme Herausforderung. Wie gelingt es, das Know-how der alten Experten an junge Kollegen und moderne Wissenssysteme weiterzugeben? Die Anforderungen an flexibles Arbeiten, vernetzte Kommunikation und moderne Lebensmodelle müssen auch sie stemmen.

Die Hidden Champions wirken wie Felsen in der Brandung – wer soll ihnen etwas anhaben? So könnte es auch sein, dass die größte Bedrohung nicht vom Wettbewerb oder dem Arbeitsmarkt kommt. Erfolgreiche Hidden Champions sind beliebte Übernahmeziele. In guten Händen kann die Erfolgsgeschichte weitergeschrieben werden. Sind die Einflüsse aus Konzerncontrolling oder kurzfristigen Finanzinteressen jedoch zu groß, droht selbst hier die beschriebene Abwärtsspirale. Wer an die Errungenschaften bei gut geführten Hidden Champions gewöhnt ist, wird schnell unzufrieden. Die anfangs unsichtbaren Veränderungen sind es, die für die Mitarbeiterbindung so entscheidend sind. Um die Hidden Champions ist mir auch in Zeiten des fortschreitenden Fachkräftemangels überhaupt nicht bange. Gelingt es, die erfolgreichen Prinzipien auch auf der Menschenseite im Unternehmen innovativ und kreativ umzusetzen, werden sie die Vorreiter und Gewinner des Fachkräftemangels sein. Sie sind für kleine und wachsende Mittelständler gute Rollenmuster.

Etablierte Riesen – Wie sie ihre Größe nutzen

Am Ufer des Rheins ist es ein besonderer Ort. Ein unübersehbares Geflecht aus 2800 Kilometer Rohrleitungen, unzähligen Tanks und Türmen sowie mehr als 2000 Gebäuden: der größte Chemie-Verbundstandort der BASF. Es gibt Werksfeuerwehr, Firmen-TV und eine renommierte eigene Kellerei. Fast 40000 Menschen arbeiten hier an einem Standort. Eine Welt für sich.

In der öffentlichen Wahrnehmung des Arbeitsmarktes gibt es eine natürliche Verzerrung. Für die großen Arbeitgeber und deren Krisen ist die öffentliche Aufmerksamkeit groß, auch wenn der größere Teil der Arbeitnehmer im Mittelstand, in kleineren Unternehmen und Organisationen arbeitet. Ein Wunder ist das nicht, sind Siemens und VW, BASF und Daimler, Deutsche Bahn und Deutsche Post doch selbst ganze Universen. Belegschaften im Format von Großstädten sorgen automatisch für gesellschaftliche Relevanz und Aufmerksamkeit. Die schiere Größe eines Unternehmens sagt nichts über seine Qualität als Arbeitgeber aus. Doch es gibt strukturelle Unterschiede und dadurch einen anderen Blick auf den Wandel in der Arbeitswelt und den Fachkräftemangel.

Kraft und Macht der Größe

Die etablierten Riesen profitieren von der schieren Größe, ihrem Vermögen und ihrer Bekanntheit. Ihr Größenvorteil schafft gigantische Vermögenswerte. Werden Autos weltweit auf einheitlichen Plattformen millionenfach montiert und teuer verkauft, entstehen gigantische Möglichkeiten. Von außen fragt man sich manchmal, wie Unternehmen sich manche Ineffizienz leisten können, die jedem Mittelständler die Haare zu Berge stehen ließe. Aber die Größeneffekte und die Strahlkraft einer Marke können überdecken, was intern lange gut geht, obwohl es schlecht läuft.

Die Riesen können sich hohe Gehälter, umfassende Benefits und professionellsten Service für Karriere und Weiterentwicklung leisten. Fach- und Führungskräfte nennen diese Aspekte auch regelmäßig als großes Plus.[8] Aus der Struktur ergibt sich ebenso die Chance, innerhalb des gleichen Unternehmens sehr unterschiedliche Jobs zu machen und Auslandsstationen wahrzunehmen. Der Fachkräftemangel wird hier zuletzt spürbar.

Die Instrumente wie Arbeitgebermarketing, Recruiting-Prozesse, Karriereplanung, Talentmanagement, Führungskräftecoaching sind Standard. Arbeiten im Konzern sind durchstrukturiert, Talente umworben und die Fülle der Wege und Möglichkeiten schier unbegrenzt. Dort zu arbeiten ist wie Einkaufen im Supermarkt – man nimmt mit, was gerade im Angebot ist und zum eigenen Appetit passt. So kann man es gut aushalten – und genau das ist auch die Haltung vieler Mitarbeiter. Geben und Nehmen halten sich die Waage. Die Welt verändern, die Firma nach vorne bringen, sich persönlich committen – dafür ist das Gebilde zu groß, zu unübersehbar und der Einfluss des Einzelnen zu gering. Ein Kenner verschiedener Konzerne beschrieb das mal so: »Du hast die Leute, die noch was werden wollen, und die, die sich komfortabel arrangiert haben. Die tun, was zu tun ist, und suchen daneben nach Gelegenheiten zum Investieren, frönen ihren Hobbys und lassen es sich gut gehen.«

Wegen flacher Hierarchien, hoher Gestaltungsmöglichkeiten oder familiärer Atmosphäre ist kaum jemand bei den Riesen des Arbeitsmarktes. Kein Vorteil ohne Nachteil. Überhaupt wahrgenommen zu werden, die Politik innerhalb des Konzern-Universums zu verstehen, sein Netzwerk aufzubauen – das gelingt nicht von heute auf morgen. Die Gefahr einer Entfremdung über die Ebenen, die Distanz zwischen denen »da oben« und denen, »die die Arbeit machen«, ist groß. Wer Dinge voranbringen will, kann schon mal an langen Wegen und Prozessen verzweifeln. Größe schützt vor Wandel nicht, macht ihn aber oft schwerer.

Der Kampf um die Zukunft und gegen Trägheit

Die Größe sagt nichts über die Qualität als Arbeitgeber aus. Kann die Firma etwas bieten, das Menschen begeistert und stolz macht, Teil einer großen Sache zu sein, wird das Universum des Konzerns zur Arbeitsheimat für ein ganzes Arbeitsleben. Generationen von Anilinern, Siemensianern oder Postlern zeugen davon. Mit Blick in die Zukunft muss es dem Management gelingen, das große Schiff beweglich zu halten, innovativ und anpassungsfähig. Das ist alles andere als leicht. Die Topmanager haben oft die Lage erkannt, die Mitarbeiter auch. Das Umsteuern eines großen Unternehmens gelingt jedoch nur, wenn alle mitziehen. Gegen die Macht der Gewohnheit, die privilegienverwöhnten, abgesicherten Führungskräfte (Sie erinnern sich an die Sache mit dem Sandwich) ist längst nicht ausgemacht, wer den Wandel schafft. Nehmen Sie den gerade laufenden Wandel in der Automobilindustrie. Die 180-Grad-Wende vom Diesel zum Elektroauto ist existenziell. Es dürfte kein Zufall sein, dass VW die Rede des Vorstandsvorsitzenden Herbert Diess an seine Führungskräfte in die Öffentlichkeit lanciert hat. Spiel über die Bande Öffentlichkeit, um intern den Ernst der Lage klarzumachen.[9] Der Kampf um die Zukunft ist langwierig. Als Kunde wundert man sich oft über die Trägheit des Wandels. Als Bahnkunde und Leidtragender von Hotline-Warteschlangen wissen Sie, wovon ich rede. Zur gleichen Zeit gibt es positive Überraschungen, wenn die Post-Ident-App der Deutschen Post sich als Musterbeispiel an nutzerfreundlicher Digitalisierung herausstellt.

Instrumente, Tools und Priorität für die Personalthemen, daran mangelt es in den Konzernen nicht. Die viel entscheidendere Frage für die Attraktivität als Arbeitgeber dürfte darin liegen, ob die Kultur der Führung, die Kontinuität und Glaubwürdigkeit des Managements und die Zukunftsfähigkeit des Geschäftsmodells geeignet sind, hochtalentierten Menschen die Gewissheit zu geben, »hier bin ich gut aufgehoben und kann Wertvolles beitragen«. Manche der großen Konzerne sind sogar Vorreiter in der Einführung neuer Arbeitsformen. So experimentieren Daimler und Bosch mit holokratischen Organisationsmodellen.[10]

Die schiere Größe ist weniger wert, als es scheint. So sicher wie viele glauben, sind die großen alten Unternehmen längst nicht. Verpassen sie den Wandel im Markt, werden sie zum Spielball von Machtspielen egomanischer Manager oder Finanzinvestoren; ermüden sie den Rest an Engagement durch immer neue Restrukturierungsinitiativen, gehen die Leute auf Distanz. Da sie gut bezahlt werden, erst mal innerlich, machen Dienst nach Vorschrift oder weniger und die Energie geht in Privatleben, Nebentätigkeiten oder die Vorbereitung auf die Zeit nach der Abfindung oder Frühpensionierung. Die Firma wird zur Abbruchhalde für noch nicht völlig saturierte Talente. Das kann eine Chance für wachsende Mittelständler sein. Nicht wenige hoch qualifizierte Leute mit Konzernerfahrung tauschen gerne Privilegien gegen handfeste Gestaltungsmöglichkeiten und ehrliche Kommunikation.

Bei Personalentwicklungsprogrammen und Arbeitgebermarketing können sich kleinere Unternehmen und wachsende Mittelständler bei den Großen manches abschauen. Im Wettbewerb um Talente liegt ihre Chance eher im Unterschied denn im Nachahmen. Locken Sie mit dem, was die Großen nie schaffen werden.

Neue Stars – Wie sie Arbeitswelten neu erfinden

Der Geschäftsführer begrüßt zum Workshop. Das Team erarbeitet Erfolge und Engpässe. Der Marketingleiter stellt die neue Kampagne vor. Das Qualitätsmanagement wirbt für die neue Vorgehensweise in der Produktentwicklung — alles klingt nach einem normalen Strategieworkshop. Doch nichts ist normal. Schauplatz ist eine Villa an der Camps Bay in Kapstadt. Die Teilnehmer sitzen in Shorts auf Sofa, Sitzsack oder Fußboden. Vor der Tür ein Pool, in der Ferne sieht man das Meer. Arbeiten kann so schön und produktiv sein. Und Workshops funktionieren auch barfuß.

In wenigen Jahren sind neue Stars wie Google, Microsoft, Amazon, Apple oder Alibaba entstanden. Sie beeinflussen unseren Alltag und zumindest einige setzen auch in Sachen Arbeitgeberattraktivität neue Standards. Doch um die ganz

Großen geht es mir gar nicht. Unter dem Radar der Öffentlichkeit sind neue Helden der Arbeitswelt am Start, die Google nacheifern. Nicht was den Geschäftsinhalt angeht, sondern in der Idee, die Art des Arbeitens zur DNA des Unternehmens zu machen. Während die alten Firmen mit großem Aufwand ihre Strukturen modernisieren müssen, starten die Stars von morgen einfach neu. Sie definieren Firmen und Arbeit radikal anders und bauen den Ballast alter Strukturen gar nicht erst auf. Da ist eine bunte Szene dynamischer Startups, skalierender Wachstumsfirmen und ambitionierter Bewegungen mit schillernden Gründertypen oder hemdsärmeligen Kollektiven. Es ist alles dabei und es tut sich viel. Manches wird scheitern, mal still und leise, mal mit einem großen Crash. Doch die Chance ist groß, dass die Revolution zum besseren Arbeiten schon weiter ist, als die meisten sich vorstellen können. Es lohnt sich also, näher hinzuschauen.

Großartige Software mit Firmensauna und Foodtruck

Starten wir in Estland. Vor Jahren schon ist mir die Werbung für eine Software zur Kundenverwaltung aufgefallen. Warum? Weil sie so anschaulich und übersichtlich gestaltet, super motivierend und freundlich online beworben wurde. Ich kannte dröge Eingabemasken, SQL-Abfragen und sparsam gestaltete Tabellen. Jetzt, Jahre später, besuche ich den Firmensitz von Pipedrive in Tallinn. Die Zentrale wurde vor drei Jahren neu erbaut, 300 der weltweit 600 Mitarbeiter haben hier ihren Schreibtisch. Die Atmosphäre ist entspannt, die Arbeit fokussiert. In der Forumsetage ist alles auf Kommunikation ausgelegt. Witziges Mobiliar, frisches Obst, guter Kaffee. An Bildschirmen werden neue Mitarbeiter vorgestellt, die Firmenwerte illustriert und außergewöhnliche Leistungen von Mitarbeitern beschrieben – nominiert von Kollegen als Auszeichnung. Im Forum gibt es dienstags ein Meeting aller Mitarbeiter. Im Foodtruck gibt es heute Pizza, morgen Thai-Curry und manchmal kocht ein Team für die ganze Firma selbst.

Helle Teambüros beherbergen jeweils fünf bis sieben sternförmig angeordnete Schreibtische, jeder Raum ist individuell gestaltet. Nischen für stilles Arbeiten, die Ecke für den Mittagsschlaf, schöne Teamküchen, kleine Bürohunde – die Kombination aus Modernität, Funktionalität und Gemütlichkeit ist gelungen.

Menschliche Nähe und das Kümmern um die Entwicklung der Mitarbeiter sind Chefsache. Unterstützt werden die Führungskräfte von drei internen Coaches. Sie führen Kurse zu Selbstmanagement durch, stehen für Coachings zu persönlichen Themen zur Verfügung und wirken als Feelgood-Manager. Softwareentwickler wählen, in welchem Projekt sie mitarbeiten. Ob jemand im

Büro in Tallinn oder woanders auf der Welt arbeitet, spielt keine Rolle. Die Anwesenheit im Meeting ist nicht an den Ort gebunden. Ach ja, eine Firmensauna gibt es auch.

Keine Sorge, wenn Ihre Kinder YouTube-Influencer werden wollen

Während die einen noch über Homeoffice diskutieren, gründen andere ihre Firmen gleich ganz ohne Büros. Beispiele gibt es weltweit, Buffer im Silicon Valley ist eines der bekanntesten, Pioniere gibt es auch hierzulande – wie OTL (Online-Trainer-Lizenz). Vom Workshop in Kapstadt habe ich eingangs berichtet. Als Ben Sattinger gemeinsam mit Sven Faltin vor einigen Jahren aus seiner YouTube-Reichweite als Fitnessexperte eine richtige Firma machen wollte, war eines von Beginn an klar: »Büros brauchen wir nicht«. So wie OTL die staatlich geprüften Ausbildungen zu lizenzierten Fitnesstrainern mit TÜV-Siegel neu erfindet, entsteht auch der OTL-Style des Arbeitens neu.

Über 40 fest angestellte Mitarbeiter erarbeiten Kursgrundlagen, erstellen Lehrgänge, gewinnen und betreuen Kunden und entwickeln neue Produkte. Die Arbeit läuft virtuell. Mit Videokonferenzen, einem cloudbasierten Projektmanagement-Tool und internem Chat ist die Zusammenarbeit perfekt organisiert. Die Struktur und Stringenz von Meetings, Kommunikation, Zielen und Projektmanagement ist im Übrigen genauso, wie man sie einem modern geführten Unternehmen auch offline empfehlen würde. Nur eben konsequent remote organisiert.

Statt in Raummiete, Stromkosten und Schreibtische wird das entsprechende Budget in inspirierende Team-Arbeitsreisen investiert. Zwei- bis dreimal im Jahr reist das Team für zwei bis drei Wochen in die Sonne. Ob Bali oder Kapstadt, Marokko oder Phuket – die Touren sind vom Chef straff organisiert. Nach dem Ankommen steht für zwei Wochen ein tägliches Arbeitsprogramm auf dem Plan. Die normalen Projekte laufen weiter und die gemeinsame persönliche Zeit wird genutzt, um die Firmenentwicklung zu reflektieren, Teamtrainings durchzuführen und Zukunftsideen in Workshops zu entwickeln. An den Abenden und in der dritten Woche bleibt Zeit für gemeinsame Unternehmungen. Vom Ambiente sollte man sich nicht darüber hinwegtäuschen lassen, dass hier produktiver gearbeitet wird als in vielen Büros.

Remote, professionell und menschlich geführt

In Workshops zur Firmenentwicklung in Kapstadt und ein Jahr später in Phuket, im Online-Coaching der Führungskräfte und bei einem ganz realen Teamtag in Berlin konnte ich die Firmenentwicklung unterstützen. Konsequent remote organisiert, können OTL-Mitarbeiter frei entscheiden, wo sie arbeiten. Manche leben fest in Deutschland und nutzen die Teamreisen zur Horizonterweiterung. Andere sind auf Dauerreise, leben im Wechsel an verschiedenen Orten auf der Welt. Im Gegensatz zu selbstständigen Digitalen Nomaden aber mit der Sicherheit der festen Anstellung. Auch der Chef selbst ist seit Gründung 2014 auf Dauerweltreise und meist für zwei Monate an einem Ort, mal Thailand, mal Zypern, mal Berlin oder auch mit dem Wohnwagen in Australien unterwegs. Es gibt aber auch Mitarbeiter, die am liebsten gar nicht vor die Tür gehen. Sie nutzen die Flexibilität auf ihre Weise und sind im Homeoffice glücklich. Allen gemeinsam ist die volle Identifikation mit einem besonderen Unternehmen und dem gemeinsamen Anliegen: Menschen zu mehr Fitness und Gesundheit zu verhelfen.

Das Unternehmen entwickelt sich prächtig und von Beginn an rentabel, erreicht inzwischen mittlere siebenstellige Umsätze und stattliche Gewinne. Während Mitbewerber durch die Corona-Krise und den erzwungenen Umzug ins Homeoffice ihrer normalen Routinen beraubt sind, drehen die Remote-Profis erst richtig auf und brechen Umsatzrekorde. Beim Teamtag in Berlin arbeiten wir daran, was OTL als Arbeitgeber auszeichnet, was Mitarbeiter von Firma und Führung erwarten und umgekehrt. Als E-Mail-Marketer und Texter, Programmierer und Sportwissenschaftler am Flip-Chart stehen und präsentieren, wünschte ich mir: »Das müssten jetzt alle Chefs hören.« Hoch engagierte Mitarbeiter, die dankbar für die besondere Arbeitsform sind, gerne Verantwortung übernehmen und das ihnen entgegengebrachte Vertrauen mit guter Leistung zurückzahlen. Bonusbotschaft: Machen Sie sich keine Sorgen, wenn Ihre Kinder YouTube-Influencer werden wollen.

Verblüffend persönlicher Service – mit System

Man muss sein Geschäft nicht gleich neu erfinden. Innerhalb weniger Tage bin ich zufällig in München und Köln in zwei Restaurants der gleichen Hotelkette gelandet. Ich habe gestaunt. Angefangen hat alles an einem kalten Februarabend in München. Auf der Suche nach einem Abendessen schlendere ich frierend Richtung Marienplatz. An einem auffallend dekorierten Fenster bleibe ich stehen. Zwei Mitarbeiter lehnen in ihrer Raucherpause ein paar Meter weiter am Haussockel. »Gehen Sie ruhig rein, es ist sehr gut.« Hilfsbereit kommt mir einer der beiden entgegen und hält mir die riesige Glastür auf. Hätten Sie noch gezögert? Das Restaurant *Neni* ist außergewöhnlich schön dekoriert – und rappelvoll. Ich will wieder gehen. Die nette Bedienung gewinnt mich für das Ende des langen, schon besetzten Tischs. Eine gute Unterhaltung und ein leckeres Essen später habe ich Lust auf einen Jägermeister. Auf der Karte ist er nicht, ich bekomme ihn aufs Haus. Coole Reaktion.

Eine Woche später. Wieder in München suchen wir einen Ort für ein kleines Geschäftsessen. Als Fremder in der Stadt kann ich was Schönes vorschlagen. Wieder alle super freundlich. Meine Jägermeister-Heldin erinnert sich. Ihre Kollegin animiert uns zu einem Arak als besonderen Digestif. Was das genau sei? Sie schwärmt von ihrem Chef, der könne das super erklären. Wenige Augenblicke später steht der am Tisch und strahlt uns an, in der Hand eine wertig aussehende Originalflasche aus den Tiefen des Restaurantkellers. Er erklärt das Rezept der israelischen Spezialität und schenkt aus. Erstaunlich, welch super freundlichen Service hier alle zelebrieren. Das scheint System zu haben.

Ein paar Tage später treffe ich mich in Köln mit einem Interviewpartner. Auf seinen Vorschlag treffen wir uns im Foyer des 25hours-Hotels. Danach habe ich Hunger, denke an München und frage nach dem Restaurant. Es ist noch früh, bis zur Öffnung um 18 Uhr sind es noch 30 Minuten. Ob ich mich schon setzen dürfe und einen Kaffee haben könne? »Aber klar, bitte.« Wieder super nett. Ich frage neugierig nach, als Thomas mir meinen Kaffee bringt. Völlig offen erzählt er mir von der Firmenphilosophie. Warum sie so natürlich sein können, wie sie eben sind. Erklärt mir, wie die leckeren Gerichte entwickelt und für die Karte ausgewählt werden und welche Häuser es in Wien und Frankfurt gibt, welche Eröffnung als Nächstes geplant ist. Ich bin baff. »Wie kommt es, dass Sie das als normaler Mitarbeiter alles wissen?« Er berichtet mir von Intranet, Mitarbeiterzeitschrift, regelmäßigen Besuchen der Chefin und der Möglichkeit, kostenlos in andere Häuser der Gruppe zu reisen und gemeinsam zu lernen. Ich frage ihn nach der Personalleitung, hier will ich mehr wissen. Schließlich suche ich immer nach guten Beispielen attraktiver Arbeitgeber – und das hier ist außergewöhnlich. Ohne zu zögern zieht er sein Handy und lässt mich den LinkedIn-Kontakt mit der Personalchefin abfotografieren. Zwei Minuten später kommt er noch mal vorbei und legt mir einen Zettel auf den Tisch. Er hat mir die Karrierewebsite rausgesucht und aufgeschrieben. So viel aufmerksamer und natürlicher Service ist kein Zufall.

Chance und Impuls zur Veränderung

Drei Beispiele von vielen. Überall auf der Welt entstehen neue Firmen, die ihre besondere Form der Arbeit gleich miterfinden. Ob Zalando oder Spotify, HubSpot oder SipGate oder all die Revolutionäre, die unter dem Radar der Öffentlichkeit moderne Arbeitsformen testen. Ich spreche bewusst von einer Revolution. Die erfolgreichsten dieser Firmen haben ein innovatives Geschäftsmodell, verfolgen eine sinnvolle Mission, welche die Welt aus ihrer Sicht ein bisschen besser macht, und leben ein Menschenbild, das jedem Mitstreiter die Chance gibt, sich einzubringen. Eigenverantwortlich, dynamisch, vernetzt. Nicht alle dieser Firmen werden das schaffen. Die Erfolgreichen wachsen schnell. Sie zeigen, was geht. Je mehr es davon gibt, desto klarer entsteht eine neue Normalität.

Diese Unternehmen sind ein Segen als lebendige Modelle. Es lohnt sich, von ihnen zu lernen. Zum Fachkräftemangel kommen weiter gesteigerte Erwartungshaltungen und neue Mitbewerber, die sie spielend erfüllen. Wer da im Rennen bleiben will, muss sich bewegen. Die Präsenz solcher Unternehmen in Medien und Markt wird steigen. Wer früher startet, hat eine Chance, die anderen werden auch hier nur hinterherschauen.

Wir haben dieses Buch mit einer Warnung versehen. Es könnte Unternehmer, Geschäftsführer und Führungskräfte in Versuchung bringen, das Bild eines idealen Unternehmens, das sie vielleicht vor ihrem inneren Auge sehen, einfach selbst zu starten. Nein, nicht in der alten Firma, nicht im Kampf gegen alte Strukturen. Sondern einfach auf der grünen Wiese neu.

Ich prophezeie, dass wir einen spannenden Wettlauf mit offenem Ausgang sehen werden. Gelingt es den etablierten Unternehmen, gleich welcher Größe, sich schnell genug an die Arbeitswelt von morgen anzupassen, oder werden sie überholt von Firmen, die Geschäftsmodell und Arbeitsform gleich neu erfinden? Dann wird das Kundenbedürfnis und die daran hängende Kaufkraft, die bisher die ostwestfälische oder fränkische Traditionsfirma angetrieben hat, einfach umgeleitet. Die neue Firma floriert, die alte wird abgewickelt. Auch so kann der Wandel im Arbeitsmarkt ablaufen. Ich kämpfe mit ganzem Herzen für ein gesundes Nebeneinander etablierter Firmen, die sich zügig modern aufstellen, und innovativer Erfinder neuer Arbeitsformen. Für Firmen mit gutem Menschenbild ist im Arbeitsmarkt der Zukunft sehr viel Platz.

Kapitel 11

MACHEN:
Sie sind dran

Wir nähern uns dem Ende dieses Buches. Sie können nun über die letzten Seiten hinwegfliegen und es dann zur Seite legen. Der eine oder andere Gedanke wird Sie vermutlich verfolgen. Oder Sie nehmen sich etwas Zeit, reflektieren ihre Arbeitssituation und ziehen Ihre Konsequenzen. Wie ist Ihre persönliche Vision? Was ist Ihr erster Schritt? Wo wollen Sie aktiv werden? Womit wollen Sie sich eingehender beschäftigen? Ich möchte Sie anstiften zu Ihrem Beitrag zu besserer Arbeit und zu menschlicher geführten Unternehmen.

Jeder steht an einer anderen Stelle im Leben. Bei dem einen gibt es einen klaren Plan. Bei der anderen eher dieses Bauchgefühl, etwas weiterverfolgen zu wollen, ohne das Ziel schon genau zu kennen. Oft sind es diese Gedanken, die uns nicht mehr loslassen, denen wir folgen sollten.

Der Fachkräftemangel wird oft als Bedrohung dargestellt. Seine Botschaft ist jedoch eine positive: Es gibt genug sinnvolle Arbeit! Sind Sie gut ausgebildet, haben Sie die Wahl. Das gibt Freiheit, Selbstbestimmung und Gestaltungsspielraum für ein glückliches und erfülltes Arbeiten. Nichts gibt es ohne Kehrseite – der Fachkräftemangel nimmt auch Ausreden. Die ziehen nicht mehr.

Wir haben in diesem Buch viele Aspekte beleuchtet, die schon lange danach drängen, besser gelebt zu werden. Die Sehnsucht von Menschen, sinnvolle Arbeit in wertschätzender Umgebung zu erbringen? Nicht neu. Das Bedürfnis nach guter Führung? Gibt es schon lange. Die Notwendigkeit, zukunftsoptimistischer neue Möglichkeiten zu nutzen? Nicht erst seit gestern gibt es Nachholbedarf. Der Fachkräftemangel ist ein guter Verbündeter für die Willigen, die Veränderungsbereiten und die Motoren des Wandels zu einer besseren Arbeitswelt. Die Zeit ist reif.

DU: Ganz persönliche Wege zum (Arbeits-)Glück

*»Wenn wir aufhören, das Falsche zu tun,
entsteht das Richtige von selbst.«*

F. M. Alexander

Die Veränderung der Arbeitswelt spielt sich vor allem in den Unternehmen ab. Verbessern wir sie, erreicht das eine große Zahl an Menschen. Unternehmen, die vorleben, was geht, sind stärker als Appelle. Bevor wir uns ansehen, was Sie im Unternehmen bewirken können, meine ich Sie in diesem Abschnitt ganz persönlich. Ja, Sie. So wie Sie jetzt das Buch in der Hand halten. Mit Ihrer ganz persönlichen Geschichte, Ihren Träumen, Ihrer derzeitigen Situation, Ihren Erfahrungen, Ihrer Energie. Der Wandel im Arbeitsmarkt fordert heraus und bietet mehr Chancen, als den meisten Menschen bewusst ist. Nutzen Sie die Situation für eine eigene Bilanz. Verharren Sie nicht in faulen Kompromissen. Erkunden Sie Möglichkeiten, Ihre Situation zu verbessern. Werden Sie aktiv. Jeder Einzelne kann der Auslöser größerer Veränderungen sein.

Ich bin ein großer Anhänger des Prinzips Selbstverantwortung. Jammern hilft nicht. Menschen verschwenden Lebenszeit damit, zu begründen, warum Dinge nicht funktionieren, und zu erklären, wer Schuld hat. Damit bugsieren sie sich in die Rolle eines Opfers der Umstände. Oft genug wiederholt, entsteht ein regelrechter Käfig aus Gedanken: »Jetzt noch mal was Neues anfangen – viel zu riskant«, »Das wird bei uns eh nichts«, »Ich bin ja auch nicht mehr der Jüngste«. Irgendwann gibt es kein Entrinnen mehr aus der selbst gebauten intellektuellen Gefangenschaft.

Der erste Schritt zur vollen Selbstverantwortung ist die ehrliche Analyse. Brennt das Feuer der Begeisterung für Ihr Arbeitsleben noch? Was erfüllt Sie wirklich? Was würden Sie gerne viel mehr tun? Was am liebsten nicht mehr? Was wollen Sie ändern – wenn Sie ehrlich zu sich sind, vielleicht schon lange? Welche Aufgaben liegen Ihnen am Herzen? Für wen möchten Sie wirken? Was wollen Sie in der Welt bewirken? Wofür möchten Sie Ihre Zeit einsetzen? Was kommt bisher zu kurz? Wo leiden Sie unter den Umständen der Arbeit?

In Seminaren verwenden wir den Dreiklang »Love it, change it or leave it«. Lieben Sie einen bestehenden Zustand und sind voller Energie? Alles ist gut. Arbeiten Sie mit voller Kraft an einer Veränderung der Situation, können Sie zwar noch nicht sicher sein, was Sie erreichen, aber Sie sind in Aktion und voller Kraft. Klappt das nicht und Sie können oder wollen sich nicht mit dem Status quo zufriedenstellen, bleibt nur »leave it«. Nach einer Entscheidung haben Sie auch wieder volle Energie. Alle drei Zustände sind kraftvoll. Energieraubend sind die unausgegorenen Zwischenzustände. Sie lieben die Situation nicht, sind aber zu bequem, für die Änderung zu kämpfen, oder zu ängstlich für die Entscheidung. Die Energie geht ins Jammern, ins Lamentieren, richtet sich gegen sich selbst. Das zieht runter, Sie und andere. Machen es im Umfeld andere genauso, kann man sich gegenseitig trösten. Das tut gut, hilft aber keinem. Diese Lähmung müssen wir durchbrechen. Wirkliche Produktivität, Arbeiten im Flow und echte Lebendigkeit erreichen wir nur mit Tätigkeiten, mit Zielen und einer Form von Arbeit, zu der wir mit ganzem Herzen »Ja« sagen.

Der erste Schritt – Mut zur persönlichen Vision von Arbeit

Oh, wie oft habe ich Menschen über Wünsche und Lebensträume reden hören, meist im Konjunktiv: »Das wäre toll«, »Eigentlich wollte ich ja auch immer mal …«, »Wenn ich noch mal anfangen könnte …«. Schluss damit. Nur Mut! Der Fachkräftemangel nimmt Ihnen die Ausreden. Wer etwas beizutragen hat, kann seine Arbeitsbedingungen umfassender gestalten als in den Jahren zuvor. Das ist nicht jedem in dem Maße bewusst. Deshalb verharren viele im Normalzustand von gestern und wundern sich über die vermehrt auftauchenden Arbeitspioniere. Geholfen ist damit niemandem, auch dem Arbeitgeber nicht. Man funktioniert zwar im Job – aber das ist eben längst nicht alles, wozu man fähig ist.

Am besten ist es für alle Beteiligten, wenn Sie ein möglichst klares Bild Ihrer persönlichen Ziele und Ihrer Arbeit entwickeln. Bei einem guten Vertrauensverhältnis zu Firma und Führungskraft idealerweise im offenen Dialog. Vielleicht geben Sie sich ein paar Monate zum Ergründen, wo die Reise hingehen soll. Vielleicht engagieren Sie einen Coach, besuchen ein Seminar oder machen eine inspirierende Reise. Dem einen reichen ein paar Urlaubstage, der andere braucht ein Sabbatical. Innezuhalten und die Koordinaten des eigenen Lebens neu zu justieren ist keine Frage des Alters. Erfahrungsgemäß ist das alle paar Jahre ein Jungbrunnen, wieder aufs Neue Themen und Vorhaben zu formulieren, bei deren Verfolgung das innere Feuer entfacht ist und die Augen wieder strahlen. Vielleicht brauchen Sie nur kleine Veränderungen, vielleicht haben große Fragen nur auf einen Anstoß gewartet.

Arbeiten Sie wie, wo und wann Sie wollen

Man könnte die Kombination aus neuen Möglichkeiten, guter Marktlage und gewachsenem Selbst- und Freiheitsbewusstsein als paradiesischen Zustand verstehen – als arbeitsmarktbezogenes Schlaraffenland. Vergessen Sie mal bisherige Annahmen und spielen Sie durch, was für Sie persönlich reizvoll und interessant erscheint. Schauen wir auf die grundlegenden Variablen:

No risk, no fun? Angestellt oder projektbezogen freiberuflich, am Erfolg oder der Firma beteiligt oder als Investor? Das kann sich auf den Hauptjob beziehen oder auf Nebentätigkeiten. Ich halte den Trend zu ergänzenden Aktivitäten neben dem »normalen« Job für hochinteressant. Als zweites Standbein, als langfristiger Aufbau von finanzieller und emotionaler Unabhängigkeit oder einfach als Ausgleich. Denken Sie an die estnische Personalerin:»Menschen ohne nebenher gegründetes eigenes Unternehmen stellen wir gar nicht ein.«

Arbeitsumfang. Der klassische Arbeitsmarkt ist traditionell auf volle Jobs fokussiert. Nichts ist in Stein gemeißelt. Wie viel wollen Sie in welchem Job arbeiten? Bis zum Umfallen – voller Einsatz für eine Sache? Regulärer Job mit 40 Stunden und Luft für Hobby, Familie, Nebenjobs? 25 Stunden im Hauptjob und 10 in einem zweiten? Anderer Denkansatz: 90 Tage Urlaub statt 30 gegen Gehaltsreduzierung, längere Auszeiten für Reise, Weiterbildung und Hobby.

Wo wollen Sie arbeiten und wie oft? Auch wenn sich an der Tätigkeit selbst nichts ändert. Mehr oder weniger Reisetätigkeit, höhere Flexibilität, Homeoffice oder Remote-Arbeit an Ihrem Traumort? Das macht einen Unterschied. Vielleicht zieht es Sie ins Ausland, vielleicht haben Sie die Pendelei satt und suchen mehr Ruhe. Was inspiriert Sie? In welchem Umfeld sind Sie am produktivsten?

Wofür wollen Sie arbeiten? Nicht wenige Menschen satteln nach ersten Erfolgen um, wechseln Branche oder Anliegen. Sie müssen dazu nicht bei Ärzte ohne Grenzen oder Greenpeace anheuern, doch eine bewusste Entscheidung für einen Zweck oder für eine bestimmte Art einer Firma kann einen großen Unterschied machen.

Sie merken schon – dieses Kapitel ist eine Nagelprobe für die von mir propagierte Haltung zu ehrlicher, menschlicher Führung mit Priorität auf den Lebenszielen des Einzelnen. Aus Sicht der Unternehmen will ich jeden qualifizierten Mitarbeiter an Bord behalten. Und jetzt ermutige ich Sie hier noch zu verrückten Ideen? Genau darum geht es, wenn Sie nur Leute an Bord haben wollen, die auch voll an Bord sind. Nicht alle Wünsche lassen sich sofort erfüllen. Spricht man offen über Ziele und Ideen, haben gute Unternehmen oft mehr Möglichkeiten, Anliegen zu realisieren und den Weg zum Ziel zu ebnen, als man denkt. Diese Kultur muss sich noch entwickeln und die Pioniere dürfen mit kritischen Nachfragen rechnen, ehe die Dinge normal werden. Nichts ist so mächtig wie Ideen, deren Zeit gekommen ist.

Wählen Sie Ihre Perspektive des Arbeitens

Wenn Sie gerade nicht von der eigenen Gründung oder vom großen Abenteuer träumen, lohnt der Blick auch auf die ganz normalen Variablen guten Arbeitens. Überlegen sie, zu wie viel Prozent Sie mit Ihrer Arbeit glücklich sind. Was läuft gut? Was erfüllt Sie? Was ist langweilig geworden? Was nervt? Wo würden Sie gerne mehr Verantwortung übernehmen? Wenn die Firma Sie ließe, was würden Sie sofort anders machen?

Darüber reden Sie eh mindestens zweimal im Jahr mit Ihrer Führungskraft? Glückwunsch. So gehört sich das in einer gut geführten Firma. Führt dieses Gespräch bisher niemand ehrlich interessiert mit Ihnen? Dann starten Sie mal mit einem guten Selbstgespräch, suchen Sie sich einen Coach oder vertrauten Freund und schaffen Sie Klarheit für sich.

Neben den Umständen der Arbeit – Arbeitszeiten, Arbeitsumfang, Arbeitsort – ist ein anderer Aspekt zentral: Welche Art von Verantwortung möchten Sie tragen? Nicht wenige Führungskräfte würden den Führungsanteil des Jobs lieber heute als morgen wieder aufgeben. Formuliert man das selbst, finden sich oft Lösungen und eine bessere Rolle. Vielleicht ist es auch umgekehrt und Sie sind bisher eher fachlich unterwegs, entdecken aber beim Lesen dieses Buches Ihre Lust auf Führung. Getreu dem Motto: Wenn Führung so menschlich sein kann, dann wäre das bei mir gut aufgehoben!

Wie offen, wie offensiv und mit wem Sie die ersten Gespräche über diese Themen führen, bleibt Ihrer Menschen- und Firmenkenntnis und Ihrem Fingerspitzengefühl vorbehalten. Mal ist es klüger, mit guten Ideen vorbereitet zu sein, mal erkunden Sie erst mal das Feld, mal verschenken Sie erst mal dieses Buch.

Lebensphase die erste – am Beginn Ihrer Karriere

Welche Fragen Sie sich stellen und zu welchen Schlüssen Sie kommen, hat mit Ihrer aktuellen Lebensphase zu tun. Mit 24 stellen sich andere Fragen als mit 35, mit 42 wieder andere als mit 58. Lebensfreude, Entdeckungslust und Lernfähigkeit jedoch sind nicht altersabhängig. Sie sind eher eine Frage von Haltung, bewusster Entscheidung für den eigenen Weg und das Verweigern fauler Kompromisse. Möglichkeiten gibt es genug.

Sie stehen am Anfang Ihrer Karriere? Schauen Sie sich um, recherchieren Sie interessante Unternehmen. Es gibt großartige Firmen, die kaum jemand kennt. Das kann Ihr Vorteil sein. Auch vor dem Fachkräftemangel war es schon eine gute Strategie, nicht einfach Bewerbungen auf Stellenanzeigen zu schreiben. Klüger war es immer schon, ein eigenes Konzept zu erarbeiten: Was kann ich besonders gut? Welche Probleme kann und will ich für welche Art von Unternehmen lösen? Welche Arbeitsbedingungen wünsche ich mir? Wer braucht genau so jemanden wie mich? Dann recherchieren Sie passende Unternehmen und sprechen diese auf eine adäquate Art und Weise an. So landen Sie nicht auf dem Stapel der Bewerbungen (falls es den noch gibt), sondern können mit interessanten Vorstellungsgesprächen rechnen. Im besten Fall haben Sie die Wahl zwischen mehreren Firmen. Im schlechtesten Fall werden Sie schlauer und verbessern Ihr Vorgehen für die nächste Runde.

Sie können Firmen recherchieren, bei denen Sie eine Fülle der beschriebenen zukunftsorientierten Dinge schon vorfinden, suchen sich sozusagen das gemachte Nest. Oder Sie machen es sich zur Aufgabe, Wegbereiter und Mitstreiter in der Modernisierung von Arbeitswelten zu sein. Mittelständische Unternehmen brauchen junge, motivierte, innovative Menschen, die dabei helfen, den Sprung oder Sprint in die Zukunft der Arbeit zu meistern. Dazu brauchen Sie kein gemachtes Nest, sondern nur den Rückhalt der neuen Chefs.

Lebensphase die zweite – Abstellgleis oder Krönung?

Eine andere Lebensphase beginnt mit dem Tag, an dem Sie zum ersten Mal denken oder sagen, dass Sie ja nicht mehr »so lange hätten«. Typischerweise tritt das mit 57 oder 58 auf, in einzelnen Fällen auch schon früher. Ich finde das schade. Menschen, die sich in scheinbarer Arbeitsplatzsicherheit wiegen und die Tage bis zur Rente zählen, sind eine Zumutung für sich und andere. Nicht dass Sie sich nicht auf tolle Reisen und Hobbys im Ruhestand freuen dürften, aber es geht um Jahre Ihres Lebens! Zum Absitzen sind die zu schade. Mal ganz davon abgesehen, dass der Traum vom Haus mit Pool in Spanien auch nichts mehr bringt, wenn man dann nicht mehr fit ist.

Statt die Tage bis zur Rente zu zählen, sollten Sie innehalten und überlegen, welches die richtige Aufgabe für die letzte Etappe im normalen Berufsleben sein sollte. Während der eine seinen Job einfach weiterführt, steigt der andere noch mal um, kümmert sich um Sonderprojekte, treibt die internationale Vernetzung für die Firma voran oder sichert wertvolles Know-how aus alten Experten im Tandem mit einem Team junger digitalaffiner Kollegen. Eine gesellschaftlich und persönlich sehr positive Wirkung könnte der Fachkräftemangel ebenso fördern: das Ende des verpflichtenden Arbeitsendes mit Renteneintritt.

Wie wäre es denn damit, mit 58 oder früher damit zu starten, sich ein klares Konzept zu erarbeiten für die Zeit nach dem eigentlichen Beruf? Im Sinne von Unabhängigkeit und Vitalität können wir für jeden Rentner froh sein, der nebenher eine Selbstständigkeit betreibt, seine Fähigkeiten frei und selbstbestimmt einbringt und sich was dazuverdient. Als Reiseleiter, als Berater oder als Handwerker für ausgesuchte Aufgaben. Das hält jung und gesund. Wer – unabhängig vom Alter – motivierende Ziele für die nächsten Lebensabschnitte hat, ist für alle ein motivierender und angenehmer Zeitgenosse. Vitale Senioren sind allemal besser als frustrierte Alte.

SIE: Gehen Sie voran – Wie Sie in die Zukunft führen

*»Sei du selbst die Veränderung,
die du dir wünschst von der Welt.«*
Mahatma Gandhi

Oft verspüren Führungskräfte diese innere Diskrepanz zwischen der Art, wie sie selbst gerne mit anderen Menschen umgehen würden, und dem üblichen Rollenbild als Führungskraft und den Verhaltensweisen, die man »auf der Arbeit«, »in der Firma«, »als Führungskraft« an den Tag zu legen hat. Wo die Ursprünge liegen – das haben wir schon gesehen.

So wie jeder Einzelne damit gefordert ist, seine persönlichen Verhaltensmuster, die sich überlebt haben, loszulassen und neu zu lernen, so sehr sind wir als Führungsteam eines Unternehmens gefordert, neue, bessere, menschlichere Arten der Zusammenarbeit und Führung zu entwickeln und zu etablieren.

Auch wenn die Versuchung groß sein könnte, Ihrem Arbeitgeber den Rücken zu kehren und einen besseren Platz zu suchen – das wäre eine Konsumentenhaltung. In einer Position als Führungskraft haben Sie Handlungsfelder, in denen Sie Dinge ändern können – mindestens für Ihr Team oder Ihre Abteilung. Je mehr Führungskräfte ihre Rolle reflektieren und sie zukunftsfähig interpretieren, desto schneller ändern sie die Arbeitswelt. Der Fachkräftemangel hilft, Verbündete zu finden. Leidensdruck hat schon oft Dinge in Bewegung gebracht, die schon lange vorher richtig gewesen wären.

Im vorigen Abschnitt habe ich Fragen zur eigenen Reflexion gestellt. Als Führungskraft kommt der Auseinandersetzung mit der eigenen Rolle besondere Bedeutung zu. Das beginnt mit der grundlegenden Frage, wie wohl Sie sich in der Führungsrolle überhaupt fühlen. Unterstellen wir mal, Sie fühlen sich hier genau richtig. Wie ist Ihr Bild einer zukunftsfähigen Führungskraft im Sinne des von mir skizzierten Verständnisses von Führung und Arbeit? Wir haben gesehen, dass es heute und in Zukunft eine andere Interpretation von Führung braucht, als das lange als gut und richtig galt. Hat die klassische Führungskraft formale Entscheidungsmacht, klare Informationswege, fachliche Leitung und disziplinarische Hoheit, braucht die zukünftige eine viel freiere unternehmerische Haltung. Sie versteht sich eher als Coach und Potenzialentwickler des eigenen Teams denn als ihr Vorgesetzter. Führungskräfte gestalten und begleiten eher den Prozess der gemeinsamen Arbeit und Entwicklung im Team, als die einzelnen Inhalte vorzugeben. Gute Führungskräfte wecken Entdeckungslust, triggern Ideen und Verbesserungsvorschläge und sorgen dafür, dass Job und Aufgabe spannend bleiben. Führungskräfte von morgen können mit moderner, offener Kommunikation umgehen und fördern sie, statt sie zurückzuhalten.

Taugen Sie als zukunftsorientiertes Role-Model?

Der Wandel in der Arbeitswelt ist kein abstraktes Geschehen da draußen in der Welt. Er ist eine höchst persönliche Angelegenheit. Glauben Sie mir, ich weiß noch gut, welche inneren Kämpfe ich vor der Entscheidung pro Cloud in unserem Unternehmen durchgefochten habe. Ich hatte selbst Widerstände, in einem Unternehmensbereich die Kommunikation von der guten alten E-Mail zu einem Chatprogramm zu verlagern. In der Zusammenarbeit mit Protagonisten habe ich viel gelernt und mir jüngere Verhaltensweisen angewöhnt. Die Vorbehalte, die Widerstände – ich kann sie nachfühlen.

Genau jetzt kommen Sie wieder ins Spiel. Ich bin zutiefst davon überzeugt, dass wir für die Transformation unserer Unternehmen Führungskräfte brauchen, die zukunftsoptimistisch, zukunftsinteressiert, persönlich neugierig und lernwillig sind. Wer die Smartphone-Fixierung der Digital Natives als Vereinsamung oder Kulturdeformation versteht und ablehnt, hat nicht verstanden, wie viel Lernen, soziale Vernetzung und berufliche Kooperation genau hier geschieht. Das heißt nicht, dass alle Entwicklungen unkritisch gutgeheißen werden sollten. Aber Neugierde, Verstehenwollen, Eintauchen in immer neue Welten – das halte ich für elementar. Auch das ist keine Frage des Alters. Jede Oma lernt Videocalls, wenn die geliebte Enkelin in Neuseeland reist. Durch die Corona-Krise ging auf einmal fast alles digital. Ich hoffe, das bleibt allen für die Zeit danach in Erinnerung.

Sehen Sie den Wandel, der vor uns liegt, als positive Herausforderung und sich selbst in vorderster Linie dabei? Prima. Dann legen Sie los. Natürlich haben Sie als Geschäftsführer andere Möglichkeiten denn als Teamleiter, als Personalleiter mehr Einfluss auf die besprochenen Themen denn als Werksleiter. Stellen Sie die Art Ihrer Führung, ihrer Organisation auf den Prüfstand.

Manche Dinge können Sie womöglich einfach ausprobieren und verändern. Für andere brauchen Sie Verbündete. Offene Gespräche mit Ihren Teammitgliedern über deren persönliche Entwicklung und ihre Ideen zur Verbesserung der Zusammenarbeit – da müssen Sie nicht lange fragen. Wenn Sie vorhaben, das Organigramm über den Haufen zu werfen und die Rollen und Aufgaben anders zu verteilen, sollten Sie sich besser vorher abstimmen.

Wenn auch nicht alle Ideen sofort auf Begeisterung stoßen – die Denkansätze zu Arbeitgeberattraktivität und menschlicherer Führung sind so breit diskutiert –, die Chance ist groß, dass Sie offene Türen einrennen. Nichts ist so wertvoll für Unternehmer und Personaler, die solche Themen in einem Unternehmen voranbringen wollen, als Führungskräfte, die aus eigener Überzeugung mit vorangehen und Pilotprojekte realisieren wollen. Wir brauchen genau diese Motoren der Veränderung.

Als Geschäftsführer halten Sie den Schlüssel in der Hand

Spätestens seit dem Kapitel mit der Prägewirkung der Persönlichkeiten an der Spitze ist es Ihnen eh klar: Sie halten den Schlüssel zur Ausrichtung Ihres Unternehmens auf die Zukunft der Arbeit in der Hand. Je größer Ihre Entscheidungsmöglichkeiten sind, desto mehr können Sie bewirken. Alles bisher Gesagte gilt auch für die Führungskräfte ganz an der Spitze. Wie Sie vorgehen können, um ein normales, klassisches Unternehmen zu einem Top-Arbeitgeber zu entwickeln, schauen wir uns im nächsten Abschnitt näher an.

Ihre Technologieoffenheit, Ihr Menschenbild, Ihre Haltung zu den zentralen Themen haben die allergrößte Wirkung auf die Zukunft Ihres Unternehmens. Hängen Sie noch an Werten, in denen Elternzeit für Väter nicht vorstellbar war, wie soll dann Verständnis für die während des Sabbaticals im Wohnmobil reisende Kleinfamilie entstehen? So groß die Notwendigkeit für Veränderungen auch sein mag, ehe Sie mit fehlender Überzeugung in Aktionismus verfallen, nehmen Sie sich lieber Zeit für eigene Erfahrungen. Die Auszeit für den Chef war für manche Firma – ob freiwillig oder unfreiwillig – eine der besten Weichenstellungen.

Klar ist nicht alles, was als Konzept zur *neuen Arbeit* propagiert wird, durchdacht. Nicht alles funktioniert. Manches passt auch nicht zu Ihrer Firmenkultur. Man kann nicht einfach Remote-Arbeit einführen und glauben, das klappe von allein. Wie alles im Leben braucht jeder Ansatz eine professionelle Umsetzung. Wir müssen lernen, welches die Erfolgsfaktoren sind. Das wird nicht ohne Fehler, ohne Lehrgeld gelingen.

Wenn es leicht wäre und es ein Patentrezept gäbe, hätte ich dieses Buch nicht schreiben brauchen. Es gäbe keinen Fachkräftemangel, nur motivierte und glückliche Mitarbeiter und sinnvolle Arbeit. Davon sind wir weit entfernt. Nur jeder siebte Mitarbeiter ist emotional mit seinem Unternehmen verbunden, wir verbrennen Milliarden durch schlechte Führung, mangelhafte Personalauswahl und Belegschaften, die weit unter ihren Möglichkeiten bleiben. Jede Firma, die sich bewusst aufmacht, die großartigen Potenziale der richtigen Mitarbeiter anzusprechen, zu entfalten und gemeinsam Großes zu leisten, ist wertvoll.

Nichts und niemand muss und kann dabei perfekt sein. »Better done than perfect« – das Motto unseres dualen Studenten prangt noch als Boomer-Mahnung an meinem Bildschirm. Wenn Sie als Entscheider die Richtung vorgeben, einen Rahmen anbieten und sich offen und lernwillig zeigen – Sie werden staunen, welches Potenzial in Ihrer Mannschaft steckt, und Sie werden alle gemeinsam viel lernen. Sie halten den Schlüssel in der Hand. Nutzen Sie dieses Privileg. Öffnen Sie die Tore. Beginnen Sie die Reise.

IHR: Von der normalen Firma zum großartigen Arbeitgeber

»Erfolg ist eine Treppe, keine Tür.«
Dottie Walters

Wir haben von allen Seiten in Ihr Unternehmen hineingeleuchtet und gesehen, wie man besser führen, beteiligen und motivieren kann. Anhand des einen oder anderen Beispiels entsteht so etwas wie ein Idealbild einer Firma: alle happy, ständig neue Produkte, Marktführer, satte Gewinne, alle wachsen.

Dann betreten Sie morgens die Firma, schauen sich Ihren Kalender an, sehen Fehlermeldungen, erfahren von der Kündigung eines Teamleiters und beschwichtigen den reklamierenden Kunden am Telefon. Zu allem Überfluss erzählt Ihnen eine hoffnungsvolle Nachwuchskraft in der Kaffeepause, dass ihr Teamleiter die Zusagen im Rahmen der Karriereplanung immer noch nicht eingehalten hat. Willkommen in der Realität. Die entscheidende Frage: Wie entwickle ich ein gewachsenes Unternehmen zu einer modernen Organisation, die für die Zukunft der Arbeit gewappnet ist?

Es hat Vorzüge, auf der grünen Wiese ein ganz neu gedachtes Unternehmen auf die Beine zu stellen. Zuerst das Konzept, gleich die richtige Technologie und von Anfang an die Menschen, die dazu passen. Wer das so macht, hat vergleichsweise gut reden. Gewachsene Unternehmen haben dafür großartige Stärken und Fähigkeiten, die es wert sind, weiterentwickelt zu werden. Für das Gros der bestehenden Unternehmen braucht es Strategien, die Menschen mitnehmen und Veränderungen verkraftbar machen.

Der Leidensdruck des Fachkräftemangels kann ein guter Auslöser sein, sich der Themen anzunehmen. Sollen Veränderungen tatsächlich greifen, brauchen sie entsprechende Energie, brauchen Verbündete, aktive Mitstreiter, Pioniere. Schon die Art, wie Sie die Diskussion des Themas im Unternehmen angehen, kann viel zum späteren Erfolg beisteuern. Ob Sie mit einem Impulsvortrag im Führungskreis starten oder einen Impulstag »Arbeitswelt der Zukunft« veranstalten, ob Sie selbst oder ein kleines Team Ideen sammeln oder von Beginn an Ideen aller Mitarbeiter einbeziehen – es gibt ganz verschiedene Wege, das Thema im Unternehmen auf die Tagesordnung zu setzen.

Wie alles im Wettbewerb um Zeit und Ressourcen, braucht ein so wichtiges Thema Helfer und Verantwortliche. Wie Sie ein Projektteam einberufen, wem Sie die Verantwortung übertragen und wo Sie das Team organisatorisch aufhängen – alles wichtige Signale. Nach allem, was Sie bis hierher gelesen haben, dürfte mein Impuls wenig überraschen: oben ansiedeln und selbst mitwirken! Sie brauchen Köpfe nicht nur aus der Personalabteilung, sondern mindestens auch aus Marketing/Vertrieb und eine gute Mischung der Generationen. Mögliche Wege und Methoden, um das Thema im Unternehmen anzugehen, finden Sie bei den Downloads zum Buch.

Gerade in der Bewusstseinsbildung ist der Blick über die Grenzen des eigenen Unternehmens wertvoll. Dabei denke ich nicht nur an externe Experten. Ich bin ein Fan von vielfältigen Lernaufträgen ans Team. Informationen sind genau einen Klick entfernt. Wenn jeder im Projektteam gezielt zu gemeinsam erarbeiteten Fragen seine Suche startet, jeder mal zu einer Tagung reist und das Team die gefundenen Aspekte dann sichtet, bewertet, sich gegenseitig präsentiert und die besten Punkte ins eigene Konzept einfließen lässt, haben Sie mit geringem Einsatz gleich mehrfach gepunktet: Sie lernen eine Menge, bleiben unabhängig und stärken Ihr Team. Das fördert Selbstbewusstsein, Urteilsvermögen und Überzeugung. Ein weiteres wertvolles Format: Laden Sie andere Unternehmer und Führungskräfte ein, von denen Sie lernen können, und besuchen Sie andere Firmen und Länder.

Die People Strategy – Ihr Drehbuch für die Reise

Wir haben weiter vorne schon gesehen, welche Fragestellungen auftauchen. Von heute auf morgen kann man die nicht alle beantworten. Je nach Situation des Unternehmens variieren die Schwerpunkte, können die Geschwindigkeit und die Wucht der Umsetzung ganz unterschiedlich sein. Wichtig ist, dass dieses Zukunftsthema Priorität hat, in den Strategieüberlegungen zentral ist und in der Organisation am richtigen Platz und personell bestens besetzt ist. Das ist die halbe Miete. Die andere Hälfte ist die kluge Einbeziehung der Menschen im Unternehmen.

Bei der Entwicklung der eigenen Arbeitgebermarke bietet sich die Chance, den Blick aller Beteiligten auf die Wahrheit im eigenen Unternehmen zu nutzen – als ehrliche, vielleicht hier und da schmerzhafte Bestandsaufnahme und als Fundus für Ideen, Verbesserungsvorschläge und Mitstreiter. Müßig zu erwähnen, dass Sie Mitarbeiter nur nach so wichtigen Dingen fragen dürfen, wenn Sie vorher geklärt haben, dass und wie Sie die zusammengetragenen Meinungen und Ideen weiterverarbeiten. Befragungen für die Schublade sind Sargnägel für Mitarbeiterengagement.

Viele Wege führen bekanntlich nach Rom. Je nach Ausgangslage können völlig unterschiedliche Strategien erfolgversprechend sein. Stimmen die Eckpunkte, ist vielleicht schon viel gewonnen, wenn die Qualität der Führung weiterentwickelt wird, Sie Ihre Personalentwicklung systematisch ausbauen und ins Arbeitgebermarketing kräftig investieren. Da haben Sie reichlich zu tun, müssen aber gar nicht die ganze Organisation auf den Kopf stellen.

Vielleicht sind Sie aber an einem Punkt, an dem Sie unter der Behäbigkeit des ganzen Ladens leiden, und Sie spüren den Bedarf für tiefgreifendere Veränderungen. Gleich eine ganze Organisation auf einmal umzukrempeln gleicht einem Vabanque-Spiel. Manche Unternehmen experimentieren in einem neu gegründeten Tochterunternehmen mit alternativen Organisationsformen. Andere engagieren sich in einem Start-up-Inkubator und lassen auf der grünen Wiese junge Gründer bewusst gegen das eigene Geschäftsmodell antreten. Oder sie schaffen einen Rahmen für interne Pilotprojekte, bei denen einzelne Teams und Projekte für einen gewissen Zeitraum Experimente machen können. Nach der Auswertung können sie entscheiden, was zum Standard taugt und was eher in die Kategorie »interessante Erfahrung« gehört.

Insgesamt kann die Arbeit an der eigenen Arbeitgeberattraktivität ein Prozess sein, der im Unternehmen erhebliche Energie freisetzt und sich damit schnell amortisiert. Was kann es Motivierenderes geben, als aus einer grundsätzlich gesunden Firma gemeinsam einen grandiosen Arbeitgeber zu machen?

Individualität ist Trumpf

Bei allem Wert des Blicks über den Tellerrand – bitte behalten Sie immer im Blick: Individualität ist Trumpf! Je nach Größe der Firma konkurrieren Sie nicht auf der ganzen Welt um Talente. Die wenigsten müssen sich mit Google und Facebook messen und Sie brauchen auch nicht Tausende neue Bewerber pro Jahr. Machen Sie sich bewusst, welches genau Ihre Ziele sind, welche Menschen in welcher Zahl Sie zu Ihrem Glück brauchen. Je klarer Sie hier sind, desto leichter sind Ziele erreichbar. Individualität und Persönlichkeit (von Chef und Firma) sind immer stärker als das, was alle machen.

Schälen Sie heraus, was Sie besonders macht. Scheuen Sie dabei auch nicht den Blick auf mutmaßliche Schwächen. Ihr Firmensitz ist auf dem platten Land? Konkurrieren Sie nicht in Großstadt-Kategorien. Wuchern Sie besser mit Natur, günstigem Wohnraum und viel Platz. Ein Unternehmen für Datenrettung im Pfälzer Wald gewinnt IT-Experten unter begeisterten Mountainbikern. Die besten Trails direkt in der Nachbarschaft zu Firma und Wohnort sind der Standortvorteil.

Nutzen Sie neue Möglichkeiten kreativ. Ist die Zentrale auf dem Land, schaffen Sie vielleicht einen kleinen Standort in Berlin, Palma oder London. Im Coworking, auf Zeit oder mithilfe von Kooperationspartnern. Das ist weniger eine Frage des Geldes als der Fantasie. Wie mit so vielen Dingen ist es auch bei der Arbeitgeberattraktivität: Kaum jemand will besondere Angebote ständig nutzen. Oft macht allein die Möglichkeit glücklich. Von diesem Schicksal weiß manches Cabrio in der Garage zu berichten.

Sie müssen auch nicht alles allein stemmen. Gerade in ländlichen Regionen gibt es oft gute Beziehungen zu benachbarten Unternehmen anderer Branchen. Gemeinsame Initiativen, pfiffige Veranstaltungen, um Talente von morgen auf sich aufmerksam zu machen, gemeinsame Angebote in Gesundheitsmanagement, Weiterbildung oder Digitalisierung – hier bieten sich kluge Kooperationschancen. Es gibt keine Schwächen, nur Stärken für unterschiedliche Dinge.

Es geht um alles

Die Fähigkeit, die besten Talente zu gewinnen, im Unternehmen weiterzuentwickeln und damit die maximale Wettbewerbsfähigkeit zu erreichen, diese scheinbar so weiche Kompetenz entscheidet über Sein oder Nichtsein. Deutschland hat es nie an Ingenieur-Know-how, an Erfindergeist oder Fachkompetenz gefehlt. Oft haben aber andere die Produkte auf den Markt gebracht, die Märkte erschlossen und die Plattformen geschaffen, ohne die heute nichts mehr geht. Als Erfolgsrezepte werden oft schnelles Experimentieren und Innovieren, Geschwindigkeit, Mut und Umsetzungsstärke genannt. Alles Themen, die mit Motivation, Firmenkultur, Kommunikation und guter Leadership zu tun haben.

Das gilt in den großen medienwirksamen Märkten wie in den kleinen. Der Handwerker mit den besten Leuten bekommt die guten, wirtschaftlichen Aufträge. Die Softwarefirma mit hoher Kompetenz und erstklassigen Prozessen bleibt wettbewerbsfähig. Firmen, die mit ihren Belegschaften und Vorgesetzten durchschnittliche Leistungen zu durchschnittlichen Preisen erzeugen, haben ein Problem.

Wir haben die spiralartigen Entwicklungen beschrieben. Halten Sie tolle Leute und holen andere dazu, werden Sie immer attraktiver. Umgekehrt leider auch. Der Unterschied zwischen einem hoch engagierten Team mit gemeinsamer Mission gegenüber einer *normalen* Firma? Wer will das exakt beziffern? Sicher sein können wir aber: Wir reden über sehr viel Geld und sehr viel Lebensenergie. Der Arbeitsmarkt wird sich ändern. Ob Sie das gut finden oder nicht, ist nicht die Frage. Nur, ob Sie in ein paar Jahren noch dabei sind.

WIR: Wie wir gemeinsam die Arbeitswelt besser machen

»Change will not come if we wait for some other person or some other time. We are the ones we've been waiting for. We are the change that we seek.«

Barack Obama

Die Zukunft der Arbeit geht uns alle an. Unser Wohlstand hängt davon ab, wie gut wir den Weg in die Zukunft der Arbeit meistern. Unternehmen sind mit ihrer Region verbunden, im Arbeitsmarkt auch ein Stück von ihr abhängig. Menschen wählen nicht nur den Arbeitgeber, sondern den Standort gleich mit. Vorausschauende Unternehmen gestalten die Region mit. Sie engagieren sich in Initiativen zur Standortentwicklung, pflegen den Dialog mit der lokalen Politik, schärfen das Bewusstsein für neue Arbeitsformen. Viele Themen können Unternehmen in regionaler Kooperation angehen. Ausbildungsverbünde, gemeinsame Initiativen mit Schulen, Kitas und Kommunen zur Verbesserung der Vereinbarkeit von Familie und Beruf, Kooperationsvorhaben des betrieblichen Gesundheitsmanagements und natürlich der intensive Dialog mit Schulen und Weiterbildungseinrichtungen über berufliche Möglichkeiten – im Allgemeinen und regional. Da gehen dann Arbeitgebermarketing und die nachhaltige Unterstützung der regionalen Weiterentwicklung Hand in Hand.

Unser Elektriker im Ort mit seinem kleinen Team hat uns schon oft aus der Patsche geholfen: Die seltene Halogenbirne hatte er auf Lager, die Installation am Samstag oder die Nothilfe für die Heizung – kein Problem. Verblüfft hat er mich aber, als ich im Laden wartete und sein Geselle in Arbeitsmontur in den Laden kommt, einen Kunden im Schlepptau. Auf Englisch erklärt er ihm die Vorzüge der neuen Waschmaschine und verkauft dem in der Gegend stationierten Amerikaner völlig selbstverständlich ein neues Gerät. Die Westpfalz wirbt damit, dass man fast alles auch auf Englisch erledigen kann. Die amerikanischen Streitkräfte und ihre zivilen Mitarbeiter sind ein wichtiger Faktor in Kaiserslautern und Umgebung. Wenn wir Arbeitsplätze und Wertschöpfung in unseren Regionen halten wollen, brauchen wir eine Willkommenskultur für Menschen. In Gegenden, in denen sich Menschen nicht sicher und willkommen fühlen, gehen nicht nur qualifizierte Leute verloren. Es kommen vor allem keine neuen hinzu und Firmen achten sehr genau auf solche Faktoren, wenn sie entscheiden, wo sie sich ansiedeln oder wo sie eher gehen. Das gilt im Großen wie im Kleinen. Wer offen und inklusiv für Menschen unterschiedlicher Herkunft, Sprache, Hautfarbe, sexueller Orientierung, Glaubensrichtung oder Lieblingsfußballclub ist, bleibt als Standort attraktiv. Regionen, die durch das Gegenteil auf sich aufmerksam machen, etablieren eine Verabschiedungskultur für Arbeitsplätze. Die indische Community in Walldorf, das japanische Dorf in Düsseldorf, die Amerikaner in Kaiserslautern oder die chinesische Siedlung im Landkreis Birkenfeld: Es gibt reichlich gelungene Beispiele innovativer Wirtschaftsförderung und weltoffener Gesellschaft.

Zukunftsfreude, Neugierde und lebenslanges Lernen

Wer die Aufbruchstimmung unter jungen, gut ausgebildeten Menschen aufstrebender Länder erlebt, spürt, wie wichtig die gesellschaftliche Haltung für die zukünftige Entwicklung ist. Neue Produkte und Errungenschaften werden dort entwickelt, wo die Menschen sie nachfragen, annehmen und weiterentwickeln. Das bedeutet selbstverständlich nicht, alle Neuerungen unkritisch zu übernehmen. Im Gegenteil. Wir sollten in Europa viel selbstbewusster für unsere Werte und Formen des Fortschritts stehen, die nicht die technologischen Möglichkeiten gegen persönliche Freiheitsrechte ausspielen. Eine Haltung, die neue Technologien und moderne Arbeitsformen misstrauisch beäugt, ohne sich damit näher auseinandergesetzt zu haben, und dafür noch öffentliche Resonanz findet, ist nicht wettbewerbsfähig. Wir brauchen in allen gesellschaftlichen Bereichen eine neugierige, lernwillige Haltung und die selbstbewusste Entwicklung eigener Wege. Es ist nicht die Frage, ob technologischer Wandel kommt, sondern nur, wie viel davon bei uns stattfindet und wie viel Wertschöpfung und Wohlstand in andere Weltregionen abwandert.

Die Geschwindigkeit des Wandels ist eine gesellschaftliche Zerreißprobe, die Gefahr einer Spaltung im Arbeitsmarkt real. Auf der einen Seite stehen digitalaffine Menschen mit Kompetenzen, die gebraucht werden. Fachkräftemangel wird noch auf Jahre prägend sein und gute Leute suchen sich die Jobs aus. Gleichzeitig kann es sein, dass die Zahl derer wächst, die es nicht schafft, umzulernen, neue Qualifikationen zu erlernen, und für deren Kompetenzen es nicht genug Bedarf geben wird. Arbeitslosigkeit, Lohndumping und schlechte Bedingungen sind die Folge. Wir sehen zwei Realitäten zur gleichen Zeit, wie sie unterschiedlicher kaum sein könnten.

Die Aufgabe besteht darin, das lange beschworene lebenslange Lernen gesellschaftlich zu verankern. Wir brauchen Angebote, die den Umstieg in ganz andere Berufe erleichtern, die Mut machen, auch in höherem Alter noch mal etwas ganz Neues zu lernen. Der Fachkräftemangel kann hier heilsam sein und helfen, bürokratische Hürden zu reduzieren, Zugänge zu erleichtern und mehr Geld und Ressourcen in die Betreuung von Zielgruppen zu stecken, um die man sich früher zu wenig gekümmert hat.

Der Staat als Förderer und Unterstützer

Die unterschiedliche Haltung in Politik, Verwaltung und öffentlicher Hand in verschiedenen Ländern haben mich auf meinen Reisen beeindruckt. Wir haben in Deutschland ein weit ausgereiftes öffentliches System. Sollte man meinen. Aber vergleichen Sie mal den Stand in puncto Digitalisierung mit dem in Estland, in Dubai oder in Singapur. Von China spreche ich weniger, zu fragwürdig erscheint mir die dortige Vision von Social Scoring und Co.

Aber erleben Sie mal, wie selbstverständlich der Taxifahrer und die Großmutter in Estland im Alltag mit digitalen Techniken umgehen, wie selbstverständlich Wahlen digital erfolgen und wie natürlich es allen vorkommt, nie aufs Amt zu müssen. Wozu auch? Von Auto ummelden bis Konto eröffnen, alles macht man online, rund um die Uhr. Für die Skeptiker: Das Ganze erfolgt mit hohen Datensicherheitsanforderungen. Die Erklärungen, warum die digitale Wahl in Estland manipulationssicherer sei als die Briefwahl in Deutschland, erschien mir schlüssig.

In einzelnen Ländern sind Staat, Behörden und Kommunalverwaltungen Treiber des digitalen Wandels. Sie fordern die Umstellung auf die digitalen Vorgänge verbindlich ein. So entsteht zwangsläufig ein Auseinandersetzen mit längst vorhandenen Möglichkeiten. In Deutschland hat erst ein Virus geschafft, was jahrelang versäumt wurde. Ich hoffe, dass wir die richtigen Schlussfolgerungen aus den Erfahrungen und Erkenntnissen rund um die Corona-Krise ziehen. Für ein modernes und weltweit führendes Innovationsland wie Deutschland ist es nicht angemessen, Formulare auszudrucken, Faxe zu schicken und in Behördenfluren zu warten.

Gesetze und Infrastruktur

Der Wandel im Arbeitsmarkt kollidiert gelegentlich mit Gesetzen und Strukturen aus alten Tagen. Da wird detaillierte Zeiterfassung zur Vorschrift, wo wir gerade dabei waren, Vertrauensarbeitszeit, das Ende der Stechuhr und freies, flexibles Arbeiten einzuführen. Da werden bewusst selbstständige Freelancer Opfer von Regelungen zur Scheinselbstständigkeit. Da sind die Kosten des Arbeitens von schönen Orten aus nur schwer als Betriebsausgaben absetzbar, weil Beamte an Urlaub denken, wo moderne Arbeitsnomaden fulltime arbeiten. Freies Mittagessen in der Firma muss versteuert werden. Die Liste ließe sich fortsetzen.

Es braucht Leidensdruck zur Veränderung. Der Fachkräftemangel baut einen Teil dazu auf, entwickelt sich aber schleichend. Die Maßnahmen zur Eindämmung der Corona-Pandemie wirkten plötzlicher und geben aus dieser Perspektive Anlass zur Hoffnung. Entsprechende Einsicht und Handlungsnotwendigkeit unterstellt, hat unser politisches System mit seinen Protagonisten eine unerwartete Entschlossenheit, Weitsicht und Geschwindigkeit an den Tag gelegt. Kurzarbeit hat Millionen Arbeitsplätze gerettet, Soforthilfe Firmen liquide gehalten und eine wissenschaftsbasierte transparente Kommunikation hat weitreichende gesellschaftliche Verhaltensänderungen möglich gemacht, die unter normalen Umständen unvorstellbar gewesen wären. Ausreichendes Problembewusstsein unterstellt, sollten wir dann auch in der Lage sein, Arbeitsrecht und bürokratische Vorschriften so zu modernisieren, dass Arbeiten von morgen in Deutschland gelingt.

Unternehmerkultur und Gesellschaft

Es wäre so wertvoll, wenn möglichst viele Menschen auch Eigentum an Unternehmen besäßen. Je mehr Menschen Firmenbeteiligungen ihr Eigen nennen, unabhängiges Vermögen und am besten noch eine kleine Firma neben der früher normalen Hauptbeschäftigung haben, desto krisenfester, unabhängiger und wohlhabender würde unsere Gesellschaft. Die Diskussion um Elemente eines Grundeinkommens – ob mit Bedingungen oder ohne – sie läuft längst. Es ist kein Zufall, dass Wirtschaftslenker solche Dinge fordern, sehen sie doch voraus, dass es jenseits des hier beschriebenen Fachkräftemangels in anderen Bereichen deutlich weniger Arbeit geben könnte als Menschen auf Jobsuche.

Wir haben nur einen Planeten. Junge und weiterdenkende Menschen fragen danach, was für unsere Erde und ihre nachhaltige Besiedlung und Erhaltung förderlich und verträglich ist. Das ist gut so. Wir brauchen eine weltoffene Haltung, das Verständnis globaler Kooperation und so viele Menschen wie möglich, die weniger in Nationalstaaten und Abschottung denken als im klugen Zusammenwirken um den ganzen Globus. Das schließt selbstbewusstes Wahren der eigenen Interessen nicht aus. Je mehr Menschen in ihrer Jugend oder im Kontext ihres Arbeitsplatzes die positiven Wirkungen globaler Vernetzung, den Wert von Diversität und Toleranz erleben, desto besser.

Es ist keineswegs sicher, dass es uns Menschen gelingt, gemeinsam dauerhaft verträglich, friedlich und gesund auf diesem Planeten zu leben. Der volle Einsatz dafür lohnt sich aber. Wir dürfen das Feld nicht Bedenkenträgern und Zukunftsskeptikern überlassen.

Der Fachkräftemangel kann ein Katalysator zur Modernisierung unserer Systeme sein – wenn es gut läuft. Damit das passiert, dürfen Unternehmen nicht allein auf die Politik und gutes Wetter hoffen. Sie sind mittendrin und sollten positiven Einfluss nehmen. Bilden Sie Netzwerke, engagieren Sie sich in Region und Gesellschaft und vor allem: Stellen Sie gute Beispiele auf die Beine. Nichts ist überzeugender als das gelebte Beispiel realer, erfolgreicher Unternehmen, die auf menschliche Art und Weise hochprofitabel sind und ihre Mitarbeiter begeistern. Jeder großartige Arbeitgeber, jeder People Champion kann eine Insel der Lebendigkeit sein, ein Ort, an dem Menschen ihre Entdeckungslust und ihr Strahlen in den Augen jeden Tag leben.

Downloads und Dialog

Auf unserer Leser-Website www.stefandietz.com/leser haben wir sieben nützliche Downloads mit weiterführenden Impulsen zur Umsetzung für Sie vorbereitet. Einfach einmal registrieren, dann haben Sie Zugang zu allen Materialien.

Das erwartet Sie:

1. **Arbeiten im Flow**
   Schaffen Sie die Voraussetzungen für Arbeiten im Flow. Mehr Produktivität für sich selbst, im Team und in der ganzen Firma.
2. **Checkliste Führung**
   Machen Sie einen Schnelltest zur Intensität und Qualität der Führungsarbeit im Unternehmen.
3. **Leitfaden gute Meetings**
   Zwölf Tipps für bessere Meetings und eine angenehmere Meetingkultur im Unternehmen.
4. **Roadmap People Strategy**
   Zwölf Fragen und Themen als Reflexion und Inspiration für Ihren Weg zu einer überzeugenden People Strategy.
5. **Persönlichkeitstypen verstehen**
   Beschreibung und Erläuterungen zu unterschiedlichen Typen, Tipps und Methoden zur Stärkung der Menschenkompetenz Ihrer Führungskräfte.
6. **Arbeiten in der Sonne**
   Erfahrungen und Ideen für eine Form des Arbeitens voller Inspiration und Lebensqualität – inklusive Videoserie.
7. **Auf dem Weg zum großartigen Arbeitgeber**
   Empfehlungen und Hinweise wie Sie die Themen und Anliegen des Buches im Unternehmen voranbringen.

Vorträge und Begleitung
Gerne unterstützen wir Sie in der Umsetzung. Buchen Sie inspirierende Vorträge zum Glücksfall Fachkräftemangel und der Zukunft der Arbeit – für Unternehmer und Führungskräfte, für Ihre Kunden oder Ihren Verband. Für die Umsetzung im eigenen Unternehmen bieten wir unterschiedliche Programme an. Vereinbaren Sie ein Strategiegespräch oder buchen Sie Ihre Teilnahme an einem offenen Seminar – online oder offline.

Hintergründe und weiterführende Impulse
Im Buch sind etliche Gesprächspartner erwähnt. Hier finden Sie weitere Hintergrundinformationen und die vollständigen Interviews mit Experten zur Welt der Arbeit von morgen.

Außerdem freue ich mich auf den Dialog mit Ihnen – und das gleich dreifach:

Dialog 1: Ich freue mich über Ihr Feedback
Schreiben Sie mir, was Sie inspiriert hat. Was ist der eine Gedanke, der vor allen anderen für Sie bleibt? Welche Dinge sehen Sie anders? Was hat Sie zum Handeln oder Umdenken animiert? Was werden Sie umsetzen?

Dialog 2: Inspirationen für die Arbeitswelt von morgen
Unsere (Arbeits-)Welt ist voller interessanter Beispiele – im Positiven wie im Negativen. Nennen und beschreiben Sie interessante Beispiele, die andere inspirieren können. Vielleicht finden die dann Eingang in das nächste Buch.

Welche Unternehmen und welche Strategien und Ideen finden Sie besonders beeindruckend? Was sollte Schule machen?

Welche Auswüchse des Fachkräftemangels kennen Sie? Was finden Sie besonders tragisch, eher witzig oder abstrus?

Dialog 3: Umsetzung in die Praxis
Wo sehen Sie die größten Hürden und Engpässe für die Umsetzung der Thesen in die Praxis Ihres Unternehmens?

Was fördert die Umsetzung? Welche klugen Vorgehensweisen haben Sie praktiziert oder bei anderen beobachtet?

Woran scheitern gut gemeinte Vorhaben auf dem Weg zum attraktiven Arbeitgeber?

Auf unserer Leser-Website www.stefandietz.com/leser finden Sie die entsprechenden Fragen und Kontaktdaten.

Anmerkungen

Kapitel 1: ARBEITSMARKT: Wie alte Sicherheiten hinweggefegt werden

1 Soweit nicht eindeutig anders deklariert oder zitiert, sind sämtliche im Buch verwendeten Namen fiktiv. Jegliche Ähnlichkeit mit realen Personen ist unbeabsichtigt und rein zufällig.
2 Bundesministerium für Arbeit und Soziales, Arbeitsmarktprognose 2030. Juli 2013: http://www.bmas.de/SharedDocs/Downloads/DE/PDF-Publikationen/a756-arbeitsmarktprognose-2030.pdf?__blob=publicationFile (abgerufen 04.05.2020) und weitere Auflage 2016 https://www.bmas.de/SharedDocs/Downloads/DE/PDF-Meldungen/2016/arbeitsmarktprognose-2030.pdf;jsessionid=1EAFE180228865221F7D20027FB06B42?__blob=publicationFile&v=2 (abgerufen 04.05.2020).
3 Hunger, Uwe und Krannich, Sascha: »Einwanderungsregelungen im Vergleich. Was Deutschland von anderen Ländern lernen kann.« Studie im Auftrag der Friedrich-Ebert-Stiftung, Oktober 2015 https://library.fes.de/pdf-files/wiso/11662.pdf (abgerufen 04.05.2020)
4 Menning, Sonja und Hoffmann, Elke: »Die Babyboomer – ein demografisches Porträt.« In: Deutsches Zentrum für Altersfragen. Report Altersdaten; GeroStat Statistisches Informationssystem 02/2009 https://www.dza.de/fileadmin/dza/pdf/GeroStat_Report_Altersdaten_Heft_2_2009.pdf (abgerufen am 09.05.2020).
5 Wirtschaftswoche vom 23.10.2019: »2019 fielen bislang 3900 Züge wegen Lokführermangel aus: https://www.wiwo.de/unternehmen/handel/internes-bahn-dokument-2019-fielen-bislang-3900-zuege-wegen-lokfuehrermangel-aus/25146168.html (abgerufen 03.05.2020).
6 DIHK: »Fachkräftesuche bleibt Herausforderung«, DIHK-Report Fachkräfte 2020 https://www.dihk.de/resource/blob/17812/f1dc195354b02c9dab098fee4fbc137a/dihk-report-fachkraefte-2020-data.pdf (abgerufen 09.05.2020).
7 Simon, Dr. Hermann: Hidden Champions des 21. Jahrhunderts – Die Erfolgsstrategien unbekannter Weltmarktführer. Campus Verlag, 2007.
8 Statista – Europäische Union: Jugendarbeitslosenquoten in den Mitgliedsstaaten im Februar 2020 https://de.statista.com/statistik/daten/studie/74795/umfrage/jugendarbeitslosigkeit-in-europa/ (abgerufen 09.05.2020).
9 Oxford Economics: Global Talent 2021 – How the new geography of talent will transform human resource strategies. Heatmap global talent shorting https://www.oxfordeconomics.com/Media/Default/Thought%20Leadership/global-talent-2021.pdf (abgerufen 09.05.2020).

10 Barile, Nicole: https://www.slideshare.net/NicoleBarile/the-state-of-the-global-talent-shortage?from_action=save, (abgerufen 26.04.2020) (https://futureofglobalwork.com/blog).

11 Philippi, Dr.Tom; AHK Singapur, Gespräch am 14. Januar 2020 in Singapur.

Kapitel 2: TECHNOLOGIE: Was für uns übrig bleibt und möglich wird

1 https://www.wissenschaft.de/technik-digitales/3d-druck-moeglichkeiten-grenzen-zukunftsvisionen/, Zugriff 22.04.2020, 3D-Druck: Möglichkeiten, Grenzen, Zukunftsvisionen.

2 Költzsch, Thomas: Golem.de »Google Assistant fragt per Telefon nach« https://www.golem.de/news/sprachassistent-google-assistant-fragt-per-telefon-nach-1805-134292.html (abgerufen 04.05.2020).

3 Micic, Dr. Pero: Leader's Vision Day, Seminarunterlage, Frankfurt 28.02.2020.

4 Deutsches Mode-Institut; Fachkongress Re'ad Summit 2018 und 2019 https://www.readsummit.com/, diverse Vorträge.

5 Assyst GmbH, FashionForum »Digital is now«; 2018, https://www.assyst.de/

6 »100 Jobs of the future«, https://100jobsofthefuture.com/ (abgerufen 28.04.2020).

7 Loser, Steffi: »24 moderne Berufe, die wir der Digitalisierung verdanken«, http://weltderchancen.de/digitale-berufe/ (abgerufen 28. April 2020).

8 Dr. Pero Micic, Leader's Vision Day, Frankfurt 28.02.2020.

9 Statista, https://de.statista.com/statistik/daten/studie/166229/umfrage/ranking-der-20-laender-mit-dem-groessten-anteil-am-weltweiten-bruttoinlandsprodukt/ (abgerufen 28. April 2020).

10 Lobo, Sascha: Vortrag NWX 2019, Hamburg, 07. März 2019.

11 https://www.computerweekly.com/news/252477061/Will-5G-turn-Langkawi-into-the-worlds-first-smart-island (abgerufen 28.04.2020), eigene Beobachtungen Januar 2020.

12 Rosling, Hans: Factfulness. Ullstein Verlag, 2018.

13 Frankopan, Peter: The New Silk Road – The Present and Future of the World. Bloomsbury Publishing, 2018.

14 Dubai Plan https://u.ae/en/about-the-uae/strategies-initiatives-and-awards/federal-governments-strategies-and-plans/uae-centennial-2071 Dubai Centennial 2071.

15 E-residency-Programm Estland. »more than 10000 businesses established by Estonian e-residents«, Bericht in: eer.ee; 22.11.2019; https://news.err.ee/1006063/more-than-10-000-businesses-established-by-estonian-e-residents (abgerufen 04.05.2020).

16 Martin-Jung, Helmut: Kolumne »Silicon Future« in der Süddeutschen Zeitung, 17.12.2019 »Schwer zu kopieren«,
https://www.sueddeutsche.de/wirtschaft/kolumne-silicon-future-schwer-zu-kopieren-1.4726843 (abgerufen am 28. April 2020).

17 Morgenroth, Markus: Sie kennen Dich! Sie haben Dich! Sie steuern Dich!«. Knaur Verlag, 2016.

18 E-Estonia-Briefing-Center. Besuch und persönliche Demonstration im Juli 2019. Weitere Informationen: https://e-estonia.com/visit-us/.

Kapitel 3: FREIHEIT: Warum Menschen nicht mehr mitspielen

1 Bäumer, Mario: »Out of office – wenn Roboter und Künstliche Intelligenz für uns arbeiten.« Ausstellungsband. Verlag Stiftung Historische Museen Hamburg, 2018, S. 22 ff.
2 Wikipedia https://de.wikipedia.org/wiki/Maschinenst%C3%BCrmer – Maschinenstürmer.
3 Wikipedia https://de.wikipedia.org/wiki/Frederick_Winslow_Taylor – Taylor.
4 Hans-Böckler-Stiftung: Portal Geschichte der Gewerkschaften; https://www.gewerkschaftsgeschichte.de/ab-1830-die-ersten-arbeiterorganisationen.html (abgerufen 02.05.2020).
5 T-online.de: »Die Geschichte der Rente in Deutschland« https://www.t-online.de/finanzen/altersvorsorge/id_15739976/si_0/die-geschichte-der-rente-in-deutschland.html, (abgerufen 02.05.2020).
6 Prof. Gerald Hüther: Vortrag bei der New Work Experience 2019, Hamburg Elbphilharmonie. Juni 2019.
7 Prof. Harald Lesch: Interview bei Markus Lanz – https://www.YouTube.com/watch?v=frTtnb9Cvqg (abgerufen 02.05.2020).
8 Ware, Bronnie: 5 Dinge, die Sterbende am meisten bereuen. Wilhelm Goldmann Verlag, 2015.
9 Liesel Heise wurde mit 100 Jahren in den Stadtrat der Stadt Kirchheimbolanden gewählt. https://www.saarbruecker-zeitung.de/saarland/blickzumnachbarn/rheinland-pfalz/liselheise-stadtrat-kirchheimbolanden-100-jaehrige-sitzt-im-stadtrat_aid-48012419 (abgerufen 30.04.2020).
10 Podcast-Interview mit Christoph Burckhardt, Februar 2020, noch unveröffentlicht. Information zu Person und Publikationen. https://www.burkhardt.solutions/ (abgerufen 30.04.2020).
11 https://www.br.de/nachrichten/wissen/ocean-cleanup-projekt-sammelt-erstmals-plastik-aus-dem-meer-ein,RdkZrVH (abgerufen 30.04.2020).
12 Riederle, Philipp: Wie wir arbeiten und was wir fordern. Droemer-Verlag, 2017.
13 SINUS-Institut: Sinus-Milieus. https://www.sinus-institut.de/sinus-loesungen/sinus-milieus-deutschland/ (abgerufen 30.04.2020).
14 Peter Martin Thomas, unveröffentlichtes Interview, März 2020, diverse Gespräche. https://www.petermartinthomas.de/.
15 Ferriss, Tim: Die 4-Stunden-Woche; Ullstein Verlag, 2015.
16 Citizen Circle – https://www.citizencircle.de/, Netzwerk von Menschen, die zeit- und ortsunabhängig arbeiten.
17 Badura, Ducki, Schröder, Klose, Meyer (Hrsg): Fehlzeiten-Report 2019, Springer-Verlag. Krankheitsbedingte Fehlzeiten in der deutschen Wirtschaft im Jahr 2018 – Überblick (Markus Meyer, Maia Maisuradze, Antje Schenkel), S. 415 ff.
18 https://www.focus.de/finanzen/news/neue-studie-domaene-der-hochqualifizierten-hunderttausende-deutsche-wandern-aus_id_11424311.html (abgerufen am 01.05.2020).
19 Graeber, David: Bullshit-Jobs. Cotta-Verlag, 2018.
20 Schulte-Austum, Eva: Vertrauen kann jeder. Knaur-Verlag, 2019.
21 Interview mit Mathias Bonet. Unveröffentlichtes Video. Herbst 2016. Nähere Infos zu Mathias Bonet und seinem Co-Working-Space in Mallorca: https://www.bedndesk.com/.

Kapitel 4: ARBEIT: Warum wir arbeiten, und wozu das gut sein kann

1 Zink, Prof. Dr. Klaus J.: Institut für Technik und Arbeit. Vortrag bei einer Tagung im BIC in Kaiserslautern 2018.
2 Mann, Dr. Rudolf: Das Visionäre Unternehmen. GABLER, 1990.
3 Bauer, Joachim: Arbeit – warum unser Glück von ihr abhängt und wie sie uns krank macht. Karl-Blessing-Verlag, 2013.
4 FAZ.net: »Crowdworker – sind das normale Arbeitnehmer?« https://www.faz.net/ak tuell/karriere-hochschule/buero-co/arbeitsrecht-sind-crowdworker-normale-arbeitneh mer-16636220.html (abgerufen 01.05.2020).
5 Friedman, Milton: Kapitalismus und Freiheit. Piper Verlag, 2004.
6 Business Roundtable: Statement zum Zweck von Unternehmen. August 2019. https://www.businessroundtable.org/business-roundtable-redefines-the-purpose-of-a-corpora tion-to-promote-an-economy-that-serves-all-americans; (abgerufen 01.05.2020).
7 Statement on the Purpose of a Corporation. Originaldokument. https://opportunity.busi nessroundtable.org/wp-content/uploads/2020/04/BRT-Statement-on-the-Purpose-of-a-Corporation-with-Signatures-Updated-April-2020.pdf (abgerufen 01.05.2020).
8 Horn, Karen: »Der Homo oeconomicus – ein Missverständnis«; Kolumne in Neue Zür cher Zeitung, 2017; https://www.nzz.ch/meinung/kolumnen/der-mensch-aus-wirtschaft licher-perspektive-der-homo-oeconomicus-ein-missverstaendnis-ld.140399.
9 Vgl. Bauer, Joachim: Prinzip Menschlichkeit – warum wir von Natur aus kooperieren. Verlag Hoffmann und Campe, 2007.
10 Sprenger, Reinhard: Vertrauen führt: Worauf es im Unternehmen wirklich ankommt. Campus Verlag, 2007.
11 Csikszentmihalyi, Mihaly: Flow: Das Geheimnis des Glücks. Klett-Cotta, 2007.

Kapitel 5: FÜHRUNG: Was schiefläuft und Menschen und Werte plattmacht

1 Gallup Inc.: Engagement-Index. Jährlich erhobene Analyse; Studie, Methodik und Ergebnisse: https://www.gallup.de/183104/german-engagement-index.aspx (abgerufen 02.05.2020).
2 Nink, Marco: Engagement Index Deutschland 2018. Präsentation zum Pressegespräch 29.08.2018 https://www.gallup.de/183104/engagement-index-deutschland.aspx (abgeru fen 02.05.2020).

Kapitel 6: CHEFSACHE: Wie Firmen aufhören, Potenzial zu vernichten

1 Kohl-Boas, Ralph: Vortrag bei den Petersberger Trainertagen. 2017.
2 Antoine de Saint-Exupery: Die Stadt in der Wüste. Karl Rauch Verlag, 2008.
3 Micic, Dr. Pero: Leader's Vision Day, Seminarunterlage, Frankfurt 28.02.2020; Google Mission und Vision.
4 Schneider, Hans J., Fritz, Stefan: Erfolgs- und Kapitalbeteiligung. Vom Mitarbeiter zum Mitunternehmer. Symposion Verlag, 2013. Fundierte Übersicht über Modelle und Ge staltung sowie Fallbeispiele aus mittelständischen Unternehmen.

5 Simon, Prof. Dr. Herrmann: »Abends verlässt das Vermögen die Firma.« FAZ vom 08. März 2010.
6 Laloux, Frédéric: »Reinventing Organizations visuell – Ein illustrierter Leitfaden sinnstiftender Formen der Zusammenarbeit. Verlag Franz Wahlen, 2016, S. 47.
7 Kramp, Marie: Artikel in conZepte, das magazin, Juli 2018; https://www.contec.de/blog/beitrag/buurtzorg-das-niederlaendische-modell-im-praxischeck/ (abgerufen 03.05.2020)
8 Semler, Ricardo. Maverick: The success story behind the World's most unusual Workplace. Warner Books Inc. New York, 1993.
9 Busch, Alexander: »New Work-Pionier Ricardo Semler: In der Theorie gut, aber in der Praxis?« Handelsblatt vom 27.08.2019. https://www.handelsblatt.com/unternehmen/management/management-guru-new-work-pionier-ricardo-semler-in-der-theorie-gut-aber-in-der-praxis/24946262.html?ticket=ST-1455271-3mq3NxRLRkkvbLo4w9ET-ap2 (abgerufen 03.05.2020).
10 Projekt Augenhöhe. »Augenhöhe – der Film« https://augenhoehe-film.de/ (abgerufen 10.05.2020).
11 Lohmann, Detlef: »… und Mittags geh' ich heim. Die völlig andere Art, ein Unternehmen zu führen.« Linde Verlag Wien, 2012.
12 Rheingans, Lasse: Die fünf Stunden Revolution. Wer Erfolg will, muss Arbeit neu denken. Campus Verlag, 2019.
13 Obmann, Claudia: »Was ich gelernt habe, seit ich nicht mehr Geschäftsführer bin«, Interview mit Hermann Arnold, Karriere.de, https://www.karriere.de/meine-inspiration/als-chef-abgewaehlt-was-ich-gelernt-habe-seit-ich-nicht-mehr-geschaeftsfuehrer-bin/23457872.html (abgerufen 03.05.2020).
14 Arnold, Hermann: Vortrag bei den Petersberger Trainertagen Bonn 2016. https://www.managerseminare.de/Petersberger_Trainertage/Keynote?urlID=243165&kat=14565
15 Robertson, Brian J.: Holacracy – ein revolutionäres Management-System für eine volatile Welt. Verlag Franz Vahlen, 2015.
16 Oesterreich, Bernd und Schröder, Claudia: Agile Organisationsentwicklung. Handbuch zum Aufbau anpassungsfähiger Organisationen. Verlag Franz Vahlen, 2019.
17 Laloux, Frédéric: »Reinventing Organizations visuell – Ein illustrierter Leitfaden sinnstiftender Formen der Zusammenarbeit. Verlag Franz Vahlen, 2016, S. 142 ff.

Kapitel 7: MENSCHEN: Das Wesen hinter der Arbeitskraft

1 Robertson, Amy C.: Die angstfreie Organisation; Franz Vahlen Verlag, 2020.
2 Humorstile. Rod A. Martin. u. a.; Dr. Tabea Scheel https://www.humorinstitut.de/media/Z-Martin-et-al-Humorstile1.pdf (abgerufen 04.05.2020).
3 Andersen, Wiebke und Berg, Christian: »Entwicklungsland. Deutsche Konzerne entdecken erst jetzt Frauen für die Führung« Allbright Bericht, September 2019. https://www.allbright-stiftung.de/allbright-berichte (abgerufen 06.05.2020).
4 McKinsey&Company: Delivering through Diversity, Studie vom Januar 2018, https://www.mckinsey.com/~/media/McKinsey/Business%20Functions/Organization/Our%20Insights/Delivering%20through%20diversity/Delivering-through-diversity_full-report.ashx (abgerufen 06.05.2020).
5 Wagner, Jana: »Die wichtigsten Gesten im Überblick«; in: Focus Online 06.06.2014

https://www.focus.de/reisen/service/tid-33033/andere-laendere-andere-koerpersprache-welche-gesten-im-ausland-unbeliebt-machen_aid_1076395.html (abgerufen 06.05.2020).

6 Aron, Elaine N. Ph.D,: The Highly Sensitive Person: How To Thrive When The World Overwhelms You. Harmony, 1997.

7 Stiftung Prout at Work, Website https://www.proutatwork.de/ (abgerufen 06.05.2020)

8 Studie LSBTIQ als Wirtschaftsfaktor für Köln, Wenzel Marktforschung für Stadt Köln, Amt für Integration und Vielfalt; https://www.stadt-koeln.de/mediaasset/content/pdf16/pdf161/studie_lsbtiq_als_wirtschaftsfaktor_f%C3%BCr_k%C3%B6ln_2019.pdf (abgerufen 06.05.2020).

9 SAP, Website mit Stellenangeboten für Menschen aus dem Autismus Spektrum https://jobs.sap.com/job/WalldorfSt_-Leon-Rot-Initiativbewerbung-Autism-at-Work-Deutschland-BW/344988501/ (abgerufen 06.05.2020).

10 Autism at Work, SAP-News, 29.03.2018; https://news.sap.com/germany/2018/03/autismus-inklusion/ (abgerufen 06.05.2020).

11 ADHS Deutschland e.V., http://www.adhs-deutschland.de/Home/ADHS/ADHS-ADS/Haeufigkeit.aspx (abgerufen 06.05.2020).

12 Hirschhausen, Dr. Eckart von: Beitrag in ADHS Deutschland e.V. http://www.adhs-deutschland.de/Portaldata/1/Resources/PDF/4_5_neue_AKZENTE/2012/neue_AKZENTE_91-24.pdf (abgerufen 06.05.2020).

13 Vooren, Christian und Kogelboom, Esther: Interview mit Titus Dittmann »Als abschreckendes Beispiel war ich gefragt.« In: Der Tagesspiegel vom 16.04.2019, https://www.tagesspiegel.de/gesellschaft/interview-mit-titus-dittmann-als-abschreckendes-beispiel-war-ich-gefragt/24210468.html (abgerufen 06.05.2020).

14 Dr. Manfred Lütz: Irre! Wir behandeln die Falschen. Unser Problem sind die Normalen. Eine heitere Seelenkunde, Gütersloher Verlagshaus, 2009.

15 Stiftung Gesundheitswissen: Website »Angststörung« https://www.stiftung-gesundheitswissen.de/wissen/angststoerung/hintergrund (abgerufen 06.05.2020).

16 Stiftung Deutsche Depressionshilfe: Website: https://www.deutsche-depressionshilfe.de/depression-infos-und-hilfe/was-ist-eine-depression/haeufigkeit (abgerufen 06.05.2020).

17 Bundesministerium für Gesundheit: Website https://www.bundesgesundheitsministerium.de/themen/praevention/gesundheitsgefahren/sucht-und-drogen.html (abgerufen 06.05.2020).

18 Burkhardt, Christoph: persönliches Interview, Februar 2020; https://www.burkhardt.solutions/ und https://www.tinybox.academy/ (abgerufen 06.05.2020).

19 Vorbildunternehmen Firma und Familie Rheinland-Pfalz. Ministerium für Integration, Familie, Kinder, Jugend und Frauen; »Vereinbarkeit von Familie und Beruf« – Gute Praxis-Sammlung von familienfreundlichen Unternehmen in Rheinland-Pfalz; zu entra, S. 20 ff. https://mffjiv.rlp.de/fileadmin/MFFJIV/Familie/Gute_Praxis_familienfreundlicher_Unternehmen.pdf (abgerufen 09.05.2020).

20 Wolter, Ute: Interview »Wie Jobsharing auf Manager-Ebene klappen kann« https://www.personalwirtschaft.de/der-job-hr/arbeitswelt/artikel/wie-jobsharing-auf-manager-ebene-klappen-kann.html (abgerufen 07.05.2020), und Vortrag Angela Nelissen und Christiane Haasis,:New Work Experience, Hamburg, 07.03.2019.

21 Strelecky, John: The Big Five for Live: Was im Leben wirklich zählt, DTV, 2009.

Kapitel 8: REFLEXION: Wie Persönlichkeiten Unternehmen prägen

1 Würth, Reinhold: Erfolgsgeheimnis Führungskultur, Verlag Paul Swiridoff, 1994.
2 Kets de Vries, Manfred F. R.: The Leader on the Couch, Wiley&Son ltd., 2006, S. 22.
3 Scheuermann, Ulrike: Innerlich frei – Was wir gewinnen, wenn wir unsere ungeliebten Seiten annehmen, Knaur Verlag; 2016.
4 Simon, F. B., Wimmer, R., Groth, T.: Mehr-Generationen-Familienunternehmen – Erfolgsgeheimnisse von Oetker, Merck, Haniel u. a. Verlag Carl Auer, 2005, S. 224 ff.
5 Schwartz, Dr. Michael, KfW Research »Generationenwechsel im Mittelstand«, https://www.kfw.de/PDF/Download-Center/Konzernthemen/Research/PDF-Dokumente-Fokus-Volkswirtschaft/Fokus-2018/Fokus-Nr.-197-Januar-2018-Generationenwechsel.pdf (abgerufen 25.05.2020).
6 Micic, Dr. Pero, persönliches Interview, März 2020; https://www.futuremanagementgroup.com/de/ (abgerufen 08.05.2020).

Kapitel 9: MARKT: Wie Unternehmen Mitarbeitergewinnung neu denken

1 Mahlodji, Ali: Und was machst Du so, Econ, 2017.
2 Portal whatchado mit Videostorys über Berufe https://www.whatchado.com/de/stories (abgerufen 09.05.2020).
3 Karriere-Blog von Legalhead; Job-Matching-Plattformen für Juristen in der Übersicht. https://legalhead.de/blog/job-matching-portale-fuer-juristen-in-der-uebersicht/ (abgerufen 11.05.2020).

Kapitel 10: VIELFALT: Warum es überall besser geht

1 Monitor öffentlicher Dienst 2020, dbb Beamtenbund und Tarifunion; S 11. https://www.dbb.de/fileadmin/pdfs/2020/monitor_oed_2020.pdf (abgerufen 09.05.2020).
2 Hofmeier, Luisa: »System fördert schlechte Lehrer«, in: Welt kompakt vom 08.07.2019; https://www.welt.de/print/welt_kompakt/article196503585/System-foerdert-schlechte-Lehrer.html (abgerufen 09.05.2020).
3 Schaarschmidt, Uwe: 10 Jahre nach der Potsdamer Lehrerstudie – eine Bilanz. Vortragspräsentation beim 22. Bundeskongress für Schulpsychologie; https://www.ichundmeineschule.eu/downloads/2016_Berlin/Berlin%2020160929%20Teilnehmerunterlage1.pdf (abgerufen 09.05.2020).
4 Website Dr. Meyer, Fachanwälte, https://meyfa.de/arbeitsrecht/arbeitsrecht-in-der-kirche/431/; 20.04.2020.
5 Statistisches Bundesamt: Statista »Unternehmen in Deutschland: Anzahl nach Größenklassen« https://de.statista.com/statistik/daten/studie/1929/umfrage/unternehmen-nach-beschaeftigtengroessenklassen/ (abgerufen 10.05.2020).
6 Simon, Dr. Hermann: Hidden Champions des 21. Jahrhunderts – Die Erfolgsstrategien unbekannter Weltmarktführer. Campus Verlag, 2007.
7 ebda. S. 305 ff.
8 Stepstone Mittelstandsreport https://crosswater-job-guide.com/archives/77800/mittelstand

-vs-konzern-was-mitarbeiter-an-kleinen-und-grossen-unternehmen-attraktiv-finden/ (abgerufen 09.05.2020).

9 Rede des VW-Vorstandsvorsitzenden Herbert Diess »Volkswagen steht mitten im Sturm« https://www.manager-magazin.de/unternehmen/autoindustrie/volkswagen-wortlaut-rede-herbert-diess-16-01-2020-radikal-umsteuern-a-1304169.html, (abgerufen 22.04.2020).

10 Stüwe, Hendrik: »Neue Flexibilität für mehr Kreativität und Effizienz.« in: Automobilwoche 24.10.2018 https://www.automobilwoche.de/article/20181024/NACHRICHTEN/181029987/mehr-flexibilitaet-fuer-mehr-kreativitaet-und-effizienz-neue-arbeitsmodelle-im-aufstieg-holokratie--co (abgerufen 09.05.2020).